철학,
개념

철학, 개념

고대에서
현대까지

박준영 지음

교유서가

〈수유너머 104〉의 애틋하고, 유별나며, 보드랍고, 거친…
친애하는 모든 동료에게,
스승 강영안 선생님과 이진경 선생님에게,
사랑하는 얀과 율에게 이 책을 바친다.

저자 서문

이 책은 고대에서 현대까지 지속적으로 통용되어온 철학 개념들을 다룬다. 미리 이야기하지만, 독자들은 이 책을 이해하기 위해 유별나게 노력할 필요는 없다. 그저 읽어나가면서 머릿속에 떠오르는 생각의 상들을 잘 간직하고, 그다음으로 전진하면 된다. 필요하다면 관심 있는 개념이 서술되는 장만을 따로 읽을 수도 있다. 장별로 두 개의 대립되거나 이어지는 개념을 배치한 것도 이런 수월한 독서를 위해서다.

그러나 이 책은 흔한 인스턴트 인문학 서적처럼 간교한 언어로 독자들의 두뇌를 스미싱하는 짓을 하지 않는다. 독자를 상업적 주술로 꾀어내어 철학이 우리의 일상과 아주 밀접하다고 끊임없이 속삭이면서 지갑을 터는 짓을 이 책은 경멸한다. 물론 일치하는 측면이 없진 않지만, 사실상 철학은 일상을 배반하고, 문제시하며, 때로는 쓰나미처럼 덮친다. 그래야 철학이다. 그래서 개념이다. 우선 이 '개념'이라는 두 글자에서 시작하자.

'철학은 개념의 학문이다.' 뒤집어 말해 '개념의 학문은 철학이다.' 톺아보면 이 두 문장 사이에는 어떤 간격도 없다. 동어반복이란 말이다. 그러나 그 의미는 다소 다르다. 첫번째 문장은 하나의 학문 분과로서 철학이 가지는 독특한 성격을 드러낸다. 즉 철학의 대상이 개념이며, 그 개념의 마당 안에서 철학이 활동한다는 것이다. 얼핏 당연하다. 누군가 '당신은 개념이 없어'라고 말한다면 그것은 그가 아무 생각 없이 멋대로 말하고 행동한다는 뜻이다. 고스란히 비난의 의미다. 아니, 그보다 더한 힐난 내지 욕설일 수도 있다. 생각이 없고, 제멋대로인 상태는 '인간 이하'를 의미할 수도 있어서다. 철학은 이런 욕을 들을 이유가 없으므로 당연히 개념의 학문이다.

그런데 한자로 쓴 개념(槪念)은 '생각[念]을 납작하게 만들기[槪]'라는 뜻인데, 이는 언뜻 보면 난데없다(생각을 어떻게 납작하게 만드는가?). 그런데 '개'의 부수를 보자. 나무 목(木)이다. 이 한자의 의미는 '나무를 납작하게 만드는 것'이 된다. 왜 납작하게 만드는가? 집과 다리를 짓고, 도구나 장신구를 만들기 위해서이다. 그러니 이 나무는 바로 그러한 것들의 '재료다.' 또한 '납작하게 만든다'를 보다 일반화하면 무언가를 '가공한다'는 의미가 된다. 이제야 뜻이 통한다. 즉 개념은 '생각을 가공하는 재료'다. 그러니 개념이 없으면 생각을 못 하고, 생각이 없게 되는 것이다. 이를 우리는 개념에 대한 소극적 정의라고 부르자.

그런데 모든 학문은 개념을 가진다. 굳이 철학이 아니라도 무언가를 궁리하는 중에는 개념이 등장할 수밖에 없다. 그렇다면 철학에 고유한 생각의 재료로서 개념이 있어야겠다. 그래야 저 두번째 명제, '개념의 학문은 철학이다'라는 규정이 의미를 가질 수 있다. 다시 말해 이 규정은 모든 학문 분과의 개념들과 구별되면서, 그것을 포괄하는 개념이 철학의 개념이라는 의미이다. '모든' 학문의 개념을 포괄하는 개념이라니, 갑자기 마음이 활연관통하고 웅장해지는 듯하다. 하지만 거창함을 걷어 젖히면 거기 오롯이 '지혜'(智慧)라는 한 단어가 남는다.

많은 이들이 알다시피, 철학의 어원은 '필로소피아'(philosophia)이며, 이를 분석하면, '지혜(sophia)-사랑(philia)'이 된다. 그러므로 철학이 사랑하는 대상은 지혜이며, 이때 개념은 지혜의 다른 이름이다. 예로부터 지혜는 지식과는 달리 실천적인 의미를 가진다. 그래서 지혜로운 자는 무릇 아는 것에서 그치지 않고 실행해야 하는 것이다. 그래서 '개념의 학문은 철학이다'라는 언명은 개념은 철학이 되어야 한다는 요청을 담고 있다. 즉 개념은 지혜가 되어야 한다. 보다 담대하게 말한다면, 모든 학문적 개념은 철학적 지혜가 되어야 한다. 따라서 이것은 개념에 대한 적극적 정의다. 앞의 소극적 정의와 이 적극적 정의는 철학에서 늘 함께 간다.

요컨대 이 책은 어떻게 하면 소극적 정의로서의 개념이 적극적 정의로서의 개념과 함께 나아갈 수 있는지 생각해볼 수 있는 계기가 될 것이다. 그렇다고 이 책이 철학 개념 모두를 전방위적으로 탐색하지는 않는다. 그것은 지면 관계상 불가능하다. 하지만 팍팍한 일상을 해석하고 세계를 바라보는 시각을 기를 작은 기회는 될 것이다. 개념은 늘 윤리적 깨달음과 이어져 있으며, 이를 통해 독자들 각자가 나름의 기준을 성취할 능력을 일깨워줄 것이기 때문이다. 나는 감히 이 책이 그런 역할을 하리라 믿는다.

2023년 4월

박준영

제5장 | 필연과 우연

제6장 | 주체와 타자

제7장 | 앎과 무지

제8장 | 덕과 정의

제1장

존재와 생성

'존재'와 '생성'은 철학에서 가장 기초적인 개념이다. 그래서 현대에 이르기까지 이 두 개념은 가장 '철학적인' 또는 '철학다운' 개념이라고 할 수 있다. 근대 이후 철학에서부터 나온 과학이 그간의 개념들에 경험과 실험이라는 새로운 의미를 더할 때에도 이 두 개념은 철학에 고유한 어휘로 남았다. 다시 말해 철학이야말로 존재와 생성 자체에 대한 사유를 전개하는 고유한 영역이라는 믿음이 지금까지 이어져오고 있다.

두 단어 모두 고대 그리스에 그 뿌리를 두고 있다. 우선 '존재'라는 말의 어원을 보자. '있다'라는 의미를 가진 고대 그리스어는 'eimi'다. 이 단어의 부정사(不定詞)가 'einai'인데, 보통 '존재하다'라는 철학 어휘로는 이 후자의 단어가 많이 인용된다. 또는 분사 형태인 'on'도 흔히 사용된다. 이 말은 중세에 들어 'ens' 또는 'esse'가 되는데, 후자의 단어가 영어의 'be'다.

이와 달리 생성은 'to become'이라는 의미로서 그리스어에서는 'gignomai'라는 단어가 일반적으로 쓰인다. 이 말은 기독교 성서에서는 '창조'(genesis)의 의미를 가지게 된다. 그런데 생성은 이 기독교적인 '창조'와 비슷해 보이지만 근본적인 면에서 다르다. 기독교적인 '창조'는 '무로부터의 만듦'이지만, 철학적으로 '생성'은 '유로부터의 출현'이기 때문이다.

1 만물은 존재하지만, 그것을 알기는 어렵다

1. 파르메니데스와 '있음'의 발견

'존재'는 '있다' 또는 '있음'이라고 할 수 있다. 가만히 살펴보면 이 개념은 가장 넓은 외연을 지닌 말이다. 우리는 살아가면서 '나는 있다' 또는 '너는/그는/그녀는/우리 집 고양이는 있다'라고 생각한다. 또한 어떤 사물이나 사태에 대해서도 그렇게 본다. 심지어 우리는 어떤 가상이나 상상의 존재조차 '있다'고 보는 경향이 많다. 신화적이나 종교적 대상이 그 예다. 이와 같이 '존재'는 가장 광범위한 쓰임새를 지닌 철학 개념이라고 하겠다. 그럼에도 불구하고 우리는 이 개념을 뚜렷하게 의식하면서 사용하고 있지는 않다. 그렇기에 '존재' 개념은 그토록 보편적인데도 불구하고 학문적 사유의 대상으로서 난해하다. 이 말은 곱씹어보면 볼수록 그 의미가 우리의 무의식 저편으로 사라져버려 제대로 붙잡기가 매우 힘들다.

그래서 '존재'라는 말은 철학사에서 꽤나 오랜 기간, 이른바 '초기 자연철학 시기'라고 불리는 기간을 거친 후에야 주요 개념으로 포착되었다. 보통 그 시초를 파르메니데스(Parmenides, BC. 515~?)로 본다.[1]

이전 철학자들의 경우 '존재'라는 추상적 개념이 아니라 자연을 이루는 가장 기초적인 '물질'에 더 관심이 많았다. 이들 초기 자연철학자들의 사고에서는 세계를 대표하는 어떤 원리를 감각 가능한 대상들로부터 취했다. 대개 4대 원소, 즉 물, 불, 흙, 공기 중 하나 또는 여럿을 '자연의 대표'로 내세우는 식이다. 하지만 파르메니데스는 이러한 감각적 대표 사물이 아니라 '존재'라는 추상적 대상이 더 실재적이며 자연과 우주 전체를 가장 잘 대표할 수 있다고 보았다. 이는 상당한 사유의 혁신이라고 해야 한다. 왜냐하면 그때부터 철학은 감각적 대상에 기반하지 않고, 추상적이고 이성적인 대상에 기반하여 이루어지는 고도의 사유 과정이 되기 때문이다. 이를 이제 철학에서는 '존재론'이라고 부른다.

지금부터 최초의 '존재론'을 전개했던 파르메니데스의 철학을 들여다보도록 하자. 그는 "사유한다는 것에는 두 가지 길이 있는데, 하나는 '있다'를 따르는 길이고, 다른 하나는 '있지 않다'를 따르는 길이

---

1 독일의 철학자이자 신학자인 프리도 릭켄(Friedo Ricken, 1934~)은 "존재론의 역사는 파르메니데스와 함께 시작된다. (⋯) 비록 그 이후의 그리스 철학이 파르메니데스의 존재 개념에 아무리 반대하고 나섰다 할지라도, 그리스 철학은 종국적으로는 그의 영향권을 벗어나지 못한다"라고 단언한다(프리노 릭켄 지음, 김성진 옮김, 『고대 그리스 철학』, 서광사, 2000, 64). 아카데믹한 철학사들은 대개 파르메니데스의 영향력을 굉장히 높게 평가한다. 플라톤조차 파르메니데스에 대한 아주 난해한 연구서를 남길 정도였다(플라톤 지음, 천병희 옮김, 「파르메니데스」, 『플라톤 전집 5』, 숲, 2016 참조). 근대 이후 철학의 대가들 중 파르메니데스를 특별히 다룬 대표적인 인물은 하이데거다(Martin Heidegger, *Parmenides*, (trans.) Andre Schuwer and Richard Rojcewicz, Indiana University Press, 1992 참조).

유명한 라파엘로의 그림 〈아테네 학당〉
에 묘사된 파르메니데스의 모습.

다"[2] 라고 말한다. 이 둘 중 진리에 다가가는 길은 전자의 길이다. 왜
냐하면 우리는 '있는 것', 즉 존재에 대해서 말하고 사유할 수 있지,
'있지 않은 것', 즉 비존재에 대해서는 그렇게 할 수 없기 때문이다. 이
때 중요한 것은 존재를 어떻게 알 수 있는가이다. 파르메니데스는 이
것이 오직 '이성의 작용'에 의해 가능하다고 갈파한다. 그렇다면 그는
감각으로 받아들이는 정보는 '존재'가 아니라고 보았을까? 이 질문에
대해 파르메니데스는 '그렇다'고 답한다. 감각적 정보는 단지 잡다한
사실만을 알려줄 뿐이고, 이성적으로 질서가 잡혀 있지 않다는 것이
다. 그것은 일종의 '있지 않은 것'에 가깝다. 그런데 사실 우리는 이

---

2 DK28B2 참조. 여기서 쓰이는 약호는 소크라테스 이전 철학자들 단편들의 표준판인
'Herman Diels & Walther Kranz, *Die Fragmente der Vorsokratiker*, Hildesheim: Weid-
mann, 1974'에 나오는 단편들의 순서를 의미한다. 이 판본의 부분적인 번역서로는 '김인곤 외
옮김, 『소크라테스 이전 철학자들의 단편 선집』, 아카넷, 2005'가 있다.

감각 정보에 따라 살아가고, 판단하는 경우가 더 많지 않은가? 파르메니데스는 그러한 일상적 사유의 측면을 '억견'(doxa)이라고 치부하는데, 여기에서 철학자의 직분이 명쾌하게 드러난다. 철학자란 일상적인 억견을 벗어나 '진리'를 구하는 자이고, 그 진리는 바로 '존재'라는 것이다.

그렇다면 이 철학자가 도달하는 그 '존재의 진리'란 어떤 것인가? 먼저 그에게 '존재'란 감각적 잡다가 아니므로, 그것은 '하나' 또는 '전체'라고 볼 수 있다. 잡다하게 흩어진 대상이 아니라, '하나로 이어진 연속체'라는 것이다. 이 주장에는 숨은 전제가 있는데, 이는 '잡다한 것은 있음이 아니라 있지 않음이다'라는 명제다. 이렇게 생각해보자. 여기 사과가 있고, 그것이 '존재한다'고 말할 수 있으려면, 여기에는 그 어떤 '비존재'의 요소도 없어야 한다. 그런데 사과의 여러 잡다한 특성 중 '둥긂'이라는 속성은 변할 수 있다. 내가 그것을 한 입 베어 물면 당장 그 속성은 없어진다. 따라서 '비존재' 즉 '둥긂의 없어짐'이 생겨난다. '둥긂'은 이렇게 덧없이 사라지는 것이며, 마찬가지로 '붉음'이라는 속성도 그러하다. 시간이 지나면서 사과는 저기 놓인 채로 썩을 것이고 그렇다면 '붉음'도 잦아들기 때문이다. 따라서 이러한 잡다한 감각적 속성들은 모두 '비존재'다. 파르메니데스는 다음과 같이 노래한다.

있는 것은 생성되지 않고 소멸되지 않으며,
온전한 한 종류의 것이고 흔들림이 없으며 완결된 것이다.

그것은 언젠가 있었던 것도 아니고, 있게 될 것도 아니다.[3]

이제 생성과 소멸은 존재와 대립된다. 둥긂이 소멸되고 다른 형태가 생성되는 것, 붉음이 생성된 뒤 내가 한 입 베어 먹음으로써 소멸되는 것, 이 모든 것이 '존재'와 대립된다. '존재'는 '비존재'와 양립 불가능하기에 생멸 과정에서 나타나는 '비존재'는 곧 존재와의 대립을 함축하기 때문이다. "따라서 전적으로 있거나 아니면 전적으로 없거나 해야 한다."[4]

그러한 파르메니데스의 주장에는 지금으로서는 이해하기 힘든 오류가 숨어 있다. 즉 그는 '있다'와 '이다', 그리고 '없다'와 '아니다'를 구분하지 않았다. 이러한 무분별은 파르메니데스로 하여금 '운동'을 부정하게 만들었다. 운동이란 우리 집 고양이가 거실에서 안방으로 움직인 결과, 거실에는 '없고' 안방에는 '있는' 사태다. 이때 우리 집 고양이는 거실에서 '없어진 것'이 아니라, 거실이 '아닌' 안방으로 움직였다. 하지만 파르메니데스의 경우, 이 '아님'의 사태는 '없음'의 사태와 구분되지 않는다. 따라서 엄연하게 공간적인 운동을 했을 뿐인 우리 집 고양이는 졸지에 '없어졌다가 있게' 된다. 이는 사람들을 어리둥절하게 만들기 충분하다. 고양이는 없어진 적이 없고, 다만 이동했을 뿐

---

3 DK28B8.
4 Ibid. 릭켄은 파르메니데스 존재론의 핵심을 다음과 같이 요약한다. "존재는 있다. 더욱이 그것은 필연적으로 있다. 그리고 그것은 없을 수 없다(B2). 이로부터 존재에 대한 다음의 명제들이 단편 B8에서 추론된다. 1) 존재는 생성하지도 소멸하지도 않는다(5~21 단편까지). 2) 그것은 하나이며 연속적이다(22~25 단편까지). 3) 그것은 불변적이다(26~31 단편까지). 4) 그것은 완전하다(32~49 단편까지)"(릭켄, 『고대 그리스 철학』, 67).

루이스 캐럴(Lewis Carroll, 1832~1898)의 『이상한 나라의 앨리스』에 나오는 체셔 캣 삽화다. 이 고양이는 끊임없이 앨리스의 눈 앞에서 사라졌다가 나타났다가를 반복한다. 심지어는 미소만 남고 몸 전체가 사라지는 일도 생긴다. 우리는 이 고양이를 '파르메니데스의 체셔 캣'이라고 부르기로 한다.

인데 말이다. 그런데 이 고양이, 뭔가 익숙하다. 맞다. 『이상한 나라의 앨리스』에 나오는 체셔 캣(Cheshire Cat)이다! 이 고양이가 혹시 파르메니데스의 고양이일까? 상상은 자유니까, 파르메니데스의 논법도 이 자유라는 미명하에, '체셔 캣 역설'(Cheshire Cat Paradox)이라고 불러도 되지 않을까?[5]

이 역설에 따르면 '운동'의 무시는 곧 '다양' 또는 '많음'의 무시로 이어진다. 여기에서 저기로의 운동이란 어떤 사물의 '여기 있음'과 '저기 있음'이라는 다양한 상태를 의미하지만, 파르메니데스에게 이는 잘못된 인식일 뿐이다. '여기'나 '저기'는 한결같이 '있음'일 뿐, 다른 상태를 의미하는 것이 아니기 때문이다. 마찬가지로 이러한 주장의 논리적 결론은 '변화'를 환상으로 취급하게 한다. 그에 따르면 우리 집 고

---

5 놀랍게도 우리는 이 체셔 캣과 비슷한 고양이를 현대 양자물리학에서 만나게 된다. '슈뢰딩거의 고양이'가 그것이다. '슈뢰딩거의 고양이'에 대한 아주 쉬운 해설은 한국어판 'Newton Highlight 시리즈 2권, 『누구나 이해할 수 있는 양자론』의 3장'을 보면 된다. 또는 'Transnational College of LEX 지음, 강현정 옮김, 『수학으로 배우는 양자역학의 법칙』, Gbrain, 2011, 4장'이 유용할 것이다.

양이는 변화하지 않는다. 우리의 감각적 시각에 그렇게 보일 뿐, 진실은 고양이가 '있다'는 그것뿐이다. 결론적으로 파르메니데스에게 '존재'는 변화무쌍한 현상을 떠나 있으며, 이는 필연적으로 논리적 추론만을 절대시하는 '관념론'에 도달하게 된다.

하지만 공교롭게도 존재에 대한 이런 관념론적 이해는 서양 학문사에 유구하게 이어지는 일종의 학문적 욕망을 구성하게 된다. 이는 '변하지 않는 존재의 본질과 진리'를 찾으려는 욕망이다. 현대 과학은 이 욕망이 실현된 결과라고 볼 수 있다. 과학은 변화무쌍한 우주와 인간에 맞서 불변의 '법칙'을 추구하면서 이를 통해 기술적인 지배 양식을 구축했던 것이다.

2. 당연히 움직여야 한다!

파르메니데스가 밝힌 최초의 '존재 의미'는 이후 철학사에 아주 중요한 사유의 단초이자 부담이 되었다. 사유의 단초인 이유는 그로부터 시작해서 본격적인 추상적 사유, 즉 철학적 사유가 시작되었기 때문이고, 부담인 이유는 그 사유를 극복하기 위해서는 복잡한 과정이 요구되었기 때문이다.

앞서 이야기했다시피 파르메니데스는 고정불변하는 '있음'만 인정하고, '운동'은 인정하지 않았다. 하지만 이는 우리의 일상적인 경험과는 배치된다. 당연히 우리의 경험에서 더 뚜렷한 것은 나 자신을 비롯해서 내 옆의 동료들과 사물들, 더 나아가 우주의 모든 대상들이 운동한다는 그 사실이다. 이 모든 사실이 허구에 불과하다는 걸 받아들이면 우리는 이상한 세계의 한가운데 부자연스럽게 멈춰 있는 마네킹

같은 존재가 되어버린다.

　파르메니데스 이후 가장 위대한 철학자 중 한 사람인 플라톤에 따르면, 파르메니데스는 오로지 존재만 인정했기 때문에 무(비존재)는 인정하지 않았다. 그러나 운동을 설명하기 위해서는 비존재에 대한 인정이 반드시 필요하다. 원자론자들도 운동을 설명하기 위해 '허공', 즉 아무것도 존재하지 않는 비존재의 공간을 가정했다. 이는 대체로 상식에 부합한다. 내가 집에서 강의를 하기 위해 학교로 가거나 밥을 먹기 위해 식당으로 움직일 때, 또는 하나의 물리적 입자가 궤도를 운동할 때도 그 빈 공간을 지나가기 때문이다. 하지만 거기에도 무수한 입자들이 존재하고, 거리에는 사람들과 건물들로 가득 차 있다고 말한다면 문제가 좀 달라지긴 한다. 하지만 이것도 운동한다는 그 평범한 사실을 거스르지는 못하는데, '가득 차 있다'고 여겨지는 그 공간도 사실은 '사이'라는 것이 있어야 하기 때문이다. 즉 내가 지나가는 공간의 미세한 공기 입자와 내 신체 사이에는 움직임을 위한 최소한의 여지가 있어야 한다. 그렇지 않다면 다시 마네킹이 되는 수밖에 없다.

　플라톤을 통해 '존재 의미'를 좀더 들여다보도록 하자. 플라톤이 '이데아' 이론을 창시했다는 것은 분명하다. 그런데 이 이데아들이 파르메니데스의 '있음'처럼 단 하나로만 존재하는 것은 아니다. 플라톤의 이데아는 무엇보다 여기 있는 머그컵과 그 안의 커피, 그 커피의 색깔과 맛, 이를 홀짝이며 노트북 자판을 두들기는 나에 이르기까지 그 각각의 개별자들 위에 모두 존재한다(이 '위에'라는 말에 유의하자. 곧 설명하겠다). 이를 철학자들은 '개별적 실체'라고 부른다. 이것이 의미하는 바는 일단 개별적으로 존재하는 것들의 '있음'을 인정하는 순간, '하나'가 아니라 '여럿'을 수용할 수밖에 없다는 것이다. 요컨대 플라톤은 세계와 나, 당신을 멈춰 있는 마네킹이라는 꼴사나운 형태로부터 구출해서 보다 자연스럽게 움직이는 것으로 만든다. 좌표a, 좌표b… 등의 '여러 지점'을 당신과 나는 움직이고, 우리 집 강아지도 따라 움직인다. 플라톤 자신과 그의 제자인 아리스토텔레스는 이를 '현상의 구제'라고 일컬었는데, 참으로 적절한 표현이다.[6]

그런데 한 가지 유념해야 할 것은 플라톤이 현상을 구제할 때 매우 특이한 방식을 취한다는 점이다. 우리가 보통 '현상'이라고 할 때, 이는 '감각적인 것'이지만, 플라톤에게 그 현상은 '실재적인 것'(the real)이다. 그러나 이 실재성은 내가 들고 마시는 이 커피의 쓴맛에 있지 않고, 그 맛의 진정한 근원으로서의 '이데아'(Idea)에 있다. 커피의 실재성은 그 감각적 맛에 있지 않고, '쏨'이라는 관념적인(ideal) 본질에 있다는 뜻이다. 이 본질은 말 그대로 현상의 감각적 질감 '위에' 있다. 따라서 현상은 그 자체의 감각적인 특성에 따라 구제되는 것이 아니라 관념적인 이데아로서 구제된다. 왜냐하면 플라톤에게는 감각보다 관념이 더 실재적이기 때문이다. 플라톤의 방식이 특이하다고 한 것은 이를 두고 한 말이다.

---

6 물론 두 철학자의 '현상의 구제'는 다소 의미가 다르다. 플라톤의 경우 이는 이데아와는 동떨어진 경험에 호소하는 것이었기에 불필요한 과정이었지만, 아리스토텔레스에게는 실재하는 것을 제대로 알기 위해 필수적인 과정이었다. 적어도 존재론의 분야에서 플라톤이 이상주의적이고 아리스토텔레스가 상대적으로 현실주의적임을 감안한다면 이런 대립은 이해할 만하다.

3. 아리스토텔레스의 '존재'와 '생성'

플라톤에 비해 아리스토텔레스의 방식은 우리의 감각적 체험에 더 가깝다. 아리스토텔레스는 앞서 말한 개별적 실체를 플라톤처럼 '저 너머 세상'에 두지는 않기 때문이다. 그에게 '존재'는 우리가 경험하는 '이 세상'의 것이다. 플라톤의 제자로서 아리스토텔레스는 이런 측면에서 스승과 꽤나 정신적인 불화를 겪었던 것으로 보인다. 그는 "철학자라면 마땅히 친구보다 진리를 더 소중히 해야 한다"[7]라고 말했는데, 이는 철학에 대한 스승의 태도에 문제가 많다고 에둘러 비판하는 말이다. 그렇다고 아리스토텔레스가 플라톤을 전면 부정하지는 않는다. 아리스토텔레스도 '개별적 실체'를 중시했으며 '운동'을 인정했다. 다만 그는 스승보다 감각적이며 경험적이었으며, 그래서 오롯이 '현실적 인간'이었을 뿐이다.

마찬가지로 아리스토텔레스도 스승과 마찬가지로 존재를 아는 것이 '진리'를 아는 것이라고 본다. 그런데 이렇게 '존재와 진리'를 짝으로 놓는 방식은 당시 아테네 사람들의 상식에 가깝다. 아테네 시민들은 기본적으로 '무로부터는 아무것도 나오지 않는다'(ex nihilo nihil fit)는 신념을 가지고 살고 있었다. 즉 당시 그리스인들의 상식 안에 기독교적인 '창조' 관념은 존재하지 않았다는 것을 의미한다. 그러므로 '있음'이 '진리'이지, '없음에서 있음으로' 따위는 전혀 안중에도 없었다. 그야말로 '유대인의 것은 유대인에게로, 그리스인들의 것은 그리스인에게로'라고 할 만하다. 아리스토텔레스는 다음과 같이 말한다.

---

7 아리스토텔레스 지음, 천병희 옮김, 『니코마코스 윤리학』, 숲, 2013, 1권 6장 참조.

항상 있는 것들의 원리들은 필연적으로 '항상' 가장 높은 수준의 진리일 수밖에 없다. 그러므로 각 사물에게 있어서 그것의 있음의 정도와 진리의 정도는 서로 상응한다.[8]

따라서 우리가 일상에서 마주치는 모든 사물과 사태들은 "있음의 정도"에 따라 "진리의 정도"가 결정된다. 그렇다면 이 '있음의 정도'는 어떻게 측정되는가? 아리스토텔레스에 따르면 이는 필연적으로 존재하는 것과 우연적, 부수적으로 존재하는 것 사이의 스펙트럼 안에서 결정된다. 그런데 이제 한 대상이 이 스펙트럼의 어디에 위치하는가를 결정하려면 하나의 거대한 학문이 요구되는데, 그것이 바로 '형이상학'(Metaphysics)이다. 형이상학은 곧 존재에 대한 학문이고, 그래서 '존재론'(Ontology)이기도 하다. 이렇게 해서 대개의 학자들은 사실상 아리스토텔레스야말로 '존재에 대한 학문'을 창시한 사람이라고 인정하고 있다.

아리스토텔레스 자신의 말을 빌리면, 형이상학 또는 존재론은 '있는 것인 한에서 존재하는 것 또는 그 자체로 존재하는 것'을 탐색하는 학문으로서, 물리학이나 생물학과 같은 자연과학을 넘어서서, 그

---

8 아리스토텔레스, 『형이상학』, 993b26~31. 이 책에서는 주로 조대호 번역본을 쓴다(아리스토텔레스 지음, 『형이상학』 1권~2권, 조대호 옮김, 나남, 2012). 뒤의 숫자와 알파벳 약호는 아리스토텔레스 표준판본의 쪽수인 베커 번호(Becker numbers)를 쓴다. 이 번호는 아리스토텔레스 번역본이라면 대체로 그 번역본 본문에 표기된다. 그리고 플라톤 책에 매겨진 쪽수는 스테파누스 번호(Stephanus number)라고 한다. 플라톤은 스테파누스 번역본, 아리스토텔레스는 베커 번역본이 일종의 '정본'(canon)인 셈이다. 그러므로 이후의 번역본에도 이 정본의 쪽수를 명기한다. 이 책에서도 마찬가지로 베커 번호와 스테파누스 번호를 사용해서 두 철학자의 저서의 서지사항을 표시할 것이다.

학문들이 기반하고 있는 '존재 자체'를 연구한다. 즉,

우리는 있는 것인 한에서 있는 것에 속하는 첫째 원인들을 파악해
야 한다.[9]

바로 다음 장에서 논하겠지만, 여기서 '원인'이란 4원인(형상인, 질료
인, 작용인, 목적인)을 말한다. 현재 중요한 것은 저 '있는 것인 한에서
있는 것'이라는 구절이다. 보통 후대의 철학자들은 아리스토텔레스의
이 구절에서 앞의 '있는 것'을 '존재자'라 하고 뒤의 '있는 것'을 '존재
자체'라고 새긴다. 이를테면 '여기 우리 집 고양이가 있다'고 할 때, 앞
의 '고양이'는 존재자고 뒤의 '있다'가 '존재 자체'인 셈이다.

이렇게 놓고 보면, 아리스토텔레스가 말하는 '존재'란 현실적으로
존재하는 개별적 실체를 구성하는 핵심적인 요소처럼 보인다. 왜냐하
면 그것이 존재하기 위한 궁극적인 근거 또는 원인이 존재 자체이기
때문이다. 어떤 사람들은 그것이 대체 왜 중요하냐고 따질 수 있을 것
같은데, 이럴 경우 대답은 다음과 같다. 생각에 생각을 거듭해가다 보
면, 세상에 존재하는 모든 것이 아무런 근거 없이 그저 놓여 있는 것
이 아니라는 것을 (확실히!) 느끼게 된다. 하지만 심사숙고하는 사람이

9 아리스토텔레스, 『형이상학』, 1002a19-30. 강조는 필자. 아리스토텔레스는 자신의 학문의
궁극적 목적과 대상을 이와 같이 말한다. 여기에는 직접적으로 '형이상학'이라는 말이 등장하
지는 않는다. 이 명칭은 후대에 페리파토스학파에 속한 철학자였던 안드로니코스가 아리스토
텔레스의 저작을 정리하던 중 제목이 없는 한 권의 책을 발견했는데, 그 책의 내용이 『자연학』
이후에 읽어야 할 것으로 판단해서 '자연학 이후'(ta meta ta physica)라는 명칭을 부여했고,
이것이 metaphysica가 되었다.

늘 그렇듯이 이 '느낌'만으로는 부족하다. 게다가 존재자 안에서는 나 자신도 포함되는 바, 이 느낌만으로는 삶이 너무 헛되다.

위대한 시인 월트 휘트먼(Walt Whitman, 1819~1892)이 "오 나여, 나의 삶이여 이 끊임없는 질문들"(O ME!, O life! of the questions of these recurring)이라고 외친 것은 이 헛됨을 넘어서기 위함이지 않겠는가? 그래서 시인은 다음과 같이 말한다.

> 대답은, 네가 여기 있다는 것, 삶이 존재하고 너 스스로가 존재한다는 것
>
> (Answer. That you are here — that life exists and identity)

사실상 존재하는 것의 '덧없음'이라는 주제는 아주 오래된 인생관이자 세계관을 대변하는 우울한 감성이라 할 수 있다. 이것을 우리는 보통 '허무주의'라 부른다. 두터운 구름이 내려앉은 한겨울 거리에서 친구도 없이 헤맬 때, 또는 가족이 모두 죽거나 떠난 텅 빈 집에서 홀로 노년을 맞이할 때, 그것은 단순한 관념이 아니라 매우 실재적인 감각으로 다가온다. 사실 고대 그리스인들도 마찬가지로 이런 느낌을 받았다. 고대 그리스인이든 현대를 살아가는 우리든 똑같이 이 현상적인 삶과 세계의 모습에 대해 일차적으로 '허무주의'적인 연대 의식을 가지는 셈이다. 다시 말해 사실상 현상 그 자체가 가뭇없이 흘러간다는 것이다. 즉 '생성'한다.

아리스토텔레스에게 이 '생성'이라는 사실은 플라톤보다 더 강렬한 체험이었던 것 같다. 이는 아리스토텔레스 자신이 플라톤보다는 현상

라파엘로 〈아테네 학당〉의 중앙에 그려진 플라톤(좌)과 아리스토텔레스(우)이다. 두 사람의 '손가락'을 유심히 보면 두 위대한 인간의 상반된 철학 경향이 드러난다.

의 구제에 더 적극적인 학문적 기풍을 지닌 탓도 있고,[10] 개별적 실체의 본질이 '저 너머'가 아니라 '이 세상'에 있다는 철학적 전제에서 비롯되기도 했다. 문제는 이 생성이 어디서 비롯되는가인데, 이에 대해 아리스토텔레스는 명쾌한 개념으로 답한다. 그것은 바로 '디나미스'(Dynamis)다. 이 개념을 우리말로 옮기면, '역동', '힘', '가능태' 정도가 되겠지만, 본래 그리스어의 의미를 모두 담아내지 못한다. 그래서 많은 철학자들이 이를 그리스어 그대로 음역하여 그냥 '디나미스'라고 쓰는 경우가 많다. 이를 '가능태'라고 써야 하는 경우도 있는데, 대개 '현실태'(Energeia)와 대조해서 쓰는 경우 그렇게 한다.

---

10 아리스토텔레스는 의사 집안에서 태어나 더 과학적인 풍토 안에서 자신의 철학을 발전시켰다. 그는 물리학(자연학)과 생물학에 관한 여러 권의 저서도 남겼는데, 이것은 '이데아론'이라는 획일적인 이론만으로 모든 것을 설명하려고 했던 플라톤과는 그 철학적 결이 다른 것이었다.

그렇다면 이제 우리가 생각해봐야 할 문제는 이 '디나미스'가 저 '존재인 한에서의 존재'와 어떤 관계를 가지는가이다.

2 생성, 하지만 존재

1. 생성은 존재만큼 운명이다

수많은 철학자들이 있지만 그들이 공통적으로 가지고 있는 두 가지 생각을 간추리자면, 첫째는 인간의 유한성이고 둘째는 원초적인 무지상태라고 할 수 있다. 전자는 삶과 죽음이라는 실존적 사실과 연관되는데, 이는 인간이 근본적으로 '수동적'이라는 데서 기인한다. 즉 탄생에서부터 죽음에 이르기까지 인간은 세상에 '내던져져서', '부대끼고', '사라질 수밖에 없다.' 이 모든 과정에서 인간은 능동적인 개척자이기도 하지만, 그보다는 오히려 수동적인 감내자인 경우가 더 많다. 후자의 경우 인식능력의 유한함을 이야기하는데, 이는 인간이 결국 지식의 완성을 이루지 못할 것이라는 비관적 전망과 일치한다. 이것이 유한성이라는 규정과 어떤 유의미한 관계를 가지는가에 대해서는 여러 가지 이론이 나올 수 있다. 어쨌든 간에 인간의 '무지에 대한 깨달음'이란 철학의 조상신이라고 할 수 있는 소크라테스에서부터 이어져온 전통이니만큼 무릇 철학자란 자신의 과문함을 일찌감치 인정하고 공부를 시작한다고 할 수 있다.

그런데 가만히 살펴보면 저 '수동적 실존'이든 '무지'든, 존재하는 것이 확고하고 불변하다면, 발생하지 않을 것이라는 점을 알게 된다. 즉 수많은 존재자들이 생멸하고 변전하는 상태에 놓여 있고, 인간과 거기 속한 나 자신도 그렇게 변화무쌍하기 때문에 나는 그것에 대해 알기 힘들고, 그래서 속수무책으로 휘말려드는 경우가 많다. 그러나 만약 내가 존재에 대한 온전한 지식을 가지고 세상을 살아간다면, 하루하루 생계를 위해 가계부를 쓰면서 애써 미래의 소비를 예측하고, 급여를 조절할 필요가 없다. 왜냐하면 그러한 예측과 조절 이전에 나는 이미 내가 무엇을 할 것인지 알고 있기 때문이다. 만약 내가 존재에 대해 불변의 이미지를 내 머릿속에 가지고 있다면, 더 이상 철학적 사유 따위를 하면서 시간을 보낼 필요가 없다. 왜냐하면 이미 확고한 지식이 있는 상태에서 배움의 욕구를 느끼기는 힘들 것이기 때문이다.

하지만 그렇지 않다는 것이 우리가 인정해야 할 사실이다. 아리스토텔레스는 이러한 분명한 사실, 즉 유한함과 무지의 상태를 아울러 '가능태'(디나미스)라고 불렀다. 쉽게 말해 아리스토텔레스에게 가능태란 일종의 불안정 노동의 상태라고 할 수 있다. 미래에 내가 이 작업장에서 또는 사무실에서 해고될지도 모르는, 어찌 보면 부당한 운명이 가능태다. 어떤 것이 가능하다는 것은 역으로 말해 완전히 갖추어져 있지 않다는 것이다. 따라서 가능하다는 것은 달리 말해 끊임없이 뭔가를 갖추기 위해 '변한다'는 의미다. 여기에 '생성'의 본질적 의미가 놓인다. 결국 세상이 변하는 만큼 우리도 변하고 그러는 가운데 우리는 존재하는 것, 또는 다른 말로 해서 존재를 '겪어나가는 것'이다.

그런데 아리스토텔레스에게 가능태의 상태는 죽음으로 향해 가는 비극적 운명을 뜻하는 것만이 아니다. 물론 어떤 생명체든 죽지만, 더 큰 우주적 상태에서 보면 그 죽음은 또 다른 탄생을 예비하는 과정에 불과하다. 짧게 봤을 때 인간도 죽음이라는 엄연한 사실을 그저 받아들이기만 하는 것은 아니다. 비극적인 운명이라 할지라도 우리는 하루하루 잘 살아가며, 그렇게 해서 행복을 느끼기도 하고, 슬픔을 느끼기도 하면서 희망을 구한다. 즉 유한성 한가운데에서 우리는 어떤 '목적'을 이루려고 하고, 그것이 이루어졌을 때 작은 성취감에 감사하고, 또 다른 목적을 설정하고 거기 몰두한다. 이를 무언가를 존재하게 만들려는 능동적 자세라고 할 수 있을 것이다. 매번 존재하게 하도록 애쓰는 것, 나를 비롯해서 나의 가족과 더 나아가 문명 전체를 존속시키는 힘은 죽음과는 완전히 상반된 의미에서 또 다른 운명이다.

2. 변하지 않는 것은 변한다는 그 사실뿐이다

아리스토텔레스의 말에 따르면, 이러한 운명이란 '자연의 법칙'과 같은 것이다. 인간이 자연에 속하는 이상, 다른 존재자들과 마찬가지로 거기 따를 수밖에 없음을 함축한다. 사실 이런 생각은 아리스토텔레스가 처음 한 것은 아니다. 아리스토텔레스의 스승(플라톤)의 스승인 소크라테스 이전 철학자들(이들을 '자연철학자'라고 부른다)은 이를 당연하게 생각하는 경향이 있었고, 아테네의 일반 시민들도 마찬가지였다. 이것은 '자연'이라는 일상적인 그리스어 'physis'를 잘 새겨보면 알 수 있다. 이 단어에는 본래부터 '태어남', '발생'의 의미가 들어 있었기 때문이다. 다시 말해 아테네의 필부필부들은 저 난해한 파르메니데스의 '존재'보다 '생성'에 더 가까운 삶을 살아갔고, 사실 우리도 마찬가지다.

대표적으로 "모든 것은 흐른다"(Panta Rhei)라고 하는 유명한 말을 들 수 있는데, 우리나 고대 아테네인들이나 이 문장이 "있는 것은 생성되지 않고 소멸되지 않는다"라는 난해한 문장보다 왠지 더 익숙하게 느껴진다. 전자의 말은 바로 헤라클레이토스(Heraclitus, BC. 540?~480?)의 경구다. 이 철학자의 다른 유명한 경구를 음미해보면 왜 익숙한 느낌이 오는지 알 수 있다.

우리는 같은 강에 두 번 발을 담글 수 없다. (…) 그것은 변화의 급격함과 빠름에 의해서 흩어졌다 또다시 모이고, 합쳐졌다 떨어지며, 다가왔다 멀어진다.[11]

이 세계(kosmos)는 (…) 영원히 살아 있는 불로서 적절한 만큼 타고 적절한 만큼 꺼진다.[12]

세계의 변화양상을 '흐르는 강'이나 '타오르는 불'로 비유하는 이 철학자의 상상력은 그 당시에 '현인'이라고 추앙받던 철학자들의 생각보다 일상인들의 피부에 직접적으로 와닿았을 것이다. 헤라클레이토스 이전에도 물론 세계, 즉 자연을 설명하기 위한 시도는 있었지만, 왠지 경험과는 다소 동떨어진 경향이 있었기 때문이다. 예컨대 탈레스의 '물', 아낙시만드로서의 '아페이론'(aperiron) 등이 그것이다. 이런 것을 '원질' 또는 '원리'라고 하는데, 다음 장에서 이에 대해 좀더 자세히 살펴볼 것이다.

---

11 DK22B91.
12 DK22B30.

라파엘로의 〈아테네 학당〉 다른 부분 확대. 왼편의 인물이 파르메니데스라는 것은 이미 밝혔다. 우측의 심각한 표정으로 앉아 있는 사람이 헤라클레이토스다. 라파엘로가 이 두 사람을 이렇게 가까이 그려놓은 극적 의도는 명백하다. 한 사람은 '존재'의 철학자이고 다른 한 사람은 '생성'의 철학자이기 때문이다.

간단히 개괄하고 넘어가자면, 헤라클레이토스의 물이나 불은 다른 철학자들과 달리 역동적인 원리를 품고 있는데, 그것이 바로 '대립자들 간의 긴장 또는 운동'이다. 철학사에 친숙한 분들은 이렇게 말하면 당장, '변증법'을 떠올린다. 맞는 말이다. 일반적으로 학자들도 변증법의 시조를 헤라클레이토스로 보기 때문이다. 하지만 당시에는 변증법이라는 용어보다 '로고스'(Logos)라는 말이 더 많이 사용되었다. 로고스는 철학 개념 중에서 가장 많은 뜻을 가진 개념이라고 해야 한다. 이 개념은 가장 중요한 철학 개념인데도 흔히 간과하고 넘어가기 쉬우므로 여기서 단단히 정리하고 넘어가야 할 것 같다.

로고스(Logos)는 본래 명사로 쓰이기보다 동사로 쓰였다. 이때 의미는 '셈하다'(to reckon), '말하다'(to speak)였다. 이 동사의 본래 뜻에서 다른 뜻이 파생되어 나온다. 특히 명사형으로 변하면, '이성'(reason), '비례', '척도'의 의미를 가지게 되고, 또한 '법칙'의 의미도 함께 가지게 된다. 여기서부터 로고스는 본격적으로 철학적 의미를 띠게 되는데, 헤라클레이토스는 로고스를 이 마지막 의미, 즉 '법칙'이라는 의미로 광범위하게 쓴다. 즉 '대립과 긴장'의 로고스는 우주의 이성적 법칙인 셈이다. 그리고 그것은 곧, 우리 인간의 이성이기도 하다. 왜냐하면 우리 이성도 우주적인 이성적 법칙 안에 속해 있기 때문이다. 이제 맨 처음 우리가 이야기했던 헤라클레이토스 사상과 종합하면 다음과 같은 역설적인 명제가 가능해진다. 즉 **로고스 안에서 고정불변한 것은 역설적으로 변한다는 그 사실뿐**이다.

우리가 만약 존재와 대결하는 생성의 모습을 보고 싶다면, 이 명제를 음미해야 한다. 헤라클레이토스의 로고스 안에는 그 어떤 고정 불변하는 '존재'도 들어설 여지가 없는 셈이다. 그러나 이 '생성의 대우주'는 이미 보았다시피, 파르메니데스에게서는 '환영'에 불과하다. 그것은 진리의 길이 아니며, 이성의 길도 아니다. 헤라클레이토스는 이러한 존재의 무지막지한 힘에 대적하는 아주 탁월한 고대철학자다. 그런데 결국 철학사의 적자가 된 것은 파르메니데스였다. 플라톤과 아리스토텔레스도 존재와 생성 둘 모두를 취하여 연구 대상으로 삼긴 했지만, 결국 이들도 파르메니데스의 제자들이지 헤라클레이토스의 제자는 아니다. 헤라클레이토스의 제자들은 플라톤, 아리스토텔레스의 학교에 제자들이 넘쳐날 때, 아테네의 다른 곳에서 학교를 열고 상대적으로 소수의 사람들을 가르쳤는데, 이들을 '스토아학파'라고 부른다. 이들이야말로 '생성의 철학'을 대표하는 사람들이다. 그러나 불행하게도 스토아학파에 속한 사람들은 당대의 주류에 속하진 못했던 것으로 보인다. 이들의 철학은 로마 시대에 이르러 주류로 자리잡게 되는데, 그것도 기독교가 들어오고 나서는 순전한 탄압의 대상이 되고 만다.

3. '존재'가 '생성'을 압도하다

그렇다면 과연 어떻게 해서 이런 일이 발생하게 되었을까? 인간 지성 안에서 어떤 계기가 있었기에 그토록 탁월했던 '생성의 철학'이 철학사 안에서 서자 취급을 받을 수밖에 없었을까? 이를 단순히 기독교의 탄압 때문이라고 말하는 것은 너무 무책임해 보인다. 그것은 우선 플라톤의 '이데아론'에 대답이 있을 수 있다.

플라톤이 원했던 것이 일차적으로 '존재의 철학'이라는 점은 의문의 여지가 없다. 하지만 앞서 이야기했던 것처럼 그가 파르메니데스와 같이 그에 집착한 것은 아니다. 플라톤은 이데아들을, 이를테면 '작동'시켜야 했는데, 이를 위해 몇 가지 개념이 요구되었다. 후대의 철학자들은 이를 세 가지로 정리한다. '관여'(methexis), '현현'(parousia), '결합'(koinonia)이 그것이다.

첫째로 '관여'는 현상계의 사물이나 사태가 이데아로 올라가는 것, 즉 상향의 관계맺음을 표현하는 말이다. 영어와 프랑스어로 'participation'이라고 쓰는데, 보통 '참여'라고 번역하기도 한다. 저기 멀리 우리 집 고양이의 이데아가 불변의 실체로 존재하고, 여기 가까이 그루밍을 열심히 하는 따뜻한 체온을 가진 변화무쌍한 다른 고양이가 있는바, 후자가 늘 전자 쪽으로 관여한다는 것이다. 그렇지 않으면 이 따뜻한 체온도, 귀여운 행동도 부질없는 환영이 되어버리고 만다. 플라톤 입장에서 모든 존재자는 이데아에 관여해야 정상이다. 그렇지 않으면 그것은 존재하기를 포기한 상태, 즉 죽은 것과 같은 상태가 된다.

둘째로 '현현'은 말 그대로 '나타남'이다. 이것은 관여와는 반대로 이데아가 현상에 내려오는 작동방식을 말한다. '신의 은총' 같은 느낌을 주는 이 말은 실제로 기독교 철학에서 신의 '임재'를 표현하는 용어이기도 하다. 영어로는 'presence'인데, 이 단어로는 본래의 의미가 잘 드러나지 않으며 독일어인 'Anwesenheit'가 의미를 더 잘 드러낸다. 이 독일어 단어를 풀어헤쳐보면, An(위로)+wesen(본질)+heit(성질)이 된다. 즉 '현상 위로 본질이 내려옴'이다. 여기서 '본질'은 당연히 존재의 본질이다. 다시 말해 우리 집 고양이가 가진 고유한 성질로서의 '귀여움'이나 '사랑스러움'은 지금 고양이 안에 있지만, 그 성질의 본래 고향은 이데아의 세계에 있다는 것이다. 만약 이데아들이 여기 '현현'하지 않는다면, 나는 지금 내 옆에서 자고 있는 이 녀석을 선택하지 않았을지도 모른다.

마지막으로 '결합'이 있다. 이것은 앞의 두 개념이 가진 '일방적인 작용'이 아니라 '상호작용'을 말한다. 즉 이데아와 현상이 동시에 움직이는 것이다. 또한 이데아들끼리의 상호작용을 의미하는 것이기도 하다. 현상이 이데아로 '관여'하면서, 이데아가 현상에로 '현현'할 때 '결합'이 이루어지는 것이다. 또한 '귀여움'과 '사랑스러움'이라는 이데아가 서로 결합하기도 한다. 이 이데아들끼리의 결합은 고양이만 기리긴다고 할 수는 없다. 물론 우리 집 고양이가 귀엽고 사랑스럽지만, 옆집 강아지에도 마찬가지로 이 두 이데아가 현현할 수 있기 때문이다. 따라서 이데아들끼리의 결합이 어떤 현상을 가리키는지는 언제나 달라질 수 있다. 이를 플라톤은 다음과 같이 말한다.

이데아들 각각이 그 자체는 하나이지만, 여러 행위 및 물체와의 결합(koinonia)에 의해서 그리고 이데아 상호간의 결합에 의해서 어디에나 나타남으로써, 그 각각이 여럿으로 보인다.[13]

이렇게 놓고 보면 플라톤의 존재론은 그의 스승인 파르메니데스의

---

13 플라톤 지음, 박종현 역주, 『국가, 정체』, 서광사, 2005, 476a. 이와 아주 흡사한 내용이 본격적으로 전개되는 책은 『파르메니데스』다. "형상 전체가 하나이면서 여럿 각각 안에 있다"(플라톤, 「파르메니데스」, 131a). 플라톤의 이 이론이 현대영미철학에 오면 '속성일치론'이 되는데, 이 이론은 조금 복잡하다. 약간 길지만 설명해보면 다음과 같다. 즉 속성일치론으로 플라톤의 설명틀은 다음과 같이 해설될 수 있다. 즉 a부터 n까지의 대상들이 속성 면에서 일치한다고 할 경우에 어떤 사물 Φ가 있고, 또 관계 R가 있다. 그래서 각각의 a부터 n까지의 대상들은 Φ와 관계 R가 있다. 그래서 각각 a부터 n까지의 대상들은 Φ와 관계 R를 맺는다. 대상들이 모두 아름답다든지 모두 정의롭다든지 하는 것은 a부터 n까지의 대상들이 속성 면에서 일치한다는 것을 의미한다. 이는 대상들이 Φ와 R의 관계를 맺고 있기 때문이다. 플라톤 이래 많은 철학자들은 이 설명틀을 고수해왔다. 그렇다고 같은 용어를 사용한 것은 아니다. 이를테면 플라톤의 '참여'(methexis)라는 용어는 '예시하다'(instantiate) 라든지 '드러내다'(exhibit), 혹은 우리처럼 '예화하다'(exemplify)라고 고쳐 쓴다. 하지만 설명방식은 플라톤과 거의 같다고 보면 된다. 즉 속성 면에서 대상들에게 공통적인 특성, 또는 속성들의 공유가 바로 속성일치의 기반인 것이다(마이클 루 지음, 박제철 옮김, 『형이상학 강의』, 아카넷, 2010, 50 참조). 또한 이렇게 속성일치론을 옹호하는 철학자들을 '실재론자'(realist) 또는 '형이상학적 실재론자'(metaphysical realist)라고 부른다. 형이상학적 실재론자들의 기본 주장은 두 유형/범주의 구분에서 시작된다. '개체'(particulars)와 '보편자'(universal)가 그것이다. 실재론자들은 개체의 특징으로 '특정 시간에 단일한 공간을 차지함'이라는 규정을 부여한다. 그러므로 특정 시간에 공간적으로 떨어져 있는 서로 다른 여러 개체들은 수적으로 하나인 보편자를 완전히 드러낸다(예화한다). 좀더 추론하자면, 서로 다른 유형의 보편자들이 속성일치에 관여한다는 것을 알게 된다. 일반적으로 n개의 개체쌍은 한 관계에 들어섬으로써 일치할 수 있다. 이것은 속성의 일치가 '정도의 차'를 보인다는 것을 의미하기도 한다. 또한 정도의 차는 곧 위계가 설정된다는 뜻이기도 하다. 위계는 정도, 즉 일반성의 정도에 따라 설정되는데, 이 위계는 더 이상 분할될 수 없는 보편자에게 최상의 자리가 마련된다. 이를테면, 색에서 모양으로, 모양에서 종으로, 종에서 공간적 관계로, 또 수로… 이런 식이다. 그래서 개체들과 개체들의 여러 쌍은 속성, 종, 관계 등 여러 종류의 보편자들을 예화한다. 그리고 이러한 보편자들은 더 상위의 속성들을 소유하고, 더 상위의 종에 속하고, 또 더 상위의 관계에 놓이게 된다. 상식에서 출발하여 형이상학으로 가는 길이 이렇게 놓인다(Ibid., 54-55 참조).

것보다 상당히 발전된 것이라고 할 수 있다. 단순히 항구불변하는 존재만이 있고 생성운동은 존재하지 않는다고 단언하지는 않기 때문이다. 그런데 더 자세히 들여다보면 플라톤조차 존재의 우위를 인정할 수밖에 없다는 것을 알 수 있다. 잘 보면 이 개념들에는 현상끼리의 관여, 현현, 결합은 존재하지 않는다. 즉 현상들은 스스로 움직일수 없다. 상호작용을 의미하는 '결합'에도 이데아의 지도가 없이는 아무런 운동도 일어나지 않는다는 것이다. 이를테면 지금 이 글을 쓰고 있는 와중에 창궐하고 있는 코로나바이러스도 우리의 신체를 숙주 삼아 결합하는데, 이 둘을 움직이는 근원은 코로나바이러스와 신체라는 현상이 아니라, 그것들의 이데아라고 할 수 있다. 과학이 밝혀낼 수 있는 한에서 이 결합의 원인은 유전자 수준까지 내려가 파악되겠지만, 더 근본적인 원인은 그 과학이 알 수 없는 어떤 영역에 있다. 비록 바이러스학자들이 백신을 개발할 수준까지 원인 탐구가 진행된다 할지라도 사정은 달라지지 않는다. 우리는 언제나 더 깊은 수준의 원인에 대한 질문, 예컨대 DNA와 RNA를 넘어서는 질문을 할 수 있기 때문이다. 게다가 우리는 또 언제 어디서 지금보다 더 강력한 변종 바이러스가 창궐할지 예측할 수 없다. 즉 이러한 예측불가능성은 우리의 과학이 지배할 수 있는 한계 너머에 있는 이데아의 영역이다. 물론 이 모든 것은 플라톤의 견해에 기대었을 때 가능한 설명들임을 잊지는 말아야겠다. 현장에서 사투를 벌이는 의료진들에게는 이런 해명들을 불요불급한 허튼소리일 뿐이라고 코웃음칠 권리가 있다.

이렇게 해서 플라톤이 아무리 현상들의 운동을 인정하고, 생성소멸하는 과정을 바라보았다 해도 여기에 이데아라는 항구불변하는

'존재'가 수립되어야만 한다. 그렇지 않다면 현상들은, 또는 우리가 매일매일 살아가는 중에 마주치는 이 사물들과 사태들은 바람빠진 스카이댄서 같은 처지가 되고 말 것이다.

이와 같은 과정, 즉 존재가 생성을 압도하는 과정은 아리스토텔레스에게서도 예외가 아니다. 그가 아무리 가능태를 통해 생성을 긍정하고, 현상을 구제하려고 했다 할지라도 결국 그는 존재의 철학자다. 아리스토텔레스에게도 플라톤의 이데아에 상당하는 개념이 있는데, 그것이 '형상'(에이도스, eidos)이다. 형상은 영어로 쓰면 'Form'이다. 말 그대로 형상은 어떤 '형식'이며 '형태'인 셈이다. 그런데 형태는 모르페(morphē)라는 말이 따로 있다. 에이도스는 사물이나 사태의 내적 형식이며 전형이지만, 모르페는 눈에 보이는 그대로의 모습이다. 가령 여기 있는 사과를 우리는 '둥글다'라고 말하는데, 이때 '둥긂'이 형상이지만, 우리는 감각적으로 그것이 그저 둥글다고 여기지는 않는다. 사과의 윤곽은 우리가 둥글다고 칭하는 '원'의 모습과는 많이 다르기 때문이다. 사과가 가진 둥근 형상(에이도스)은 감각적인 그 모습(모르페)보다 더 심원한 것이며, 불변하며, 간단히 말해 '기하학적인 진리'다. 우리가 아무리 사과를 보고, 만지고 한 입 베어 문다 해도 그 진리를 느끼지는 못한다. 형상은 사유의 대상이며, 그것을 통해서만 도달할 수 있는 '존재 자체'다.

아리스토텔레스의 이런 생각은 어째서 그가 가능태 외에 '완전태'(entelecheia)를 상정하는지를 알 수 있게 해준다. 완전태는 가능태가 생성해가는 목적이자 원인이다. 삶으로 치자면, '인생목표' 같은 것이겠다. 어린아이에게 '너는 꿈이 뭐니?'라고 물을 때, 이는 목적을 묻는 것이기도 하지만, 동기를 묻는 것이기도 하다. 그 아이의 꿈은 저 멀리 있지만, 그것이 원인이 되어 오늘의 삶을 꾸려갈 것이기 때문이다. 이러한 완전태는 (완전히 똑같지는 않지만) 사실 '형상'에 가깝다. 그것이 완전무결하고, 불변하며, 감각적이지 않고, 존재 자체라는 점에서 말이다. 따라서 우리가 아리스토텔레스를 따른다면 모든 현상적인 사물이나 사태는 형상과 완전태라는 존재 자체의 기초 골격이 없으면 의미없다고 말해야 한다. 이를테면 소로(Henry David Threau, 1817~1862)가 '삶의 정수'(all the marrow of life)를 대면하기 위해 월든 숲으로 들어간 것은 이러한 존재에 대한 갈급함이 저 덧없이 생성하는 삶의 천박함(meanness)보다 더 의미 있기 때문이었다. 그것은 '삶의 본질적인 사실'(the essential facts of life)이다. 아리스토텔레스나 플라톤의 경우도 이와 마찬가지다. 그들이 고대 아테네의 숲을 거닐 때, (우주의 생애에 비추어) 그리 멀리 떨어지지 않은 시대와 공간에서 소로도 동일한 고민에 휩싸여 있었던 셈이다.

3 또 다른 계보-현대철학의 스승들

1. 생성의 아이

현대철학을 들여다보기 위해서는 다시 헤라클레이토스라는 위대한 스승을 만나야 한다. 이미 인용한 문장들 외에도 헤라클레이토스의 단편들은 수수께끼 같은 말들로 정평이 나 있다. 그중에서도 다음의 한 문장을 보자.

아이온은 장기를 두면서 노는 아이, 왕국은 아이의 것이니.[14]

여기 등장하는 '아이온'(Aion)은 시간을 상징하는 그리스 신의 이름이다. 이 단편은 겉보기에는 시간이 장기를 두고, 아이인 데다가, 왕국의 소유자라는 의미를 담고 있다. 그런데 이 말은 시적으로 아름답긴 하지만, 철학적으로는 전혀 무의미한 것처럼 보인다. 시간이 어린아이라니! 하지만 이 아름답지만 모호한 문장이 이후 생성의 철학자들을 매료시킨 이유는 이 '시간의 아이'가 우리가 익히 알고 있는 '시간'적 특성을 가지지 않기 때문이다. 아이온은 규칙을 지키지만, 아이답게 언제나 예측불허의 행동을 한다. 즉 여기서 규칙은 역설적이게도 우연적이고 우발적이다. 이에 따라 아이온은 우주 전체를 지배하는 시간의 왕이긴 하지만 표준적인 모델을 따라 통치권을 행사하기보다, 항상 그 모델을 거스르는 방식으로, 갑작스럽게 우리를 다스린다. 이를테면 이 시간은 사랑스러운 연애의 시간, 첫사랑의 돌연한 침입과 같다. 베르테르가 "내 영혼이 온통 (…) 사로잡혀 있다"고 말하는 로테와의 첫번째 만남, 또는 작가인 오스카 와일드가 동성 애인인 더글러스를 처음 보았을 때 느낀 그것, "내 존재 전체, 영혼 전체, 아니 내 예술까지도 빨아들일" 정도라고 말했던 그 극심하고 매혹적인 '공포감'이 그런 것이다. 혹은 기다림의 시간, 그저 그런 기다림이 아니라, 가슴 두근거리는 그런 기다림이라면 아이온의 시간에 속한다고 할 수 있다. "다가오는 모든 발자국" 소리가 모조리 가슴 속에서 "쿵

---

14 DK 22B52.

쿵거리는"[15] 그 시간, 압도적이면서도 황홀하게 떨리는 그러한 생생한 시간.

이런 시간이 특별하다는 것은 우리 모두가 알고 있다. 이는 보통 우리가 알고 있는 그 '시계의 시간'이 아니라, 체험의 시간이며, 강도적 (intensive) 시간이고, 그래서 매번 새롭기 때문이다. 보통 시간의 정의는 '크로노스'(Chronos)라고 하는데, 이 시간은 그저 평범하게 흘러가는 표준모델이다. 이 시간은 예측가능하며, 측정가능하고, 매번 같은 것의 반복이므로 지루하다. 결국 우리에겐 두 가지 시간의 선택지가 있는 것처럼 보이는데, 동일한 것으로 시계 안에 갇힌 크로노스와 그 반대편에서 시계를 부수고, 늘 동일하지 않은 것으로 들이닥치는 아이온의 시간이 그것이다. 존재와 생성은 이 두 시간에 상응한다. 즉 크로노스는 변하지 않고 멈춘 '존재'의 시간이며, 아이온은 변화무쌍하며 언제나 움직이는 '생성'의 시간이다. 하나는 동일한 것의 반복이며 다른 하나는 차이 나는 것의 반복이다. 이 두 시간은 대립적이기도 하지만, 인간이 조작할 수 없다는 점에서 같기도 하다.

그래서 스토아 철학자들은 이 두 시간 사이에 어떤 탁월한 인간의 의지를 새겨놓고자 했는데, 그 의지의 시간을 '카이로스'(Kairos)라고 부른다. 이 시간은 크로노스의 규칙성과 아이온의 우발성을 연결한다. 그래서 존재와 생성을 인간의 능력이 닿는 한도 내에서 잘 배열함으로써 유용하게 만든다. 스토아 철학자들은 이와 같이 시간을 다루는 기술을 '에우카이리아'(eukairia), 즉 '적기'(適期)라고 불렀다. 적

---

15 황지우 지음, 「너를 기다리는 동안」, 『게 눈 속의 연꽃』, 문학과지성사, 1991, 14-15.

기는 인간의 의지가 개입하여 난만한 우연들을 필연 쪽으로 끌어모으고, 무지막지한 필연을 목적에 종속시키는 기술이다. 동시에 적기는 이 기술이 발휘되는 바로 그 시공간을 의미하기도 한다. 이를테면 우리가 2020년에 맞이한 코로나바이러스는 아이온의 시간에서 도래한 낯선 광증이지만, 과학의 한도 내에서 필연의 산물이며, 크로노스의 시간 위에서 착착 진행된다. 하지만 이것이 궁극적으로 어디서 유래했는지, 그리고 어디로 향해 갈 것인지 아무도 모른다. 이 무지의 상태에서 우리는 공포와 전율을 느끼지만, 한편으로 우리는 '적기'를 찾아간다. 방역을 실시하고, 사회적 거리두기를 하며, 저 우연과 필연을 조절하고, 유용한 무언가로 바꾸기 위해 안간힘을 쓴다. 이 과정 전체가 바로 카이로스의 시간이며, 만약 우리가 결정적인 사건을 만들어 낸다면(예컨대 백신의 발명 혹은 사회 전체의 개조) 카이로스는 '적기'로 변모할 것이다.

따라서 시간 안에서 생성은 더욱 역동적인 형상을 드러내는데, 그러한 형상들이 취합되고 배열되었을 때 우리는 '역사' 또는 '자연사', 그리고 그 안에서 '진보와 퇴보', '진화와 멸종'을 만나게 된다. 이렇게 시간을 전체적이고 선형적으로 그릴 수 있게 되고, 그 안에 일종의 역사적 인간이라는 새로운 주체성이 들어선 때는 고대나 중세가 아니라 근대라고 할 수 있다. 학자들은 대체로 이 시기의 세계관 또는 멘탈리티(mentality)를 '근대성'(modernity)이라고 부른다. 그런데 역설적이게도 존재와 생성이 이토록 역동적으로 갈마드는 근대성 안에서, 사람들은 그 존재와 생성이라는 철학적 주제를 상실하게 된다. 이를테면 합리성과 경험 또는 실험의 힘을 안 근대인들에게 그러한 주제는 과도하게 추상적이다. 게다가 근대적 사회체제의 총아인 자본주의의 입장에서 형이상학은 문자 그대로 쓸모없는 고담준론일 뿐이다.

2. 근대 안에서 존재를 망각하다

그래서 우리가 통상 '근대'라고 지칭하는 17세기에서 19세기까지의 시기는 형이상학 또는 존재론이 사라진 때라고 해도 과언이 아니다. 그래서 이 시기에는 보다 실재적이고 그 생산성이 보장된 학문영역이라고 할 수 있는 실증주의, 경험론, 정치사회철학, 경제학 등이 주류가 되어간다. 물론 이때 존재와 생성에 관한 사유가 완전히 사라진 것은 아니다. 데카르트, 라이프니츠, 그리고 스피노자의 존재론은 중세 신학의 어두운 터널에서도 사유가 길을 잃지 않도록 꽤나 성능 좋은 내비게이션 역할을 했다. 그렇지만 이들의 존재론도 당대의 '과학'의 발전을 기저로 삼고 있음을 간과해서는 안 된다. 이 세 사람 모두가 과학자이자 수학자였으며 라이프니츠의 경우에는 정치가이자 관료였다는 점을 알아야 한다. 수학적 사유의 대전환이었던 미적분학의 발견은 데카르트와 라이프니츠로부터 시작된다.

하지만 큰 흐름이 탈형이상학, 탈존재론이었음은 변함이 없다. 그렇다면 무엇이 철학에 남겨졌던 것일까? 이 질문에 대한 대답은 그 유명한 데카르트의 명제, '나는 생각한다. 고로 존재한다'(Je pense donc je suis)에 아로새겨진 저 '나'(Je)라는 단어가 상징적으로 말해준다. 바로 '주체'다. 6장에서 자세히 말하겠지만, 근대의 '주체론'은 인간의 발견을 통해 중세 신학적 전통에 균열을 내고, 과학의 발전을 추동하였고, 21세기 인간인 우리가 진정한 의미에서 '문명'이라고 말할 수 있는 기술문명을 열어젖힌 근본틀이다. 하지만 다른 것도 그렇듯이 주체론에도 명암은 있는 법이다.

근대적 주체론이 그 악명 높은 '인간중심주의'(Anthropocentrism)를 초래했고, 그 결과 지금의 심각한 환경파괴를 야기했음은 잘 알려진 사실이다. 게다가 이로 인해 존재론에도 애꿎은 피해가 발생했다. 우리는 이것을 다소 시니컬하게 '반-코페르니쿠스 혁명'이라고 부를 것이다. 이 혁명(혹은 반혁명)의 핵심은 '존재의 망각'이라고 할 수 있는데, 우리는 그 대표적인 철학자로 주저 없이 칸트를 소환할 수 있다. 그러고 보면, 칸트는 자신의 철학을 '코페르니쿠스적 혁명'이라고 자평했지만, 이는 스스로에 대한 오인으로 보인다. 왜냐하면 그의 '이성 비판'은 사실상 존재론을 부차적으로 만들고, 인간 주체의 이성적 '능력'에 대한 과도한 확신으로 철학을 이끌었기 때문이다. 이를 '인식론적 전회'(epistemological turn)라고도 한다. 즉 말 그대로 이때부터 인간은 눈앞에 보이는 세상 만물보다 내가 그것을 '어떻게 알 수 있는가?'라는 다소 회의적인 질문에 '먼저' 답해야 하는 처지에 놓였다. 이는 공교롭게도 우주를 바라볼 때 신학적 전제가 아니라, 오로지 천체의 운행이라는 존재 현상에 집중해서 '지동설'을 설계한 코페르니쿠스의 가르침과는 반대 방향이다. 그러므로 칸트의 인식론에서도 분명한 것은 인식주체의 중심성이다. 고대로부터 이어온 '현상의 구제'라는 커다란 프로젝트는 칸트에 와서 '현상=잡다'가 됨으로써 좌초된다. 이와 더불어 경험은 부차화되고, 시공간은 인식주체의 어떤 감성적 형식으로 전락했다. 사정이 이러하니 '존재론의 부활'을 꿈꾸는 현대철학자들에게 칸트는 앞서 코기토를 전면에 내세운 데카르트와 더불어 주요한 타격 목표가 된다.

3. 존재론의 갱신

산업혁명과 과학혁명의 시대를 지나 20세기에 이르면 존재론의 복권이 새롭게 시도된다. 그런데 이때의 복권은 존재론의 그 '존재'가 아니라 '생성'의 측면이 더 강조되는 방식이다. 대표적인 철학자가 바로 니체(Friedrich Wilhelm Nietzsche, 1844~1900)다. 최근에는 하도 많은 사람들이 니체를 연구하고 셀 수 없을 정도의 대중 철학서가 니체를 다루기 때문에 우리는 니체가 예전부터 꽤나 유명했으리라는 착각을 하곤 한다. 하지만 철학사 교과서에 니체가 철학자로서 제대로 다루어지기 시작한 것은 얼마 되지 않았다. 철학사가들에 따르면 그 시작은 대체로 하이데거의 1936~1940년 프라이부르크 대학 강연이다.[16] 여기서 니체는 비로소 철학자로 대우 받는다. 그전에는 '신은 죽었다'라는 명제가 불러일으킨 다소 센세이셔널한 반응과 더불어 '초인' 사상[17]이 주로 문학적인 방식으로 다루어졌다. 하이데거는 이런 저간의 니체 사상을 '형이상학'의 수준으로 올려놓았다. 즉 그는 니체를 '주체 중심으로서 근대 형이상학'의 최후이자 완성이라고 보았다.

그런데 최근의 현대철학자들은 하이데거의 니체 해석과는 달리 니

---

16 이 강연은 책으로 엮여 나왔는데, 한국어 번역본은 '하이데거 지음, 박찬국 옮김, 『니체』 1권~2권, 길, 2010;2012'가 있다.

17 초인 사상의 아이디어가 전적으로 니체의 것이라고 하기는 힘들다. 연구자들은 대체로 에머슨(Ralph Waldo Emerson, 1803~1882)의 영향력을 인정한다. 그는 니체와 거의 동시대에 살면서 니체의 '초인 사상'에 영향을 준 미국의 문필가다. 그의 수필에서 쓰인 'The Over-Soul'(초영혼)이란 용어는 니체의 'Übermensch'(초인, 영어로는 overman) 개념 형성에 중요한 영향을 끼쳤다.

체를 근대 형이상학을 극복하고 존재론의 새 장을 연 탁월한 사상가로 다루는 경우가 많다. 현대 프랑스 철학자들이 대개 이 축에 속하는 사람들인데, 특히 질 들뢰즈(Gilles Deleuze, 1925~1995)의 『니체와 철학』(1962)은 이 방면에서 획기적인 성취라고 할 수 있다. 들뢰즈를 비롯하여 니체를 중요시하는 현대철학자들이 공통적으로 말하는 바는 하이데거의 주장과는 완전히 다르다. 즉 이들은 니체를 주체성의 철학자가 아니라 오히려 '반주체성'의 철학자이자 '생성의 철학자'로 생각한다. 이로써 니체는 헤라클레이토스와 스토아 철학 이후 주류에서 벗어나 있던 '생성'의 문제를 전면화한, 그리고 과학적 세계관에 맞서 철학적 존재론의 복권을 선도한 철학자로 자리매김된다.

'주체'의 측면은 6장에서 다룰 것이므로 미뤄두고, '생성의 철학자'로서의 니체를 살펴보면 상당히 복잡다기한 사유의 면모가 드러난다. 요컨대 니체에게서 모든 것은 '힘'이며, 그 힘의 생성이다. 힘이 관통해 가는 세계는 마치 전류에 감전된 것처럼 꿈틀댄다. 이쪽에서 힘이 터져 나오면, 저쪽에서 다른 힘이 잦아들고, 그 반대도 마찬가지다. 이러한 힘의 움직임을 니체는 '힘에의 의지'라고 부르며, 운동 자체를 '영원회귀'(ewig wiederkehren)라고 지칭한다. 따라서 '힘에의 의지'와 '영원회귀'가 니체 생성철학의 핵심이다. 이 중 후자는 상당히 오해받을 만한 번역어인데, 그렇다고 마침맞은 말이 딱히 있는 것도 아니다. 니체 저작 번역 초기에는 저 독일어를 '윤회'(輪廻)라고 새기기도 했는데, 이제는 다행히 그런 시기가 지났다. 하마터면 니체를 온전히 불교사상가로 만들 뻔했다.

영원회귀는 윤회와는 판이하게 다르다. 핵심만 이야기하자면 불교의 윤회는 '동일한 것들의 되돌아옴'이지만, 니체의 영원회귀는 '차이 나는 것들의 되돌아옴'이다. 이것이 하이데거가 세심하게 보지 못한 부분이고, 들뢰즈가 새롭게 발견한 지점이기도 하다. 다른 식으로 논하자면, 불교의 윤회에는 동일한 요소들, 즉 다르마(dharma)라는 법칙적 요소들이 동일성을 유지하면서 존재를 구성한다. 때문에 동일한 것의 되돌아옴이다. 하지만, 니체의 영원회귀에는 이런 법칙적 요소들이 없고, 다만 '힘'의 증감, 그 과정의 반복만이 있을 뿐이다. 그렇기에 불교의 입장에서 정원에 서 있는 한 그루의 나무는 뿌리와 줄기, 이파리 등의 물질적 다르마들(이를 색법色法이라고 한다)로 이루어진 것이고, 내가 그것을 보고 인식하고자 하면 다른 다르마들(수상행식법受想行識法)이 거기 보태어진다. 다른 대상을 볼 때에도 이 다르마들, 즉 '동일한' 다르마들은 다시 등장한다. 이렇게 '다시 등장'하는 장면들이 돌고 돌아, 켜켜이 쌓여 윤회가 성립된다(주의하자. 나무 한 그루가 다시 등장하는 것이 아니라, 그것을 구성하는 다르마들이 다시 등장한다!).[18]

하지만 니체에게는 이런 식의 다르마가 존재하지 않는다. 거기에는 오로지 가뭇없는 생성, 힘들의 변화만이 과정 중에 되돌아올 뿐이다. 다시 말해 저 나무 한 그루와 그것을 바라보는 나는 이 과정 중에 오로지 시시각각 차이 나는 힘의 표현일 뿐이다. 앞서 힘의 활동을 전류에 비유한 것은 이 때문이다. 힘은 나와 나무 한 그루를 관통해서 이어주면서, 각각의 개별체들에서 '반복'된다. 마치 감전된 것처럼 사

---

18 물론 이러한 설명방식은 불교철학에서 초기불교와 부파불교의 교리에 해당된다. 이후 대승사상에서는 다소 다르게 전개되는 측면이 있다는 것도 알아두어야 한다. 특히 '공'(空, sun-ya) 사상이 주축을 이루는 중관학이라는 분야에서는 이러한 다르마들조차 실체성을 상실한 채로 전변(轉變)을 거듭한다.

물들은 이 힘들에 반응하여 꿈틀대는 것이다. 하지만 이때 이 반복은 나와 나의 눈, 내 의식, 나무, 나무의 줄기, 이파리 등등 그 개별체들 각각에서 다르게 표현된다. 그렇지 않으면 나무 한 그루와 우리 집 고양이, 그리고 나를 구별해주는 '차이'는 사라지게 된다.

니체의 철학이 새롭게 해석되고 철학사의 일정 안에 기입되면서 깜짝 놀란 사람들은 다름 아니라 철학자들 자신이다. 이는 지금까지 철학자들이 애면글면 유지하려 했던 그 '존재론'이 아니기 때문이다. 이들이 지금까지 보았던 존재론이란, 생성을 압도하고, 가뭇없는 삶을 지탱시켜줄 확고한 기반으로서의 '존재'의 존재론이었는데, 이제 느닷없이 니체가 등장하여 그 가뭇없는 삶의 생성만이 있을 뿐이니 그것을 '긍정하라!'고 외친 것이다. 최근 드라마에서도 인용된 유명한 말을 되새기면 다음과 같다. "몇 번이라도 **좋다!** 이 끔찍한 생이여. **다시!**"[19]

니체의 이 외침이 가진 의의는 비단 존재론의 분야에만 국한되는 것이 아니었다. 니체 이후에 사람들은 다시는 파르메니데스가 설파한 '존재의 길'로 들어설 수 없게 되었을 뿐만 아니라 자기 삶이 가진 이

19　프리드리히 니체 지음, 정동호 옮김, 『차라투스트라는 이렇게 말했다』, 책세상, 2002;2016. 261. 강조는 인용자. 이 구절의 독일어 표현은 "War das das Leben? Wohlan! Noch Ein-Mal!"이다. 그대로 직역하면 "그것이 생인가? 자, 그렇다면, 다시 한번" 정도가 된다. 이렇게 번역하니 꽤나 풀이 죽어버린다. 카우프만(Walter Kaufmann)의 영역판에서는 "Was that life? Well then! Once more!"라고 되어 있는데, 이것도 독일어 직역에 가깝다(Friedrich Nietzsche, *Thus Spoke Zarathustra: A Book for All and None*, (trans.) Walter Kaufmann, Middlesex, England: Penguin Books, 1954;1980. 157). 한국어판도 1판에서는 위 본문 인용문과 같이 옮기고 그 다음 판본에서는 "그것이 생이었던가? 좋다! 그렇다면 다시 한번!"으로 상당히 싱겁게 수정했다. 개인적으로는 최초의 저 번역이 더 생생하고, 니체의 뜻을 더 잘 전달한다고 본다. 어쨌든 여러 영화와 드라마에서 인용되어 사람들에게 잘 알려진 이 말을 단순히 '운명애'(amor fati)라고 이해하면 상당한 오해를 수반하게 된다. 이것은 '두 번의 긍정'과 차이 나는 반복으로서의 영원회귀를 함축한다. 이에 대해서는 바로 아래에 설명한다.

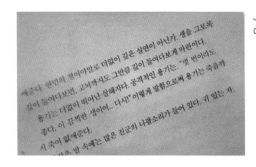

JTBC 드라마 〈이태원 클라쓰〉
에서 니체가 인용되는 장면

상한 모순을 긍정하지 않을 수 없게 되었다. 밀란 쿤데라는 이 모순과 그것의 당혹스러움을 다음과 같이 써내려가면서, 그의 탁월한 소설을 시작한다.

영원회귀는 아주 신비스러운 사상이다. 니체는 이 사상으로 많은 철학자들을 어리둥절하게 만들었다. 모든 것이 그 언젠가는 이미 앞서 체험했던 그대로 반복된다는 것이다. 이 반복 또한 무한히 반복된다는 것! 이 **어처구니없는** 신화가 말해주는 것은 무엇일까?[20]

반복에 반복이 겹치는 우리의 삶이란 어떤 것일까? 이는 뭔지 알 수 없는 것에 붙잡혀 평생 되풀이되는 감옥의 삶을 견딘다는 것이다. 이것은 삶이 "그림자에 불과"하고, "아무런 무게도 없는 하찮은 것이며 처음부터 죽은 것과 다름 없다는" 깨달음이다.[21] 그리고 이 깨달

20　밀란 쿤데라 지음, 이재룡 옮김, 『참을 수 없는 존재의 가벼움』, 민음사, 1988, 11. 강조는 인용자.

21　Ibid.

음은 공포를 수반한다.

> 만약 우리 삶의 순간순간이 모두 수없이 반복된다면 우리는 예수 그리스도가 십자가에 못박혔듯이 영원히 못박힌 꼴이 된다. 너무나도 무서운 생각이다.[22]

실제로 니체 자신이 이 '무서운 생각'의 심연을 들여다보다가 자신의 주체성을 상실하는 정신이상의 지경에 이르렀다고 추정할 수 있다.[23] 정말 무서운 사상임에 틀림없다. 그리고 우리는 이 공포에서 고대철학의 사상가들이 느꼈던 그 '허무주의의 분위기'를 다시 보게 된다. 의미 없는 삶, 의미 없는 역사, 의미 없는 우주의 냉혹함 등등.

그런데 현대철학에 '생성'의 활력을 불어넣은 니체가 밀란 쿤데라의 염려처럼 그토록 잔인하게 삶을 단죄한 사상가는 결코 아니다. 앞서 말한 것처럼, 니체의 이 '생성'은 차이 나는 생성이다. 사실 동일한 것이 반복된다는 것은 끔찍한 일이긴 하다. 하지만 여기에 '긍정'이라는 인장(印章)이 새겨지면 사태는 완전히 뒤바뀐다. 이제 반복의 무거움이 긍정을 통해 한없이 가벼운 춤이 될 수 있다. 이 되돌아오는 삶을 긍정하는 순간, 모든 것이 뒤바뀐다. 즉 허무주의가 단숨에 나의 '힘'을 강화하는 단순한 하나의 계기가 되고, 나는 새롭게(즉 차이 나게)

---

22 Ibid., 13
23 홀링데일(Reginald J. Hollingdale, 1930~2001)의 니체 평전(김기복, 이원진 옮김, 『니체, 그의 삶과 철학』, 이제이북스, 2004)을 보면 니체의 정신이상이 단지 매독균에 의한 뇌병변에 따른 것이라는 주장이 근거가 허술함을 알 수 있다. 그것은 일종의 '형이상학적 뇌질환'이라고 할 수 있지 않을까? 그를 평생 괴롭혔던 두통은 그것이 밖으로 드러난 것이 아닐까?

시작할 수 있게 되는 것이다. 이 순간 이후부터 나는 허무주의를 계속 긍정함으로써, 또는 니체의 말을 따르자면, 그 "심연을 마주함"으로써 나의 힘을 강화할 수 있다. 마치 거대한 적수 앞에서 더 끓어오르는 활력처럼 나는 이제 회피하지 않게 된다.

이것을 좀더 생생하게 느끼는 좋은 방법이 있다. 니체가 '두 번의 긍정'이라고 말한 것을 직접 실험해보는 것이다. 앞서 인용한 니체의 말을 가져와보자. 일단 허무주의가 등장하는 순간 우리는 이렇게 느낀다.

아, 이 끔찍한 생이여!

하지만 이 끔찍한 생을 토로하는 문장의 앞에 첫번째 긍정의 인장을 찍어보자. 그러면 이렇게 된다.

몇 번이라도 **좋다!** 이 끔찍한 생이여,

이 선언을 통해 나는 삶의 비극을 회피하지 않고 당당하게 맞선다. 그리고 두번째 긍정.

몇 번이라도 좋다! 이 끔찍한 생이여. **다시!**

이 두번째 긍정에 이르러 나는 이미 허무주의를 가볍게 뛰어넘는다. 그리고 이 '다시, 또다시'는 영원회귀를 그저 견디는 것이 아니라,

그것을 오히려 원하는 상태, 그렇게 함으로써 나를 굴복시키려는 허무주의를 오히려 나의 힘을 강화시키는 계기로써 반복하는 상태로 만드는 것이다. 이제 반복은 한없는 나락이 아니라, 무한한 힘의 고양이 된다. 그래서 '나는 영원회귀를 간절히 원한다!'

우리는 이제 니체를 통해 생성의 철학이 새로운 존재론으로 복귀하는 현대철학의 장면들을 여럿 보게 될 것이다.

* * *

이 장에서 우리가 다룬 '존재와 생성'은 단지 시작일 뿐이다. 사실 이 두 개념이 함축하는 바가 다른 개념들에 비해 말 그대로 더 장대하기 때문에, 뒤의 장들에서도 매우 자주 상기될 것이다. 그리고 우리는 현대철학자들에 대해서는 단지 눈곱만큼만 이야기했을 뿐이다.

할 말이 많이 남았다. 앞으로 더 나아가보자.

제2장

원리와 원인

앞선 1장에서도 종종 등장했던 이 두 개념은 대조되는 면이 있지만, 서로 잘 연결되는 측면도 많다. 그리스어 어원을 살펴보면 원리는 아르케(archē)이고, 원인은 아이티아(aitia)다. 전자는 '시원', '시초', '으뜸'이라는 의미이고, 후자에는 그런 의미보다 '~탓', '물어 밝힘'이라는 의미가 강하다.

이와는 다른 측면에서 이 개념의 어원에 접근해보자. 그러면 원리(아르케)에 '명령', '권위', '지배', '첫째 권력'이라는 정치적 함축이 따라온다는 것을 알 수 있다. 실제로 고대 그리스의 최고 권력자를 칭하는 용어가 아르콘(archon)인데, 이 말은 아르케와 친족어다. 이와는 달리 원인(아이티아)은 '사건의 귀책', '~로부터 야기됨'이라는 법적 함축이 있다. 즉 법정에서 쓰이던 용어다. 이를 종합해보면, 원리는 '세계를 지배하는 첫번째 힘'이고, 원인은 '사건이 유래하는 장소'가 된다.

그러므로 이 개념들을 한자어로 옮길 때, 둘 다 '원'(原)이라는 말을 쓴 것은 개념의 공통 의미를 매우 잘 드러낸다. 이 한자는 '물이 흘러 나오는 샘'을 형상화한 것인데, 일종의 '첫번째 장소'를 가리키기 때문이다. 그런데 이 둘에 속한 서로 다른 의미, 즉 정치적 함축과 법적 함축을 살펴보면, 원리는 '명령한다'는 하향(top-down)의 방향을 가리키는 반면, 원인은 '캐묻는다'라는 상향(bottom-up)의 방향성을 가진다는 것을 추론할 수 있다. 따라서 철학적으로 더 세심하게 규정하자면, 원리는 존재와 존재방식에 가까운 반면, 원인은 인식과 인식과정에 더 가깝다. 그래서 '제일 원리'(first principle)라고 하면 '본래 거기 있는 존재'이지만, '제일 원인'(first cause)이라고 하면 '첫번째 것으로 발견된 바'가 된다.

1 만물은 △△△…이다

1. 고대 자연철학자들의 원리론

그렇다면 존재론의 측면에서 '원리'라고 할 때 우리는 '원리란 우주와 인간의 지배 요소'라고 해야 한다. 그것은 대자연에게 '존재하라!'라고 명령하는 어떤 지배자-군주다. 고대 그리스인의 머릿속에서 원리, 즉 아르케란 『일리아스』에 등장하는 아가멤논이나 아킬레우스처럼 삼단노선을 지휘하는 위대한 영웅들이지 않았을까? 거기 복종하는 군단의 전사들(자연의 다른 하위 요소들)은 각자의 자리에서 함선을 앞으로 나아가게 한다. 그리고 육지에 올라와서는 일사불란하게 밀집방진(Phalanx)을 이루어 페르시아의 코끼리 부대를 물리친다. 앞서 말

밀집방진 대형의 모습

한 것처럼 '원리'가 가진 정치적 함축을 따라 이런 상상을 해보면 그
것이 고대인들에게 상당한 영향력이 있는 (이론이 아니라) '서사'였음을
추론할 수도 있다.

　서양 사상의 여명이 고대 아테네 세계로부터 움터왔다는 것은 누
구나 인정하는 바다. 물론 이집트 문명으로부터 일정 정도 영향을
받은 것도 최근 들어 인정되고 있지만, '철학'이라고 불릴 만한 사유
의 운동, 즉 신화가 아니라 합리적 이론, 유용성이 아니라 탐구 그 자
체의 가치로서 사유는 오롯이 아테네의 공이라고 해야 할 것이다.
이 사유의 운동에서 최초로 등장한 사람들을 우리는 '그리스 자연
철학자들' 또는 '소크라테스 이전 철학자들'이라고 부른다. 대체로 기
원전 7세기에서 5세기 상간에 활동했던 이 사람들은 당시에는 철
학자(philosopher)라고 불리기보다(그런 말 자체가 익숙지 않았다), '현
자'(sophistes)라고 불렸다. 그런데 자연철학자들 이전에도 현자들은
있었다. 하지만 이때의 현자들은 삶의 경구 같은 것을 읊으며 사람들
을 계도하는 수준이었을 뿐, '원리' 따위에는 그닥 큰 관심은 없었던
것으로 보인다.

　한가하고 우아하게 교훈들을 툭툭 내뱉던 현자들과 달리 이 현자

들(자연철학자들)은 말 그대로 '몰두'했다. 어디에? 자연 그 자체에 말이다. 그게 어느 정도였는지 알 수 있는 다음과 같은 유명한 일화가 있다.

> 탈레스가 천체 연구를 하느라 하늘을 쳐다보다가 우물에 빠졌다. 이를 본 트라케아 출신의 재치 있고 어여쁜 하녀가 이렇게 말하며 놀렸다. "그 사람은 하늘에 있는 것들을 알려고 그토록 열중했지만 자기 바로 발치에 있는 것은 못 보고 말았지."[1]

플라톤이 자신의 책에서 전하는 이 일화의 주인공은 고대 그리스에서 최초의 '철학자'라고 불리는 탈레스(Thales, BC. 626~548)다. 여기서는 천체 연구에 몰두한 사상가로 그려지지만 그가 생각한 '원리'는 대지를 적시는 '물'이다. 사실 탈레스 이후로 아낙시만드로스(Anaximandros, BC. 610~546), 아낙시메네스(Anaximenes, BC. 586~526)가 등장하고, 우리가 익히 알고 있는 피타고라스(Pythagoras, BC. 570~495)가 그 뒤를 잇는다. 이 외에도 소크라테스와 비슷한 시기에 살았던 엠페도클레스(Empedocles, BC. 494~434)와 아낙사고라스(Anaxagoras, BC. 500~428)도 있다. 그리고 앞서 1장에서 살펴본 파르메니데스와 헤라클레이토스도 이들 '자연철학자'들이 살았던 기간에 활동했다.

이 사람들은 탈레스가 그러했듯이 모두 '만물은 △△△…이다'라고

1　플라톤 지음, 정준영 옮김, 『테아이테토스』, 이제이북스, 2013, 174a.

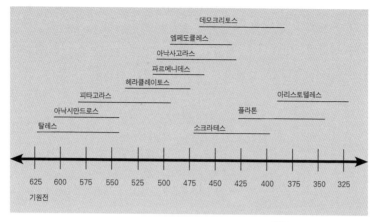

고대철학자들의 생몰년 비교

한마디로 규정하는 것을 좋아했던 것 같다. 이런 식의 규정을 좋아한 철학자들을 철학사가들은 '밀레토스학파'라고 부른다. 거칠게나마 간추리면 다음과 같다.

탈레스: 만물은 물이다.

아낙시만드로스: 만물은 아페이론(apeiron)이다.

아낙시메네스: 만물은 공기다.

피타고라스: 만물은 수(數)다.

헤라클레이토스: 만물은 로고스(불)다.

엠페도클레스: 만물은 네 가지 리좀(rhizome)이다.

아낙사고라스: 만물은 정신(nous)의 운동이다.

이렇게 놓고 보면 이들 자연철학자들이 우주를 지배하는 원리를 너무 단순하게 본 것은 아닌가 싶지만, 그렇지 않다. 물론 소크라테스 이후 철학이 이들보다 더 복잡다기한 논증으로 구성되는 것은 확실하다. 그렇지만 그러한 복잡한 논증이든 이러한 단순한 규정이든 간에 거기에는 '원리에 대한 욕망'과 같은 것이 있음이 분명하다. 즉 우리가 사는 이 세계를 어떻게든 '설명'하고 '이해'하려는 욕망이다. 이를 우리는 '철학적 야심'이라고 할 수 있다. 이 야심은 지금까지도 철학자라면 누구나 가지는 건강한 마음의 지향이다.

2. 몇몇 특이점들

사실 이들 철학자들 중 상대적으로 복잡한 논증을 펼친 철학자가 셋 있는데, 헤라클레이토스, 엠페도클레스, 아낙사고라스다. 또한 탈레스의 제자인 아낙시만드로스도 '아페이론'이라는 개념으로 스승과는 달리 다소 추상적이고 심오한 원리론을 펼쳤다고 할 수 있다. 이들이 왜 특이하냐면 '운동과 생성'을 원리론의 핵심으로 취급하기 때문이다.[2] 눈치챈 분들도 있겠지만 이 오래된 시기에도 존재냐 생성이냐가 어렴풋한 선택 사항으로 철학자들의 정신에 맴돌고 있었다는 것을 알 수 있다.

일단 헤라클레이토스는 앞선 장에서 논했으므로 미뤄두고, 아낙시만드로스부터 한번 살펴보자.

---

2 이들 밀레토스학파의 운동과 생성이 아니라 존재 자체를 탐구한 철학자들은 '엘레아학파'에 속한다. 이들은 생성하는 것은 아무런 의미가 없고, 오직 움직이지 않는 존재만이 가치 있다고 보았다.

(1) 아낙시만드로스의 새로운 발견

아낙시만드로스의 탁월함은 당시에 자신의 스승마저도 생각하지 못했던 특유한 원리를 생각해냈다는 데 있다. 탈레스가 '물'이라는 특정한 구체적 요소를 근원적인 원리로 파악하는 데 비해, 보다 추상적인 '아페이론'(Apeiron)을 원리로 상정한 것이다. 아페이론은 '한정(peras)이 없음(a-)', '부정'(否定)을 의미하며, 그래서 보통 '무한정자'로 번역된다. 한 가지 유의해야 할 점은 아페이론이 추상적인 요소라고 해서 물질적이지 않다고 보는 것은 허용되지 않는다는 사실이다. 지금으로선 다소 상상하기가 힘들지만 아페이론은 자연, 즉 피시스(physis)이며, 가장 근원적인 물질이다. 철학사가들은 아낙시만드로스가 '물'이라는 스승의 원리가 가진 일면성을 매우 불만족스러워했다고 전한다. 왜냐하면 우주 만물은 '물' 외에 그와 대립하는 '불'도 있으며, 다소 중립적인 대지도 있고 공기도 있기 때문이다. 그의 생각에 이 모든 것들을 아우르는 근원적인 피시스가 존재해야만 했고, 그것을 고대 신화 속에 있던 카오스(Chaos, 혼돈)에서 찾았을 것이다. 카오스야말로 모든 물질이 뒤섞인 최초의 상태이기 때문이다. 게다가 이 최초의 상태는 최후의 상태이기도 하다. 아낙시만드로스의 말을 들어보자.

> 그로부터 모든 사물들의 생성이 이루어지는 바로 그것으로 만물은 정해진 법도에 따라 다시 소멸되어 되돌아간다. 만물은 시간의 질서에 따른 불의에 따른 벌과 보상을 서로에게 지불한다.[3]

여기에는 크게 봐서 두 가지 의미의 원리론이 뒤얽혀 전개된다. 하나는 자연학적인 것으로서 생성의 원리이며, 또 다른 하나는 윤리적인 것으로서 정의의 원리다. 전자의 경우 아페이론은 모든 대립하는 것들(지수화풍, 온냉건습)이 발생되어 나오는 근원이다. 여기서 나온 대립자들은 서로 자신을 내세우고, 타자를 침식한다. 이때 후자의 윤리성이 발현되는데, 왜냐하면 이렇게 내세우고 침식하는 과정에서 정의로운 질서가 무너지기 때문이다. 하지만 질서의 붕괴는 그에 합당한 벌을 야기한다. 그리고 정의가 다시 세워짐으로써 보상이 이루어진다. 벌을 통해 소멸해가는 것들, 보상으로 인해 새로 생성되어 나오는 것들, 그리고 시간의 질서에 따라 자리잡는 코스모스(우주, 조화)는 마치 폭풍과 적요가 갈마드는 그리스 지중해의 변덕스러운 날씨처럼 종잡을 수 없다. 그래서 아페이론, 즉 무(a-)한정(-peras)이다(=apeiron).

(2) 엠페도클레스와 네 가지 뿌리들

고대 자연철학자들 중 아마도 가장 특이한 원리론을 전개하는 철학자가 이 사람일 것 같다. 엠페도클레스는 무엇보다 사물의 생성-사멸을 부정하는 파르메니데스의 논변을 그대로 이어받는다. 하지만 그도 여러 '생성의 철학자들'과 마찬가지로 '하나'라는 것이 '여럿'과 어떻게 조화될지에 대해 고심했다. 그는 "전에 있지 않았던 것이 생겨난다"는 생각과 "완전히 파멸한다"는 생각을 어리석다고 여긴다.[4] 그러므로 "있는 것(eon)은 (…) 누군가가 끊임없이 어디에 놓더라도 (…) 늘

---

3 DK12A9, B1.
4 DK3B11.

거기에 있"게 된다.[5]

여기서 '에온'(eon)은 앞 장에서 중요하게 다룬 헤라클레이토스의 '아이온'(aion)과 같은 말이다. 따라서 이때의 '존재'란 '영원한 시간'을 함축하게 되는데, 이는 존재에 대한 공간적 이미지가 아니라는 점에서 매우 특이하다. 그런데 사실상 아이온은 일차적으로 시간적 의미를 띠게 되지만, 한편으로 시간과 공간적 함축을 모두 띠는 개념이라는 점에 주목할 필요가 있다. 따라서 에온, 아이온은 헤라클레이토스로부터 시작되는 시공간적 사유 이미지의 전승이라고 볼 수 있다.[6]

이는 매우 특이한 경우다. 왜냐하면 고대철학의 두 맞수인 파르메니데스의 '존재의 철학'과 헤라클레이토스의 '생성의 철학'이 엠페도클레스에게서 거칠게나마 종합되고 있기 때문이다. 그리고 나서 엠페도클레스는 네 개의 뿌리를 말한다.

우선 만물의 네 뿌리들에 대해 들어보게.
빛나는 제우스(Zeus)와 생명을 가져다주는 헤라(Herē)와 아이도네우스(Aidōneus),
또 그녀의 눈물로 가시적인 샘들을 적시는 네스티스(Nēstis) 말일세.[7]

---

5 DK31B12.
6 시간과 공간을 따로 사유하는 것은 사실상 엘레아학파에서부터이다. 이러한 분석적 사유는 당시로서는 많은 사람들을 당혹스럽게 만든 혁신이었지만, 다른 한편으로 보면 시공간 혼합체로서의 우주라는 심오한 사고방식을 쇠퇴시켰다. 엘레아학파의 영향력은 근대에까지 지속되어 공간의 '좌표화'가 이루어지고, 시간은 다루기 까다로운 독립변수가 된다. 그 이후 다시 시-공간을 함께 사유한 사람은 아인슈타인이다. 현대철학에서는 베르그송과 그를 잇는 들뢰즈가 이를 계승했다.
7 DK31B6.

고대인답게 신화적인 메타포를 대거 동원하지만, 여기서 '뿌리들'은 분명 '4원소'다. 제우스는 불, 네스티스는 물, 헤라는 땅, 아이도네우스는 공기다.[8] 이렇게 해서 "그는 이른바 질료 형태의 네 원소들을 말한 최초의 사람"이 된다.[9]

이것은 서양철학사에서 최초로 다원론(pluralist)의 등장을 알리는 말이다. 그런데 한가지 궁금증이 생긴다. 네 가지 원소(stoicheion)를 통해 원리론을 전개하는 것은 당시의 아테네에 통용되던 상식적인 신화적 세계관과 맞아떨어지지만, 왜 그것이 굳이 '뿌리'인가이다. 그 이유는 이 원소들의 특이한 '운동방식' 때문이다.

나는 이중적으로 말하려 하네. 네 뿌리들은 어느 때는 자라나 여럿에서 단지 하나로 되고, 다른 때는 다시 분리되어 하나에서 여럿으로 되기 때문이네.

죽을 운명인 것들에게는 생겨남도 이중이요 떠나감도 이중이로되, 모든 것의 결합이 한 쪽을 낳고 없애지만,

---

8 심플리키오스 단편에 따르면, 이 네 원소는 모두 동등(isa)하지만, "서로 다른 권한(timē)의 주인이고, 각각에게는 자신만의 성향(ēthos)이 있"다고 한다(DK31B17).

9 DK31A37. 아리스토텔레스의 말. 이 단편의 전후 맥락을 옮겨보면 다음과 같다. "엠페도클레스는 따라서 그의 선배들과 이 점에서 다른데, 그는 최초로 이 원인(운동인)의 분할을 도입했다. 그렇게 함으로써 운동의 원천을 하나가 아니라 두 개의 반대되는 힘(사랑과 불화)으로 만든 것이다. 게다가 그는 이른바 질료 형태의 네 원소를 말한 최초의 사람이었다. 그런데 그는 이 네 원소들을 넷이 아니라 오로지 둘로 사용하는데, 한편에는 불이 그 자체의 원소로 있고, 다른 한편에는 그와 반대되는 흙, 공기 그리고 물이 단일한 본성으로 놓여 있다"(아리스토텔레스, 『형이상학』, 985b, 번역수정. Aristotle, *The Metaphysics*, (trans.) Hugh Trednnick, Harvard University Press, 1933:1975). 여기서도 알 수 있다시피, '일과 다'의 문제가 발생하는 것은 어쨌든 '운동'을 도입하면서부터라고 하겠다. 운동은 시간의 변수를 반드시 포함하게 되므로, 이러한 진행은 아주 자연스럽다.

또다시 분리되면 다른 쪽이 길러지고 사라지기 때문이네.[10]

이 단편에서 우선 문제시되는 것은 생성과 소멸의 '이중성'이다. 여기서 이중성은 시간적인 순서에 따라 하나와 여럿이 반복되는 것을 의미하는 듯하다. 그런데 "생겨남도 이중이요 떠나감도 이중"이라는 부분에서 더 복잡해지고 있음을 알 수 있다. 즉 이것은 '선후성을 포함한 동시성'이라고 할 수 있다. 이쪽에서 결합되면 다른 쪽이 분리되는 것이 뿌리들(rhizomata)이며, 또한 그러한 분기 과정에서는 시간적으로 앞서거나 뒤서거나 하는 것도 생기게 마련이다. 이것을 우주 전체로 확대하면 하나의 우주와 다른 우주는 '차례차례로 또한 동시에' 생겨난다. 이러한 논의는 거의 현대물리학의 '다중우주론'의 전개처럼 느껴진다(심지어 '평행세계'조차 가능할 것처럼 보인다!). 그래서 미시적인 차원에서 우주라는 거시적인 차원에 이르기까지 '운동'이 다음과 같이 이루어지는데, 여기에 또한 매우 흥미로운 '원리'가 드러난다.

또한 이것들은 끊임없이 자리바꿈하기를 멈추지 않거늘,
어느 때에는 사랑에 의해 그것들 전부가 하나로 합쳐지나,
다른 때에는 다시 미움에 의해 불화하여 제각각 따로 떨어지기 때문이네.[11]

마치 미래세계를 배경으로 한 영화 〈제5원소〉(뤽 베송 감독, 1997)에

---

10 DK31B17.
11 Ibid.

서 코벤(브루스 윌리스)이 리루(밀라 요보비치)를 안고 키스하는 그 테크노-로맨틱한 장면이 우주론의 무대에서 펼쳐지는 것 같다. 여기에 악역인 조르그(게리 올드먼)가 가세하면, 4원소와 2개의 '운동'(사랑과 미움)이 완비된다. 즉 원소들이 자리바꿈을 통해 물체들을 생성시키고, 어느 때에는 사랑의 힘으로 '하나'로 수렴하지만, 다른 때에는 미움의 힘에 의해 '여럿'으로 발산한다. 또한 동시에 두 사태가 함께 발생하기도 한다. 비록 '사랑'과 '미움'이라는 신화적 요소가 등장하기는 하지만, 이런 식의 원리론은 당시로서는 매우 역동적인 생성의 철학을 전개한 것이다. 네 가지 뿌리들이 멈추지 않고 그 인력(사랑)과 척력(미움)에 따라 분기하고 합쳐지는 과정을 통해 우주 만물이 생겨난다는 이 발상은 이후 데모크리토스와 같은 고대 유물론자들에게도 영향을 끼치게 된다.

(3) 아낙사고라스, 누스

살아가다 보면 존경하던 스승에게 종종 실망하는 일이 생기곤 하는데, 소크라테스에게는 아낙사고라스가 그런 스승이었던 것 같다. 플라톤이 전하는 바에 따르면, 아낙사고라스가 '누스'(nous, 정신)를 최고의 원리라고 주장한다는 것을 알고 소크라테스는 매우 기뻐하면서 그의 책을 구해 봤다고 한다. 하지만 "책을 읽어나갈수록 그가 누스는 전혀 안중에도 없고, 그에 따라 나의 기대들이 땅바닥에 내던져지는 것을 알게 되었다."[12] 그러니까 소크라테스는 '누스'라는 개념에 애

---

12 플라톤 지음, 박종현 옮김, 「파이돈」, 『플라톤의 네 대화 편―에우티프론, 소크라테스의 변론, 크리톤, 파이돈』, 서광사, 2003, 97b8.

착을 느끼고 아낙사고라스의 책을 봤지만, 딴소리들을 하더란 말이다. 즉 "아낙사고라스는 사물들을 나열하면서, 정신이 원인에 해당하는 힘이라고는 보지 않고, 공기, 에테르, 물 등등의 요상한 것들에 그것이 있다고 보았다."[13] 아리스토텔레스는 더 조리 있지만, 다소 시니컬하게 이 상황을 설명한다.

그는 이 세계의 형성을 설명하기 위하여 누스를 만능열쇠처럼 사용한다. 그는 어떤 것이 필연적으로 존재하는 이유를 설명하다 난관에 봉착할 때면, 언제나 그것을 끌어들인다. 그러나 다른 경우엔 정신이 아닌 다른 어떤 것을 원인으로 삼는다.[14]

하지만 소크라테스의 실망감과는 별개로 철학사 내에서 아낙사고라스는 원리론의 측면에서 매우 특유한 철학자다. 그의 '종자'(spermata)에 관한 이설이 그것이다. 이 원리론은 다음과 같이 간결하게 표현될 수 있다.

만물들 안에 만물이 깃들어 있다.[15]

이 말에서 앞의 만물은 개별적인 것들이고 뒤의 만물은 전체적인 것이라고 새기면 될 것이다. 마치 히니의 씨앗(종사)이 앞으로 자라나

---

13 Ibid.
14 아리스토텔레스, 『형이상학』, 958a18-21.
15 DK59B1, DK59A52 등 여러 곳.

서 열매를 맺게 될 아름드리 나무를 품고 있는 것처럼, 우리가 주위에서 쉽게 접하는 모든 존재들이 이미 그 안에 전체 존재자들을 포함한다. 이는 아낙사고라스의 철학 선배들이 애지중지하던 '4원소론'을 단번에 일신한 것인데, 이러한 생각은 당시로서는 잘 이해받지 못했던 것 같다. 오히려 아주 오랜 세월이 지난 후에 18세기 영국의 낭만주의 시(詩) 안에서 이에 공명하는 상상력이 나타났다는 것은 꽤 놀라운 일이다.

한 알의 모래 속에 세계를 보며
한 송이 들꽃에서 천국을 보네.
그대의 손바닥 안에 무한을 쥐고
한 순간 속에서 영원을 보라.[16]

아낙사고라스가 이 시를 봤다면(그런 일은 없었지만), 여기서 '한 알의 모래'는 부분, '세계'는 '전체'라고 생각했을 것이다. 좀더 어려운 개념을 사용하자면, 모래는 '동질소'와 같다. 동질소는 부분과 전체가 같은 것인데, 모래는 세계 전체에 널리 산재해 있으면서도 여기 단 한

---

16 윌리엄 블레이크 지음, 김종철 역주, 「순수의 전조」, 『천국과 지옥의 결혼』, 민음사, 1974; 1986, 83. 이 매우 존재론적인 시구절 뒤에는 매우 사회 정치적인 어조로 아름다운 구절이 이어진다. "새장에 갇힌 한 마리 로빈새는/ 천국을 온통 분노케 하며,/ 주인집 문앞에 굶주림으로 쓰러진 개는/ 한 나라의 멸망을 예고한다." 본문에 인용한 구절과 이 부분의 원문은 다음과 같다. "To see a World in a grain of sand,/ And a Heaven in a wild flower,/ Hold Infinity in the palm of your hand,/ And Eternity in an hour./ A robin redbreast in a cage/ Put all Heaven in a rage./ A dog starv'd at his Master's Gate/ Predicts the ruin of the State……"

알갱이로도 있다고 상상해보면 이해가 간다. 소크라테스가 오해한 것과는 달리 이것이 아낙사고라스가 탁월한 철학자라는 증거다. 그는 지금 우리 눈앞에 있는 한 사물의 '개별성'과 '보편성'을 합친 어떤 개념을 떠올리고 있다. 한 알의 모래라는 개별적 대상에는 전 세계의 모래가 갖춘 '보편적 속성'(단단한 입자, 누르스름한 색깔, 잘 흩어지는 속성 등등)이 함께 들어 있다. 여기서 한 발 더 내디뎌보면, 우리는 이 '보편적 속성'을 굳이 모래만의 속성이라고 생각할 필요도 없다는 것을 깨닫게 된다. 누르스름한 색깔은 옆집 강아지의 색깔일 수도 있고, 잘 흩어지는 것은 정치적 대상으로서의 '군중'의 특성일 수도 있으니까 말이다. 결론적으로 모래 한 알은 '전 세계'를 품고 있다!

물론 아낙사고라스는 인용한 블레이크의 시에 나오는 '들꽃'과 '천국'을 무조건 동일하다고 우기지는 않는다. 각각의 사물들과 대상들은 동질소들이지만, 거기 들어 있는 어떤 요소가 더 우세하냐에 따라 모래가 되기도 하고, 옆집 강아지가 되기도 하며, 들꽃이나 천국으로 불리기도 한다. 들꽃이나 천국이나 모두 '아름다움'이라는 요소가 있지만, 들꽃은 대지의 속성을 더 많이 가지며, 천국은 신적인 천상의 속성을 더 많이 가진다.

이렇게 종자에서부터 동질소로, 동질소에서 개별적이고 이질적인 사물들로 이동하면서, 여기에 '질서'를 부여하는 것이 바로 '정신' 즉 '누스'다. 이렇게 보면 젊은 소크라테스가 아낙사고라스를 오해했다는 생각이 많이 든다. 누스는 느닷없이 등장하는 만능열쇠가 아니라 분명한 역할을 가지고 있는 만물의 원리이기 때문이다. 이 누스가 없으면 만물은 저 아낙시만드로스가 말한 아페이론의 상태에 영원히 머물게 된다. 그러면 우리가 지금 살고 있는 이 코스모스도 불가능하다.

우리 현대인의 입장에서 한 가지 오해해서는 안 되는 것이 있다. 누스를 물질과 대립하는 정신적인 원리로 보는 관점이다. 이런 관점은 허용되지 않는다. 이는 단지 근대 이후의 멘탈리티일 뿐이다. 아낙사고라스를 비롯한 모든 그리스인들에게 누스는 물질을 주재하는 다른 물질, 아낙사고라스의 말에 따르면 '희박한 물질'일 뿐이다. 이런 고대 그리스 특유의 유물론적(materialist) 관점을 이해하지 못하면 우리가 지금 생각하고 있는 '원리'에 대한 이해도 헛돌게 된다.

3. 유물론자들

아낙사고라스에 대해 이야기하면서 '유물론'이라는 말이 나왔으니, 원리론에서도 이 사상에 대해 짚고 넘어가지 않을 수 없다. 고대 철학자들이 기본적으로 유물론자들인 까닭은 당시의 시대정신이 그러했기 때문이기도 하다. 이 시대정신을 대표하는 말이 바로 피시스(physis)인데, 우리말로 새기면 '자연' 정도가 되겠다. 그래서 이 시대의 사람들은 대개 '자연주의자'라고 할 수 있다. 이들에게 '만물은 물질이다'라는 말은 매우 익숙하고 당연한 것이었다. 왜냐하면 이 말은 '만물은 자연이다'라는 뜻으로서, 동어반복에 가깝기 때문이다.

그래서 당시의 철학자들에게 피시스를 연구하는 것이 얼마나 고상한 일이었는지 짐작이 가고도 남는다. 아마 최초의 유물론자라고 할 수 있는 데모크리토스(Democritus, BC. 460~370)가 "페르시아의 왕이 되느니 과학적 원인 하나를 발견하는 편이 더 낫다"[17]고 한 것에 대해, 학파를 막론하고 고대 그리스 철학자 대부분은 동의할 것이다. 눈치챈 사람도 있겠지만, 데모크리토스의 이 유명한 말에서 '원인'(cause, 그리스어로는 aitia)은 다음 절의 주제이기도 하다. 즉 원리와 원인은 유물론자들에게 와서 하나의 계열로 이어지게 된다는 의미다.

유물론자들의 '원리'가 '원자와 허공'이라는 것은 대개의 철학사가들이 동의한다. 현대적인 의미에서 원자 즉 아톰(atom)의 최초 발원지가 유물론자들인 셈이다. 그런데 여기에 '허공'(kenon)이 추가되면서 논의가 다소 복잡해진다. 이는 사실 필연적인 복잡화라고 할 수 있다. 왜냐하면 우리의 세계가 원자로 이루어져 있다면, 그 원자가 '운동'할 공간이 필요해지는데, 그곳은 말 그대로 비어 있지 않으면 곤란하기 때문이다(앞 장에서 말한 그 '마네킹'을 떠올려보라!). 파르메니데스라면 이런 고민은 불필요하다. 그가 운동 자체를 거부했기 때문이다. 하지만 '현상의 구제'라는 차원에서 데모크리토스를 위시한 유물론자들은 이를 무시하기에는 너무나 실재적인 인격을 가지고 있었다고 봐야 할 것 같다.

어쨌든 데모크리토스는 두 가지 원리, 즉 원자와 허공을 상정하면서 당시나 지금이나 다소 애매한 입장을 취했다. 그는 '허공'을 '비존재'로 보았다. 오늘날의 과학적 감각으로 보면, 이것은 그 본질을 파악하기 힘든 '암흑물질'(dark matter) 같은 것이다. 이는 우주에 뚫린 어떤 '구멍' 같은 것이지 않을까? 이렇게 보면 현대인으로서는 아예 적응 불가능한 개념은 아닌 것 같다. 하지만 당시에 이 논의는 상당히 센세이셔널했음에 틀림없다. 왜냐하면 데모크리토스는 허공이란 '비

---

17 DK68B118.

존재'라고 해놓고, 곧바로 뒤에서 그것이 '존재한다'라고 말해버리기 때문이다. '비존재가 존재한다'는 것은 어쨌든 육안으로 별을 관찰하던 고대인들에게는 아예 이해가 안 되는 명제였던 것이다.

이렇게 되면 허공에 관한 논변을 정당화하기 위해서는 그것을 부차적인 존재, 다시 말해 존재하기는 하는데 그 존재의 정도가 낮은 존재라고 정당화할 필요가 생긴다. 비유해서 말하면, 허공은 원자의 그림자라는 뜻이다. 여기서 반대로 논증을 펼치면, 다시 말해 '원자가 오히려 허공의 그림자다'라는 식으로 말하면 상당히 현대적인 논법이 된다. 왜냐하면 오늘날 '원자'란 최소입자에 해당되지만, 다만 통계적인 방식으로 허공에 산포된 불안정한 실재들이기 때문이다. 게다가 거시세계의 경우에도 우리는 우주를 이루는 물질 중 80퍼센트 이상이 암흑물질이라는 것을 알게 되었다.

데모크리토스를 이어받은 유물론자는 쾌락주의자로 알려진 에피쿠로스(Epicurus, BC. 341~270)다. 이 철학자에게도 원리는 '원자'와 '허공'인데, 그의 스승과는 다소 다른 교설을 펼친다. 클리나멘(clinamen)이라고 불리는 개념 때문이다. 클리나멘은 원자가 어떤 순간 제궤도를 벗어나 비스듬하게 움직이는 것을 의미한다. 이것은 우리말로 번역하기 참 까다로운 개념인데, 어떤 경우에는 '사행'(斜行)이라고 하기도 하고, 다른 때에는 '편위'(偏位) 또는 '비껴남'이라고도 번역한다. 최근에는 혼란을 없애기 위해 번역하지 않고 '클리나멘'으로 쓰는 것을 더 선호한다.

에피쿠로스의 유물론은 '원리'를 논하는 존재론의 분야에서도 중요하지만, 현대인의 눈으로 보기에도 매우 매력적인 윤리적 가르침들을 많이 담고 있다. 이를테면 다음과 같은 말이 있다.

가장 두려운 악인 죽음은 우리에게 아무것도 아니다. 왜냐하면 우리가 존재하는 한 죽음은 우리와 함께 있지 않으며, 죽음이 오면 이미 우리는 존재하지 않기 때문이다. 그렇다면 죽음은 산 사람이나 죽은 사람 모두와 아무런 상관이 없다. 왜냐하면 산 사람에게는 아직 죽음이 오지 않았고, 죽은 사람은 이미 존재하지 않기 때문이다.[18]

상당히 탁월한 통찰이 아닐 수 없다. 이런 말을 할 수 있었던 이유는 에피쿠로스가 유물론자이기 때문이다. 즉 이 통찰력 가득한 말의 전제는 '우리에게는 죽음을 느낄 만한 그런 비물질적이고 영원불멸하는 영혼은 없다'는 것이다. 그렇기 때문에 죽음 자체와 그후에 대해 우리의 삶은 아무런 앎도 가질 수 없게 된다. 그렇다고 이러한 '무지의 상태'를 서글퍼하지도 않는다. 오히려 그것을 즐거이 받아들인다.

라파엘로의 〈아테네 학당〉 왼편에 보면 에피쿠로스가 묘사되어 있다. 통통한 얼굴에 입가에 미소가 어려 있다. 머리에 쓴 것은 포도잎 면류관인데, 이 클리셰가 장난스런 인상을 더한다. 쾌락주의자에 맞춤한 표현이다.

18 에피쿠로스 지음, 오유석 옮김 『쾌락』, 문학과지성사, 1998, 43-44.

결국 에피쿠로스의 결론은 '그러므로 슬퍼하지 말고, 이 삶을 즐겨라!'이다.

2 원리에서 원인으로

1. 아리스토텔레스의 네 가지 선물

이제 원리론과 대조하여 원인론으로 들어가는데, 여기서 반드시 등장해야 하는 철학자는 단연코 아리스토텔레스다. 아리스토텔레스는 철학사와 더불어 인류 지성사에서 가장 중요한 네 가지 원인을 최초로 전개한 사람이기 때문이다. 그렇다고 이 네 가지 원인론('4원인론'이라고 부른다)이 느닷없이 무에서부터 출현한 것은 아니다. 이전에 플라톤이 있었고, 그 이전에 위에서 우리가 살펴본 자연철학자들이 있는데, 아리스토텔레스는 이들의 철학을 종합하고, 분류하고, 정리하면서 새로운 개념들을 만들어냈다고 볼 수 있다. 어찌 보면 탁월한 '정리맨'인 셈이다. 철학 공부가 이러하다. 철학은 엄밀하고 철저하게 시작해서, 마침내 창의성이 발휘되는 학문이다.

아리스토텔레스를 최초의 철학사가라고 일컫는 것도 이런 이유 때문이다. 4원리론도 철학사를 정리하는 중에 '발명'되었다. 이 발명의 장면은 그의 『형이상학』 1권(A권)에 나온다.

최초로 철학을 했던 사람들 가운데 대다수는 오직 물질(질료)의 형태를 가진 것들만이 모든 것의 원리들이라고 생각했다.[19]

이전의 철학자들이 질료와 운동이 어디에서부터 시작하는지에 대해 어느 정도 파악한 것은 분명하다. 하지만 이것은 모호한 파악이었고, 분명하게 안 것은 전혀 아니었다.[20]

그러니까 아리스토텔레스는 이전의 스승들이 존재하는 것에 관해 그 '원인'을 고찰할 때, 단 두 가지 정도만, 그것도 '모호하게'만 알아냈다는 뜻이다. 그것이 바로 '질료적 원인'(질료인)과 '운동의 원인'(운동인)이다. 그렇다면 아리스토텔레스 자신의 '분명한' 파악은 어떠할까?

원인들에는 네 가지 종류가 있다. 그중 하나는 실체와 본질[형상]에 관한 것이고 (…) 다른 하나는 질료이자 기체[21]에 관한 것이며, 셋째는 운동이 시작되는 출처이고, 넷째는 그것과 대립하여 지향대상이자 좋음에 관한 것(생성과 운동의 목적)이다.[22]

이를 정리하면 네 가지 원인이 나온다. 즉 '질료인, 형상인, 운동인, 목적인'이 그것이다. 아리스토텔레스는 이 중 질료인과 운동인을 스승들의 공으로 돌리지만, 형상인과 목적인은 자신의 발명품이라고 분명

19 아리스토텔레스, 『형이상학』, 983b8.
20 Ibid., 985a12.
21 아리스토텔레스에게 '기체'(hypokeimenon)는 질료를 의미한다는 점을 강조할 필요가 있다. 이를 '실체'와 혼동하면 안 된다. 실체는 여기 나와 있다시피, '형상'이기 때문이다. 그런데 여기서 매우 중요한 지점이 드러난다. 기체가 감각적인 질료이며, 피규정자라면, 위의 주석에서 보다시피, 철학자는 이러한 질료적인 근본 원리를 아는 자이기도 하다. 아리스토텔레스 지식론은 이렇게 형상과 질료 둘 모두를 강조한다는 점에서 플라톤과 대별된다.
22 Ibid., 983a26.

히 명토 박는다. 사실 이렇게 이전 철학자들의 원인론과 자신의 새로운 원인론을 잘 정리해서 우리에게 건넨 사람이 아리스토텔레스이므로 네 가지 모두 아리스토텔레스의 선물이라고 해도 과언이 아니다. 그러면 아리스토텔레스의 이 네 가지 선물상자를 열어서 좀더 자세히 이해해보자.

(1) 질료인과 형상인

'질료'란 말 그대로 '물질' 또는 '재료'란 뜻이다. 아리스토텔레스도 정확하게 이런 의미에서 물질이 원인이라는 것을 밝힌다.

> 질료인은 어떤 것이 생성할 때 그 구성부분으로서 내재하는 것이다. 예컨대 조각상에는 청동이, 접시에는 은이 그것이다.[23]

그러니까 질료인은 우리가 보통 '이 물건은 무엇으로 이루어져 있지?'라고 물을 때 그 '무엇'이 된다. 여기에 대한 답은 여러 가지 재료의 종류에 따라 다르게 말할 수 있을 것이다. 그런데 이렇게 다른 재료들이라 해도, 공통점은 어떤 것을 '구성하는 부분'이라는 것이고, 또한 그것이 없다면 그 물건이 생겨날 수 없는 기본적인 기체(基體)(아래에 놓인 물질, 모든 사물들이 만들어지는 기본 물질)라 할 수 있다. 앞서 논한 신묘한 고양이 파르메니데스 체셔 캣으로 치면 그 녀석의 살과 뼈다.

---

23 Ibid., 1013a24-26.

'형상', 즉 'form'의 고대 그리스어는 'eidos'(에이도스)이고, 그 의미는 '본질', '이데아'다. 본질이나 이데아는 '그것이 무엇인 바'(the what it is 또는 whatness), 쉽게 말해 '특성'이다. 따라서 이 원인은 '이것은 무엇인가?'라는 질문에 답하는 것이다. 그러니까 '파르메니데스 체셔 캣은 무엇인가?'라고 물으면 '그것은 수시로 사라졌다 나타나는 고양이다'라고 형상인적인 대답을 할 수 있다. 아리스토텔레스의 말을 들어보자.

> 형상인은 본보기, 한 대상의 본질에 대한 정의다. 이를테면 옥타브의 형상은 1:2의 비율을 가진 두 음이다. 또한 일반적으로 수는 형상인이다.[24]

그런데 이 개념을 그저 영어 번역하듯이 '형식'이라고 해버리면, 어떤 물리적인 틀과 같은 뉘앙스를 띠게 되는데, 이렇게 되면 철학 개념으로서의 에이도스가 가진 비물질적인 함축이 달아나버린다. 물질적인 의미의 형식은 'morphē'(모르페)라는 말이 따로 있다. 그러므로 에이도스는 형상이라기보다는 '현상'이라고 새겨야 한다.

중세에 이르러 '형상'은 'species'라는 용어로 변한다. 이 말은 '종'(種)이라는 의미로서, 이때에 이르러 형상은 '종적 형상'이라는 의미가 된다. 즉 체셔 캣의 종적 형상은 '세상에 없는 신묘한 고양이'라고 할 수 있다.

---

24 Ibid., 1013a27-29.

(2) 운동인과 목적인

운동인은 '작용인'이라고도 불린다. 즉 운동인은 어떤 작용이 발생하는 원인이다. 그래서 운동인에는 이 원인과는 다른 결과가 반드시 존재한다. 이때 우리는 '이것은 무엇으로 인해 이렇게 되었는가?'라는 질문에 대해 그 결과로서 답할 수 있게 된다.

> 운동인은 변화와 정지가 시작되는 출발점이다. 누군가의 조언으로 내가 행동했다면, 그 조언자는 내 행동의 운동인이다. 또한 아버지는 아이의 원인이며, 일반적으로 만드는 것은 만들어지는 것의 원인이며, 변화를 낳는 것은 변화하는 것의 원인이다.[25]

여기서 보듯이 운동인에는 그 결과가 반드시 존재하는데, 이것은 주로 '외적' 결과다. 즉 원인과 결과 간에 외적 관계가 있다는 것이다. 체셔 캣이 나뭇가지에 앉았다가 슬쩍 사라지는 와중에 그 나뭇가지가 흔들렸다면, 체셔 캣은 나뭇가지 움직임의 운동인이다. 그런데 이 두 가지는 내적인 연결을 가지지 않고 외적인 관계를 가진다. 만약 우리가 이 원인-결과 관계 자체가 어디서부터 비롯되었는가라는 질문을 하게 되면 더 심오한 지점까지 가게 된다. 나중에 우리가 5장에서 보게 될 '우발성'(contingency)이라는 개념이 여기서 탄생한다.

그런데 우발성과는 상극을 이루는 원인이 바로 목적인이다. 글자 그대로 모든 것은 우연적이지 않고, 합목적적인 방향으로 움직인다는

---

25 Ibid., 1013a30-33.

것이다.

목적인은 목적 즉 지향대상을 뜻한다. 예컨대 건강은 산책의 원인
이다. 무엇 때문에 산책을 하는가? 이에 대해 우리는 '건강하기 위
해서'라고 대답한다. 우리는 이렇게 말함으로써 원인을 제시했다고
생각한다. 또한 다른 어떤 것이 운동을 일으킨 다음 그 목적에 이
르기까지 중간에 오는 것들도 원인이라고 불린다. 예컨대 건강에 이
르기까지 중간에 오는 체중감량, 배설, 약초, 도구가 그러한 것이다.
이 모든 것은 목적을 이루기 위한 것인데, 그중 어떤 것들은 도구이
고, 어떤 것들은 행위라는 데 차이가 있다.26

그러면 그 방향은 어떤 방향인가? 아리스토텔레스는 모든 것은 '좋
은 것' 또는 '선'을 목적으로 움직인다고 말한다. 그리고 최종적으로
'최고선'이 있다. 이에 따르면 모든 존재는 이 '최고선'을 향해 가는 중
이다. 과연 그러한가? 범죄와 악행이 난만한 세계에 살고 있는 우리로
선 좀 이해하기 힘든, 상당히 낙관적인 세계관으로 보인다. 그런데 이
런 낙관적인 세계관이야말로 아리스토텔레스뿐만 아니라 고대 그리
스인들의 세계관이라 할 수 있다. 사시사철 축제를 열며, 포도주를 옆
에 끼고 유쾌하게 떠들며 살던 고대 그리스인들은 아무리 일상이 고
되어도 낙관적 전망을 잃지 않았다. 이들에게 인간은 "모든 것을 이룩
할 수 있는" 존재, "무슨 일이 닥치든 감당 못 할 일이 없는" 그런 존재

26 Ibid., 1013a33-1013b3.

니코스 카잔차키스의 명저 『그리스
인 조르바』 책 표지(왼쪽)와 앤서니
퀸 주연의 동명의 영화(마이클 카코
야니스 감독, 1964) 포스터.

였다.[27] '그리스인 조르바'(Zorba)는 말한다.

나는 다시 한번 단순하고 소박한 것들이 행복이라는 것을 느낍니
다. 한 잔의 포도주, 군밤 하나, 형편없이 작은 화로, 파도 소리. 그
외에는 아무것도 아니지요.[28]

욕심을 버리고, "단순하고 소박한 것들"에서 행복을 느끼는 것, 그
렇게 함으로써 최고의 선에 도달하리라는 낙관적 믿음, 이런 것들이
바로 아리스토텔레스의 '목적인'이 그리스인들에게 받아들여질 수 있
었던 배경일 것이다.

---

27 소포클레스 지음, 『안티고네』, 360-2. '박종현 지음, 『희랍사상의 이해』, 종로서적, 1985,
8-10'에서 재인용. 여기서 책 제목 뒤의 숫자는 쪽수가 아니라 '행수'이다. 같은 책에 또 이런
말도 있다. "하고 많은 놀라운 것들이 있지만, 일찍이 인간보다 놀라운 것은 없었거니"(332-3).
"사람으로서 도저히 할 수 없다고 단언할 것은 아무것도 없어라"(338).
28 Nikos Kazantzakis, *Zorba the Greek*, Faber & Faber Ltd., 2001, 87.

(3) 4원인론 비판과 근대로의 진입

철학사 안에서 개념이란 늘 혹독한 비판 과정을 통과하게 마련이다. 그렇게 함으로써 살아남거나, 잠시 기절(?)해 있거나, 또는 영원히 잠들어버릴 운명에 처한다. 아리스토텔레스가 아무리 위대한 철학자라 하더라도 예외는 아니다. 그의 '4원인론'은 근대인들에게 비판거리였는데, 특히 '목적인'이 문제였다. 여러 정치혁명과 과학혁명, 종교혁명까지 겪고 세속화된 근대인의 눈에 이 원인은 너무 관념적이었던 것으로 보인다. 사실 근대 이전 아리스토텔레스를 이은 중세철학자들은 저 '최고선'을 마땅히 '신'(기독교적인 하나님)이라고 여길 정당한 이유가 수백 가지는 있었다. 그들에게 최고의 가치를 가진 존재가 신이 아니라면 무엇이었겠는가? 하지만 근대인들은 인간의 위대함을 찬양하기에도 바빴기에 그렇게 신이라는 '목적'에 매달릴 이유는 없었다.

이와 더불어 '형상인'도 문제시된다. 그런데 형상인의 경우는 목적인과는 달리 다소 애매한 위상을 가지게 된다. 이것이 목적인과 엮이는 측면은 비판받지만, '운동인'과 엮이는 것은 허용되기 때문이다. 여기에는 근대과학, 특히 물리학의 진보가 크게 작용했다. 근대 물리학에서 가장 핵심적인 분과는 '동역학'(dynamics)이었고, 용어의 의미 그대로 이는 '운동'과 '힘'을 다룬다. 다시 말해 동역학의 관심은 운동과 힘이 '무엇인가?'라기보다 그것을 '어떻게 설명하는가?' 또는 '그것의 법칙을 단순하게 표현할 수 없는가?'였다. 여기서 이른바 '~은 무엇인가?'라는 질문이 형상인에 속하는 질문이고, 이는 사물이나 사태의 '본질'에 대한 답변을 요구한다는 것을 우리는 알고 있다. 이것은 근대과학에서 '법칙'으로 표현된다. 뉴턴의 '만유인력의 법칙'이나 '관성의

레옹 브렁슈비크

법칙'이 그러하다. 이 법칙이 본질과 등치됨으로써 근대과학은 형상인을 절반만 취하게 된다. 법칙은 '힘이란 무엇인가?'라는 질문에 '그것은 만유인력이다'라고 답함으로써 경험적이고, 실험적으로 알 수 있는 것, 즉 동역학적 진리 외에 다른 본질을 능력 밖으로 겸손하게 밀어낸다. 이 부분은 대개 '신학'의 일이라고 그들은 말했다.

4원인설에 대한 가장 신랄한 비판은 아마도 브렁슈비크(L. Brunschvicg, 1869~1944)의 비판일 것 같다. 그는 '4원인설은 8세 정도의 정신연령에 맞다'라고까지 했으니 말이다. 하지만 이런 비판이 유효할지는 의문이다. 오히려 근대 초의 과학 맹신이 초래한 '기계론', 즉 인간을 포함한 세계 전체가 시계의 톱니바퀴처럼 움직인다는 생각이야말로 너무 순진하지 않은가? 물리학에서 조금 벗어나서 생물학의 세계로 들어오면 완연한 '목적인'이 작동하는 것으로도 보인다. 이를테면 우리 집 고양이 '똑똑이'든, 파르메니데스의 체셔 캣이든, 케냐 평원의 기린이든 간에 모든 생명체는 '생명' 즉 '삶'을 목적으로 하기 때문이다(물론 예외적으로 인간은 '자살'을 하기도 한다). 이렇게 되면 물리학적 의미의 운동인과 생물학적 의미의 목적인이 상호 착종하고 뒤얽힌 세계가 바로 우주라는 결론이 나오게 된다. 물론 여기에 궁극 목

적으로서의 '신'이 필요하지는 않지만, 그렇다고 목적인까지 용도 폐기
되지는 않는다.

　이런 식의 비판은 근대적인 멘탈리티를 기준으로 고대를 바라보는
방식이라 '외재적' 비판이라고 부를 수 있다. 그렇기 때문에 4원인론
자체의 부족한 점이나 모순에는 큰 관심이 없다. 하지만 더 강력한 비
판은 어떤 사상을 충분히 긍정한 후, 그 내부에서 가하는 비판이다.
이런 면에서 아리스토텔레스의 네 가지 원인들은 마치 구체적으로 명
쾌한 것처럼 보이지만 그렇지 않다. 또한 서로 따로 떨어져서 작용하
는 것처럼, 서로 무관한 것처럼 기술된다. 그러나 이것이 진실일까? 그
렇지 않은 것 같다. 이를테면 저기 놓여 있는 침대는 구성요소들로서
매트리스, 프레임, 스프링 등등이 합쳐져서 완제품이 되는 순간이 목
적인가, 아니면 다 만들어져서 누군가의 편안한 잠자리라는 욕망을
만족시키는 순간이 목적인가? 여기서 목적인은 몇 가지로 나뉠 수
있는 것처럼 보인다. 즉 기술적 대상으로서 침대는 '완성'이 목적이고,
소비를 촉진하기 위한 마케팅의 대상으로서 침대는 '판매'가 목적이
고, 욕망의 측면에서는 '편안한 잠자리'가 목적이 될 수 있기 때문이
다. 심지어 특정 철학적 또는 종교적 입장에서 침대는 '소멸'이 목적일
수도 있다. 이와 같이 하나의 원인이라 해도 그 구체적인 적용에 들어
가서는 매우 애매해진다.

　침대라는 살아 있지 않은 대상이 아니라 살이 있는 생물을 대상으
로 해도 마찬가지다. 이를테면 여기 아스팔트 바닥을 쪼고 있는 비둘
기들은 먹을거리를 발견하고 그것을 섭취한다. 이때 비둘기의 '섭취'
목적은 목적인의 측면에서 보자면 '개체의 유지'다. 즉 그 자신이 살

아남고자 하는 것이다. 하지만 범위를 좀더 넓게 잡으면 이 비둘기는 자신의 덧없는 개체뿐 아니라 비둘기라는 종 전체의 유지를 위해 먹이를 섭취한다고도 할 수 있다. 즉 비둘기는 험악한 도시에서 살아남아 세대를 거듭해가면서 자신의 자손들을 퍼트리며, 종 자체의 생존에 봉사한다. 어떤 것이 진정한 원인인가? 애매하다.

여기에서 바로 두번째 부족한 점도 드러난다. 즉 위의 비둘기들이 개체든 종이든 그 유지를 위해 벌이는 생식과 섭취의 운동, 즉 운동인이 목적인과 구별 불가능해지는 것이다. 비둘기들의 운동의 원인은 표면적인 근육의 운동에서 찾을 수 있지만, 그것을 '생존'과 '종 유지'라는 목적에서 원인을 찾을 수도 있다. 그러므로 형상인이나 목적인 자체에서도 그렇고, 운동인과 목적인의 관계에서도 애매함이 발견된다.

다른 측면에서는 형상인과 질료인도 구분이 애매하다. 즉 형상인과 질료인의 구분이 명백한 것은 인간의 기술적인 제작 과정인데, 자세히 살펴보면 제작 면에서의 구분도 분명하지는 않다. 왜냐하면 자연적 생산은 물론 제작 행위도 끊임없는 변형 과정이기 때문이다. 다시 말해 생산의 각 단계에서 하나의 질료는 형상이 되고 이 형상은 다음 번에는 새로운 변형 과정의 질료가 된다. 이를테면 무형의 점토 덩어리는 벽돌이라는 형상의 질료이지만, 벽돌은 다시 집이라는 형상의 질료가 되는 식이다. 이렇게 진행되다 보면 결국 우리는 최후의 질료가 형상이라는 결론에 도달한다.

이렇게 해서 우리는 아리스토텔레스 4원인론 중 질료인-형상인을 따라 질료-형상론으로 갈 수 있으며, 보다 정교한 사유를 통해 가능태와 현실태의 구분에 도달하게 된다. 점토 덩어리가 가능적으로 벽

돌이듯, 그리고 이 가능태가 기술자에 의해 현실화되듯, 마찬가지로 인간은 가능적인 정자와 난자의 현실태다. 따라서 최후의 질료는 바로 잠재적인 형상이 된다. 즉 질료 혹은 가능태의 본성은 그것이 형상 혹은 현실태로 나아간다는 것에 의해 정의된다. 반면 형상 혹은 현실태의 본성은 그것이 질료를 규정하고 혹은 가능태를 완성한다는 점에서 성립한다.

결과적으로 생식 혹은 생산은 이와 같이 가능태에서 현실태로의 과정이며, 원인에 대한 탐구는 현실화의 원인이 무엇인가를 결정하는 일에 국한될 수 있다. 즉 '현실화의 원인'이 관건이다. 아리스토텔레스 4원인론은 이 현실화의 원인을 탐구하는 것으로 갈무리될 수 있다. 4원인이 질료-형상으로, 다시 질료-형상이 가능태-현실태로, 이것은 궁극적으로 현실화의 원인으로. 하지만 우리의 이러한 탐색 결과에도 불구하고 아리스토텔레스 자신은 이 현실태의 원인, 또는 가능태에 대해 그리 많은 관심을 기울이지 않았다. 그보다 그는 목적과 이데아에 더 집착했다.[29]

---

29 흥미로운 것은 애초의 4원인에 대한 구분이 명확하게 이루어지다가, 그것의 경계가 모호해지면서 일체성을 이루는 단계에서 '현실성'과 '가능성'이 다시 등장한다는 점이다. 그래서 진정한 원인의 항목은 4개가 아니라 6개라고 선언된다. 『형이상학』의 해당부분을 재정리하면 다음과 같다(1013b16-1014a18). "원인은 네 가지 방식으로 나뉜다. ①구성부분 ②기체 ③출처 ④목적이자 좋은 것. 그런데 '원인'은 여러 가지 뜻으로 쓰이지만, 동종적인 것들 사이에서도 어떤 것은 다른 것보다 앞서거나 뒤선다. 또한 부수적 원인과 그런 것들의 유들이 있다. 부수적인 것들 가운데 어떤 것들은 다른 것들보다 더 멀거나 가깝다. 능력이 있는 것이라는 뜻에서, 어떤 것들은 현실적으로 활동하는 것이라는 뜻에서 원인이라고 불린다. 그래서 이 모든 것은 수가 여섯이며, 각각 두 가지 방식으로 말해진다. 왜냐하면 (A) 개별자와 유, 부수적인 것과 그것의 유, 연결된 상태로 말해지는 것들과 단순하게 말해지는 것들이 있으며, (B) 이것들은 모두 현실적인 것과 가능적인 것으로 나뉠 수 있기 때문이다. 이 둘은 다음과 같은 점에 차이가 있다. 즉, 현실적인 것들과 개별적인 것들은 그것들을 원인들로 삼는 것들과 동시에 있거나 있지 않다." 여기서 잠재적인 것(능력이 있는 것, 가능적인 것)과 현실적인 것이 구분되는 근

이러한 사유의 사태는 근대에 이르러 별 변화 없이 이어졌는데, 아리스토텔레스가 근대의 기계론적 사유를 예비한 것은 이런 의미에서다.[30] 그는 자신의 체계 내에 진정한 존재론의 근원을 내장하고 있었으나, 이를 자신의 본류로 설립하지 않고 방치했다. 그러나 사실 중세에 아리스토텔레스의 이런 측면은 다시 소생할 수도 있었다.[31] 하지만 그 모든 것은 '이단'의 함축을 가진 사상으로 매도되기 일쑤였는데, 아무리 혁신적인 사유를 펼친 수사(修士)라 하더라도 그 시대적 한계를 '제대로' 돌파하기는 힘겨웠기 때문이다.

거는 무엇인가? 그것은 이러저러한 원인들이 개별자든, 부수적인 것이든 간에 끊임없는 변형의 과정 안에 있다는 것에 있다. 이 변형의 과정이란 4원인이 일체화되거나, 분리되면서, 유기적 전체를 이루거나 분해되어 사멸하는 그 '변화'(metabole)의 과정이고, 이 과정에서 필연적으로 '가능태'와 '현실태'의 범주가 등장할 수밖에 없다. 여기서 가능태는 물론 '질료'라고 할 수 있고, 이것의 본성은 형상 혹은 현실태를 만나서 복합체로서의 개별적 실체로 변형되는 데에 있다. 그래서 원인에 대한 탐구는 단순하게 4원인을 밝히는 것에 그치지 않는다. 그것은 각각의 개별적 실체들의 가능태와 현실태를 따져보는 새로운 과제를 던져준다. 그러나 우리가 앞서 확인한 대로 아리스토텔레스는 이 과제를 자신의 연구 과제로 적극적으로 안고 가지 않는다. 다만 그는 『자연학』에서 이미 현실화된 사태들을 분류하고, 위계화하는 데 몰두했다.

30   이 사태는 단적으로 가능태와 현실태 쌍뿐만 아니라 형상인과 목적인이 의도적이고 이론적으로 무시되는 것을 정당화했다.

31   대표적으로 둔스 스코투스(Duns Scotus)를 들 수 있을 것이다. 그는 『제일원리론』 II, 20'에서 다음과 같이 말한다. "왜냐하면 질료 자체는 형상에 대해 모순적 잠세태(potentia contradictionis)에 있기 때문이다. 그러므로 그것은 그 자체 형상을 통해 현실태에 있지 않다. 그러므로 그것은 가능태(potentia, 잠재태)를 현실태로 환원시키는 다른 어떤 것에 의해 현실태에 있다.—그것이 합성체의 작용인인데, 왜냐하면 '합성체를 만드는 것(facere compositum)'과 '질료가 형상에 의해 현실태에 있게 되는 것(materim esse actu per forman)'은 동일하기 때문이다. (…) 형상과 질료는 우선 결합되지 않은 것으로 이해되고 그것들을 결합하는 것은 작용인의 성격을 지니므로, 그로부터 형상적 현실화(actuatio formalis)가 뒤따른다"(둔스 스코투스 지음, 박우석 옮김, 『제일원리론』, 누멘, 2010). 이 부분은 결과만이 질료를 구성한다는 것을 증명하는 첫번째 부분이다. 여기서 잠재태는 작용인이라는 관점에서 질료인과 형상인을 결합하는 '힘'으로 설명된다. 이렇게 '잠재태'를 강조하게 되면 피조물들의 구성이 어떤 '자율성'을 가지거나, 그러한 내재적인 원인을 신적인 것으로 상정하게 되는데, 이것은 범신론 또는 범재신론의 혐의를 받게 된다.

데카르트와 그의 대표작인 『방법서설』 초판본 속표지.

2. 자연은 스스로 가장 좋은 것을 찾아간다

앞서 말했다시피 근대에도 운동인과 연관된 형상인은 살아남는다. 대표적으로 수학이 그 예다. 근대적인 형상인 즉, '법칙'은 수학적으로 표현된다. 근대인들에게 이것이 신의 섭리인지 아닌지는 문제가 되지 않았다. 그것은 알 수도 없고 또한 그것을 안다고 자임하는 것은 약간 정신 나간 소리에 가까웠다. 데카르트는 이런 사태를 다음과 같이 간명하게 표현했다.

신은 인간으로 하여금 그의 섭리에 관여하기를 바랄 정도까지 인간을 생각하지 않는다.[32]

그러므로 법칙은 다만 사물이나 사태의 '원리'(principle)일 뿐이다.

---

32 René Descartes, *Principia philosophiae*, (ed.) Adam-Tannery, Tome VIII, I, 28.

여기서 우리는 저 고대의 원리(archē)가 근대의 원리와 의미가 다르다는 것을 간파한다. 고대인들에게 원리는 일종의 질료적이고 물질적인 '원소'(element)였다면, 근대인들에게 그것은 '법칙' 즉 '로고스'(logos)였다. '로고스'의 원뜻 그대로 이것은 수학적으로 '셈할 수 있는' 만물의 운행 원리다. 여기에서 이제 소위 '기계론'(mechanism)이 등장하는 길이 열린다.

기계론에서 세계는 오직 '운동인'만으로 설명되는 것을 넘어서, 앞서 말한 것처럼 톱니바퀴처럼 맞물려 돌아가는 자동기계로 세계를 바라보게 된다. 하지만 이러한 관점은 이미 18세기를 전후해서 난관에 부닥친다. 만약 세계가 기계처럼 단순하게 운행한다면, 그러한 기계적 결정론 자체를 결정하는 것은 무엇인지에 대한 의문이 자연스럽게 일어날 수 있다. 이러한 의문은 우리가 당연히 생각하는 거시적인 세계의 원인-결과 관계에 새로운 '고리'를 하나 더 사고하는 것이다. 쉽게 말해, '이 원인 A와 결과 B를 이어주는 또 다른 원인 C가 무엇인가'라고 묻는 것이다. 라이프니츠는 이를 '충족이유율'이라고 했으며, 이것을 거시적 세계가 아니라 미시적 세계에서 찾았다. 라이프니츠가 쓴 아래의 유명한 구절을 보자.

영혼 안에 있는 각각의 분명한 지각들은 전 우주를 포괄하는 무한한 수의 모호한 지각들을 포함하고 있[다.] (…) 마치 내가 바닷가를 산책하면서 바다의 굉장한 소음을 들을 때 나는, 물론 서로 구별할 수는 없지만, 전체의 소음을 구성하는 모든 파도의 개별적인 소음들도 듣는 것처럼, 모든 것을 인식한다. 그러나 우리의 모호한 지각

들은 바로 전 우주가 우리에게 주는 인상들의 결과이다.[33]

라이프니츠는 이 '모호한 지각들'을 '미세지각'이라고 말하며, 수학적으로 이를 미분법과 연관시킨다. 그러니까 우리는 이 지각들을 서로 구별할 수 없지만, 그것들을 모두 듣는 것처럼 인식하고, 이를 바탕으로 인과관계를 작성한다는 것이다. 좀 심하게 말하면 인간의 지성은 일정 정도 자기기만에 익숙해서, 그것이 완벽한 인식인 줄 착각한다는 의미다. 그렇다면 인간이 불분명하게만 지각하는 그 세계는 어떤 세계일까?

이 세계에서는 어떤 불확정적인 경로의 운동만이 존재한다. 뭔가가 결정되어서 법칙화되어 그 노선을 따르는 것이 아니라 모호한 우발성의 노선을 따른다. 하지만 이 우발성은 미시적인 측면에서는 그러하지만, 거시적인 현상세계로 올라오면서 물리법칙에 따른 인과성을 형성해내는 것도 분명하다. 이를테면 천재 시인 랭보의 예측 불허의 방종한 행위는 언제나 하나의 작품을 향해 가는 도상에 있는 것이고, 캔버스 위에 충동적으로 페인팅을 하는 잭슨 폴록(Jackson Pollock, 1912~1956)의 몸짓은 궁극적으로 미학적으로 완성된 하나의 그림을 향해 간다.

여기에 어떤 목적론이 반드시 개입한다는 것을 알 수 있다. 그가 "자연은 가장 짧은 길을 통해 작용한다"라는 원리를 주장한 것은 자연이 자신의 법칙을 선택하는 데 "모든 가능한 해결 방식 중에서 가

---

33 라이프니츠 지음, 윤선구 옮김, 『형이상학 논고』, 아카넷, 2010, 241-42. 〔 〕는 인용자.

잭슨 폴록

장 큰 확률을 선택한다"[34]는 것을 의미한다. 이것은 이제 필연성의 원리가 아니라 '적합성의 원리'라고 불린다.

그런데 우리가 작용인 또는 물질을 고찰함에 있어 우리 시대에 그리고 부분적으로는 나 자신에 의해 발견된 이 운동 법칙들만을 증명할 수 없다는 사실은 놀라운 일이다. 내가 알기로는 이를 위해서 우리는 오히려 목적인에 도움을 구해야 한다. 왜냐하면 이 법칙들은 논리학적 진리, 대수학적 진리 그리고 기하학적 진리들처럼 필연성의 원리에 의존하는 것이 아니라 적합성의 원리, 즉 지혜를 통한 선택에 의존하기 때문이다.[35]

이렇게 본다면 최근 우리가 겪고 있는 COVID-19 팬데믹 사태도 적합성의 원리에 따른 것이라고 할 수 있다. 촉망받는 현대철학자 중의 한 사람인 마르쿠스 가브리엘이 "코로나바이러스는 이윤에 대한 탐욕만을 추구함으로써 무수한 생명체들의 파괴를 주도하는 인간의 오만에 대항하는 어떤 지구행성적인 면역반응인가?"[36]라고 묻는 취

---

34 Michel Gourinat, *De la philosophie*, Tome I, Hachette, 1969, 104.
35 라이프니츠, 『형이상학 논고』, 240.
36 Markus Gabriel, "We need a metaphysical pandemic", https://www.uni-bonn.de/news/we-need-a-metaphysical-pandemic

지도 그런 것이다. 우리는 이 말을 인간이 이 상황을 '정확하게' 예측하기 힘들고 오로지 확률적으로만 이해할 수밖에 없는 것은 자연 스스로의 적합성이 인간의 지성을 벗어난 곳에서 목적론의 역능을 발휘하기 때문이라고 할 수 있다. 그러므로 **자연은 스스로 가장 좋은 것을 찾아간다.**

3. 원리나 원인은 중요하지 않아!

현대철학에서 원리와 원인은 더 이상 중차대한 문제가 아니다. 이를테면 대상을 인식하는 우리의 파악(apprehension) 작용도 어떤 감응(affect)에 의해 이루어지는데, 이것이 어떠한 원리나 원인에 의한 것인지 불분명하다는 뜻이다. 감응이란 처음부터 파악 주체와 그 대상이 명확하게 구분되거나 정해져 있지 않은 상태의 '과정'이다. 예컨대 지금 내 앞에 놓여 있는 저 화병 안의 꽃은 처음부터 '화병 안'이나 '꽃'으로 다가오지 않는다. 마찬가지로 이때 그 다가오는 대상을 파악하는 '지성'도 불분명하다. 감응의 과정에서 유일한 것은 애매모호한 '직관' 같은 것이다. 마치 카메라의 초점이 흐려진 상태와 같이 나와 저 화병 안의 꽃은 서로의 경계가 불분명한 채로 이 세계에 놓여 있다. 이때 어느 것이 원인이며 결과인지 정해지지 않는다. 무언가가 명확해지고 경계가 설정되며 제한되는 때는 감응의 과정이 지각과 지성의 작용으로 이행할 때다. 거기서 지성은 비로소 '주체'가 되며 화병 안의 꽃은 '대상'이 되어 서로 인과관계를 형성하게 되거나, 주체의 원리나 대상의 원리로서 자리잡게 된다.

이렇게 놓고 보면 원인이나 원리는 처음부터 존재하는 것이 아니고, 점차적으로 생성된다. 즉 파생되는 질서인 것이다. 이 파생되는 인과적 질서의 한쪽 면에 '주체'가 자리잡는다. 그리고 저쪽에 '객체'가 놓인다. 이렇게 현대철학적 관점에서 보면 그 고유한 특성을 가진 것처럼 보이는 주-객 이분법도 그저 파생된 질서에 불과하다. 이렇게 발생한 주-객 이분법에서 주체가 주도권을 쥐게 되는데, 이러한 주도권을 옹호하는 논리를 우리는 모더니즘(modernism)이라고 부른다. 그래서 모더니즘에서는 인간-주체가 대상-객체를 지배하고, 활용하며 나아가 착취하는 것이 당연하다. 하지만 이것은 앞서 말한 것처럼 본래적이지 않다. 오히려 모든 존재하는 것들은 기본적으로 지배-피지배의 관계를 벗어나 각자의 가치를 가진다고 해야 옳다.

이론적으로도 주체의 시선은 이전의 직관의 질서에서 드러난 인상들에 중심점을 설정하고, 그로써 인상들을 재정돈하며 좌표화한다. 직관에 존재하지 않는 인과적 질서를 인상들에 강요함으로써 하나의 체계가 등장하는데, 그것이 고전역학의 결정론(détermisnisme)이다. 이는 17세기 라플라스의 다음과 같은 말에서 잘 드러난다.

우리는 우주의 현재 상태를, 선행하는 상태의 결과와 미래 상태의 원인으로 생각해야 한다. 주어진 순간에 자연에 생기를 주는 모든 힘과 자연을 구성하는 존재자들 각각의 상황을 알 수 있는 지성이 있다면 그리고 모든 자료를 이 지성이 분석하기에 충분히 폭넓고, 우주의 아주 큰 물체의 운동과 아주 가벼운 원자의 운동을 동일한 형식 안에 포함시킨다면, 이 지성은 불확실한 것을 하나도 가지지

않을 것이며, 과거와 마찬가지로 미래도 그에게는 분명할 것이다.[37]

바슐라르에 따르면 이런 모든 것은 '철학적 결정론'에 속한다.[38] 이 관점은 '전체성'이라는 관념 안에 세계를 재단하는 것으로서 일련의 검증되지 않은 일반 원리에 구속되어 있다. 이를 바슐라르는 다음과 같이 규정한다.

모든 것은 서로 연관성이 있다. 모든 것은 모든 것 안에 있다. 무에서는 아무것도 나오지 않는다. 진공은 실재성이 없다. 존재는 무에 의해 제한될 수 없다. 우주는 연관성이 있는 하나의 전체이다.[39]

바슐라르가 보기에는 이런 결정론은 "공간적 묘사에 의해 제한된" 결정론이다. 다시 말해 우리가 머릿속으로 존재하는 사물을 떠올릴 때 그 사물들 바깥의 여백들을 필연적으로 상정하는 이론이다. 문제는 이러한 이론이 그러한 여백의 공간 외에 다른 것을 사고하지 못한다는 점이다. 그 다른 것이 무엇일까? 바로 '시간'이다. 바슐라르 이전

---

37 Pierre-Simon Laplace, *Essai philosophique sur les probabilités*, Bachelier, 1840, 3.

38 그런데 바슐라르는 현대 기상학과 물리학의 '카오스 이론'까지 이 결정론에 속하는 것으로 본다. 이는 분명 지나친 일반화라 하겠다(가스통 바슐라르 지음, 정계섭 옮김, 『현대물리학의 합리주의적 활동』, 민음사, 1998, 285). 사실 현대과학에서 카오스 이론과 양자역학은 아직 그 접점을 탐색 중이다. 이를테면 '양자 카오스'와 같은 개념이 그러한 접점을 찾는 와중에 생겼다. 하지만 이 두 이론 모두 어떤 '불확정성'을 전제한다. 초깃값의 변화 여부에 따라 어떤 방향으로 진행될지 모르는 불확정성과, 위치와 운동량을 확률적으로밖에 알지 못하는 '불확정성'은 동역학계라는 동일한 계 안에서의 다른 수준(하나는 거시 수준, 하나는 미시 수준) 간의 이론적 경합이라 할 수 있을 것이다. 이 부분은 상당히 중요하다. 나는 이 경합의 상황이 어떤 철학적 결론으로 이끌어지느냐에 따라 매우 중요한 세계관의 변화가 생겨날 것이라고 본다.

39 바슐라르, 『현대물리학의 합리주의적 활동』, 286-87.

에 '시간'을 존재하는 것들의 터전으로 삼은 사람이 바로 칸트다. 시간이야말로 사태의 인과가 펼쳐지는 장소인 셈이다. 칸트는 이 시간을 '선험적', 즉 '경험 이전의' 것이라고 본다. 경험 이전에 경험을 가능하게 하는 우리 인식능력 깊숙이 내재한 전제라는 것이다. 따라서 시간이 없으면 어떠한 원인도 존재할 수 없으며, 우리는 인과관계를 생각할 수도 없다.

이것을 다른 말로 하면 시간적 선후관계 없이는 사태의 원인-결과 관계도 없다는 뜻이 된다. 이렇게 해서 칸트 이전의 모든 원인론은 일종의 미숙한 결정론으로 탈바꿈한다. 이제 철학은 반드시 시간을 고려해야만 사물이나 사태의 경과를 사유할 수 있게 된 것이다. 그런데 잠깐! 이건 너무나 당연한 이야기 아닌가? 우리는 언제나(이것도 시간을 표현하는 단어다!) 시간 안에서 계획을 짜고, 약속을 하고, 또 지금은 박준영이라는 저자의 책을 아주 신명나게(!) 읽는다. 이것이 문제가 되는가? 한마디로 말하면 그렇다. 문제가 아니라면 이제 한 번, 학문적 용어가 아니라 상식적인 수준에서 시간이라는 것에 대해 '논증'을 해보라. 아마 서너 문장 이상을 이어가지 못하리라. 따라서 우리는 철학이 아주 상식적이어서 보지 못하는 대상을 문제화하는 학문이라는 것을 여기서도 알게 된다.

3 원인과 원리 너머

1. 무한퇴행의 미궁

근대에 들어와서 고대의 저 소박한 원리론과 인과론이 완전히 극복되었다고 볼 필요는 없다. 몇 가지 아주 이상한 것들은 그럭저럭 폐기처분되어 마땅하지만, 중요한 지점에서 근대의 위대한 사상가들조차 넘어서지 못한 것이 있게 마련이다. 일차적으로 고대적 사유를 넘어서고자 했고, 일정 부분 성공한 철학자는 데카르트다. 그는 이후 뉴턴이 완성할 '고전역학'의 체계에 철학적인, 그리고 수학적인 초석을 놓았다. 수학적인 초석은 '해석학'이라 불리고, 철학적인 초석은 '기계론'이라 불린다. 해석학은 수학과 관련되므로 여기서 논할 수는 없지만, 이것이 기하학적인 도형을 대수적인 수식으로 전환하는 것이라는 정도만 알고 가자. 그래서 이를 발전시켜 '미적분학'이 나오게 된다. 그리고 기계론은 앞선 논의에서 충분히 살펴보았다.

그런데 문제는 데카르트의 사상이 가지는 난점이다. 이를테면 그의 기계론은 원인에 대한 결정론적인 해석을 끝내 성취하지 못한다. 다시 말해 고전적인 결정론은 무한퇴행의 인과사슬에 꼼짝없이 붙들린다. 이를테면 여기 놓인 화병 안의 국화꽃들을 다시 보자. 이 꽃들이 여기 오게 된 원인은 무엇일까? 나는 이 꽃들을 홍대 인근 꽃집에서 아내가 구입했다는 것을 안다. 꽃들은 아내의 품에 안긴 채로 홍대 거리를 지나 지하철로 이동하고, 다시 지상으로 올라왔으며, 마침내 이 작은 소도시로 근거지를 옮겼다. 이 인과관계 내에서 변하지 않는 하나의 원리는 '꽃의 존재'다(존재의 원리). 그리고 그것이 끊임없이 움직인다(생성의 원리). 아내가 꽃을 구입하기 이전은 어땠을까? 이 작고 앙증맞은 국화 송이들은 분명 자연산은 아니다. 기업화된 현대 화훼 단지에서 대량으로 파종되고 생산되었을 것이다. 그리고 화훼유통업 자들을 거쳐, 바로 아내가 들른 그 작은 꽃가게까지 온 것이다. 그럼 그 이전은? 그 이전은 이제 자연의 몫이다. 아름답게 태어나기 위해 꽃은 땅속의 씨앗에서부터 대지의 기름부음을 받아 발아의 순간을 경험했을 것이고, 흙 알갱이들을 밀어내며 기지개를 켜고, 마침내 찬란한 태양빛을 맞이하게 되었다.

만약 국화 싹들이 유리로 지어진 곳에 기거했다면, 자신의 발치를 적시는 자연의 빗물은 맛보지는 못했을 것이다. 그래도 녀석들은 농부의 정성 어린 손길로 넉넉하게 잎사귀를 틔우고, 노랗고 하얀 꽃잎을 꽃대궁으로부터 하나 둘 들어올렸다. 자, 그러면 이제 그 이전은 어떤가? 대지 이전, 그 찬란한 태양 이전, 씨앗 이전 말이다. 거기에는, 또는 그 시간에는 바람이 한 줄기 휑하니 불고 있을지도 모른다. 또는 흙, 불, 물이 있을 것이다(4대 원소). 보다 과학적으로 말하자면 물질, 유전자, 생명의 기원으로서의 단백질, 리보솜과 아미노산 등등이 있다. 자, 그러면 그 이전은? 이렇게 해서 우리는 존재의 무한퇴행이라는 것을 마주하게 된다.

2. 불가능한 결정론

사실 무한퇴행에 대한 선연한 불안감이 근대철학에 본격적으로 전경화된 것은 칸트에서부터다. 그의 '이율배반'에 관한 논증들[40]에는 '무한'이나 '분할(불)가능성'이라는 이름으로 이 무한퇴행의 그림자가

서려 있다. 대표적으로 두번째 이율배반은 세계의 무한한 분할가능성
과 분할불가능성의 이율배반에 대한 것인데, 이는 원자론과 직접적으
로 맞닿아 있다. 무한퇴행의 문제는 세계가 무한히 분할가능하다는
쪽에서 출현한다.

바슐라르는 이 '무한'이란 말이 아페이론(apeiron)이며 이것은 제
한(-peras)이 없다(a-)는 것임을 안다. 과학철학자로서 그는 퇴행을
자초하는 이 '무한'이라는 관념을 제거할 필요가 있었을 것이다. 그
는 이러한 "형이상학을 증거의 사실주의로 돌아오게" 하는 것이 중요
한 임무라고 생각한다.[41] 즉 원인의 사슬은 그와 같은 형이상학적 상
상력으로부터 엄밀한 과학적 '실험과 증거'로 돌아와야 한다는 것이
다. 그렇다고 이것이 어떤 최종적인 '원리'에 안착해야 한다는 뜻은 아
니다. 실험과 증거가 '원리'는 아니기 때문이다. 만약 우리가 이 실험
과 증거에 기준을 둔다면, 저 무한성 또는 무한퇴행이라는 불확정성
(indeterminacy)은 이제 '제한된 결정론'(limited determinism)이 된
다. 즉 실험과 증거의 한도 안에서 결정론을 우리가 인정해야 한다는
것이다. 다시 말해 저 아페이론(apeiron, 무한)에서 뒷부분, 즉 '페라
스'(peras)까지만 인정하자는 말이다.

실제로 과학기술을 담당하는 기술자나 실험가에게는 관측 가능한
요소들을 통해 불확정성을 체계화하는 것이 문제일 뿐, '모든 것은 무
한하다' 따위의 형이상학이 중요한 것은 아니다. 그래서 무릇 과학자

---

40 칸트는 『순수이성비판』에서 네 가지 이율배반을 열거하고 있다. 그것은 '세계의 시공간적
한정과 무한정, 세계의 분할불가능 최소단위의 존재와 분할불가능성, 인과성과 자유'라는 대립
구조를 띠는 논증을 의미한다. 이에 대해서는 다른 장에서 자세히 논할 것이다.
41 바슐라르, 『현대물리학의 합리주의적 활동』, 293.

는 "무제한적인 결정론의 안개를 거두어내면서 점점 더 잘 그의 작업을 실현시켜야 한다. 만일 그가 '모든 것은 모든 것 속에 있다', '모든 것은 모든 것에 대하여 작용한다'라는 말을 믿는다면 '도구의식'을 포기하는 것이며 그의 기술적 확신의 토대 자체를 잃는 것이다."[42]

바슐라르적인 의미에서 과학자 또는 철학자는 이렇게 모든 것을 애초에 알고 있는 전지전능한 주체가 아니라 실험과 조작의 과정에서 무언가를 배우는 주체다. 이를 '과정 속의 주체'라고 할 수도 있을 것이다. 이 주체는 현상을 이해하기 위해 노력한다. 즉 아리스토텔레스적 의미에서 현상을 구제하려는 지성적 주체인 셈이다. 주의해야 할 것은 이때의 주체가 결코 이해의 과정 안에서 무오류의 존재가 아니라는 점이다. 왜냐하면 그에게 애초에 주어진 어떤 원리나 제일 원인과 같은 것은 없기 때문이다. 그에게는 오직 이해의 과정에서 능동적으로 작용할 수 있는 권리만 있다. 이것을 일반화하면 인간이라면 누구나 능동적으로 지식을 추구하지만, 그 안에서 늘 불안정을 견딘다고 해야 할 것이다. 그 추구하는 지식이 직업적 업무 파일이든지, 학문적인 대상이든지, 또는 사랑과 욕망의 대상이든지 간에 우리는 우리 자신의 능동성 안에서 불안하다.

이것을 철학에서는 '인간의 유한성'에서 기인하는 것으로 본다. 즉 세상의 이치는 무한으로 흘러가고, 인간의 삶은 거기에 비해 너무나 짧고 헛되다. 여기서 스며나오는 불안과 고통이 근본적인 실존의 상태다. 그러므로 유한한 존재로서의 인간이 유한한 이해 능력 안에서

---

42 Ibid.

불확정성을 '증언'하고 '자백'하는 것, 이 지점에서 그 옛날 라플라스의 오만한 결정론은 한풀 꺾인다. 그는 결국 유한성을 자백하지 못한 상태에서, 스스로를 신적인 지성이라 여기는 완연한 근대적 주체의 의식을 가지고 있었다.

사실 이 방면에서 화이트헤드의 결정론 비판은 새로운 방향을 열어 보인다.[43] 결론적으로 말하면 화이트헤드는 결정론을 어떤 소박한 유물론과 극단적 기계론이라는 견지에서 규정 내리면서, 목적론적인 구도의 중요성을 말한다. 그에게 극단적 기계론이란 분자의 상태들, 운동들을 사물과 인간, 유기체 전체에 적용하는 관점이다. 이러한 기계론은 "생물과 무생물 사이의 간격이 지나치게 모호하고 미심쩍은 것"이다.[44] 이러한 모든 학설들은 화이트헤드의 관점에서 '유물론'이며, 이것은 "오직 지극히 추상적인 존재들, 즉 논리적인 식별을 통해 얻어지는 것들에만 적용될 수 있다."[45]

그에게 구체적인 것은 '유기체'이며, 이들은 '전체 계획'에 의해 종속된다. 그의 말을 들어보자.

> 동물의 경우, 그 정신상태는 그 유기체 전체의 계획 속에 들어가며, 그리하여 종속적 유기체들의 계획을 변경시켜가는데, 이러한 변경은 순차적으로 하위의 유기체로 계속 이어지면서 궁극적으로는 전자(電子)와 같은 극미한 유기체에까지 이르게 된다. 그러므로 생명

---

43 A. N. 화이트헤드 지음, 오영환 옮김, 『과학과 근대세계』, 서광사, 1989, 124-26 참조.
44 Ibid., 125.
45 Ibid.

체 내부에 들어 있는 전자는 신체가 갖는 계획 때문에 생명체 외부에 있는 전자와 다르다. 전자는 신체의 내외를 가리지 않고 맹목적으로 달린다. 그러나 신체 속에서는 그 속에서 그것이 갖게 되는 특성에 따라 달린다. 즉 신체의 일반적 계획에 따라 달리는 것이다. 그리고 이 계획 속에 정신상태가 포함되어 있다. 하지만 이와 같은 존재방식 변경의 원리는 자연 전체에 걸쳐 일반적으로 적용되는 것이며, 생명체만이 갖는 특성을 나타내는 것은 아니다. 이 학설은 전통적인 과학적 유물론을 버리고 유기체설을 그 대안으로 내세우는 일이다.[46]

여기서 화이트헤드는 전자적인 단위에서부터 정신상태에 이르기까지 유기체적 계획이 주도하는 우주론적 설계를 가정하고 있다. 이 계획은 우선 요소적 측면에서 물리적인 실체로서의 분자들(전자들)을 수용하지만, 그것의 운동과 같은 존재방식은 이들의 메커니즘에 달려 있지 않다고 본다. 거기에는 '존재방식 변경의 원리'라는 일반적 계획이 있기 때문이다. 이것을 화이트헤드는 "유기체적 메커니즘"이라고 부른다.[47]

나의 이 이론에 따르자면, 분자는 일반 법칙에 따라 맹목적으로 달릴 수 있으나, 각 분자들은 그것들을 둘러싸고 있는 환경이라는 유

---

46 Ibid., 125-26.
47 Ibid., 126.

기체 전체의 계획에 따라 그 내재적 성격을 달리한다.[48]

사실상 이 장엄한 계획은 일반 법칙을 포괄하는 섭리의 우주론적 설계도라 할 수 있다. 하지만 여기서 화이트헤드의 종교적 경지를 논할 필요는 없을 것 같다. 다만 그가 결정론을 바라보는 방식이 바슐라르의 그것과 사뭇 다르면서도, 어느 지점에서 만난다는 점은 강조될 필요가 있다. 두 사람의 논의는 공히 원인과 원리의 무한퇴행을 극복하면서, 어떤 전체적인 질서를 강조한다. 즉 둘 다 '합리주의'의 경계석을 붙들고 있는 셈이다. 하지만 바슐라르의 경우 제한된 결정론의 범역을 설정하고, 무한퇴행에 '불확실성'이라는 차폐물을 설치한다. 하지만 화이트헤드는 그런 차폐물 따위는 필요 없다고 보는 입장이다. 그에게는 유기체적 질서라는 전일적인 기획이 있다. 자연에 초월적 질서를 도입함으로써 난해한 문제를 해결하는 것이다.

이 둘은 모두 공히 현대과학이 발굴하고 탐사한 사물의 분자적 층위를 기반으로 논지를 전개한다. 다른 점은 바슐라르가 물리학적 실체로서의 양자를 통해 자연의 내재적 평면으로 거슬러 올라간다면(bottom-up), 화이트헤드는 생물학적 실체로서의 유기체를 통해 자연의 내재적 평면으로 내려온다(top-down). 이를테면 여기 놓여 있는 컵을 이해하기 위해서 바슐라르는 그것의 분자적 층위에서 시작하지만, 화이트헤드는 이 컵을 둘러싼 환경과 전체 세계의 조화로운 질서로부터 시작한다. 여기에는 이제 더 이상 저 고대인들이 염원했던 '제

---

48 Ibid.

일 원인'도 '제일 원리'도 없다. 다만 불확실성의 지대를 헤매는 지각 가능한 '현상들'과 유기체적 질서 안에서 활동하는 개별적인 요소들만이 있을 뿐이다.

3. 왕의 귀환

사실 원인과 원리에 대한 궁극적 탐색이 사라진 철학이란 불가능하다. 원리성과 인과성이란 생각의 기초이고, 우리가 세계와 인간을 이해하는 방법이기 때문이다. 다만 그것들에 대한 맹신이 사라질 뿐이다. 현대 사유에 이르러서는 이 맹신의 제거가 아이러니하게도 가장 원리적이고 인과적이라고 알려져온 과학, 그중에서도 물리학에서 시작되었다. 물리학의 첨단 분야인 '양자역학'이 그것이다. 이를 학자들은 '양자혁명'이라 부른다. 현대에 이르러 원리와 원인에 대한 인식이 어떻게 변화했는지 알기 위해서는 이에 대해 반드시 알아야 한다.

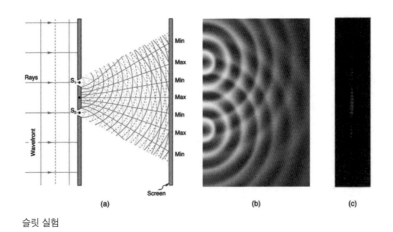

슬릿 실험

바야흐로 철학이 과학과 긴밀하게 갈마드는 사태가 도래한 것이다. '과학철학'이라는 분과가 이렇게 해서 중요한 학제가 된다. 일단 이 혁명 속으로 들어가보자.

양자혁명의 시작은 빛에 대한 연구에서부터다. 당시 물리학계에는 물질을 설명하는 두 가지 방식이 있었는데, 하나는 물질을 입자로 보는 것이고, 다른 하나는 파동으로 보는 것이었다. 이 둘은 전혀 다른 것이었는데, 파동은 연속적이지만 입자는 불연속적이다. 모든 물질은 이 둘 중 하나로 설명할 수 있어야 했다. 하지만 빛은 이상한 현상을 보이기 시작했다. 대체로 당시에는 빛이 파동이라고 설명되었다. 빛이 가진 파동의 성격을 알기 위한 흔한 실험은 암실 안에서 스크린 앞에 구멍(슬릿) 뚫린 벽을 세워놓고, 그 벽에 빛을 쏘는 것이었다. 이렇게 하면 구멍을 빠져나간 빛이 일정한 패턴을 그리며 스크린에 무늬를 그린다. 그런데 구멍이 두 개일 경우에는 다른 무늬를 그린다는 것을 물리학자들을 알게 되었다. 이것을 '간섭패턴'이라고 한다(옆 그림의 (b)). 간섭하는 것은 파동이므로 자연스럽게 빛=파동이었다. 문제는 스펙트럼(옆 그림 (c))을 계산하기 위한 수식을 연구하는 중에 이상한 점이 발견되었다는 것이다.

이 수식에 매달린 학자가 플랑크(Max Planck, 1858~1947)였다. 결국에는 이것을 수식화했는데 또 문제가 발생했다. 실험의 결과를 설명하는 수식이 도출되었지만, 이 수식이 의미하는 바가 무엇인지 불분명했던 것이다. 그의 수식은 복잡하지만, 간단하게 표현하면,

$$E = nh\nu \ (n = 0, 1, 2, 3, \cdots)$$

이다. 여기서 E는 물론 에너지고, h는 플랑크 상수(6.63×10^{-34}J·S), v는 빛의 진동수다. 어쨌든 이 수식은 빛에너지를 계산하는 수식이고, 이때 빛에너지는 hv의 n배, 즉 정수배다. 이것은 빛에너지가 '불연속적으로'(정수는 불연속이니까) 변동한다는 의미가 된다. 이 결론은 빛이 파동이라는 실험 결과와는 모순된다. 빛이 파동이라면 그것은 '연속적'이어야 하기 때문이다. 불연속성은 '입자'의 속성이다. 아인슈타인의 발견은 매우 단순하게도 여기에 있다. 그는 플랑크 공식으로부터 빛이 입자임을 주장했다. 하지만 아인슈타인의 주장은 모순을 해결하지 않고, 더 심화시켰다. 빛이 입자이면서 파동이라고 주장했기 때문이다.

이때쯤 '원자'에서도 이상한 점이 발견되었다. 우리가 보통 생각하기에 원자는 입자다. 그런데 원자를 더 쪼개면 그 안에 또 다른 구조가 있다. 아주 단순한 상상에 따르면, 원자 안에는 원자핵이 있고, 그 원자핵 주위를 전자가 돈다. 그리고 이 전자가 돌면서 빛을 방출한다. 틀렸다! 왜 그런가? 이 주장이 맞다면 전자의 '운동'이 빛으로 전환된다는 것인데, 이렇게 되면 전자의 에너지가 점점 사라져서 원자가 쪼그라들 것이기 때문이다. 이것은 말이 안 된다.

이 말이 안 되는 상황을 해결하기 위해 닐스 보어(Niels Bohr, 1885~1962)가 등장한다. 보어는 전자 자체에서는 빛을 방출하지 않고, 그것이 제 궤도에서 이탈하여 다른 궤도로 진입할 때 빛을 방출한다는 대담한 가설을 세웠다. 즉 궤도를 점프해서 들어가는 운동에너지가 빛으로 전환된다는 것이다. 그런데 여기도 문제가 있었다. 즉 어째서 전자가 일정한 궤도를 도는가, 또 그것이 왜 점프하는가 하는 문제였다.

보어가 이 문제들에 대해 골머리를 썩일 때 그의 제자인 하이젠베르크(Werner Heisenberg, 1901~1976)가 나타난다. 그는 첫번째 문제, 즉 왜 전자가 일정한 궤도를 도는지에 대해서는 일단 무시했다. 두번째 문제가 더 중요하다는 것이다. 그는 원자가 방출하는 빛의 스펙트럼을 계산해냈고, 그것을 수학 공식으로 표현했다. 참으로 대단한 발견이었다. 하지만 애초에 원자의 내부에서 전자가 궤도를 어떻게 도는지에 대한 문제의식을 미뤄두었기 때문에 아인슈타인을 비롯한 물리학자들은 하이젠베르크의 발견을 썩 마음에 들어하지 않았다.

언제나 그렇듯이 이 문제에 대한 해법도 너무 간단해서 생각지도 못한 발상에서 비롯되었다. 드브로이(Louis de Broglie, 1892~1987)는 빛이 입자와 파동이라는 이원성을 가진다면, 전자도 그럴 것이라고 대담하게 주장했다. 이렇게 생각했을 때 전자가 일정한 정수값을 가지는 궤도를 도는 이유가 드러난다. 왜냐하면 파동이란 늘 주기성을 가지기 때문이다. 다시 말해 파동은 어중간한 수치를 가지지 않는다. 그리고 이렇게 했을 때 전자의 '궤도'와 같은 것은 생각하지 않아도 원자 내부를 알 수 있다.

슈뢰딩거(Erwin Schrödinger, 1887~1961)는 드브로이의 발상을 이어받아 원자 내부가 어떻게 생겼는지 알기 위해 연구에 매진했다. 일단 전자가 파동이라는 기정하에 슈뢰딩거는 하이젠베르크와는 다른 수식을 만들어냈다. 그 수식은 아래와 같다(일단 모르더라도 눈으로 봐두자).

$$H\left(\frac{b}{2\pi i}\frac{d}{dx},x\right)\emptyset - E\emptyset = 0$$

이 식을 슈뢰딩거의 파동방정식이라고 한다. 이 식은 하이젠베르크가 발견한 식과는 다르지만, 그 값은 같다. 게다가 하이젠베르크의 식과 같은 복잡성이 없는 단순명쾌한 수식이다. 슈뢰딩거는 당연히 쾌재를 불렀고, 세계는 이제 파동으로 구성된 것처럼 보였다. 하지만 그게 다가 아니었다. 슈뢰딩거의 방정식은 예기치 못한 약점을 가지고 있었다. 그것은 이 방정식에서 차원 수가 무한하게 증가하는 통에 결과적으로 전자를 상상할 수 없게 만든 것이다. 전자는 여전히 오리무중이었지만 슈뢰딩거는 자신의 공식이 여전히 최고라고 여겼다.

이때 보른(Max Born, 1882~1970)이 새로운 '파동함수'를 내놓는다. 보른에 따르면 전자는 일반적인 입자나 파동의 운동을 하는 것이 아니다. 이를 그는 '확률파'라고 표현한다. 우리가 전자 입자를 관찰할 때 입자가 되는 경우와 파동이 되는 경우를 나눈다면, 보른은 이것이 확률적으로 나타난다고 보았다. 하지만 하이젠베르크는 이 주장에 반대했다. 하이젠베르크가 보기에 보른의 결론은 매우 어정쩡한 것이었다. 하이젠베르크는 물리법칙이 어째서 확률과 같은 모호한 추정에 의존해야 하는가라고 생각했다. 이는 하이젠베르크가 보기에 세계의 모든 것이 '우연'에 의해 작동한다는 말인데, 이건 너무 무책임하다는 것이었다.

하이젠베르크는 처음부터 다시 생각해보기로 했다. 그리고 떠올린 것이 '안개 상자 실험'이었는데, 이 실험은 안개가 발생하는 상자 안에 전자를 쏘아서 그 궤적을 시각화하는 것이다. 하이젠베르크의 새로운 발상은 이 궤적을 만들어낸 것이 사실은 전자가 아닐 수 있다는 것이다! 그러니까 안개 상자 안을 달리는 전자를 일단 '확률파'로 가정한다면, 이 전자가 앞으로 내달리면서 안개의 방해를 받는다고 생각했다. 그래서 이 궤적은 사실 안개 입자에 의해 방해 받은 전자의 궤적이지, 전자 자체의 궤적은 아니다. 다시 말해 전자파가 궤적의 수준으로 커지려고 하면 안개 입자의 방해로 인해 작아지는 현상이 안개 상자 안에서 발생한다. 이를 수학적으로 말하면 x가 커지려고(변화량Δ) 하면 p가 작아지고 p가 커지려고 하면 x가 작아진다고 할 수 있다. 하이젠베르크는 이것을 수식화했는데, 그 값이 플랑크 상수라는 놀라운 사실을 발견했다.

$$\Delta x \cdot \Delta p_x \simeq h\,(h: \text{플랑크 상수})$$

이것이 바로 우리가 현재 알고 있는 소위 '불확정성 원리'의 최초 아이디어다. 왜냐하면 이 공식에 따르면 x의 변화량과 p_x의 변화량은 플랑크 상수의 크기 안에서 불확정적으로 변화할 수 있기 때문이다. 안개 상자를 걷어내고 이 공식을 새로 해석하면, Δx는 '전자의 위치 분포'고, Δp는 '운동량의 분포'라고 할 수 있다. 그러므로 불확정성의 원리를 한마디로 말하면, **"위치를 정확하게 드러내려고 하면, 운동량이 정확해지지 않으며, 운동량을 정확하게 드러내려고 하면 위치가 정확해지지 않는다"**가 된다.

이제 여기서부터 굉장한 일이 일어난다. 이 발견 이전에는 관찰자와 관찰 대상 사이에 경계가 있었다. 이를 철학적으로 말하면 주체와 객체 간에 이분법이 존재했다는 의미다. 그러나 이 양자의 세계(빛과 전자의 세계)에서는 관찰자와 관찰 대상 간에 상호작용이 존재하며, 이를 통해 주체와 객체가 서로 갈마들게 된다. 즉 관찰자의 관찰 행위가 대상의 운동과 위치에 영향을 미치게 되는 것이다(철학적으로는 이 역의 관계도 성립한다고 본다).

여러분이 이 책을 보고 있는 이 순간에도 빛과 전자의 작용이 발생한다. 이를테면 지금 여러분의 독서 행위는 이 글자 위를 훑어가는 시선이 있기 전에는 존재할 수 없었지만, 그 시선이 가동되자마자 독서 행위라는 '하나'의 행위로 굳어진다. 이 행위 이전에 여러분은 밥을 먹는다거나, 노래를 한다거나, 고양이를 쓰다듬는 등의 행위를 독서 대신 할 가능성이 존재했지만, 지금은 그렇지 않다. 그래서 '책을 본다'는 행위가 책이라는 대상을 불러오고, 당신의 신체를 책으로 옮겨놓는다. 둘은 갈마든다. 여러 운동의 가능성들이 있었지만, 당신은 '독서'라는 하나의 행위를 선택했다. 전자도 마찬가지다. 전자는 관찰자가 어떤 것을 선택하느냐에 따라 입자가 될 수도 파동이 될 수도 있다. 즉 위치를 정확하게 측정할 수도 있고, 운동량을 정확하게 측정할 수도 있다.

따라서 고전역학에서 인간은 자연 바깥에서 그것을 관찰한다고 봤지만, 양자역학에서는 자연 안에 인간이 있고, 다른 대상들도 있다. 인간은 여기서 특권적인 위치를 상실하고, 주체와 객체는 평등한 자연의 한 요소로 재배치된다. 이것은 앞 절에서 바슐라르가 예리하게 통찰한 '불확실성'의 물리학 버전이다(사실 바슐라르는 양자역학을 알고 있었다).

이것은 철학에 혁명을 불러왔다. 자연의 불가사의에 어리둥절해진 사람들은 과학자들이지만, 충격을 받고 혼절해버린 이들은 철학자들이 아닐까? 왜냐하면 르네상스 이래 인간성의 탁월함과 지성의 우위를 내세우며 발전한 것이 바로 '인문학'이고 그 인문학의 왕이 철학이었기 때문이다. 하지만 이제 인간은 자연의 한 요소로서 그것과 서로 상호작용을 주고받는 위치가 되었다. 그런데 역설적이게도 물리학에서의 이러한 발견은 철학을 한 단계 더 발전시키고, 새로운 철학의 황제를 귀환시키는 계기가 된다. 다시 말해 물리학이 전개한 이런 사고방식이 철학적 '원리'를 재소환하게 된 것이다. 이른바 '불확정성의 원리' 또는 '미결정성의 원리'가 그것이다. 그런데 이때의 원리는 우리가 애초에 알고 있던 그 원리가 아니다.

역설적이게도 이 원리는 스스로 '명령하기'(이 장 맨 앞을 보라)를 그만둔 지배자-군주의 모습을 취한다. 왜냐하면 원리가 존재하는 것에 대해 이럴 수도 있고 저럴 수도 있다고 천명해버린 이상, 그 원리는 구속력을 상실하기 때문이다. 그것은 생성 중인 자연을 완벽하게 설명할 수도 없고, 그렇기 때문에 인과관계의 예측에도 한계가 존재하게 된다. 하지만 그 대신 분명 얻는 것이 있다. 과학이 두 손 들고 나간 곳에, 철학이 이 한계상황을 가치 있게 만들 만한 '개념들'을 들고 나타난다. 철학의 입장에서 불확정성은 앞서 말했듯이 인간과 자연이 갈마드는 사태, 즉 새로운 세계관과 존재론이 가능하다는 것을 가리킨다. 우리는 대체로 이러한 관점을 가진 철학을 '생태철학'이라는 이름으로 알고 있다. 또는 가장 최신의 철학 명칭을 사용하자면, '신유물론'(New Materialism)이라고 하겠다. 이 철학에 대해서는 뒤에 다시 살펴볼 기회가 있을 것이다.

개념들을 설명하는 와중에 우리는 어느덧 21세기 철학의 첨단에 이른 것 같다. 현기증을 느낄 수도 있는데, 잠시 휴식을 취한 다음 '일'(一)과 '다'(多)의 세계로 들어가보자. 이곳은 드넓은 평원과 같다. 탁 트인 장관이 펼쳐질 것이다.

제3장

하나와 여럿

이번 장에서 살펴볼 철학 개념은 우리 일상에서 무수하게 마주치는 단어이기도 하다. 우리는 눈을 뜨는 순간부터 잠들기 전까지, 심지어 꿈속에서도 대상을 마주하면서, 그것이 하나인지 여럿인지 감지한다. 만약 눈앞의 사물에 대해 이 구분이 일어나지 않는다면, 일단 시각이나 두뇌 이상을 염려해봐야 할 정도다. 그만큼 이 개념은 존재하는 것을 구분하고, 분류하며, 계산하는 우리 지성의 핵심에 자리잡고 있다. 여럿이 뭉쳐지면 하나이고, 하나가 쪼개지면 여럿이다. 숫자로 보면 하나는 '1'이고 여럿은 'n'으로 표현할 수 있다.

'하나'의 그리스어 어원을 살펴보면 'heis'(남성), 'mia'(여성), 'hen'(중성)으로 나오는데, 보통 철학적인 의미로는 숭성명사 'hen'(헨)을 독립적으로 사용하는 경우가 많다. 이 단어가 라틴어에 와서 'unum'(우눔)이 되고, 현대어에 와서 'one'(영), 'un'(프), 'ein'(독)이 된다. 이와 대립적인 '여럿'은 'pollus'(폴루스)다. 현대 용어로는 'many,

영화 〈23 아이덴티티〉(나이트 샤말란 감독,
2017)

plurality'(영), 'diversité, multiplicité'(프), 'Vielheit, Pluralität'(독)라
고 한다.

이 두 용어는 언뜻 대립적으로 보이지만, 우리가 이제 살펴볼 것처
럼 서로 잘 이어져 있다. 사실 고대인들과 근대인들에게서 그러한 대
립적 사고가 많이 보이는데 이는 존재를 통합적으로 바라볼 수 있는
철학적 존재론이 부재했기 때문이라는 생각이 든다. 이런 점에서 현
대철학은 '하나'와 '여럿'이라는 존재론적 대립구도를 통합하는 과정
에 있다고 볼 수 있다. 대개 철학사가들은 '하나'를 최고로 취급하는
논지를 '일원론'(一元論, monism)이라고 부르고 '여럿'을 최고의 원리로
보는 논지를 '다원론'(多元論, pluralism)이라고 칭한다.

1 단 '하나'의 원리는 어디 있을까?

1. 보편성에 관한 질문

'하나'가 없으면 우리가 어떻게 살 수 있을까? 이렇게 말해놓고 보니 '하나'와 심하게 사랑에 빠진 사이처럼 보인다. 농담이 아니라 인간은 '하나'가 없으면 살아갈 수가 없다. 아침에 일어나 시계를 볼 때도, 새벽 산책을 위해 이쪽 저쪽 길을 가늠할 때도, 카페에 들러 커피값을 계산할 때도, 또 엘리베이터에서 아파트 층수 버튼을 누를 때도 '하나'는 우리 곁에 있다. 마찬가지로 우리는 일생 동안 '나'는 하나이지, 둘은 아니라고 느끼며 산다. 이를 소위 '자아동일성'(또는 자아정체성self-identity)이라고 부른다. 둘로 쪼개지는 순간 분열증이 찾아온다. 나이트 샤말란 감독의 〈23 아이덴티티〉에 나오는 주인공은 23개의 인격으로 분열된 채 태연하게 범죄를 저지르지만 보통 사람이라면 이런 일이 불가능하다. 보통은 범죄는커녕 자아 분열로 인한 망상 장애 상태에서 아무런 짓도 저지르지 못할 것이다. 이 영화의 원제목 (〈Split〉)처럼 인격이 완전히 균열되어버리는 셈이다.

그런데 위의 예들을 가만히 살펴보면, '하나'에는 두 가지 의미가 있음을 알게 된다. 우선 '하나'는 숫자 '1'이다. 시계를 보거나, 길이 둘인지 하나인지를 가늠하거나, 커피값을 계산할 때 등장하는 '하나'가 그것이다. 이를 '단위'(unit)로서의 '하나'라고 부른다. 이와 달리 '하나'는 또한 어떤 '통일성'(unity)을 의미하기도 한다. '나는 하나다'라고 할 때 그 자아정체성은 이 통일성으로서의 '하나'다. 우리는 앞으로도 이 두 가지 하나를 잘 구분해야 할 것 같다. 왜냐하면 단위로서의 하나가 통일성으로서의 하나와 혼동되면, "아니, 전 분명히 커피값을 하나 계산했다고요." "손님 이러시면 안 됩니다. 커피 다섯 잔을 주문하셨잖아요!" "그러니까요, 커피 하나!"와 같은 사태가 벌어질 수도 있기 때문이다.

역사적으로 단위가 먼저인지 통일성이 먼저인지는 닭이냐 달걀이냐 같은 문제다. 초기 농경인들이 가축 무리를 세기 위해 작은 돌들을 사용했다는 것은 단위로서 '1'을 염두에 두었다는 뜻이다. 하지만 그렇다고 해서 그들에게 그 '1'이 가리키는 것이 양 무리 전체의 통일성을 의미하지 않는다고 하기도 애매하다. '1'이 양 무리 전체의 통일성을 의미하지 않는다면 목동은 양들이 풀숲이나 강 너머로 사라진다 해도 아무런 지각도 없을 것이기 때문이다.

인류가 사유하는 자(Homo Sapiens)가 된 이래, 오랫동안 세계 전체의 원리를 찾아 헤맸다는 것은 앞선 장에서 살펴보았다. 하지만 고대 세계의 일상인들은 사실 '하나'보다는 '여럿'에 익숙했다. 그런데 철학자들은 좀 달랐다. 이들은 일상적인 다양성의 감각을 의심했고 기어이 그것을 어떤 '하나'로, 또는 소수의 원리로 환원하고자 욕망했다. 이것을 우리는 일상적 감각에 대한 '철학의 배신'이라고 해야 할 것 같다. 이 원리들을 가르치던 철학자들이 당시의 그리스인들에게는 꽤나 괴짜들처럼 보였다는 것은 당연할 것이다. 하지만 이들의 이런 시도는 이후 인류에 굉장한 이익들을 가져다주게 된다.

고대 자연철학자들뿐 아니라, 우리가 걸출한 스승으로 알고 있는 소크라테스조차 일상인들에게는 희한한 사람이지 않았을까? 아고라를 거닐며, 만나는 사람마다 '~은 무엇인가?'(ti esti~)라고 묻고 다녔으니 말이다.

잠깐 그의 행색을 머리에 그려보자. 그는 사시사철 똑같은 옷에 맨발로 다녔다. 음식과 술은 최소화했는데, 예외적으로 향연이 베풀어지면 술을 많이 마시곤 했다. 하지만 향연 내내 흐트러지지 않았다고 한다. 전하는 말에 따르면 향연의 끝까지 말을 이어가며 술에 취해 쓰러지지 않은 자는 소크라테스가 유일했고, 그래서 새벽에 멀쩡한 채로 먼저 집에 돌아갔다고 한다. 그리고 그는 유년기부터 줄곧 어떤 신비한 목소리나 신호 같은 것을 받았다고 한다. 그가 이런 전언을 들을 때면 넋이 나간 상태로 하루 이상을 지내기도 했다고 전해지는데, 이런 측면도 그가 굉장히 특이했다는 것을 드러낸다. 시쳇말로 하루 종일 '멍 때리기'를 했다는 뜻이니까. 그러나 다르게 생각해보면 이런 생리적 현상은 정신 집중에 따른 상태라고 추측해볼 수도 있다.

어쨌든 그에게 중요한 것은 앞서 말한 그 '무엇'(whatness)이었는데, 이것을 먼 훗날의 제자인 아리스토텔레스는 '본질'(to ti hen einai)이라고 부르게 된다. 묻는 대상이 무엇이든 이 본질을 가지고 있다는 믿음이 소크라테스에게는 있었다. 그리고 이는 어떤 개별적인 눈앞의 무엇이 아니라 보편적인 것이었다. 따라서 소크라테스에게 진정한 지식 또는 지혜는 이 보편적인 본질에 대한 앎이었다.

그런데 소크라테스의 눈에 이전 철학자 선배들의 원리론은 매번 이랬다 저랬다 하는 식으로 일관성도 없으며 저 '무엇'에 대한 질문에 대한 대답이 되지 못했다.

아무튼 나는 무엇 때문에 '하나'가 생기게 되는지도, 또한 한마디로 말해서, 다른 어떤 것이 무엇 때문에 생기고 소멸되며 또 존재하는 지도, 이 탐구 방법으로 내가 알게 되리라고는 더 이상 자신에게도 납득시킬 수가 없게 되었다.[1]

소크라테스가 이런 불만을 가지게 된 것은 기존 철학자들이 말하는 '하나'라는 것이 근거가 불투명하고, 무엇보다 '보편성'을 결여했기 때문이다. 그에게 필요했던 철학은 어디서나 통용되고, 영원히 변하지 않는 '정의'(definition)였던 것이다. 이러한 정의가 여러 대상들에 적용되면, 우리는 마찬가지로 보편적인 '지식'을 얻게 된다. 소크라테스가 생각한 이 지식의 꿈은 이후 인간의 지적인 활동 전반을 지배하는 기본 원리가 된다.

2. 유일한 '하나'에 대한 논증들

(1) 파르메니데스

'하나'에 대한 아주 오래된 논의는 파르메니데스로 거슬러올라간다. 앞선 1장에서 그의 '존재'가 가진 의미를 살펴보았는데, 우리는 그 '존재'가 '하나'라는 것을 살펴볼 생각이다. 사실 '일자'(the One)라는 표현도 파르메니데스가 최초로 철학 개념으로 사용했다. 물론 그 이전에 피타고라스도 '1'을 알고 있었지만, 이는 수적인 의미를 크게 넘어선 것이 아니었다. 파르메니데스에게 '하나'란 '생성 없는 존재'를 가리키는 말인데, 왜냐하면 운동을 긍정하게 되면 존재를 부정할 수밖에

---

1 플라톤, 「파이돈」, 97b.

없기 때문이다. 다시 말해 파르메니데스의 사상에서 운동이란 '여럿'을 의미하는데, 이는 허구적인 것에 불과하다.

간단히 말해 운동한다는 것은 변화한다는 것이고, 변화하는 것은 하나의 존재자가 A에서 B로 '둘'이 된다는 의미다. 더 나아가 변화한다는 것은 '존재하지 않던 B'가 존재하게 된다는 의미인데, 이것은 파르메니데스로서는 받아들이기 힘든 주장이다. 앞서 논했던 것을 다시 되새겨보면, '존재하는 것은 있음뿐이며, 존재하지 않는 것은 불가능하'기 때문이다. 따라서 존재는 하나다. 1장에서 인용했던 구절을 다시 보자. 이번엔 조금 다르게 보일 것이다.

있는 것은 생성되지 않고 소멸되지 않으며,
온전한 한 종류의 것이고 흔들림이 없으며 완결된 것이다.
그것은 언젠가 있었던 것도 아니고, 있게 될 것도 아니다.[2]

그러니까 '하나'란 존재의 가장 고유한 특성이라는 의미가 되겠다. "온전한 한 종류"이며 "완결된 것"의 의미는 이것이 생성도 소멸도 없고 과거도 미래도 없이 영원하다는 뜻이기도 하다. 이런 식으로 추론될 때 비로소 존재는 '하나'이며, '연속성'을 띠는 것으로 정당화될 것이다.[3] 하지만 현상세계에서 모든 것은 불연속적이며, 감각적인 대상

---

2 DK28B8.
3 파르메니데스가 이런 방식의 초재적 사유 이미지를 가지고 있었다는 주장은 아리스토텔레스도 하고 있다. "그런데 저 사람들은 감각되는 것들의 실체(ousia) 너머에 다른 어떤 것이 있다고 상정하지 않지만, 만일 어떤 인식 또는 사고가 있으려면 그런 부류의 것들(physeis)[이 있어야 함]을 최초로 통찰하였기 때문에, 그런 식으로 저것들에 해당되는 말(logos)들을 이

으로 다가올 뿐이다. 따라서 존재란 시간적이든 공간적이든 '지금 전부 함께' 있는 바로 그것이고, 그렇다면 이것은 '하나'다.

파르메니데스의 영향력은 이루 말할 수 없이 거대해서 플라톤조차 예외가 될 수 없었다. 플라톤에게도 '여럿'이 현실을 반영하는 원리이긴 했지만, 그것은 그저 겉으로 보이는 것일 뿐이고, 이와는 다른 곳에서 '하나'의 최고 원리가 존재하는 것이 틀림없었다. 이를테면 우리 주위를 둘러싼 사물들이나 우리가 머릿속으로 떠올리는 관념들에는 하나같이 '이데아'가 존재한다. 이 이데아들은 플라톤 자신의 스승이었던 소크라테스가 그토록 찾아 헤매던 '본질'이다. 컵은 컵대로, 책은 책대로, 또 우리가 마냥 부르짖는 '정의'(justice)는 정의대로 이데아-본질이 있다. 하지만 그 모든 이데아들 가운데 가장 탁월한 '하나'의 이데아는 '선의 이데아'다. 플라톤은 이 최고의 이데아를 '존재 저 너머의 것'이라고 했다. 다시 말해 이것은 존재하는 것을 넘어서 있는 최고의 존재인 셈이다.

(2) 아리스토텔레스

아리스토텔레스에게도 '하나'의 사상은 매우 중요했다. 그는 『형이상학』 V권에서 '하나'에 대해 논하는데, 이 논의는 철학사 안에서 최초의 체계적인 논증이라고 할 만하다. 여기서 아리스토텔레스는 '하나'를 네 가지 의미로 나눈다. 하나씩 살펴보자.

것들에다 옮겨놓았다"(DK 28A 25). 섹스투스 엠피리쿠스는 아리스토텔레스가 파르메니데스를 '자연부정론자'(aphysikoi)로 불렀다고 전한다. 왜냐하면 그가 운동을 부정했기 때문이라고 한다(DK 28A 26).

① '연속성'으로서의 하나

본성상 단일한 운동에 따라 움직이고, 다른 방식으로는 움직일 수 없는 것을 일컬어 '연속적'이라고 한다. '하나'는 분할불가능한 운동, 다시 말해 시간적으로 분할불가능한 것의 운동이다.[4]

우선 하나는 연속된 것으로 제시된다. 연속된다는 것은 수로 나타내는 것이라기보다 기하학적으로 '그려지는 것'이라고 할 수 있다. 우리가 1, 2, 3… 이렇게 세면 대번에 어떤 불연속성이 생긴다. 다시 말해 1과 2 사이, 2와 3 사이에 불연속성이 생긴다. 이것은 '하나'가 아니다. 현대수학의 개념을 동원하면, 이것은 '실수의 연속성'으로 표현할 수 있는데, 사실상 이 연속성은 '수'로는 다 드러날 수 없다. 왜냐하면 어떤 수든지 간에 '공백'이 있게 마련이기 때문이다. 1과 2 사이에 1.5를 놓든지, 1.5555555…를 놓든지 간에 그것을 다 메울 수는 없다. 이것을 메우기 위해서는 이른바 '무리수'가 요구된다. 그런데 이렇게 무리수를 도입하자마자 '수'의 자연스러운 형상은 사라진다. 즉 자연수가 아니게 된다.[5] 결론적으로 '하나'는 수로 세어질 수 없다.

그런데 이 실수를 기하학적인 직선으로 나타내면 어떤 불연속도 존재하지 않게 되는데, 하나란 그런 의미다. 그러므로 위에서 아리스토텔레스가 하나를 '분할불가능한 운동'이라고 한 것은 복잡한 의미

---

4 아리스토텔레스, 『형이상학』, 1016a.
5 그 이유는 그리스인들이 페라스(peras)를 실재적인 것으로 보았고, 아페이론(apeiron)을 비실재적인 것으로 보았다는 점에서 알 수 있다.

가 아니다. 그것은 우리가 '선'을 그려나갈 때의 그 운동이라고 보면 쉽게 이해할 수 있다.

② '통일성'으로서의 하나

또 다른 뜻에서 어떤 것들은 그 종류에서 차이가 없다는 이유에서 '하나'라고 불린다. 감각적으로 분할불가능한 형상을 갖는 것들은 분할불가능하다. 대립적인 차이들 때문에 서로 차이가 있다고 하더라도 하나의 유에 속하는 것은 하나이기 때문이다.[6]

앞서 우리가 커피 한 잔과 커피 전체를 구분하지 못하는 손님의 예에서 이야기하고자 했던 '하나'의 의미가 바로 이것이다. 다른 말로 하자면 이때의 하나는 어떤 '유기적 통일성'을 의미한다. 인간의 팔다리나 물고기의 아가미, 또는 컴퓨터의 모니터 등은 본체와 기능적으로 분리될 수 없는 하나라는 것이다. 이때 부분은 전체를 이루는 질서의 요소 중 하나로서 그것이 빠지면 이 통일성이 무너지게 된다. 조화로운 전체로서의 하나는 고대 그리스 때부터 우리 우주를 부르는 '코스모스'(Cosmos)라는 말에도 스며 있는데, 이 말은 바로 불가분한 '조화'를 의미한다.

---

6 아리스토텔레스, 『형이상학』, 1016b.

③ '단위' 또는 '수'로서의 하나

'하나'의 본질은 수의 시작이다. 첫번째 척도[단위]는 최초의 수이기 때문이다. 양적으로 분할불가능한 것들 가운데, 어떤 차원에서도 분할불가능하며 위치를 갖지 않는 것은 '모나스'(monas)라고 불린다.[7]

'수'로서의 하나, 즉 '1'이라는 것은 당연한 말(어쩌면 동어반복)이기도 하지만, 달리 보면 딱 일치하지는 않는다는 것을 알 수 있다. 왜냐하면 '1'은 이렇게 "수의 시작"이기도 하지만, 또한 '2, 3, 4…' 등에 반드시 함축되어 있어야 하기 때문이다. '2=1+1', '3=1+1+1', '4=1+1+1+1'이다. 이렇게 보면 모든 수들(사실은 자연수)은 '1'로 환원될 수 있다. 이러한 '1'이 바로 척도와 단위로서의 '하나'다.

이런 면에서 아리스토텔레스가 이 척도와 단위로서의 하나를 짚어낼 때, 갑자기 '모나스'를 언급하는 것은 매우 신선한 생각이라고 할 수 있다. 모나스란 대상은 "분할불가능하며"(여기까지는 '연속성', '통일성'으로서의 하나와 같다), "위치를 갖지 않는다"(이것은 신선하다). 즉 하나의 단위로서 '1'은 어디에도 속하지 않으면서 그 어디에나 존재하는 '하나'가 된다.

---

7 Ibid.

④ '유비'로서의 하나

서로 비례관계에 있는 것들은 유비의 측면에서 하나이다.[8]

아리스토텔레스가 말하는 '유비'(alegory)는 두 개 이상의 개념이 담고 있는 의미함축의 비례관계를 말한다. 다시 말해 '컵'이라는 의미함축은 '손잡이가 달린 컵'보다 더 넓은 외연을 가진다는 식이다. 이렇게 봤을 때, 가장 넓은 외연을 가진 개념은 '존재'라고 할 수 있다. 따라서 '하나'라는 의미에서 가장 적합한 개념도 '존재'일 것이다. 왜냐하면 유비적인 의미에서 '있다'라는 술어는 어디에서든 통용될 수 있기 때문이다. 영어에서는 이를 'be동사'로 표현한다. be동사는 어떤 문장에서든 드러나 있거나, 아니면 숨어 있다. 그것이 양을 나타내는 문장이든, 질을 나타내는 문장이든, 관계를 나타내는 문장이든 말이다. 이렇게 어떤 범주에서도 통용되기 때문에 이것을 '존재 동사'라고도 한다. 하지만 이 존재 자체로서의 하나를 넘어선 무언가를 사유한 사람들이 철학자들이기도 하다.

(3) 플로티노스

철학사 안에서 이렇게 존재 '너머'를 상상하는 것을 '초월론'이라고 한다. 사실 '하나'를 최고 원리로 격상시키는 철학은 대개 이 초월론이다. 초월론의 역사는 칸트를 거쳐 현대철학에서도 종종 보인다. 서양

---

8 Ibid.

철학이 끝내 이 초월론을 극복하지 못하는 것은 그만큼 어떤 신학적인 세계관의 타성이 강하기 때문인 것 같다. 사실상 앞서 말한 플라톤의 '존재 저 너머의 것'이란 중세를 거치면서 '하나님' 즉 신을 정당화하는 논증으로 이어진다. 플라톤과 중세 신학적 철학을 이어준 철학자가 (플라톤과 이름이 비슷한) 플로티노스(Plotinus, AD. 205~270)다.

이 철학자는 로마 시대에 자신의 철학을 펼쳤는데, 그가 살던 시대는 황제가 하루가 멀다 하고 암살 당하던 때라 몹시 혼란스러웠다. 오죽하면 도즈(E. R. Dodds)라는 아일랜드의 역사가는 이 시기를 '근심의 시대'라고 불렀을까? 아마도 그래서 플로티노스는 예전의 그리스인들처럼 일종의 '원리' 즉 '지배자'로서 혼란을 수습할 수 있는 '하나'를 원했는지도 모르겠다.

'하나'라는 개념을 이야기할 때 플로티노스를 빠트릴 수는 없다. 그는 '철학이란 사유불가능한 것을 사유하고자 하는 시도다'라는 말을 즐겨 했는데, 이때 사유불가능한 것이란 바로 '하나' 또는 '일자'(一者, the One)를 가리킨다(우리는 이제부터 '하나'를 플로티노스적 맥락에서 '일자'라고 부르자). 즉 "일자는 모든 사고와 모든 존재를 넘어서며, 말로 표현할 수 없으며, 파악될 수 없다." 따라서 일자는 철학이 논하는 본질, 존재, 생명을 모두 초월한다. 일자는 논리적으로도 존재적으로도 모든 개체들에 선행한다. 그렇다고 일자가 보편적인 것도 아니다. 예컨대 일자는 양도, 질도, 관계도 아니다. 일자는 모든 범주적 존재자들을 넘어선다. 이것이야말로 진정한 '초월자'라고 할 만하다.

이것은 일자가 속성에 대한 판단(술어화)을 거부한다는 뜻이기도 하다. 이렇게 보면 일자라는 것은 중세철학 내내 지속되는 '부정신학'(apophatic theology)의 단초이기도 하다. 부정신학이란 신의 속성을 기술하는 서술어들이 신적인 것을 표현하지 못하므로, 단지 그것을 부정하는 것으로 신의 속성을 알 수 있다는 신학이다. 이를테면 보통 우리는 '신은 완전하다'라고 하지만 '완전함'이라는 술어는 신을 표현하는 데 부족하므로, 오히려 '신은 완전함이 아니다'라고 해야 한다는 것이다.

여기서 주의해야 할 것은 플로티노스의 사상이 중세 기독교 철학의 기반이 되었다고 해서 플로티노스 자신이 기독교에 호의적이었다고 보는 것은 매우 잘못된 이해라는 점이다. 그는 뼛속까지 로마인이었고, 그런 점에서 기독교는 매우 유해한 종교였다. 아우구스티누스(Augustinus, A.D. 354~430)가 자신의 철학을 가져가서 기독교를 변호하는 데 사용했음을 플로티노스가 목격했다면 대경실색하지 않았을까?

플로티노스가 기독교를 비판적으로 본 철학적 이유는 간단하다. 그가 보기에 당시의 기독교는 그저 바울(Paul)에 의해 정리된 신앙교리 체계였고 철학적으로는 이해할 수 없는 신비한 현상, 예컨대 부활과 기적을 사람들에게 믿도록 강요했기 때문이다. 추측건대 기독교도들의 그리스 철학에 대한 적대감도 플로티노스의 반기독교적 성향을 강화했을 것으로 보인다. 기독교도들의 그리스 철학에 대한 적대감이 얼마나 컸는가 하면, 멀쩡한 천재 철학자를 백주 대낮에 암살할 정도였다. 흔히 드는 예가 바로 천재 여성 철학자 '히파티아'다. 히파티아는 천문학과 철학 등 다방면에 뛰어난 여성 철학자였으나, 기독교도들에 의해 마녀로 몰려 살해당했다. 그녀가 학교로 강의하러 가는 도중 광신자들은 그녀를 납치해 옷을 모두 벗긴후, 굴 껍데기로 피부를 긁어

히파티아의 고난을 그린 영화 〈아고라〉(알레한드로 아메나바르 감독, 2009)

낸 후 죽였다고 전해진다. 그녀는 플로티노스 사후의 철학자지만 당대 기독교도들의 만행을 잘 드러내는 역사적 사건의 비극적 인물이다.

어쨌든 플로티노스는 우리가 '확실하게' 말할 수 있는 것은 "일자가 존재한다"는 것 단 하나뿐이라고 주장한다. 다시 한번 강조하지만 이 '존재하는 일자'를 만물의 '창조자'라고 해서는 안 된다. 이렇게 되면 일자가 기독교의 창조주와 구분이 되지 않는다. 창조는 하나의 '행위'이며, 그것은 일자의 변화 가능성을 상정한다. 그러나 이것은 더 이상 일자가 아니다. 왜냐하면 운동하고 변하는 것은 영원한 원리가 아니기 때문이다. 일자는 변회 불가능하며 운동하지 않는다. 여기서도 우리는 파르메니데스로부터 플라톤으로 이어지는 초월철학의 분위기를 느낄 수 있다.

운동하지 않으면서 만물의 존재의 근원이 되는 사태를 일컬어 플로티노스는 '유출'이라고 했다. 그런데 이 '유출'이라는 단어는 일종의 '비유'라고 할 수 있다. 다시 말해 일자로부터 흘러나오는 어떤 사태를 개념화하기 힘들기 때문에 임시변통으로나마 '유출'이라고 한 것이다. 플로티노스는 이 유출의 비유 외에 '빛'이나 '조명'의 비유도 사용한다. 어쨌든 이 유출을 통해서 존재자들이 생겨난다. 여러 가지 것들 가운데 누스(nous)가 처음으로 생겨난다고 본 것은 매우 특이하다. 누스를 지금의 언어로 옮기면 '정신' 정도가 되는데, 그 의미는 완전히 다르다. 플로티노스에게 '정신'이란 지성적인 능력이 아니라, 세계 법칙과 같은 것이다. 이것은 차라리 우리가 이전에 보았던 헤라클레이토스의 '로고스'를 닮았다.

이제 누스로부터 유출되는 것은 '세계영혼'이라는 것이다. 이 세계영혼은 누스와 자연을 이어주는 역할을 한다. 그래서 누스에 보다 근접한 부분과 자연에 근접한 부분으로 나뉘게 되는데, 이는 인간에게도 마찬가지로 적용된다. 이에 따라 인간은 초감성적인 인간-지성(로고스)에 가까운 부류와 육체적인 것에 가까운 부류로 나뉜다. 플로티노스가 플라톤주의자라는 사실이 여기서 분명해진다. 플라톤도 세계와 인간을 이와 같은 방식으로 이분법적으로 사고했기 때문이다.

플로티노스는 자신의 세계관을 이렇게 마련해놓고, 이번에는 인간이 도달해야 할 목표를 정한다. 그것은 바로 저 일자와의 합일이다. 감각적인 세계를 벗어나 초감각적이며 세계를 하나로 아우르는 '일자'로 올라가는 '상승의 이미지'가 여기서 탄생한다. 기독교 철학자들이 플로티노스 사상에서 가장 큰 매력을 느낀 지점도 바로 여기다. 기도와 선행을 통해 하나님과 하나되는 것은 기독교인들에게 최종적인 지복에 해당되기 때문이다. 사실 일자와의 합일은 일종의 '신비체험'을 불러일으키는데, 여기서부터 플로티노스의 철학은 거의 종교적 경지에 이르게 된다. 플로티노스 자신도 일생 동안 네 번의 신비체험을 했다고 전해진다. 이 신비체험이란 철학적으로 해석하자면, 사유가 사유할 수 있는 것의 한계에 이르러 스스로 자족하는 상황이라고 할 수도 있을 것이다.[9]

하지만 주의해야 할 것은 플로티노스가 무작정 이 신비체험을 강조한 것이 아니라는 점이다. 그에게 중요한 것은 어쨌거나 '하나' 즉 '일자'로 가는 지성의 논증 과정이었고, 신비체험은 그 부산물일 뿐이었다. 그래서 이런저런 맥락을 다 무시하고 플로티노스를 기독교 신비주의자로 단정하는 것은 매우 어리석은 일이다. 그럼에도 플로티노스 철학이 기독교 호교론(교리를 방어하는 이론)에 철학적 기반을 마련한 것도 사실이다. 기독교는 당시에 로마인들의 가치관이었던 스토아 철학과 에피쿠로스 철학에 맞설 만한 체계적 철학이 절대적으로 부족했는데, 플로티노스는 여기에 맞춤한 철학자였던 셈이다. 유명한 철학사가인 코플스턴(F. Copleston)이 말한 바대로 플로티노스는 당대 기독교인들의 욕망을 실현해준 대단한 은인이었다. 물론 플로티노스 자신은 기겁을 할 것이다.

---

9 일자는 그 스스로 완전하지만, 그것을 넘어서서 '흘러넘친다.' 그 일자가 유출됨에 따라 존재의 등급이 결정되는 것이다. 이러한 사유 이미지는 중세 아우구스티누스주의의 기본 얼개가 된다. 즉 신의 세계 창조가 신의 흘러넘치는 '은총'에 의해 가능했다는 것이다. 그리고 그러한 신의 흔적(Imago Dei)을 가지고 있는 인간은 신에게로 거슬러올라가려는 본성을 지니게 된다.

3. 하나의 신

플로티노스 이후 '하나'에 대한 생각은 기독교 철학에서 절정에 도달한다. 모든 것의 원리이자 원인인 신은 창조주로서 알파이기도 하고, 세계의 전반적인 종말에 이르러 피조물들이 만나게 될 오메가이기도 하다. 시초이자 목적인 하나로서의 이 신은 최초의 체계적인 기독교 철학자이자 신앙인인 아우구스티누스에게 존재 자체였고 또 그 너머였다.

아우구스티누스라는 걸출한 중세철학자가 없었다면 아마도 기독교는 히브리인들의 지역 종교에 머물렀을 것이다. 그는 그리스 철학의 개념을 사용해서 신의 존재를 찬양하고 음미하고 마침내 증명해낸다. 이 과정에서 가장 주요한 계기는 물론 인간을 비롯한 모든 존재자들을 지배하는 그 힘을 믿는 것에서 비롯된다. "낮도 당신의 것이요, 밤도 당신의 것입니다(「시편」 74편 16절). 당신의 뜻에 의해 매 순간이 흘러 지나갑니다."[10]

아우구스티누스에게 일자로서의 신이라는 생각이 가지는 의미는 신이 '창조행위'를 하는 유일한 존재라는 것이다. 신은 앞서 말한 일자의 특성을 그대로 가지고 있다. 즉 그는 수적으로 하나이면서 끊임없이 존재하며, 통일된 하나의 실체이자, 존재 그 자체다. 그리고 그리스적 의미의 '하나'에는 없었던 다른 중요한 특성이 부가되는데, 그것이 바로 '창조주'라는 관념이다. 이 말은 신이 없다면 다른 존재자들은 존재할 수 없다는 것인데, 신이야말로 아무것도 없는 상태에서 존

---

10   아우구스티누스 지음, 선한용 옮김, 『고백록』, 대한기독교서회, 2013, 381.

재를 가능하게 하는 '하나'라는 의미다. 여기서부터 '하나'는 그리스적 의미를 떠나 '무로부터의 창조'(creatio ex nihilo)를 함축하게 된다.

이 말은 종교에서뿐만 아니라 철학에서도 엄청난 혁신을 일으켰다. 당시의 그리스-로마인들에게 아무것도 없는 상태에서 어떤 것이 산출된다는 것은 상상할 수조차 없는 일이었기 때문이다. 그들에게 성서의 「창세기」는 완전히 낯선 것이었다. 이 문헌에 따르면 신은 미리 존재하는 어떤 재료가 없이 사물들을 존재하게 하는 의지도 갖추고 있었는데, 이러한 창조에의 의지는 '말씀'(Logos)에 따라 현실화된다.

> 하나님이 말씀하시되 빛이 있으라 하시니 빛이 있었고 (…) 하나님
> 이 말씀하시되 물 가운데에 궁창이 있어 물과 물로 나뉘라 하시고
> (…) 하나님이 말씀하시되 천하의 물이 한 곳으로 모이고 뭍이 드러
> 나라 하시니 그대로 되니라 (…)[11]

'창조의 의지'는 아우구스티누스가 보기에 신의 존재에 속해 있는 '선성'(善性)이다. 다시 말해 신은 자신의 창조의 의지로 인해 세계가 '무'의 상태에 있도록 허용하지 않는다는 것이다. 존재의 상태가 무의 상태보다 선하다는 것은 서양 사상에서 꾸준히 이어져 내려오는 생각이기도 하다. 플라톤에게서도 모든 존재자들은 존재하는 만큼 선한 것이었고, 그 존재의 정도가 **약헤질수록**(이를테면 먼지나, 진드기 등등) 선의 강도도 약해진다. 아무것도 없는 상태를 긍정하는 것은 근대

---

11 전봉준 책임편집, 「창세기」 1장 31~36절 , 『라이프 성경』, 기독지혜사, 1999.

에 들어와 '허무주의'(nihilism)로 발전하는데, 이는 니체에 와서 결국에는 극복해야 할 사상이 된다.

아우구스티누스는 존재의 영광을 신에게 돌리면서 이 '하나'뿐인 존재로부터 인간의 영광을 유추해낸다. 즉 "그분이 선하셔서 우리가 존재하고, 우리는 존재하는 그만큼 선하다."12 이렇게 '하나'가 전지전능하고 은혜로운 '신'과 동일시되는 사태는 단순히 이론적인 것만이 아니었다. 사실 기독교인들은 자신들의 '하나'에 대한 사상을 로마인들과 여러 '이방인'들에게 전교하기 시작했는데, 이 방식은 점점 더 폭력적으로 흘렀다. 세계사는 이 폭력의 역사를 아주 많이 담고 있기도 하다. 물론 종교화된 철학이 철학 고유의 비판적 지성을 상실하게 된 것도 분명하다. 호교론이나 변신론은 종교일 뿐이지 철학이 될 수 없다. 거기에는 비판적 지성 전체, 혹은 그 가장 중요한 핵심이 빠져 있거나, 어리석음에 물들어 있기 때문이다.

그러한 어리석음에 물든 심성은 자신의 아주 기본적인 교리마저 배신하는 방향으로 가는 것이 예사롭다. 이를테면 '이웃 사랑'이 바로 그것이다. "네 이웃을 네 몸과 같이 사랑하라." "네 마음을 다하고 목숨을 다하고 뜻을 다하여 하나님을 사랑하라"13라고 했지만 교인들 중 일부는 전자를 망각하고, 후자만을 절대시한다. 이들을 우리는 광신도라고 부른다. 우리는 한국 사회에서 이런 광신도들을 숱하게 목도하고 있는 중이다.

---

12 아우구스티누스 지음, 성염 역주, 『그리스도교 교양』, 분도출판사, 1989, 102.
13 전봉준 책임편집, 「마태복음」 22장 37-39절.

2 '하나'는 없어!

1. '클리나멘'

이제 '하나'에 대한 이야기를 지나 '여럿'에 대해 논해보자. 이 '하나'에 대한 집착을 간단히 넘어선 철학자들 중 에피쿠로스를 빠트릴 수는 없겠다. 그러고 보면 에피쿠로스와 그의 제자들이 초기 기독교 광신도들의 주요 표적이 되었던 이유도 알 수 있겠다. 어떤 유일한 것을 거부한 다원론자였던 이들은 세상에 오직 하나의 원리, 하나의 절대자만이 주재한다는 생각을 가진 광신도들에게는 눈엣가시였던 셈이다. 게다가 이들 에피큐리언들이 로마인들의 사랑을 받고 있었으니 더욱 그러했을 것이다. 당시에 에피쿠로스학파의 구성원들은 일종의 '공동체'를 지향하면서 함께 사는 경우가 많았는데, 광신도들은 온갖 해괴한 소문을 만들어 이 공동체를 공격했다. 폭식을 하고, 난교를 하며, 부모도 몰라본다는 것 등이 대표적인 헛소문이었다. 이들의 이런 공격은 일정 정도 성공을 거둔 것 같다. 에피쿠로스 공동체는 로마 시대를 거치면서 흔적도 없이 사라져버렸기 때문이다. 이에 따라 이들의 이론도 한동안 잊히게 된다. 하지만 중세를 지나 르네상스를 거치면서 에피쿠로스주의는 다시 한번 부흥한다.

에피쿠로스주의는 기본적으로 다원론이었지만, 먼 옛적의 고대 원리론과 같은 단순한 형태를 따른 것은 아니다. 그보다 이들은 데모크리토스를 따라 '원자론'을 택했다. 원자론은 세계의 가장 단순한 물질적 요소로 '원자'(atom)를 상정한다. 알다시피 이 생각은 현대 과학에까지 이어지는 사유의 구도다. 이 원자론의 체계는 원자들 간의 인과

관계만을 상정하기 때문에 여기에 어떤 신적인 인과나 세상의 종말과 같은 종교적인 목적론이 들어설 여지가 없다. 오히려 인간에게 운명을 개척할 권리를 부여한다. 그래서 에피쿠로스에게 종교란 미신이며 천둥이나 번개와 같은 자연적 현상을 신의 분노로 표현함으로써 두려움을 불러일으키는 어리석은 생각에 불과하다.

에피쿠로스에 따르면 이 원자들은 허공을 가로질러 운동한다. 공간은 이 원자들로 가득차 있고, 주변의 물체들도 마찬가지지만, 원자와 원자 사이에는 반드시 '허공'이 있어야 한다. 그렇지 않으면, 물체와 우주는 영원히 멈춰 있게 될 것이다. 이 허공은 원자가 운동해나가는 공간이다. 따라서 "우주의 본성은 물질들(원자들)과 허공으로 이루어진다."[14] 이때 원자들은 당연히 물체들을 이루는 요소다. 구성요소로서의 원자는 더 이상 나누어지지 않으며, 파괴되지 않고, 단단한 성질을 띤다. 이 원자의 성격에 대해 에피쿠로스는 단호하다. 이것들은 무색무취지만 헤아릴 수 없이 다양한 수의 모양을 가지게 되는데, 그렇지 않다면 우리가 보는 사물들의 다양성을 설명할 수 없기 때문이다. 그리고 원자의 수는 무한하다. 에피쿠로스의 '다원론'은 이와 같이 원자와 그 원자의 특성으로부터 필연적으로 나오는 결론이다.

우리 세계가 다양하고 무한한 원자들로 이루어져 있다는 이 다원론은 또한 원자들의 '영원한 운동'이라는 특성을 가지기도 한다. 원자의 운동은 기본적으로 직선 운동이다. 하지만 에피쿠로스는 이 운동이 단순하게 위에서 아래, 오른쪽에서 왼쪽 등등으로 움직인다고 생

14　에피쿠로스, 『쾌락』, 40.

각하는 것은 오류라고 본다. 왜냐하면 원자가 움직이는 그 '허공'은 그런 표면적인 좌표가 무의미한 '무한한' 공간이기 때문이다. 거기에는 '이쪽'과 '저쪽'이라는 거리만이 존재할 뿐이다. 이런 생각은 현대적 기준에서 봤을 때 매우 혁신적이다. 이 '거리'만이 존재하는 공간이란 현대 수학과 물리학에서 '위상 공간' 또는 '상태 공간'이라고 불리는데, 이 공간은 어떤 잠재적인 상태들이 공존하는 미묘한 장소다. 잘 생각해보면 이 공간이야말로 우리가 말하는 그 보통의 공간이 생성하는 원초적인 장소라는 것을 알 수 있다. 좌우상하를 따지는 공간은 우리가 그렇게 하자고 약속한 것에 불과하니 말이다.

그런데 에피쿠로스는 한 단계 더 나아간다. 이 무한한 공간인 허공에서 원자는 '무한 속도'로 움직인다는 것이다. 기본적인 물리학적 공식을 떠올려보면 속도가 시간과 거리를 변수로 하는 값임을 알 수 있다. 따라서 공간이 이미 무한이라면, 시간 또한 무한일 수밖에 없게된다. 공간에 대해 행한 논리와 같이, 이 무한 공간은 이제 무한 '시공간'이라는 이름을 얻을 것이다. 이곳은 이제 표준적인 공간뿐만 아니라, 시간 또한 발생하는 곳이 된다(이 '무한'에 대해 뒤의 장에서 더 자세하게 이야기할 것이다).

원자들은 이 무한 시공간을 가로질러 표준적인 시공간을 넘나든다. 에피쿠로스의 말을 들어보자.

원자들은 영원히 운동한다. 원자들 중 어떤 것은 아래로 곧장 떨어지고 어떤 것들은 비스듬히 떨어지고 다른 것들은 충돌해서 위로 튕긴다. 그리고 튕겨나가는 것들 중 어떤 것들은 서로 멀리 떨어지게 되는 반면, 어떤 것들은 다른 원자들과 엉키거나 주위를 둘러싼 원자들에 갇혀서, 한곳에 정지해서 진동한다. (…) 이러한 운동은 출발점을 가지지 않는다. 왜냐하면 원자와 허공이 그 운동의 원인이기 때문이다.[15]

이 언급을 살펴보면 원자는 멈추지 않고 운동하며, 그 운동의 원인은 자기 자신임을 알 수 있다. 이것을 철학적 용어로 '자기-원인'(self-cause, 라틴어로 causa sui)이라고 한다. 이 원자들의 운동에서 가장 중요한 것이 바로 "비스듬히 떨어"지는 운동이다. 이 운동으로 인해 원자들은 서로 부딪히고, 엉키고, 정지하여 진동하기도 하는 식으로 다종다양하게 변이하는 것이다. 이것을 '클리나멘'(clinamen) 또는 사선운동이라고 한다.

클리나멘은 어떤 법칙에 따른 운동이 아니다. 이것은 순전히 우발적이다. 즉 이로써 원자로 이루어진 우주를 불확정적이고 비결정적인 운동의 덩어리로 만드는 셈이다. 이 운동은 완전히 예측할 수 없다. 그러고 보니 클리나멘은 우리가 2장에서 논한 현대 물리학의 원리, 즉 '불확정성의 원리'와 맞춤하게 닮았다. 위치와 운동량이라는 물리적 변수가 등장하지 않는다 뿐이지 클리나멘은 상당히 예견적인 개념이다.

에피쿠로스를 연구하는 현대철학자들은 클리나멘을 '자유'와 연관시키곤 한다. 모든 것이 원자들로 이루어졌다고 보는 유물론적인 시

---

15 Ibid., 56-57.

각에서 의식이나 의지도 원자들의 복합체임이 분명한데, 그렇다면 의지와 의식에서 발생하는 클리나멘도 있을 것이다. 따라서 어떤 사람이 자유롭다는 것은 바로 클리나멘의 활동이 활발하다는 것을 의미한다. 그런데 에피쿠로스가 클리나멘의 운동을 역설적이게도 '우발성'으로 정의한다는 사실도 우리는 알고 있다. 우발적이라는 것은 어디서 그것이 발생하는지 드러나지 않는 운동을 의미한다. 우리의 자유도 마찬가지다. 우리는 자유롭고자 하는 그만큼 자유로워질 수 있지만, 그 능력이 유래하는 기원을 알지 못한다. 기원은 오히려 자기 원인으로서의 원자들 자체다. 여기서 주의해야 할 것은 에피쿠로스가 이 무지의 상태를 해소하고자 '종교'를 끌어들이지 않는다는 점이다. 유물론적 다원론자는 '하나'로 모든 것을 의탁하는 종교적 사유를 지적인 불성실이나 게으름으로 생각한다. 에피쿠로스는 끊임없이 탐구하고, 원인을 알려고 하는 지성의 항구적인 자유를 찬양하는 철학자이지 '하나'의 신을 찬양하지는 않았다. 이 사유는 이후로도 현대 유물론적 사유에까지 이어지는 전통이 되었다.

2. Carpe Diem!

(1) '운명'이란 여럿의 긍정이다

'하나'를 거부하고 '여럿'을 긍정한 고대 사상에서 스토아주의를 빼놓을 수는 없다. 스토아 철학사상은 당시의 그리스-로마인들의 영혼과도 같았다. 에피쿠로스주의가 그것을 신봉하는 공동체 내부에서 각광받았다면, 스토아 사상은 사회 각 분야에 스며든 세계관이자 가치관이었다. 팍스 로마나에 속하는 세계의 수많은 지식인들과 정치인들은 스토아주의의 충실한 대변자였다. 심지어는 이들을 그토록 증오했던 기독교인들조차 자신들의 윤리체계에 스토아주의를 반영할 수밖에 없을 정도였다. 특히 스토아 사상의 금욕적 측면(사실 이것은 기독교인들에 의해 과장된 면이 많다)은 기독교인들의 신앙생활에 지침이 될 내용들이 많았다. 기독교인들이 플라톤 사상에서 교리의 철학적 내용을 따왔다면, 스토아 사상에서는 실천적 풍모를 카피해낸 것이다.

이러한 영향력은 르네상스기와 근대에 걸쳐서도 이어졌는데, 스피노자와 버틀러, 칸트가 그 계승자들이다. 대중적 영향력도 상당히 지속적이었다. 16세기에서 18세기에 이르는 기간 동안 책을 읽을 수 있었던 계층의 서가에는 늘 키케로, 세네카, 마르쿠스 아우렐리우스의 서적이 꽂혀 있었고, 대화에서 이들이 인용되는 경우도 흔했다. 이런 현상은 현대의 서점가에서도 이어진다. 대형 서점의 스테디셀러 진열대에 이들 스토아 사상가들의 책이 한 권쯤 놓여 있는 모습은 흔한 일이다.

하지만 이런 열광에는 다소 편협한 측면이 있다. 출판과 독서 경향이 대체로 제정 로마 시대의 도덕주의적인 스토아에 치우쳐 있기 때문이다. 사람들은 마르쿠스 아우렐리우스나, 세네카는 잘 알아도, 제논(Zeno of Citium, 거북이와 아킬레우스 우화의 그 제논이 아니다)이나 위대한 크리시포스(Chrysippos)에 대해서는 알려고 하지도 않는다. 사실 사람들이 많이 접하는 후기 스토아 사상의 도덕교훈집들에는 이들 초기 스토아 사상의 풍부한 존재론이 거의 인용조차 되지 않기 때문에 이런 현상이 발생하는지도 모른다. 덧붙여 말하자면, 후기 스토아 사상은 자신들의 스토아 스승들의 이론에 가깝다기보다, 로마 제정기에 파고든 기독교에 의해 왜곡된 플라톤주의에 밀접했다.

'하나'와 '여럿'에 대한 논의와 관련해서 스토아주의는 심오한 논변을 전개한다. 우선 스토아주의자들에게 세계는 로고스의 표현이다. 앞 장을 읽은 독자들은 알겠지만 이 세계관은 헤라클레이토스의 것이기도 하다. 헤라클레이토스의 강을 상기하면, 이 강이 끊임없이 변화하는 만물유전(萬物流轉)의 은유라는 사실도 알 것이다. 스토아 철학자들은 이 강에 이름을 붙이는데, 그것을 '운명'(Fatum)이라고 한다. 주의해야 할 것은 '운명'이라는 말이 단순히 인간사의 결정된 경로라는 통속적 의미가 결코 아니라는 점이다. 이것은 세계의 '법칙', 다수의 물체들이 운동하는 물리적인 경과를 의미한다. 다시 말해 이때 로고스는 운명이지만, 운명은 자연의 법칙, 또는 자연 그 자체다.

사실 자연의 운명(법칙)을 강조한 이들이 헤라클레이토스와 스토아주의자들뿐만은 아니다. 하지만 예전의 자연철학자들이 자연을 그저 단순한 원소들의 뒤얽힘이라고 본 데 반해 스토아 철학자들은 이를 매우 심오하게 바라본다. 저명한 스토아 연구가인 롱(A. A. Long)에 따르면, 스토아 사상가들에게 '자연' 즉 피시스(physis)는 다음과 같다.

(1) 모든 사물을 형성하고 만드는 힘 또는 원리.
(2) 세계를 하나로 묶고 그러한 세계에 정합성을 부여하고 통일성을 주는 힘 또는 원리.
(3) 스스로 움직이고 생성력 있는 호흡(불 또는 공기).
(4) 필연과 운명.

(5) 신, 섭리, 장인, 옳은 이성.[16]

　요컨대 자연이란 모든 사물들의 운동과 통일성, 그리고 생성을 가능하게 하는 필연적 힘이자 운명이다. 그리고 여기에 인간적인 이성도 포함된다. 여기서 우리는 '이성'이 자연에 속한다는 언급에 주목할 필요가 있는데, 이는 상당히 현대적이다. 근대 이후 우리는 인간적인 이성이 자연과는 동떨어져 그것을 지배한다고 생각하는 데 익숙하지만, 현대의 생태적인 관점에서 그러한 이분법은 애초에 오류다. 스토아 사상에서도 그런 이분법은 생각조차 할 수 없는 것이었음에 틀림없다. 그런데 여기서 스토아의 '자연'이 통일성이자 필연적인 힘이라는 정의는 혹시 '하나'를 강조하는 것이 아닌가 하고 생각할 수 있을 것이다. 하지만 이는 스토아의 '자연'이 '여럿'으로서의 '하나', 즉 여럿이 먼저 생성하고, 거기서 '하나'가 부차적으로 나온다는 사실을 간과한 것이다. 다시 말해 스토아의 자연은 물체들의 운동이 이루어내는 '하나'의 군무인 것이지, 군무의 안무가 먼저 있고 물체들의 운동이 거기 따르는 것이 아니다. 이는 저 세번째 정의에서 '스스로 움직이는'이라는 언급 속에 들어 있다. 자연은 앞서 에피쿠로스에게서와 마찬가지로 '자기 원인'인 셈이다. 따라서 자연은 '우발적'이다.

　이 여럿에 해당하는 것이 바로 '개체'다. 스토아 철학자들은 보편적인 어떤 것이 아니라, 개별적인 것을 존재하는 것의 기본 단위로 생각했다. 이렇게 보면 스토아 철학자들에 와서 비로소 이전의 소크라테스

16　A. A. 롱 지음, 이경직 옮김, 『헬레니즘 철학』, 서광사, 2000, 270 참조.

적인 생각이 극복되었다고 할 수 있다. 거칠게 말해서 스토아 철학자들이야말로 그간의 '주류' 그리스 철학의 '보편주의'(universalism)를 비판하고, 완전히 새로운 존재론을 전개한 학자들인 것이다. 물론 그렇다고 해서 이들이 전혀 엉뚱한 이야기를 늘어놓지는 않았다. 다만 이들은 앞서 '하나'와 '여럿'의 관계에서와 같이 보편자(본질)를 개별적인 것(개체)보다 부차적인 것으로 놓았을 뿐, 그것을 부정하지는 않는다.

이들에게 보편자, 이를테면, 사랑, 정의, 컵 일반 등등은 사고나 개념일 뿐이다. 예컨대 스토아 철학자들은 보편적인 개념으로서의 '인간'에 상응하는 것은 세계에 존재하지 않는다고 여겼다. 그래서 '인간은 두 발을 가진 이성적 동물이다'라는 명제는 의미를 담고 있긴 하지만, 철학적으로 유의미한, 즉 참이나 거짓이 되는 명제가 아니다. 다시 말해 이 명제의 의미는 그냥 우리의 머릿속에서나 존재한다. 그래서 스토아 철학자들은 인간을 정의할 때, '인간은 ~이다'라는 진술을 피하고, '만약 A가 인간이라면, A는 ~이다'라는 식으로 쓴다. 다시 말해 '인간'이라는 보편자는 개체인 A에 따라올 때에만, 오직 그런 경우에만 실재한다. 즉 보편적 의미에서의 '인간'은 따로 쓰일 때 아무런 현실적인 대상도 가지지 않는 것이다. 그것은 그저 공허한 단어일 뿐이다.

(2) 물체와 비물체, 그리고 물질

따라서 엄밀하게 말해서 스토아 철학자들에게 존재하는 것은 우리 주변에 존재하는 '물체들'이지, 비물체적인 것들이 아니다. 그렇다면 물체로서 존재한다고 말할 수 있는 것들의 증거는 무엇인가? 그것은 능동과 수동, 즉 작용하고 작용받을 수 있는 능력이다. 그러니까 어떤 것이 다른 것에 영향을 주거나, 받을 수 있을 때 그것은 존재하는 물체들이라 할 수 있다. 그런데 이렇게 능동과 수동을 물체의 조건으로 두면, 물체(body)의 범위는 우리가 일상적으로 3차원 공간 안에서 감각하는 그 물리적 실재, 즉 '물질'(matter)보다 더 넓어진다. 이 부분이 대단히 섬세하고 탁월한 스토아의 사상인데, 이를 잘 이해해야 스토아 철학의 존재론을 그나마 제대로 볼 수 있다.

간단히 말해, 스토아 철학자들에게 **물질적인 것은 모두 물체적인 것이지만, 물체적인 것이 모두 물질적인 것은 아니다.** 이를테면 여기 책상 위에 놓여 있는 사과 하나는 감각 가능한 한에서 '물질'이지만, 능동성을 가지지 않는 것으로서 나의 선택과 소화를 위해 기다리는 수동적인 대상일 뿐이다. 능동성이 결여된 물질은 이 사과를 규정하는 특성이기는 해도 물체로서의 사과는 수동적일 뿐 아니라 능동적이기도 하다. 즉 이 사과는 그 형태, 색깔, 맛 등등으로 나의 감각을 일깨우면서, 식욕을 돋우는 능동적 기능을 충분히 가진다. 따라서 사과의 그 여러 속성들은 능동적인 작용을 하며, 이때 사과는 단순한 물질이 아니라 '물체'가 된다. 또한 이 물체로서의 사과에 속해 있으면서 사과를 물체적으로 규정하는 그 속성들 자체도 물체적이다. 스토아 철학자들은 이렇게 물체에 속하는 물질적 수동성과 구분하여 능동성을 '로고스'라고 부른다. 그러므로 물체는 바로 **물질(수동)+로고스(능동)**이다. 이런 규정은 예전의 헤라클레이토스의 것과 닮았다. 사실 스토아 철학자들은 자신들을 헤라클레이토스의 철학적 제자라고 공공연히 밝힌다.

이제 '물체'가 무엇인지 알았으니, '비물체'가 어떤 것인지 알아보자. 주의해야 할 것은 스토아 철학자들이 물체를 강조했다고 해서 비물체를 경시하지는 않았다는 점이다. 철학적으로 비물체적인 것도 물체적인 것에 필적하는 매우 중요한 역할을 한다.

> 스토아학파에게 어떤 것(something)의 일부는 물체들이며, 다른 것들은 비물체다. 이 비물체적인 것은 네 가지 부류로 나누어지는데, 레크톤(lekton), 허공(void), 공간 그리고 시간이 그것이다.[17]

이 네 가지 비물체적인 것은 앞서 말한 대로 '존재하지 않는 것'이지만, 아무것도 아닌 것, 즉 무(無)는 절대 아니다. 여기서도 우리는 서양철학이 견지하고 있는 바를 다시 확인할 수 있는데, 그것은 어떤 경우에서든 '무로부터의 창조'는 없다는 입장이다. 어쨌든 스토아 철학자들에게도 이 절대적인 무란 의미 없는 것이고, 따라서 비물체적인 것도 무라기보다 '비존재'쯤으로 새겨야 할 것 같다. 즉 그것은 물체는 아니지만, 물체와 더불어 '어떤 것'(something)에 속한다.

우선 첫번째 '레크톤'이 있다. 이 말은 번역하기 애매한데, 억지로 말하자면 '말해질 수 있는 것'(sayable) 정도가 되겠다. 사과의 예를 다시 가져오자. 그러면 이 '사과'라는 단어가 바로 레크톤이다. 주의해야 할 것은 앞서 우리가 물체적인 것을 설명할 때의 그 '사과'는 지금 레크톤으로서의 사과와는 다르다는 점이다. 레크톤으로서의 사과는

---

17 Anthony Long & David Sedley, *The Hellenistic Philosophers*, volume 1, Cambridge Univ Press, 1987, 162.

능동과 수동이라는 속성이 쏙 빠진 채 단어로만 존재하는 '사과'다. 한번 상상해보자. 우리의 식욕과 미각을 촉발하지 않고, 즉 능동적이지 않고, 그렇다고 우리 입에서 씹혀 소화되지도 않는, 즉 수동적이지도 않는 이 '사과'는 존재할까, 존재하지 않을까? 애매하다. 따라서 이 애매함의 지대에 놓인 것이 바로 레크톤이다. 이런 애매성은 다른 비물체적인 것들에도 이어지는 특성이다.

두번째를 보자. '허공.' 에피쿠로스 철학자들에게 허공은 물체들이 운동하는 '사이-공간'이라고 할 수 있지만, 스토아 철학자들에게는 허공이 물체들의 능동-수동 작용 바깥에 놓인 어떤 한계 지점인 것으로 보인다. 왜냐하면 에피쿠로스에게는 연속되지 않고 떨어져 있는 원자들 '사이'에 벌어짐이 필연적으로 있어야 하지만, 스토아 철학자들에게 그런 벌어짐은 있을 수 없기 때문이다. 우주는 여러 물체들이 평평하게 서로 배치된 채 운동을 주고받는다. 그러니 허공이란 이 운동이 사라져가는 어떤 지점으로서 매우 애매한 위치에 있다. 그것은 물체가 완전히 사라진 공간도 아니며, 그렇다고 해서 능동과 수동이 활발하게 일어나는 그 물체의 공간도 아니다.

이와 달리 세번째와 네번째 비물체인 시간과 공간은 외적 한계라기보다 내적 한계인 것처럼 보인다. 시간의 경우를 보자. 스토아 철학자들에게는 오직 현재만이 유의미한 시간이다. 왜냐하면 현재만이 실제로 우리의 신체가 겪는 시간이고, 과거와 미래는 그것이 불가능하기 때문이다. 사실상 과거와 미래는 이 현재 안에 접혀 들어가 있다고 볼 수 있다. 스토아 철학자이자 에피쿠로스학파에 영향을 받은 호라티우스의 유명한 말인 'Carpe Diem!'(현재를 붙잡아라!)은 이렇게 현

로빈 윌리엄스가 주연한 〈죽은 시인의 사회〉에
서 호라티우스의 저 유명한 금언이 인용된다.

재를 붙잡음으로써 과거의 후회를 극복하고 미래의 행복을 취할 수
있다는 의미이지 않을까? 그런데 중요한 것은 이 '현재로서의 시간'조
차 물체적인 우리 신체를 통해서만 드러나는 비물체적인 것이라는 점
이다. 그것은 어쨌든 우리가 거기 잠겨 있지만, 붙잡기에는 버겁다. 이
런 의미에서 호라티우스의 저 명법은 매우 힘들고 어려운 실천을 강
조하는 말이다.

3. 프네우마

공간도 시간과 마찬가지로 신체를 통해서만 드러나므로, 애매
한 존재의 성격을 띤다. 즉 그것이 독립적으로 어떤 것인지 불분명
하다. 스토아 철학자들은 물체적인 것을 아울러 모든 것을 '프네우
마'(pneuma)라고도 하는데, 그렇다면 공간은 바로 물체적인 것을 제

외한 프네우마라고 할 수 있을 것이다. 프네우마는 우리말로 옮기면 '숨' 또는 '숨결' 같은 것이다. 즉 공간은 어떤 희박한 숨과 같은 것으로서 비물체적인 애매한 특성을 가진다.

이와 같은 스토아 철학의 '물체/비물체'의 구분은 필연적으로 우리가 경험하는 낱낱의 물체들의 가치를 긍정하게 만든다. 여기에는 그 어떤 '일자'의 보편적 지배가 작동되지 않는다. 사실 프네우마라는 원리적인 요소도 스토아 철학에서는 물체와 비물체에 걸쳐 있는 것이지 세계 위에서 이들을 통일하거나 통제하는 요소는 아니다. 이런 측면에서 스토아 철학은 지금도 마찬가지지만 당시의 주류 존재론인 아리스토텔레스 존재론과 대별된다. 아리스토텔레스도 개별적인 것을 강조하지만 결국에는 '질료/형상'이라는 두 가지 원리에 각각 질료-수동, 형상-능동이라는 이분법적 규정을 밀어넣으면서, 후자를 더 우월하게 보았다. 그리고 여기에 '목적론'을 가미하여 어떤 초월적인 원인을 물체들의 세계에 억지로 뒤집어씌운다. 하지만 스토아 철학자들은 그렇게 하지 않았다. 이들은 다만 물체들의 능동과 수동을 믿었을 뿐이다. 즉 개별적인 것들을 그대로 보존했다. 이렇게 해서 스토아 철학에 와서 '여럿'의 권리는 '하나'라는 초월적인 원리보다 더 생생한 현실을 담는 그릇이 되었다.

3 이분법 너머

대개의 철학자들은 철학의 근본 문제가 무엇이냐는 질문에 '일과 다', 즉 '하나와 여럿'의 문제라고 답하는 경우가 많다. 물론 이외에도 '존재란 무엇인가?'라는 근본 문제도 있다. 이러한 문제가 어째서 근본적이냐 하면 이 장의 처음에서 말했듯이 우리 일상의 세세한 면면에서부터 추상적인 사고에 이르기까지 '하나'와 '여럿'이 일종의 사유와 문화의 틀거리처럼 기능하기 때문이다.

고대를 지나 근대로 오면서 철학에서는 이 사유와 문화의 구도를 그대로 유지하면서 양자 중 하나를 더 중요한 것으로 내세우는 경향도 있었지만, 이 이분법을 넘어서려는 시도도 있었다.

1. 일원론과 다원론의 다툼

(1) 데카르트의 이분법

근대철학의 아버지라고 불리우는 데카르트(René Descartes, 1596~1650)는 감각적인 다양성의 진리를 인정하지 않고, '생각하는 나'(코기토, Cogito)의 확실성만을 진리의 근거로 보았다는 점에서 일원론자라고 할 수 있을 것이다. 여기서부터 데카르트는 수학적 사고를 방법론으로 삼았고, 이런 측면에서 그를 '방법론적 일원론자'라고도 부른다. 데카르트가 대수와 기하를 연결하는 '해석기하학'의 창시자라는 것은 널리 알려진 사실이다. 유명한 『방법서설』의 2부 '방법의 주요 규칙들'에서 데카르트는 대수학과 기하학의 장점을 취하고, 그 결점을 교정함으로써 진정한 진리에 도달할 수 있다고 말한다. 그는 이런 수학이

가지는 유용한 측면들과 더불어 그 확실성을 기반으로 이를 철학에
까지 확장했다.

> 나는 특히 수학에 마음이 끌렸는데, 이는 그 근거(raisons)의 확실
> 성과 명증성 때문이었다. (…) 그 토대가 그토록 확고부동함에도 불
> 구하고 왜 아무도 지금까지 이 위에 더 탁월한 것을 세우지 않았는
> 지를 의아하게 생각했다.[18]

이렇게 방법론에서 수학(그리고 그것에 기반한 논리학)을 채택한 후
데카르트는 인간과 자연을 이성적 존재와 기계적 존재로 나눈다. 인
간은 신체뿐 아니라 이성을 가진 우월한 존재이지만, 자연은 그저 기
계적 법칙에 따라 돌아가는 톱니바퀴와 같이 비이성적인 존재라는 것
이다. 이러한 자연의 모습을 데카르트는 '자동기계'(automaton)라고
표현한다.[19] 여기서 데카르트의 적나라한 이분법이 드러난다. 그는 방
법론적으로는 일원론을 견지했지만, 세계를 바라보는 관점으로는 이
원론을 채택한 셈이다. 이를 달리 말하면 인간의 이성이라는 '하나'를
가지고, 세계라는 '다'를 포섭한 것이다. 가만히 들여다보면 이런 관점
이 인간을 하나의 탁월한 존재로 가정하고 자연과 세계를 열등한 것
으로 상정하는 '인간중심주의'(anthropocentrism) 또는 '인간예외주
의'(human exceptionalism)임을 알 수 있다. 이는 결국 '하나와 여럿'

---

18 데카르트 지음, 이현복 옮김, 『방법서설, 정신지도를 위한 규칙들』, 문예출판사, 1997, 154.
19 "신의 손으로 만들어진 동물의 신체는 인간이 만들어낼 수 있는 그 어떤 기계와도 비교가
안 될 정도로 잘 질서지워져 있고, 스스로 탁월한 운동을 하는 기계((자동기계, automates))
로 간주된다"(Ibid., 213).

을 인간을 중심에 놓고 통일한 것이다. 이에 대해서는 뒤에서 좀더 살펴볼 예정이다.

(2) 라이프니츠의 '주름'

라이프니츠와 스피노자는 인간과 그 이성적 능력을 중시하긴 했지만, 데카르트와 달리 모든 것의 토대로 특별하게 취급하지는 않은 것 같다. 그래서 이들에게는 인간보다 자연 또는 세계의 모습이 더 중요했을 것이다. 특히 라이프니츠는 철학자이기도 했지만 당대의 정치가이자 외교관이기도 했는데, 그런 그의 눈에 세계가 단순하고 단일한 형상이 아니라 다채로운 활동의 영역으로 드러나는 것은 어쩌면 자연스러운 일일지도 모르겠다.

그래서 라이프니츠의 '세계'는 '일자'와 같은 단일한 원리가 아니라 '단자들'(monads)이라는 다양성의 원리가 지배한다. 즉 "단자들은 자연의 진정한 원자이고 (…) 사물들의 요소이다."[20] 단자, 즉 모나드(monad)라는 말은 고대 그리스어로 통일체 또는 단일성을 의미한다. 그러고 보면 단자가 단수로 쓰일 때에는 '하나'에 가깝다고 볼 수 있겠다. 그러나 중요한 것은 라이프니츠에게서 단자는 대개 복수로 쓰이는 경우가 많다는 사실이다. 그러므로 이 말은 '하나'를 품고 있는 '여럿'이라고 해야 맞을 것이다. 그리고 이 단자들 하나하나에는 여러 세계가 접쳐 들어가 있다. 다시 말해 각각의 단자는 "다른 실체들의 총체를 표현하는 관계를 포함"한다.[21] 마치 하나의 인형 안에 여러 인형

---

20 라이프니츠 지음, 윤선구 옮김, 「모나드론」, 『형이상학 논고』, 아카넷, 2010, 251.
21 Ibid., 130.

러시아 인형 마트료시카

이 감추어져 있는 러시아 인형 '마트료시카'가 수없이 많이 내 앞에 펼쳐져 있는 것과 같이 말이다.

하지만 이러한 비유는 라이프니츠에게는 교육적인 의미밖에 없을 것이다. 왜냐하면 단자들은 공간 안에 펼쳐져 있는 것이 아니고, 그것이 어떤 공간을 점유하면서 '점'과 같이, 또는 '구'와 같이 모양새를 갖추고 있는 것도 아니기 때문이다. 우리가 흔히 '단자'라고 하면 구형의 단단한 물질 같은 것을 떠올리는데, 라이프니츠는 이것이 그저 우리의 두뇌가 상상하는 허구일 뿐이라고 간주한다. 이렇게 되면 일견 이해하기가 쉽지 않게 된다. 단자를 이미지화할 만한 것이 잘 떠오르지 않기 때문이다. 그렇다 해도 단자는 어떤 중요한 특성을 가지고 있는데, 이에 대해 라이프니츠가 설명하는 바를 인용해보자.

단자들은 각각 고유한 성질들을 소유해야만 한다. 그렇지 않으면 그들은 전혀 존재가 아닐 것이기 때문이다. (…) 뿐만 아니라 모든 개별적인 단자들은 모든 다른 단자들과 구별되지 않으면 안 된다. 왜냐하면 자연에는 서로 완전히 동일하고 (…) 차이 나지 않는 두 개의 사물은 결코 존재하지 않기 때문이다.[22]

단자들은 (⋯) 창문을 가지고 있지 않다. (⋯) 따라서 실체도 우연적 성질도 외부로부터 단자의 내부로 들어갈 수는 없다.[23]

우선 단자는 앞서 말한 것처럼 공간적인 성질을 가지고 있지는 않지만, 존재하는 것이다. 그리고 위 첫번째 인용문에 따르면 각각이 다른 것들과 차이 나는 고유한 성질을 가지고 있다. 이로부터 세계의 모든 사물들에 동일한 것은 존재하지 않게 된다. 즉 하나보다 '여럿'이 세계의 원리다. 게다가 이 모든 단자들 또는 사물들은 각자가 서로에게 영향을 미치지 못한다. 이를 라이프니츠는 두번째 인용문에서처럼 '창문이 없다'는 식으로 표현했다.

그럼에도 불구하고, 이 단자들은 변화한다.[24] 단적으로 말해 변화하지 않는, 다시 말해 운동하지 않는 단자는 존재하지 않는다.[25] 이 변화의 원인은 앞의 설명과 모순되지 않으려면 그 단자의 외부에서가 아니라 내부에서 발생해야 한다. 이 변화의 성격에 대해서는 라이프니츠의 유명한 말이 있는데, '자연은 결코 비약하지 않는다.' 이 말은 "모든 자연적인 변화는 점진적으로 일어"난다는 의미다.[26] 어쨌든 단자들은 '하나'로서 '부분'을 가지고 있지 않지만, 그 안에는 마트료시카 인형처럼 "특성들과 관계들의 다양성이 존재하지 않으면 안 된

---

22 Ibid., 254-55. 번역 수정.

23 Ibid., 253.

24 Ibid., 256.

25 "물체 안에는 어떠한 진정한 정지도 결코 있을 수 없고, 정지로부터는 정지 외에 다른 것이 결코 생겨날 수 없기 때문에 어떤 것도 정지로부터 견고성을 얻는다는 사실보다 더 사물로부터 낯설게 생각될 수 있는 것은 없을 것이다"(Ibid., 220).

26 Ibid., 256.

다."27 그렇지 않으면 단자들은 '하나'로 머물러버리고, 여러 단자들이라고는 할 수 없는 하나의 단자로 뭉쳐져서 아무런 특성도 가지고 있지 않을 것이기 때문이다. 요컨대 **단자는 공간을 점하고 있지 않고, 끊임없이 변화 - 운동하며, 그 안에 다양한 특성들을 가지고 있는 각각의 다양한 실체다.**

그러면 우리는 이것을 어떻게 머릿속에 떠올리게 되는 것일까? 마트료시카 인형들은 단지 사고를 진행시키는 과정에서 나오는 비유이므로 옆으로 치워놓자. 이제 라이프니츠가 상당히 특유한 아이디어를 제기하는 것을 살펴보자. 그것은 바로 '주름-기계'(pli-machine)라는 생각이다.

> 자연의 기계는 참으로 무한한 수의 기관을 가지고 있다. (…) 다양한 주름을 통하여 그들은 단지 변형만이 이루어질 뿐이고, 그들이 사라진다고 [또한 나타난다고] 사람들이 믿고 있을 때 그들은 단지 한 번은 팽창되고, 한 번은 수축, 즉 농축되는 것이기 때문에, 자연 기계는 그의 가장 작은 부분에 있어서도 기계로 존재하고, 그뿐만 아니라 그것은 항상 한 번 존재했던 기계와 동일한 기계로 존재한다.28

이제 라이프니츠가 저 '단자'로 말하고자 하는 것이 분명히 드러나는 것 같다. 다시 말해 단자는 '주름-기계'인 셈이다. 흔히 둥근 무언

---

27 Ibid.
28 Ibid., 155-56. 번역수정.

가, 점과 같은 무언가로 생각하는 단자의 모양새는 단지 허구일 뿐이고, 실상은 '주름-기계'다. 그런데 이 기계는 우리가 통상 생각하는 그런 기계가 아님은 분명하다. 그것은 '가장 작은 부분'에서조차 '기계'이기 때문인데, 여기서 '가장 작은 부분'이란 라이프니츠에게 극미의 세계, 즉 미분적(differential) 세계일 것이다. 그가 뉴턴과 더불어 미적분학의 창시자라는 것을 되새기면 이것은 분명해진다. 단자가 이런 아주 특유한 '주름-기계'이기 때문에 "자연 속에서는 모든 것이 무한으로 소급된다"[29]라는 말은 '자연은 미분적인 주름으로 이루어져 있어서 무한한 미분적인 특성을 가지고 있다'라고 새길 수 있게 된다. 따라서 우리는 이를 '주름-단자-기계'라고 표현할 수 있다.[30]

라이프니츠의 심오한 '주름-단자-기계'의 세계에 좀더 깊이 들어가 보자. 그러면 이 주름-단자-기계가 어떤 '시간성', 그것도 아주 특이한 시간성을 가진다는 것을 알 수 있다. 그것은 아래의 정말 아름다운 철학 문구들을 통해 확인된다.

사물들 안에서 모든 것은 그것이 가능한 한도의 질서와 조화를 가지고 결정적으로 질서지어져 있다. (…) 현재는 미래를 품고 있으며, 우리는 과거의 사실로부터 미래의 사실을 읽을 수 있고, 보다 멀리 떨어진 것은 보다 가까이 있는 것을 통하여 표현되기 때문이다. 만일, 시간이 경과해야 비로소 감각할 수 있도록 전개되는 그의 주름

---

29 Ibid., 235-36.
30 이를 현대적인 용어를 사용해 한 단어로 말해보면 '프랙탈'(fractal)이라고 할 수도 있을 것인데, 이렇게 규정하기 위해서는 다소 복잡한 정당화 과정이 요구된다.

들을 우리가 모두 펼칠 수 있다면, 우리는 모든 영혼 속에서 우주의 아름다움을 인식할 수 있을 것이다.[31]

이러한 '인식'이 결국에는 불가능하리라고 라이프니츠는 본다. 하지만 그것을 상상하는 것만으로도 상당히 즐겁지 않을까 싶다. 이러한 인식은 사실 자연의 조화와 질서가 '주름-단자-기계' 내부에 겹겹이 주름져 있기 때문이다. 이 주름은 인간적인 지각의 수준에서는 다 펼쳐질 수 없지만, 실제로는 무한한 다양성으로 단자 내부를 장식한다. 사정이 이러하기 때문에 앞서 말한 인식 불가능성이 이해된다. 우리의 지성은 이 무한한 다양성을 견딜 수 없다는 것이다. 즉 지성은 "자기 자신 안에서 단지 판명하게 표상되는 것만을 읽을 수 있"는데, 이 주름-단자-기계는 '무한성' 또는 '미분성'으로 인해 그렇지 않기 때문이다. 이를 다른 말로 하면 '단자는 규정 불가능하다'고 할 수 있을 것이다. 그런데 미적분학이 고도로 발전한 현대 수학에서는 이것이 단지 규정 불가능한 것이 아니라 '상호적으로 또는 비례적으로 규정 가능하다'라고 말할 것이다. 우리는 이 무한하게 다양한 단자 내부의 세계를, 이른바 미분함수나 미분방정식을 통해 '규정'할 수 있다. 다른 한편으로 앞선 장에서 대략 말한 현대 양자론의 입장에서 보면 단자는 단지 통계적으로 규정할 수 있다고 하겠다.

---

31 라이프니츠 지음, 윤선구 옮김, 「모나드론」, 『형이상학 논고』, 241-42.

(3) 스피노자의 작열하는 태양-실체

라이프니츠와 유사하게 스피노자에게서도 '하나'는 곧 '여럿'이다. 철학 좀 했다는 분들이 스피노자라고 하면 외우고 있는 '신 즉 자연'(Deus sive natura)은 그런 의미다(사실 이 말은 스피노자의 어느 저작에서도 나타나지 않는다). 다시 말해 신이라는 '일자'는 곧 자연이라는 '다자'와 같다는 것이다. 이것은 어떤 의미일까?

우선 스피노자에게 우리 세계란 '실체', '속성', '양태'라는 근본적인 세 개의 개념으로 갈무리될 수 있다. 실체는 '자연' 자체와 같은 것으로서 하나로 이어져 있는 전체라고 새길 수 있다. 다시 말해 실체는 낱낱의 개별체(entity)가 아니라 그 개별체들 아래에(sub-) 놓여 있는 (-stance) 것이다. 그래서 실체(substance)는 개별체들에 의존하지 않고 스스로 자립하는 '하나의' 존재라고 할 수 있다. 그래서 스피노자는 "실체란 자신 안에 있고 자신에 의해 인식되는 것"이라고 말한다.[32]

여기서 '자신 안에 있다'는 것은 자신 이외의 다른 것에 의존하지 않는다는 것이고, 그러므로 그것은 어떤 '신적인 존재' 외에 다른 것이 아니다. 이런 규정에는 신을 제외한 세상 모든 것들이 서로 의존하고 있다는 '관계론'이 전제되어 있다.

그런데 사실 이 신조차 일단 자연의 다양성 안에 놓이면 '관계'를 벗어날 수 없다. 왜냐하면 스피노자에게 자연은 신적인 실체가 변화되어 나타난 것이기 때문이다. 이를 스피노자는 실체의 '변용'(affection)이라고 부른다. 하지만 변용한다 하더라도 실체는 그대로

---

32 스피노자 지음, 강영계 옮김, 『에티카』, 서광사, 1990, 정리 3.

코레조(Correggio), 〈제우스와 이오〉, 1532.
제우스는 구름으로 변신하여 이오를 유혹한다.

남는다. 예컨대 고대 그리스 신화에서 제우스는 여러 가지 모습으로 변신할 수 있는데, 그렇다 하더라도 그 실체는 제우스인 것과 같다.

그렇다면 무엇으로 변용되는가? 바로 '양태'로 변용된다. 양태는 말 그대로 사물들의 모양새, 즉 갖추어진 꼴이다. 이를테면 우리 집 고양이 '똑똑이'는 회색 바탕에 검은색 줄무늬와 또렷또렷한 눈동자를 가진 사랑스러운 녀석인데, 가끔 날카로운 발톱으로 내 팔에 상처를 내기도 한다. 이때 똑똑이라는 모양새가 갖춘 모든 속성들 즉, 회색, 검은색, 줄무늬, 날카로운 발톱 등등은 모두 실체로부터 나온 것이다. 달리 말해 이 모든 똑똑이의 맞춤한 신체는 자연의 변신인 셈이다. 물론 이것은 고양이를 기르는 나에게도 똑같이 적용된다. 스피노자는 그래서 양태를 "실체의 변용으로, 즉 다른 것 안에 있고 다른 것에 의해 인식되는 것"이라고 정의한다.[33] 대번에 알 수 있듯이 양태는 실체와는 달리 스스로 인식되는 것이 아니라, '다른 것에 의해 인식되는 것'이다.

그런데 실체가 양태로 변용될 때 나오는 저 똑똑이의 모양새는 우리가 지각하는 것이다. 그러면 이 지각에 해당되는 매개체가 있어야 하는데, 이를 '속성'이라고 한다. 스피노자의 정의에 따르면, 속성이란 "지성이 실체에 관하여 그 본질을 구성하고 있다고 지각하는 것"[34]이다. 이렇게 지성이 대상을 지각할 때 대체로 우리는 그 대상의 공간적 속성, 즉 연장(extension)을 파악하게 된다.

결과적으로 스피노자에게 '실체-속성-양태'의 관계는 하나로서의

---

33 Ibid., 정리 5.
34 Ibid., 정리 4.

실체가 여럿으로서의 양태 안에 있다는 것이다. 이는 '여럿' 안에 '하나'가 있음을 의미한다. 즉 작열하는 실체의 태양이 품고 있던 뜨거운 기운이 세계 곳곳에 변용되어 스며들어 있다. 여기서부터 복잡한 형이상학의 문제가 나오게 되는데, 일단 이 과제는 다음으로 미루고 현대철학에서 하나와 여럿이 어떻게 전개되는지 살펴보도록 하자.

2. 헤겔의 존재론과 마르크스의 전복

스피노자 이후의 서양철학에서 하나와 여럿의 문제는 칸트를 거쳐 헤겔에 이르기까지 일종의 '복고풍'이 대세를 이룬다(물론 이 가운데 이 복고를 거스르는 '흄'이라는 걸출한 철학자가 있긴 했다). 즉 다시 '하나'가 사유의 핵심이 된 것이다. 다만 이때의 하나는 파르메니데스의 '하나의 존재'와 같이 처음부터 모든 것을 아우르면서 다양성을 무시하는 것이 아니고, 그 다양성을 '통해' 하나가 되는 식이다.

칸트의 경우 이른바 '현상의 잡다'가 범주들에 의해 '하나'로 포획되는 과정이 제시된다. 이에 대해서는 7장에서 자세히 서술할 것이다. 그래도 조금 짚고 넘어가자면, 칸트에게서 '하나'란 인식론적 의미, 즉 우리가 어떤 대상을 파악해나가는 과정에서 생겨나는 사고의 범주 가운데 하나다. 이것은 어떤 '통일성'을 의미하는데, 잡다하게 흩어져 있는 현상들을 우리 지성이 순서 잡고, 질서를 세우는 과정이라는 것이다. 이런 범주들이 칸트에게는 12개가 있다. 이 12개의 범주는 마치 우리 사고 과정의 회로판과 같아서, 이것을 거치지 않은 현상들은 우리에게 알려지지조차 않는다. 그런데 칸트 자신도 끊임없이 환기시키다시피 이 범주가 적용되는 범위는 다만 '현상'의 영역일 뿐이다. 칸트는 이 현상과 달리 '물자체'(Ding an sich)라는 것이 있는데, 이 물자체의 영역은 인간 지성이 감히 범접할 수 없는 본체(누메나noumena)의 세계라고 밝힌다.

헤겔은 칸트가 남겨놓은 저 본체의 영역이 꽤나 거슬렸던 것 같다. 사실 칸트의 후배들이자 헤겔과 동시대를 살았던 독일 철학자들(피히테, 셸링)도 마찬가지였다. '물자체'는 그들에게 인간 이성의 무능력을 표시하는 지대이자, '하나'로 포획되지 않는 잔여지대와 같은 것이었다. 칸트에 따르면 이 지대는 기껏해야 종교에 의해 간파될 수 있을 뿐인데, 야심 찬 후배들은 철학을 버리고 일탈하는 이런 종교적 도피를 견딜 수 없었던 것이 아닐까 싶다.

어쨌든 헤겔에게서 가장 숭고한 것은 인간의 이성이었고, 이는 '절대정신'으로 고양된다. 인간 이성이 절대정신으로 고양되는 과정은 헤겔에게 '역사'에 필적한다. 즉 자신이 살고 있던 계몽주의 시대에 이르기까지 수많은 무지의 상태를 '지양'(Aufheben)하고 여기까지 왔다는 것이다. 감성적인 또는 감각적인 자연이나 신체, 그리고 욕망은 이때보다 하급의 것으로 취급된다. 이렇게 보면 헤겔의 존재론이란 선의 이데아를 최고의 존재로 놓고, 그 아래에 하급의 이데아들, 그리고 감각과 억견(doxa, 통속적이고 대중적인 편견들)의 영역을 놓았던 플라톤의 구도를 다른 식으로 반복하는 것은 아닌가 의심스럽기도 하다. 여기서 다른 식이란 물론 세간에 잘 알려진 '변증법'이다. 앞서 말한 '지양'은 이 변증법의 가장 중요한 핵심인데, 어떤 것이 다른 것과 대립하고 투쟁하면서 다른 것 속으로 흡수되는 과정을 의미한다. 이때 그 대립과 투쟁에 있어서 '부정', '부정의 부정'이 따라붙는다. 요컨대 헤겔에게서 존재하는 것들이란 '여럿'이 서로 부정하고, 또 부정의 부정을 하면서 지양되어 결국에는 역사적인 어느 계기에 '하나'로 종합되는 것이다.

마르크스(Karl Marx)에 따르면 헤겔의 매력이자 동시에 그의 패착은 바로 여기, '변증법'에 있다. 즉 헤겔은 '변증법을 거꾸로 세워놓은 것'이다. 마르크스는 '머리로 서 있는' 변증법을 '발로 서게 만드는 것'이 자신의 임무라고 보았다. 왜 그런가? 철저한 유물론자였던 마르크스가 보기에 헤겔의 '절대정신'과 같은 것은 현실을 사상한 관념에 불과했다. 그러므로 변증법적인 지양의 과정을 거쳐 도달하는 것도 그러한 관념적인 것이 아니라, 현실 자체의 정치, 경제, 사회적인 것이다. 이를 마르크스는 공산주의(communism)라 부른다. 이것은 헤겔의 관념적인 '하나'가 아니라 현실적인 '하나'라고 볼 수 있다. 하지만 주의해야 할 것은 이 공산주의적인 하나가 결코 전체주의나 독재를 의미하지는 않는다는 점이다. 이 책의 8장에서도 밝혀놓겠지만 이 공산주의 사회는 '국가'라기보다는 '공동체'에 가깝다. 미리 얘기하자면 공동체는 '하나'로 완연하게 수렴될 만한 '여럿'이 없다. 오히려 그것은 끊임없이 '하나'임을 거부하는 '여럿'의 집합으로서, 멈춰 있지 않고 줄곧 '하나'가 정해놓은 한계를 벗어난다.

3. 차이의 철학

(1) 의심의 대가들에서 차이의 대가들로

프랑스 해석학 철학자인 폴 리쾨르(Paul Ricœur, 1913~2005)는 마르크스와 더불어 프로이트, 니체를 '의심의 세 대가'라 불렀다. 무엇을 의심하는가? 단적으로 말하자면, 그들 이전의 철학적 전통인 동일성(Sameness)이라는 큰 이념을 의심한다. 우리가 앞서 1장에서 '생성'을 다룰 때 생성이란 '동일한 것'이 아니라 '차이 나는 것'이라고 한 것은 현대철학에서 특히 두드러지는 입장이다. 여기서 '동일한 것'은 곧 '하나'의 동일성을 의미하고, '차이 나는 것'은 '여럿'의 다양성을 의미한다. 낯선 철학 용어에 익숙지 않은 독자들을 위해 쉽게 풀어 쓰자면, '동일성'이란 하나의 모습을 항구적으로 유지하는 것이며, '차이'란 반대로 여러 모습으로 생성 소멸하는 것이라고 새길 수 있다.

앞 절에서 마르크스의 경우는 헤겔의 변증법을 바로 세우는 중에 '하나'가 아니라 '여럿'이 강조되었음을 알 수 있다. 이러한 강조점은 프로이트와 니체에게서도 발견된다. 프로이트는 고대철학에서부터 내려오던 '인간'에 대한 이성주의(rationalism)의 정의 자체를 전복했다. 즉 '인간은 이성적 동물'이라는 상식을 뒤집은 것이다. 프로이트에 따르면 인간은 이성보다 '욕망'(desire) 또는 '충동'(drive)에 더 좌우되는 동물이다. 이성이 좌우하는 '의식'의 영역은 이 욕망과 충동의 영역에 비하면 너무 작아서 눈에 띄지도 않을 정도라는 것이다. 사실 우리가 '이성'이라는 자만에 찬 자기규정을 걷어내고 실제 우리의 모습을 살펴보면, 이 말이 전적으로 타당함을 알게 된다. 일상생활은 이성의 계획을 벗어나는 무수한 일탈과 사건과 우연이 지배한다. 하루 동안의 생활을 떠올려보라. 완연하게 합리적인 행위나 말이 얼마나 되는가? 온통 예기치 않은 사건과 만남과, 실수들, 비합리적인 내면적 충동이 뒤얽혀 있지 않은가? 아침부터 잠들기 전까지, 그리고 우리 생의 대부분은 이러한 '반이성'의 경향들로 채워져 있고, 이것이 바로 인간이 가진 '이성적 동일성'이 한낱 희망사항에 불과하다는 것을 확증한다.

니체는 다른 측면에서 이 인간의 '이성적 동일성'을 '힘에의 의지'로 대체한다. 프로이트가 인간의 내면적 충동에 관련한 대가라면, 니체는 인간의 외향적 행위에 관한 대가다. 물론 니체의 '힘'이란 인간을 벗어나 우주 전체의 원리라고 할 수 있다. 쉽게 말해 '힘'은 인간적 의미의 '권력의지'이기도 하고, 우주적 의미의 '물리적인 동력'이기도 하다. 이 두 가지 힘의 의미는 사실상 '이성주의' 전통을 궁지로 몰아간다. 왜냐하면 이전까지 인간이든 우주든 간에 모든 존재자들이 태초에 설계될 때의 원칙은 바로 이성, 로고스, 법칙이었기 때문이다. 그러나 니체는 그러한 원칙을 뿌리부터 뒤흔든 셈이다. 니체 철학이 초기에 등장했을 때, 미치광이 헛소리라고 배격했던 당대의 이성중심주의자들이 느꼈던 공포란 이런 것이 아니었을까?

마르크스, 프로이트, 니체 이 세 사람의 '의심의 대가'는 결국 자신들의 의심을 세상에 관철시켰다. 마르크스는 (비록 결과적으로 실패했지만) 현실사회주의 혁명이라는 역사적인 임무를 관철시켰고, 프로이트는 정신분석의 임상적인 적용이라는 의학적 임무를 관철시켰고, 니체는 현대철학의 포스트모던적 경향이라는 철학적 임무를 관철시켰다.

이 세 사람이 남긴 성과는 고스란히 현대철학에 계승되면서, 푸코, 들뢰즈, 데리다라는 걸출한 사상가들을 탄생시키는 데 일조하게 된다. 우리는 이 의심의 대가들로부터 이어져온 전통에 속한 이 세 사람을 '차이의 대가'라고 불러도 되지 않을까? 왜냐하면 이 세 사람이 공히 몰두하는 것이 바로 '차이'라는 주제이기 때문이다. 차이는 고루

한 '동일성', '자아', '주체'를 중심으로 놓지 않고, '차이', '타자', '객체'를 논의의 중심으로 삼는다. 특히 마지막 '객체'는 이 세 사람 이후의 최신 철학 사조라고 할 수 있는 '신유물론'(New Materialism)의 핵심 주제이기도 하다. 요컨대 이들은 공히 '하나'와 '여럿'을 매우 색다른 방식에 따라 철학적 사유의 대상으로 삼는다.

(2) 들뢰즈–차이의 철학

푸코, 들뢰즈, 데리다는 모두 중요한 인물이지만, 여기서는 우선 들뢰즈에 대해 이야기해보자. 현대철학에 조금이라도 관심이 있는 사람이라면 지나가면서라도 이 이름을 들어보았을 것이다. 20세기 말의 가장 유명한 철학자이기도 하고, 그의 동료였던 푸코가 "아마도 이 세기는 들뢰즈의 시대로 기록될 것이다"라는 유명한 말로 한껏 띄워놓기도 했기 때문이다. 이렇게 된 이유는 들뢰즈가 자타공인 '차이의 철학자'이기 때문이다. 이 철학은 우리가 지금 논하고 있는 '하나'와 '여럿'에 대한 사유에 획기적인 전환을 가져다주었다. 들뢰즈 이후로 이런 방식의 이분법적 대립이 의미 없어졌기 때문이다. 다시 말해 한편이 다른 편을 '부정'함으로써 생기는 대립을 걷어내고, 거기에 '긍정'의 사유를 작동시키면서 연결하는 것이다. 이러한 긍정을 통과하면 모든 대립은 가장 작은 차이가 되고 만다. 예컨대 우리가 사는 세계의 남극과 북극이 서로 대립적인 위치에 있는 것 같지만, 시야를 넓혀 우주적인 차원에서 보면 그러한 대립이 광대한 우주의 무한한 방위 안에서 작은 차이에 불과해지는 것처럼 말이다. 그러므로 들뢰즈의 사유에서 어떤 것들이 대립한다는 것은 다른 것들에 비해 '거리가 멀다', '성기다'는 의미가 된다.

이런 의미에서 '대립'을 사물의 본질로 바라보는 것은 실재가 아니라 재현(representation)된 것, 즉 우리 인간이 그렇게 생각하는 바일 뿐이다. 실제 사물들의 세계는 그렇게 대립하지 않으며, 오히려 작은 차이들과 큰 차이들의 반복으로 이루어져 있다. 예컨대 아침에 일어나 세수를 하고, 회사에 출근하고, 저녁에 친구들과 맥주를 기울인 후, 집으로 돌아와 티비를 보다가 잠자리에 드는 우리의 일상은 때로는 작은 차이로 반복되고, 때로는 어떤 예기치 못한 사건이나 사고(친구의 부음, 회사의 파산, 실직 또는 승진)로 인해 큰 차이로 반복된다.

그렇다 해도 들뢰즈가 마냥 모든 것을 차이로서 긍정하지만은 않는다. 들뢰즈에게 '대립'은 없지만, '적대'는 존재한다. 들뢰즈의 사유가 적대하는 것은 '동일성의 사유', '노예적 사유', '재현적 사유'와 같은 것들이다. 이 셋은 공히 어떤 큰 범주 또는 큰 대상에 의존하는 부자유한 '사유의 이미지'(Image of thought)라고 들뢰즈는 부른다. 차이의 사유는 이런 부자유한 사유에 적대적이다. 그래서 들뢰즈는 이러한 사유를 선별하여 추방한다. 그런데 주의해야 할 것이 있다. 이때 부정이 아니라 추방한다고 한 것은 그것을 아예 환상으로 치부하거나 실재성이 완전히 결여된 것으로 본다는 것이 아니라, 부차적인 것으로, 진실과는 '거리가 먼' 것으로, 실재적 사유의 공간으로부터 현격하게 만든다는 의미이다. 사실 부정보다 더 강력한 것이 이러한 '거리두기'다. 왜냐하면 이렇게 함으로써 예컨대 '동일성'은 차이 안에 포섭되며, 그 안에서만 의미를 둘 수밖에 없기 때문이다.

내가 무언가를 부정한다는 것은 그것이 내가 가진 힘보다 크다는 것, 또는 반대로 내가 그것보다 힘이 작다는 것을 의미한다(그렇기 때문에 나는 그것이 내 옆에 있음을 견디지 못한다). 내가 무언가로부터 거리를 둔다는 것은 내가 그것보다 우월하다는 것, 그 거리 안에서 그것을 긍정할 만큼 역량이 넘친다는 의미다. 따라서 거리두기는 긍정의 역량으로서 우월한 힘이며, 부정이 아니라 적대를 인정한다. '부정'은 대상을 헛되게도 완전히 없애려고 하는(이것은 세계 안에서 불가능하다) 완전범죄에 대한 환상이며 천박한 원한(ressentiment)의 발로이지만, '적대'는 실재하는 대상을 인정하면서, 그것이 가진 거리를 정확히 바라보고, 긍정 안에서 굴복시키는 고귀한 의지의 발로다.

이 모든 것을 종합해보면, 들뢰즈에게 '하나'와 '여럿'은 이분법적으로 대립한다기보다 여럿으로서 하나를 펼쳐내고, 하나로서 여럿을 함축하는 긍정과 적대의 운동이라고 할 수 있다. 나는 다른 사람들과 대립하는 고립적인 존재가 아니라, 그들과 어울려 펼쳐지고 함축하면서, 긍정하고 적대하는 관계인 것이다. 사실 이 관점이 우리가 사는 세상의 진실과 더 가깝다. 아무도 고립되어 있을 수 없다. 모든 것은 관계 안에서 하나이기도 하고 여럿이기도 하다.

결과적으로 들뢰즈는 앞서 마르크스가 변증법을 자기 나름대로 변형하여 인정한 데서 더 나아가 그 변증법을 부차화하고, 거기에 차이를 갖다놓는다. 변증법의 '대립'이라는 성긴 그물은 '차이'의 조밀한 그물보다 열등하다.

(3) 객체들의 아나키즘-신유물론

신유물론은 '의심의 대가들'에 이어 '차이의 대가들'을 계승한다. 특히 들뢰즈의 철학에서 영향을 받아 '실재'의 본모습을 바라보고자 애쓰는데, 이분법을 극복하고, 거기에 차이들의 운동이라고 할 수 있는 횡단성(transversality)을 도입한다는 점에서 그러하다. 현대철학의 첨단인 만큼 개념들이 다소 어렵다. 이분법을 극복하는 것이 차이의 논리라는 것은 앞서 많이 이야기되었지만 '횡단성'이 무엇인지 다소 낯선데, 사실 이것이야말로 실재하는 것의 본모습이다. 좀 자세히 들여다보도록 하자.

앞서도 말했듯이 신유물론의 기본 개념인 '횡단성'은 이분법을 말 그대로 '횡단'하는 것이고 이것은 '차이를 횡단한다'는 의미와 같다. 왜 이렇게 하는가? 신유물론자들이 보기에 이분법, 그리고 그것을 통해 잘못된 우열-위계를 설정하는 것이 이른바 '인간중심주의'(anthropocentrism)다. 대표적인 인간중심주의적인 이분법과 우열-위계는 정신과 물질, 문화(문명)와 자연(야만) 사이에 놓인다. 사실상 이러한 이분법은 신유물론의 관점에서 보면 인간의 조작적인 인식 활동에 따른 결과물일 뿐이다. 실재는 그러한 이분법을 허용하지 않으며, 오히려 인간-속-자연, 자연-속-인간을 증명한다는 것이다. 이렇게 서로 함축하고 함축되는 운동이 횡단성이다. 여기에는 어떤 위계도 없고, 오로지 실재하는 것들의 아나키한 활동들이 있을 뿐이다. 더 나아가 이 관계는 인간-기계에도 적용된다. 이를테면 우리는 보통 우리가 주인이 되어 커피머신을 작동시키고, 냉장고를 열며, 자동차를 운전하고, 지하철을 탄다고 생각하지만, 이것은 사실이 아니다. 우리는 커피머신, 냉장고, 자동차, 지하철이 담고 있는 기계적인 허용치, 또는 그 알고리즘을 거부하거나 거역할 수 없다. 우리가 기계에 대한 지배라고 느끼는 그것은 사실상 이 알고리즘이 강제하는, 또는 허용하는 편의 안에서만 가능할 뿐이며, 따라서 우리는 지배하는 것이 아니라 제한받는 수동적 존재인 셈이다. 이 수동성은 곧 기계와 인간의 평등하고 아나키한 횡단성을 입증한다. 또 다른 결정적인 예는 스마트폰이 있겠다. 스마트폰은 기계-인간의 횡단성 안에서 현재 다른 모든 객체보다 더 큰 인력을 발휘하는 기계다. 이 기계는 우리의 신체를 구성하는 또 다른 신체로 기능하면서, 만약 망실될 경우 우리 신체의 운동 반경과 우리 의식(기억)의 작동 영역, 그리고 소통의 범위가 심대하게 훼손되는 결과를 초래한다.

따라서 신유물론은 어떤 중심적인 '하나'를 인정하지 않음은 물론이고, 연결되지 않는 '여럿'도 인정하지 않는다. 그리고 여기에는 연결(connection), 즉 관계(relation) 이전에 홀로 서 있는 어떤 주체나 객체도 인정하지 않는다. 유명한 신유물론자인 카렌 바라드(Karen Barad, 1956~)의 말을 빌리자면, "관계 없는 관계항도 존재하지 않는다." 이런 것이 바로 신유물론의 '횡단성'이다. 이렇게 해서 신유물론의 횡단성은 하나와 여럿을 비롯한 모든 이분법적 구별들을 가로지르는데, 여기서 더 나아가 행여나 다시 발생할 수 있는 이분법들조차 피해 가고자 하는 것이다. 다시 말해 '관계'를 통해 만들어지는 '관계항'이 다시 응결되어 다른 것들과 이분법적 대립을 만들지 않도록 그 관계항 자체를 확립하지 않고, 계속 변화하게 만든다. 이를테면 '나'라는 객체적 관계항은 다른 객체적 관계항 즉 '학교'와 연결되면서 '나'를 '선생'

으로 정립하지만, 그것은 그 관계 내에서만 이루어질 뿐이다. 반대로 내가 '학생'이 되는 관계도 있다. 마찬가지로 내가 '가족'과 연결되면 '나'는 곧 '아빠', '남편'이 된다. 들뢰즈가 인용하는 마르크스의 유명한 말도 이를 증명하는데, 그는 "흑인은 흑인이다. 특정한 관계 속에서만 그는 노예가 된다"고 했다. 이를 응용하면, '인간은 특정한 관계 속에서만 여성/남성이 된다', 또는 '기계는 특정 관계 속에서만 도구/무기가 된다'라고 할 수 있다. 마지막으로 우리는 이 횡단성을 '하나'와 '여럿'에도 적용할 수 있다. 즉 '실재는 특정한 관계 속에서만 하나/여럿이 된다.'

따라서 횡단성은 언제나 횡단선 자체를 가로질러 가야 한다. 그것은 언제나 자기 자신보다 더 빨리, 더 이르게, 도래해야 한다. 여기에 횡단성의 우월함이 있다. 달리 말하면 이것은 이분법의 '포획'으로부터 미리 탈주하는 것이다. 결론적으로 횡단성은 이분법을 부차적으로 만들면서 그것을 파괴하는 것이 아니라 무능력하게 만든다.

이제 4장으로 이동할 차례다. 여기까지 무난히 왔다면, 4장은 다소 쉬울 수 있다. 힘을 내자.

제4장

유한과 무한

고대 그리스인들은 인간의 유한성에 대한 자각이 남달리 컸다. 그들은 늘 하루살이 같은 인간의 삶을 한탄했으며, 이에 비해 불사하는 신들은 얼마나 위대한지를 찬양했다. 그렇다 해도 그들이 마냥 신세한탄만 한 것만은 아니다. 그들은 인간이 가진 지성의 무한한 능력에 대해서는 찬탄을 아끼지 않았다. 이렇듯 유한성과 무한성은 인간의 실존을 뒷받침하는 모순적인 조건으로 오랫동안 인식되어왔다. 이후 인간뿐만 아니라 자연과 문명조차 이 모순으로부터 자유롭지 않다는 것을 아는 데에는 오랜 시간이 걸리지 않았다.

1 '무한과 유한' 개념의 원초적 의미

사실 철학에서 '무한'은 infinitude보다는 '정해지지 않음'이라는 뜻의 indeterminate라는 의미로 더 많이 쓰인다. 이 말의 그리스어 어원은 '아페이론'(apeiron)이며, 반대 개념은 '페라스'(peras, 한계)다. apeiron은 영어로 'indefinite', 'indeterminate', 'undetermined' 등으로 옮길 수 있다. 그러므로 apeiron을 우리말로 번역할 때, 더 정확하게 하기 위해서는 '무한정', '무규정', '비결정' 등으로 해야 하지만, 편의상 '무한'으로 하는 경우가 많다. 하지만 우리말이 가진 의미의 결과 서양어의 결이 이렇게 다르다는 것만은 반드시 알고 있어야 한다.

1. 페라스

무한을 알기 위해서는 '페라스'에 대해 먼저 알 필요가 있다. 아페이론은 페라스를 부여받지 못한 상태이기 때문이다. 즉 '한계'가 없는 상태에서 어떤 것이 '극한'을 향해 나아감으로써 무한이 형성되는 것이다. 이것은 무질서와 질서의 대당이기도 하다. 무질서(ataxia)는 아페이론이고, 질서(taxis)는 페라스가 된다. 이것은 한자로 '시간'의 '간'(間)자를 생각해도 이해 가능하다. 시간은 '간'을 가짐으로써, 질서가 잡힌다. 이를테면 한 시간과 두 시간은 어떤 간격을 가지는 것으로서 한계지어진 지속이다. 이렇게 한계를 정하는 '간'이 없다면 시공간은 그저 아무런 구분 없는 무질서 상태 외에 다른 것이 아니게 된다. 다시 말해 무한에 유한을 부여함으로써 질서가 형성된다.[1]

피타고라스는 음악의 예를 통해 이것을 설명하기도 한다. 즉 리라(고대 그리스의 현악기)의 줄에 손가락을 대지 않은 상태(아페이론)

---

1 이정우 지음, 『개념-뿌리들 1』 산해, 2004;2008, 255-56 참조.

는 어떤 음도 없이 그저 줄의 울림만이 전해질 뿐이지만, 한 부분을 짚으면(페라스) 화음을 만들어낸다는 것이다. 마찬가지로 재목(材木)에 페라스를 주어야 책상이 되고, 돌에 페라스를 주어야 조각상이 된다. 가만히 살펴보면, 이후 나타나게 되는 '형상'이라는 철학 개념이 이 '페라스'에 맞닿아 있음도 알게 된다. 여기서 '형상'(Form)은 '질료'(Matter)에 형식이나 형태를 부여하는 신의 손길과 비슷한 것이다. 신이 어떤 무정형의 재료(흙이든, 돌이든, 물이든)를 가지고 자신의 의도 안에 있는 어떤 형상을 빚어내듯이, 아페이론은 페라스에 의해 우주 만물의 질서를 부여받게 되는 셈이다.

보다 추상적인 의미의 페라스는 '한계'라기보다는 '규정성'(determination)을 의미한다. 규정성은 한 사물을 파악하게 만드는 그것의 특성이라 할 수 있다. 다시 말해 어떤 유한한 특징을 거기에 부여하는 것이다. 이것은 문법적으로 논하자면, 한 문장의 술어(predicate) 또는 속성판단어를 말한다. 이를테면 '구구는 하얗다'라고 할 때, '하얗다'는 구구를 알아보게 만드는 구구의 한 속성인 것이며, 문법적인 '술어'다. 그리고 이러한 규정을 하나씩 덧붙여갈수록 주어는 더욱더 '개체성'을 띠게 되면서 구체화된다. 이를테면, 우리는 '구구는 고양이다'라고 함으로써, 이제 구구라는 이름의 어떤 물체가 아니라, 그것이 생명체며 고양잇과에 속하는 것임을 알게 되며, '구구는 박준영 선생님의 가족이다'라는 규정을 듣게 됨으로써 구구가 어떤 가치를 가지는 생명체인지를 또한 파악하게 되는 것이다.

2. 물질적인 것

좀더 나아가보자. 그렇다면 우리 집 고양이 똑똑이(구구와 형제)를 구성하고 있는 가장 기본적인 것은 무엇일까? 그것은 살과 뼈 또는 '물질'이라고 볼 수 있다. 그런데 문제는 이 물질이라는 개념의 폭이 철학사 내에서 달라진다는 점이다. 우선 물질은 좁은 범위에서 '운동'과 '변화'로 이해된다. 고전적인 원자론의 경우 원자들은 크기, 모양, 위치만을 가지며, 다른 특성들은 원자들의 충돌로 형성되는 것으로 본다. 하지만 크기, 모양, 위치만을 상정한다면 생명현상을 설명하기가 곤란해진다. 생명현상이 단순한 '충돌'만으로 된다고 보기는 힘들기 때문이다. 생명현상은 생명의 유지라는 어떤 '질서'를 따르는 것이고, 이 '질서의 경향'은 크기, 모양, 위치 또는 '충돌'만으로는 이루어지지 않는다. 더 단순하게 말해보자면, 색깔이나 소리도 마찬가지라고 볼 수 있다. 앞의 네 가지 특성만으로 이것이 가능하리라는 추단은 할 수 없다. 그래서 물질이 에너지 덩어리라든지, 생명현상의 경우 그 물질이 '유전자 정보의 집적체'라든지 하는 경우가 정당화되는 것이다. 이러한 논의를 더 밀어붙이면 물질이 우리가 경험하는 모든 것이라고 볼 수도 있다. 감각적 요소뿐 아니라 정신적 요소까지 물질에 속한다고 보는 것이다. 하지만 이는 매우 성급한 규정이지 않을까? 우리가 흔히 말하는 '의식'이나 '정신'은 물질적 의미에서의 '뇌'와 일치하지만, 그것만은 아닐 것이기 때문이다. 이것은 무모한 환원이라고 할 수 있다.

3. 플라톤과 아리스토텔레스의 물질

그 다음으로 플라톤과 아리스토텔레스의 논의가 있다. 이 논의는 유물론과는 상이하다. 여기서는 물질을 개체를 형성하는 규정성으로 보기보다는 수동적으로 파악하기 때문이다. 그래서 이들은 이런 물질을 형상과 대별하여 '질료'라고 부른다. 능동적인 규정성은 형상이 가진다. 그리고 그것이 질료에 작용하여 구현된 것이 개별체들이다. 이들에게 똑똑이의 회색은 '회색'이라는 형상이 '똑똑이의 신체'라는 질료에 구현된 것이다. 그런데 여기서 플라톤과 아리스토텔레스의 관점이 갈라진다. 플라톤의 경우 '똑똑이의 형상(이데아)'이 있고, '회색의 형상(이데아)'이 따로 있어서 그것이 결합(koinonia)하여 질료에 구현(parousia) 또는 관여(methexis)함으로써 '회색인 똑똑이'가 된다. 그러나 아리스토텔레스의 경우에는 '똑똑이'라는 개별적 실체만이 존재한다. '회색'이라는 똑똑이의 이데아가 질료와 결합함으로써 '회색 똑똑이'가 된다. 플라톤에게서는 형상들이 모두 일반적인 똑똑이와 회색이지만, 아리스토텔레스의 경우 형상들은 모두 개별적인 똑똑이와 회색이다. 플라톤의 똑똑이는 박준영 선생의 똑똑이와 구별되지 않아도 되지만, 아리스토텔레스의 똑똑이는 박준영 선생의 똑똑이와 개별적으로 구별되어야 한다.

전자와 후자의 규정성은 다소 상이하다. 왜냐하면 전자가 세계 내적인(내재적immanent) 사유에 가깝다면, 후자는 세계 너머의(초재적transcendent) 사유에 가깝다. 왜냐하면 질료-형상론, 또는 이데아론에 따르면, 형상은 질료의 외부에, 즉 초재적으로 존재하며, 개체를 결정하는 것은 그러한 형상이기 때문이다. 하지만 이러한 초재적 구도에서도 플라톤은 강한 초재성을 띠는 반면 아리스토텔레스는 약한 초재성과 약한 내재성을 함께 가진다고 볼 수 있다. 전자의 경우 형상은 '다른 세계'에 실재하는 것이지만, 후자의 경우 형상은 개체에 질료와 더불어 내재하기 때문이다. 그럼에도 불구하고 아리스토텔레스의 내재성이 강한 내재성이 아닌 이유는 그의 질료가 능동성보다는 수동성이 강하기 때문이다. 다시 말해 질료의 영향으로 개체가 변화하기보다 형상의 영향이 더 크다는 것이다.

하지만 내재성의 구도는 이러한 형상의 세계가 궁극적인 것이 아니라고 보는 입장이다. 오히려 질료의 세계에서 '발생'하는 어떤 '사건'이 형상을 결정한다고 본다. 전자를 '관념론'이라고 할 수 있다면 후자는 '유물론'이라고 부른다. 즉 전자가 이미 기획된 형상에 따라 법칙성을 가지고 세계가 만들어진다고 보는 반면, 후자는 그러한 기획은 차후의 것이고, 물질 또는 질료가 우발적으로 솟아올라 세계에 어떤 충격을 가하고 이로 인해 형상이 요구된다고 본다. 이 다음 장(5장)에서 보겠지만 유물론은 이렇게 사물의 '우발성'(cotingency)과 밀접한 연관을 가지게 된다.

2 아페이론-괴물의 사유

고대인들에게 무한, 즉 아페이론은 피하고 싶은 괴물과 같았다. 그것은 마치 히드라(Hydra)처럼 제거하려 하면 할수록 더 많은 머리가 돋아나는, 무한하게 사악한 이미지로 표현될 수 있을 것 같다. 아니면 메두사(Medusa)처럼 저주받은 사유의 이미지 같은 것이었다. 아마도 이것이 인간 사회의 질서를 거스르는 어떤 욕망이나 아나키한 혼란을 가져다주는 이미지이기 때문일 것이다. 그러나 어느 사회, 어떤 철학에서든 모순과 혼란은 있게 마련이다. 그리고 이 두 괴물의 목을 자른 페르세우스나 헤라클레스처럼 끊임없이 생겨나는 이 무한의 간섭을 극복해가는 것이 한 사회와 철학의 할일이기도 했을 것이다.

1. 아낙시만드로스

고대적 사유 체계 내에서 '무한'은 주로 '무한분할'과 연관된다. 이 의미가 바로 아리스토텔레스가 말하는 가능적 무한 또는 가무한이다. 실재적 무한, 실무한은 한없이 크다는 의미를 가지는데, 이러한 사고방식이 본격적으로 나타나는 것은 중세에 이르러서다. 그도 그럴 것이 '신'을 설명하기 위해 '분할'이라는 관념은 부적당했기 때문이다. 신이 분할되고 나누어진다면 그것은 유일하지 않을 것이고, 이는 중세 기독교의 유일신 이념에 배치된다. 중세에 대해서는 다음 기회에 말하기로 하고, 우선 아페이론이 처음 등장하는 고대 그리스의 텍스트를 살펴보도록 하자.

무한정한 것(apeiron)은 있는 것들의 근원이자 원소[이다.] (…) 그것 [근원]은 물도 아니고, 원소라고 불리는 것들 중에서 다른 어떤 것도 아니며, [물이나 원소들과는] 다른 무한정한 어떤 본연의 것이다. 그것에서 모든 하늘과 그것들 속의 세계들이 생겨난다. 그리고 그것들[원소들]로부터 있는 것들의 생성이 있게 되고, [다시] 이것들에로 〔있는 것들의〕 소멸도 필연에 따라 있게 된다. 왜냐하면 그것들은 〔자신들의〕 불의에 대한 벌과 배상을 시간의 질서에 따라 서로에게 지불하기 때문이다.[2]

여기서 무한, 아페이론은 존재의 근원으로 제시된다. 모든 생성과 발생은 아페이론 이후에 나타나며, 필연성과 질서도 차후의 일이 된다. 아낙시만드로스가 이런 생각을 하게 된 연유는 무엇일까? 우리는 그의 스승이 탈레스라는 전승을 통해 그 이유를 상상해볼 수 있다.[3] 앞서 1장에서 우리는 탈레스가 우주의 원질(archē, stoicheion)을 물로 상정했다는 것을 보았다. 그러나 아낙시만드로스가 보기에 그것은 불충분했을 수 있다. 그는 왜 불, 공기 등이 아니라 물이 그러해야 하는지 이해할 수 없었던 것이다. 그래서 그는 더 근원적인 어떤 것을 생각하게 되었고, 물이나 다른 원소들로 분화되기 이전의 상태, 즉 유한하게 되기 이전의 상태로서 '무한' 즉 '아페이론'을 추론했다.

또 한 가지 지적하고 넘어가야 할 사항이 있다. 인용한 원문의 후반부를 잘 보면, 아페이론과 페라스가 윤리-정치적 함축을 지니고 있음을 알게 된다. 네 개의 원소 중 하나가 상궤를 벗어나면(이를 히브리스hybris라 한다) 문제가 발생한다. 물이 강해지면 홍수가 나고, 불이 강해지면 가뭄이나 대화재가 일어나고, 공기가 강해지면 건조해지고,

---

2 DK12A9, B1. 〔 〕는 인용자.
3 하지만 '전승'에서 말하는 사제관계라는 것은 느슨하게 이해될 필요가 있다. 이렇게 동시대의 철학자들을 스승-제자 관계로 묘사하는 철학사적 기술의 전통은 고대 역사가인 테오프라스토스로부터 비롯된다. 이를 감안한다면, 아낙시만드로스가 탈레스의 제자라는 말은 이 둘이 같은 도시 출신이며, 나이 차이가 있다는 뜻으로 새기는 것이 더 정확할 것이다.

흙이 강해지면 농사를 지을 수 없게 된다. 이것은 모두 정의(正義)를 벗어나는 것으로서, 아페이론은 이들을 평등하게 만들어준다. 시간의 질서에 따라 그것을 재배열하여 다시 내보내는 것이다. 이 함축은 매우 심오하다. 우리가 보통 혼란스러운 무규정 상태로 이해하고 있는 아페이론이 실상은 '평등의 원리'라는 점을 강조하기 때문이다. 언뜻 혼란스러워 보이는 민주주의의 쟁론 상태가 사실은 평등의 실현이라는 점을 여기에서 알 수 있다. 또는 이 원리가 아나키즘의 자생적 질서라는 원리와도 맞닿아 있음을 우리는 알게 된다.

마지막으로 형이상학적 의미에서도 아낙시만드로스는 이전의 선배들과는 다른 지점을 가리키고 있다. 바로 아페이론이 어떤 '잠재태'로서 상정되고 있다는 점이다. 이는 어떤 '발생론'을 암시한다. 이후 아리스토텔레스가 잠재성(디나미스)을 중시하고, 그것이 둔스 스코투스와 조르다노 브루노, 그리고 스피노자와 니체, 들뢰즈와 같은 철학자들로 이어지게 되는데, 아낙시만드로스는 이런 사유의 역사에서 최초의 맹아를 간직하고 있는 셈이다.

2. 피타고라스

앞서 잠깐 언급한 바와 같이 피타고라스학파에게도 아페이론(무한)은 페라스(유한)와 더불어 중요한 개념이었다. 이 학파는 대립쌍들을 정리한 것으로 유명하다. 히나와 여럿, 밝음과 어두움, 남과 여, 연속과 불연속… 등 열 개의 대립쌍이 그것이다. 이 중 가장 근본적인 대립쌍을 아페이론과 페라스로 삼았다. 피타고라스학파에게 페라스는 당연히 '수'(數)다. 모든 것이 '수'에 따라 질서를 잡는 '코스모스'가 이들이 보는 우주의 본모습이었다. 이러한 생각은 아낙시만드로스의 '정의' 개념과 연관된다. 피타고라스는 그 사유 이미지를 수학을 통해 정교화했으며, 그것을 종교의 차원으로까지 끌어올린다. 즉 '세계는 수로 이루어져 있다'는 것은 철학적 명제일 뿐만 아니라 종교적인 신앙이기도 했던 것이다.

수라는 매개체를 활용함으로써 이들은 수학, 우주론, 종교, 음악에 이르기까지 통합적인 차원의 사유를 실현하기도 했다. 철학이 분석적 차원뿐 아니라 종합적이고 통합적인 사유를 요구한다는 점에 비추어보면, 이들이 '철학' 즉 '필로소피아'(philosophia)라는 말의 창시자들이라는 것도 이해할 만하다. 수는 이렇게 대상들을 통합하고, 그것을 하나의 관점에서 볼 수 있도록 해준다. 그것이 신비주의적으로 남용되지 않는 한에서 피타고라스학파의 사유가 현재에도 통용되는 사고방식이라는 것은 분명하다.

그런데 이들조차 당황하게 만든 것이 있으니 '무리수'가 그것이다. 사실상 이 숫자는 피타고라스학파의 사유를 파탄으로 몰고 갈 수 있는 핵폭탄급 개념이었다. 전설에 의하면 이 수의 존재를 외부로 유출한 자는 학파로부터 살해당했다고 한다. 무리수의 존재는 사실상 모든 것을 산술적인 표상으로 환원하고자 한 피타고라스의 원초적인 시도를 무력화시키는 것이었다. 이들에게는 산술적 작업과 기하학적 작업은 서로 호환되는 것이라는 기본 전제가 있었는데, 증명을 해나가는 도중에 이들은 전자에서 후자로의 작업은 가능하지만, 후자에서 전자로의 작업은 모순에 봉착한다는 것을 알고 대경실색했다. 그리고 이 와중에 도저히 이해할 수 없는 즉 '무리'(ir+ratio)한 수, 무리

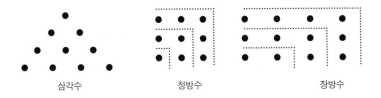

삼각수   정방수   장방수

수(irrational number)가 발견된 것이다.

피타고라스는 수를 세 가지, 즉 '삼각수', '평방수'(정방수), '장방수'로 나누었다(물론 차원 수를 더 늘릴 수도 있다). 이를 그림으로 표현하면 다음과 같다.

삼각수란 그림에 보이는 것처럼 점으로 배열했을 때, 정삼각형이 되는 수로서, 그것을 산술적으로 표현하면 'S=1+2+3+4+ ··· +n'과 같은 급수의 형태를 띤다. 이 삼각수 중 10을 테트락티스(tetractys)라고 하면서 신성시했다. 그들에게 10이 완전수였기 때문이다. 그리고 정방수는 'S=1^2+2^2+3^2+4^2 ··· +n^2'의 형태를 가지며, 장방수는 'S=2+6+12+20+ ··· +n(n+1)'의 형태가 된다.

그런데 피타고라스는 어떤 경우에는 기하학적 형태가 산술적으로 표현되지 못한다는 것을 발견한다. 이 표현관계의 전제는 두 선분의 길이의 관계는 항상 정수 사이의 관계의 형식으로 표현되어야 한다는 것이다. 그러나 피타고라스는 만약 한 정사각형의 한 변의 길이와 그 대각선이 길이 사이의 관계를 이런 형식으로 표현한다면 모순된 결과가 나온다는 것을 알았다. 유클리드의 『기하학 원론』 부록 27에 이 증명과정이 나와 있다. 이 과정을 한번 읽어보도록 하자.

변 a와 대각선 d를 가진 정사각형이 있다고 하자. a와 b의 관계가 정수 사이의 비례로, 즉 분수 a/b의 형태로 표현된다고 해보자. 이 비례를 가장 간단하게 표현하여 a와 b가 공통분모로서 1만을 갖든가 혹은 그들 사이에 서로소가 되게 하자.

피타고라스의 정리는 a와 b 사이에 단순한 비례를 준다. 실제로 직각 이등변 삼각형 ACB에 있어서 빗변 d를 기초로 구성된 정사각형은 직각의 양변 위에 각각 a와 같은 길이로 구성된 정사각형의 합과 같다.

$$d2 = 2a2 \quad (E)$$

따라서 d2는 2로 곱해진 하나의 정수, 즉 짝수가 되고, 짝수의 제곱근은 짝수이므로 d는 짝수이다. a와 d는 그들 간에 서로소이기 때문에 공통분모로서 2를 가질 수 없고, 만일 d가 짝수라면 **a는 홀수이어야 한다.** 그런데 d가 짝수이면 그것은 2로 나누어질 수 있다. 그래서 다음과 같다.

$$c = d/2 \text{ 이거나 } d = 2c$$

방정식 E는 다음과 같이 쓸 수 있다.

$$(2c)2 = 2a2$$
$$\text{혹은, } 4c2 = 2a2$$

$$혹은, 2c^2 = a^2$$

따라서 a^2는 짝수가 된다. 그리고 짝수의 제곱근은 짝수이어야 하므로 a는 **짝수이다.** 그러나 이는 앞서 a가 홀수여야 한다는 명제와 모순된다.

그러므로 우리가 한 정사각형의 변의 길이를 정수의 점으로 나타내고 그 대각선의 길이를 똑같이 일정한 정수로 나타낸다는 것은 불가능하다. 따라서 이 변들은 더 작은 공통적인 척도를 가지고 있지 않거나, 혹은 측정될 수 없다. 이것이 바로 $\sqrt{2}$다. 이 수는 작도에서도 난점을 도입한다. $\sqrt{2}$는 1보다 크고 2보다는 작기 때문에, 사람들은 단위를 나눔으로써 $\sqrt{2}$에 맞는 길이의 단위를 발견하려고 할 수 있다. 그러나 1과 $\sqrt{2}$는 공통단위로 측정할 수 없다는 것이 증명되었기 때문에, 아무리 단위를 나누어간다 하더라도 우리는 결코 $\sqrt{2}$에 도달할 수 없음을 인정해야 한다.

피타고라스가 이 수를 무리(irrational)하다고 한 것은 매우 합당하다. 왜냐하면 ratio란 '비례'를 의미하는데, 이 수는 그 비례에 완전히 어긋나버리기 때문이다. 이 논증은 이후 엘레아학파로 이어져 제논의 논증을 탄생시키게 된다. 이렇게 페라스를 벗어나는 무리수의 존재는 아페이론이라는 괴물을 피타고라스의 사상에 끌어들였고, 질서에는 늘 무질서가 따라다닌다는 것, 아니 더 적확하게 표현하자면, 질서의 바로 곁에 늘 무질서가 붙어 있다는 것을 알게 해주었다.

3. 플라톤과 아리스토텔레스의 경우

(1) 일차 원인과 이차 원인

플라톤은 이 무규정적인 질료로서의 아페이론을 적어도 그의 『티마이오스』에서 적극적으로 사유하고 있는 것으로 보인다. 플라톤에게서 아페이론은 직접적으로 '필연'(anankē)과 연관된다. 필연에 대해서는 다음 장에서 더 이야기해보겠지만 무한/유한과 관련해서 조금 논하고 넘어가야 할 것 같다.

플라톤은 우선 물리적 원인들(물, 불, 흙, 공기)을 '부차원인'(synaitia)으로 놓는 데서 시작한다.[4] 원인으로서의 권능을 가지지만, 이 원인들은 이성(logos)이나 지성(정신, nous)을 가지지 못한다. 이것들은 마땅히 영혼(프시케psychê)이라고 불릴 수 없기 때문이다.[5] 이렇게 영혼에 의해 생기는 원인은 일차적 원인이며, 필연적 원인은 이차적 원인이 된다. 원인의 이중성은 사실 매우 특이하다. 아리스토텔레스에게 원인은 그것의 단일성과 단순성에 의해 정의되며, 4원인 외에 다른 것이 아니기 때문이다. 물론 아리스토텔레스에게 이차원인은 가능태에 속하는 어떤 특징이다. 어쨌든 부차원인은 어떤 '무질서한 일들'의 원인인바, 주로 물질적인 것과 연관이 있다. 하지만 이것이 정신과 무관하지는 않다. 부차원인이라 하더라도, 그것이 원인인 한, 정신으로부터 완전히 유리될 수는 없기 때문이다. 플라톤은 이에 대해 일차원인이 정신과 더불어 지혜(phronēsis)를 갖추어야만 한다고 말한다. 다시 말해, 정신은 이 두 원인을 모두 추구하되 물질적인 이차원인은 부수

---

4 플라톤 지음, 박종현, 김영균 공동 역주, 『티마이오스』, 서광사, 2000, 46c.
5 Ibid., 46d.

적으로만 추구한다는 것이다. 결과적으로 일차원인은 선과 미의 편에서 지혜에 의해 찾아지는 비물체적인 것이며, 이차원인은 물질적인 것으로서 플라톤 선분의 체계 안에서 감각적인 것과 모상(eikon)과 이미지에 해당된다고 볼 수 있다.[6]

우주의 구성은 물질적인 것과 비물체적인 것의 결합이다. "우주의 탄생은 필연과 지성의 결합에 의해 혼합된 결과"라는 것이다.[7] 이때 필연(anankē)은 지성의 '설득'에 '승복'하며, 이로써 '전체'(to pan)가 구성된다. 그리고 나서 플라톤은 아주 중요한 세번째 종류의 원인을 이야기한다.

이는 일체 생의 수용자인 것으로 이를테면 유모와 같은 것으로 이해해야만 합니다. (…) 그것은 '이것'이나 '저것'이란 표현을, 그리고 그것들을 불변의 것들로 있는 것으로 나타내는 하고많은 표현을 기다려주지 않고 피해버[립니다.] 어쨌든 우리는 이것들을 별개의 것들로 말해서는 안 되고, 각각의 경우에도 그 모두의 경우에도 '언제나 유사한 것으로서 반복해서 나타나는 것'이라는 식으로 불러야만 합니다. (…) 무슨 성질의 것이든 간에, 그게 뜨거운 것이거나 흰 것 혹은 대립되는 것들 가운데 어떤 것이건 간에, 그리고 대립되는

6　그러나, 여기서 이미지(eidolon)의 위상은 다시 생각해보아야 한다. 이것은 이후 시뮬라크르와 매우 가까운 특성을 가지게 될 것이다. 왜냐하면 이것은 감각으로부터도 지성으로부터도 알려지지 않는 어떤 것이며, 그 자체로 물체적인 특성을 가지기 때문이다. 나는 이 eidolon이 사유 이전도 또 그 이후도 아니며, 감각도 지각도 아닌 어떤 것, 또는 에피쿠로스의 원자와 같은 것이라고 본다. 이에 대해서는 이후의 절에서 다룰 것이다.

7　Ibid., 47c.

것들로 이루어지는 모든 것도, 그 낱말들 가운데 어느 것으로도 그
걸 부르지 말아야 될 것입니다.[8]

플라톤은 이 필연적인 것에 대해서 이름 붙이기를 어려워하고 있
다. 그는 반복되는 현상의 세계와는 달리 필연은 그 모든 것의 수용
자라 부르자고 제안한다. 하지만 이는 단지 유비적인 지칭일 뿐이다.
하지만 이것은 그 자체로 변화되지 않는 동일자이기도 하지만, 단지
이름으로서 그렇게 불릴 뿐이고, 모든 것의 새김바탕(ekmageion)으로
서 거기 수용되는 것들에 의해 "변동도 하게 되고 모양도 다양하게 갖
게 되어, 그것들로 인해 그때마다 다른 것으로 나타"난다.[9] 이렇게 해
서 이제 플라톤은 생성의 세 가지 기반에 대해 말하게 된다. 즉 "생성
되는 것, 그리고 이 생성되는 것이 그 안에서 생성하게 되는 곳인 것,
그리고 또한 생성되는 것이 태어남에 있어서 닮게 되는 대상"이 그것
이며, 이는 각각 창조물(physis, 자연), 어머니, 아버지로 지칭된다.[10]

하지만 이 수용자는 지성으로도 가장 포착하기 힘든 것이며, 이에
따라 지성의 포획에도 좀체 걸려들지 않는 존재가 된다. 이것은 질료
적이지만, "눈에 보이지 않고 형태도 없는 종류의 것"이다.[11] 그래서 이
런 종류의 것은 "참된 설명을 동반하"는 일차원인, 이차원인과는 달

8   Ibid., 49a~50a.〔 〕는 인용자 보충.
9   Ibid., 50b-50c. 하지만 동일자는 플라톤 우주론의 근간이며, 이후 이 수용자는 스스로가
동일자로서만 머물지는 않지만, 동일자로 환원된다.
10 Ibid., 50d.
11 Ibid., 51a.

리 "설득에 의해 바뀌지 않"는다.[12] 그러므로 플라톤의 설명에서는 일차원인과 이차원인이 정신(지성)에 따라 설득당하거나, 또는 설득하는 요소라면, 이 '수용자'는 그렇지 않은 것이 된다. 다시 말해, 하나는 "똑같은 상태로 있는 형상"(영혼, 이데아-일차원인)이며, "생성되지도 소멸되지도 않는 것"이고, 지성에 의해서만 알 수 있다.[13] 그리고 두번째 것은 "감각에 의해 지각될 수 있고 생성되는 것이며, 언제나 운동하는 것이요, 그리고 어떤 장소에서 생성되었다가 다시 거기에서 소멸하는 것이며, 감각적 지각을 동반하는 판단(doxa, 의견)에 의해 포착되는 것"(설득되는 필연-이차원인)이다. 마지막으로 세번째 것은 "언제나 존재하는 공간의 종류로서, 〔자신의〕 소멸은 허용하지 않으면서도 생성을 갖는 모든 것에 자리를 제공"한다.[14] 하지만 이것은 감각적 지각으로 포착되는 것이 아니고, '일종의 서출적 추론'에 의해 포착되며, 믿음의 대상이 되지 않는다(설득되지 않는 필연-이름 붙여질 수 없는 원인).[15] 그리고 이 세번째 원인은 앞서의 의견의 대상을 이루었던 모상이 아니라, 영상(환영)이라고 불린다.[16] 여기서 판타스마, 또는 판타스마타(phantasmata)는 일종의 시뮬라크르(simulacre)로서 플라톤이 『소피스테스』 편에서 말했던바, 바로 그것이다.[17] 여기 매우 중요한 논점이 있

---

12 Ibid., 51e.

13 Ibid., 52a.

14 Ibid., 52b. 〔 〕는 인용자.

15 플라톤의 이 사유구도가 앞서 논한 파르메니데스의 그것과 유사하다는 것을 알아챌 수 있다. 파르메니데스에 있어서도 이름 붙여질 수 없는 것은 비존재에 근접하는 것이다.

16 Ibid., 52c.

17 플라톤은 『소피스트』의 후반부에서 소피스트들의 일을 다음과 같이 정의한다. "모순을 만드는 기술에서, 위장하는 기술에서, 믿음에 의존하는 기술에서 나온 모사자 그리고 유사닮음을 만드는 종족에서, 모상제작술에서 나와서 신적인 것이 아니라 인간적인 것을 제작하는 부

는데 이를 잊지 말아야 한다. 플라톤은 이들 세 가지 요건들을 '원인'이라고 지칭하고 있다. 다시 말해 플라톤은 어떤 존재자의 존재나 생성의 원인을 사유하고 있는 것이 아니라, 그러한 '원인 자체의 생성'을 사유하고 있다. 즉 원인의 원인, 아르케의 아르케 또는 가장 심원한 생성의 지대, 사유불가능성의 그 지대에 사유를 맞세우고 있다.

여기서 일차적으로 우리가 주목해야 하는 것은 플라톤에게 있어서 앞서 말한 '판타스마'가 질료적이지만, 감각의 대상이 아니라 '서출적 추론'의 대상이라는 점이다. 이것은 플라톤에 따르면, 판타스마는 "존재에 매달려 있게 되거나, 아니면 그것이 전혀 아무것도 아닌 것으로 되거나 한다." 모상의 근거이면서, 그것에 속하지 않고, 판타스마로 머물러 있으면서, 존재이기도 하며 비존재이기도 한 것이다.

(2) 플라톤의 우주 생성론

어쨌든 플라톤은 이러한 설명 뒤에 곧장 우주 '생성'의 과정을 묘

분 그리고 말로써 볼거리를 만드는 부분으로 구분된 자"(플라톤 지음, 이창우 옮김, 『소피스트』, 이제이북스, 2012, 268c-d). 이 중 '유사닮음'을 만드는 모상제작술은 직접적으로 모상이 가상을 산출하기 때문에 가능해진다. 여기서 '가상'이 바로 판타스마이며, 이것은 모상과는 또 다른 것으로서 '모사술'의 핵심이다. 소피스트적 모사술은 이 판타스마에 기대고 있기 때문에 신랄해질 수 있다. 이런 점이 바로 소크라테스적 산파술이나 변증술과 차이를 형성하는 지점이라고 할 수 있다. 소피스트들은 '본질'에는 관심이 없으며, 그것의 '쓰임'에 관심이 있을 뿐이고, 어떤 것의 동일성보다, 차이에 관심이 있다. 이에 대해 커퍼드의 다음과 같은 진술이 시사점을 준다. "그(프로디코스)는 'x가 무엇이냐?'를 묻고 있는 것이 아니라 '어떤 점에서 x는 y와 다르냐?'를 묻고 있는 것이다. 이것은 그의 접근을 단지 'x가 무엇이냐?'고 묻는 소크라테스의 접근과 구별되도록 한다. 그럼에도 불구하고 모든 핵심적인 것들에서 그는 통상적으로 단지 'x가 무엇이냐?'를 묻는 소크라테스의 선행자로 남는다 (…) 그들 모두에 있어서 한 단어의 의미는 그것이 지시하는 것에 있었다. (…) 소크라테스도 동일한 길을 가긴 하지만 그가 'x가 무엇인가?'를 물을 때 그가 찾고 있는 것의 오노마 또는 이름이 보통은 하나의 단어로 찾아지지 않을 것이고, 오히려 일련의 단어들로 구성되는 하나의 공식, 또는 로고스 또는 정의일 것이라는 점에서 다르다"(조지 커퍼드 지음, 김남두 옮김, 『소피스트 운동』, 아카넷, 2003, 124-25).

사한다. 그런데 최초의 우주의 상태를 묘사하면서 그는 '힘'(dynamis)을 설정한다. 이 힘은 앞서 무규정적인 것을 설명하고자 할 때, "그 자신의 힘에서 벗어나는 일이 전혀 없"다는 식으로 드러난 것이다.[18] 그렇다면 우주의 시초 상태는 이 힘의 덩어리였다는 것이며, 이후 평형을 이루고 조화를 이루게 된다. 그런데 이 힘은 사실 '운동의 힘'이다. 다시 말해, 무규정적인 것

영국 낭만주의 시인 윌리엄 블레이크 (William Blake, 1757~1827)의 책 삽화에서 묘사된 데미우르고스

이 가진 운동의 힘은 앞서 판타스마를 "언제나 운동하고 있는 것"이라고 한 것에도 맞아떨어진다. 이렇게 운동의 힘으로서의 무규정자는 "그 자체가 운동을 하게" 됨으로써, 무거운 것과 가벼운 것을 한데 엮고, 닮은 것과 닮지 않은 것을 가른다.[19]

사실 여기서부터 무한이 끝나고 유한 즉, 한정(peras)이 시작되며, 그 주체는 데미우르고스(Demiourgos, 우주의 창조자)다. 또한 "비례도 없고 척도도 없는 상태"에서 질서로 옮겨가는 데에는 '흔적들'(ichnē)이 역할도 존재한다.[20] 데미우르고스는 이 흔적을 통해 우주를 그것

---

18 플라톤, 『소피스트』, 50b.
19 Ibid., 53a.
20 마찬가지로, 해석에 있어서도 어떤 비례도 척도도 없는 그 상태가 도래할 수 있다. 그것은 어떤 시간의 도래, 아니 시간 자체가 혼돈에 휩싸인 그런 무한정성의 도래가 될 것이다.

이 있었던 자연으로 제작하는 것이다. 따라서 우리는 플라톤이 그 자신의 우주 '생성'의 시초, 즉 아르케를 '무규정적인 것'들의 '운동-힘'으로 보고 있다는 것을 알게 된다. 그리고 이 운동-힘은 마침내 조화롭게 되고 질서를 갖추게 되지만, 끝내 설득당하지 않는 것이 있어, 단적인 무규정자로 남게 된다. 플라톤은 이 단적인 무규정자를 물, 불, 공기, 흙에 해당하는 물리적 필연성과 달리 "한층 더 시원적인 원리들"로 놓고, 그것은 "신, 그리고 사람들 중 신의 사랑을 받게 되는 이"에게나 그 지식이 허용되는 것이라고 마무리한다.[21] 다시 말해 유한한 것을 넘어선 무한한 것에 대한 지식은 인간 능력을 넘어선다.

(3) 아리스토텔레스와 로고스

아리스토텔레스는 『형이상학』 I권〔A〕에서 그의 4원인론을 근거로 철학사를 전개한다. 하지만 우리가 앞서 '무한' 개념의 최초 발명자로 간주하는 아낙시만드로스에 대해서만큼은 유독 『형이상학』 1069b15에 가서야 논의한다.[22] 가능태(잠재태)와 현실태를 논하는 부분인데, 아낙시만드로스 단독으로 논의되지 않고, 엠페도클레스와 함께 논한다. 선대의 철학자들을 빠짐없이 다루고자 하는 아리스토텔레스가 아낙시만드로스의 스승으로 전해지는 탈레스에 대해서는 그토록 소상하게 소개하는 데 반해 결코 그 비중이 덜하지 않은 아낙시만드로스를 해당 권에서 다루지 않고 있다는 것은 어떻게 설명될 수

---

21 Ibid., 53d.

22 사실 아낙시만드로스에 대해 제대로 다루어졌어야 할 부분은 아리스토텔레스가 선대 자연철학자들을 평가하는 A권이어야 할 것이다. 하지만 여기서 아낙시만드로스는 다루어지지 않는다.

있을까? 게다가 아낙시만드로스의 핵심 개념인 아페이론에 대해서는 여기서 관심을 보이지도 않는다. 아리스토텔레스의 이러한 경향은 자연학에서도 나타나는데, 여기서는 아낙시만드로스가 단지 천체의 구성과 관련하여 지구가 균형을 이루고 있다고 주장한 철학자로 등장한다.[23] 그리고 『자연학』에서는 "대립자들이 하나 속에 있다가 거기서 분리되어 나온다"고 주장한 철학자로 소개된다.[24] 혹시 다른 자연철학자들을 '질료인'의 탐구자들로 파악했던 아리스토텔레스가, 정작 아낙시만드로스의 아페이론에 대해서는 '질료인'이라고 규정 내리기를 저어했던 것이 아닐까? 아페이론에 대해서 비교적 상세하게 다루고 있는 『자연학』의 해당 부분(그리고 이 책의 내용은 그대로 『형이상학』에 실린다)에서는 우선 아페이론을 '물체'로 놓고, 그것이 "결코 하나이거나 단순한 것일 리가 없다"고 말한다.[25] 여기서 '하나'도 아니고 '단순함'도 아니라는 규정은 우리가 앞서 2장에서 논한 '원리'와 상당히 심대한 대비를 이룬다. 그는 원리를 『형이상학』 V권(Δ)의 맨 처음에 다루면서, 그것이 '운동과 인식(앎), 생성'의 "첫 출처"(최초의 운동)라고 논한다.[26] 이것들은 모두 하나이자 단순한 것들이다. 그리고 다시 『자연학』을 살펴보면, 그는 아페이론이 '원소'(요소)와는 다른 것이라고 논한다. 오히려 그것은 그로부터 원소들이 생겨나는 어떤 것이다.[27] 또 다른 곳에서 아리스토텔레스는 다음과 같이 말한다.

---

23 DK12A26; 『천체에 관하여』 II, 13. 295b10.
24 DK12A16; I, 4. 187a12.
25 DK12A16; 『자연학』 III, 4. 204b22.
26 DK1013a20.
27 DK12A16; 『자연학』 III, 4. 204b22.

실로 모든 것이 근원이거나 아니면 근원에서 나왔고, 무한정한 것의 근원은 없다. [무한정한 것의 근원이 있다면] 그것이 무한정한 것의 한계(peras)가 될 테니까. 게다가 그것[무한정한 것]은 일종의 근원이기 때문에 생겨나지도 소멸하지도 않는다. 왜냐하면 생겨난 것은 끝을 가질 수밖에 없고, 모든 소멸에도 끝이 있기 때문이다. 그렇기 때문에 우리가 말한 것처럼 이것[근원]의 근원은 없다. 오히려 그것이 다른 것들의 [근원]이며, 모든 것을 포함하고 모든 것을 조종하는 것으로 생각된다. 무한정한 것 이외의 다른 원인들, 예컨대 지성이나 사랑과 같은 것들을 설정하지 않는 모든 사람이 주장하는 것처럼 말이다. 또한 이것은 신적인 것으로 여겨진다. 왜냐하면 이것은, 아낙시만드로스와 대부분의 자연철학자들이 주장하듯이, 사멸하지 않고 파괴되지 않기 때문이다.[28]

따라서, 아페이론의 근원(원리, archē)은 없다. 그것은 근원의 근원으로서 모든 원리와 원소들을 포함하고, 조종한다. 이것은 더불어 '신적인 것'이다. 고대 그리스인들에게 '신적인 것'이란 언설할 수 없는 것, 그것을 넘어선 신성한 것을 의미한다. 저명한 고대역사가인 빌라모비츠(Wilamowitz)에 따르면 고대 그리스인들에게는 모든 소중한 것들, 즉 덕 중의 덕은 바로 '신적인 것'이다.[29] 아페이론은 사멸하지 않고

---

28 『자연학』 III, 4, 203b6. [ ]는 인용자.
29 고대 그리스인들에게 'theos'는 서술적 기능을 가진다. "말하자면 희랍인들은 그리스도교도들이나 유대인들이 하듯, 먼저 신의 존재를 단언한 다음, '신은 선하다', '신은 사랑이다'라는 등의 말을 함으로써 신의 속성을 열거하기 시작하는 일이 없었다. 오히려 그들은 삶이나 자연에 있어서 두드러지게 즐거움이나 두려움을 주는 것들에 의해서 몹시 감화를 받거나 외경의

파괴되지 않는 그것, 신성한 어떤 근원이다. 하지만 이것은 '법칙'이라고 할 수는 없을 것 같다. 법칙은 한정(peras)을 가져야 하며, 아르케로서 원리와 원소를 가져야 하기 때문이다. 아리스토텔레스는 과연 이러한 아페이론의 특성을 아낙시만드로스로부터 알아챘음에 틀림없다. 즉 아페이론은 그가 학문의 '정식'(logos)으로 설정하고자 한 아르케의 범역을 벗어나는 신적인 것이었다.

아리스토텔레스에게 중요한 것은 로고스(Logos, 유한한 것, 한정, 언어, 법칙)다. 아르케를 벗어나는 아페이론은 그래서 이 로고스 안에 정위될 필요가 있다. 이전에 아르케가 '인식의 첫 출처'라고 한 부분을 상기할 수 있을 것이다. 그러니까 하나이자 단순한 것으로서의 아르케는 다름 아니라 '인식'의 첫 출처이며, 이는 인식할 수 없는 것, 즉 아르케가 아닌 것을 배제한다. 그것은 "어떤 것들은 안에 내재하고 어떤 것들은 밖에 있다."[30] 이는 바로 '원인'으로 가는 문턱이다. 다름 아니라 4원인 중 내재인과 외재인이 나누어지기 때문이다. 그리고 이러한 '원인으로서의 원리'야말로 "좋은 것과 아름다운 것"[31]으로 간주된다. 결론적으로 아리스토텔레스의 아페이론 해석은 아르케를 경유하여 원인으로 동질화되는 아페이론, 즉 '로고스로 규정될 수 있는 무규정자'만을 수용하는 그 환원의 과정이라 할 수 있다.

마음을 갖게 되면, '이것은 신이다'라든가 또는 '저것은 신이다'라고 말했다. 그리스도교는 "신은 사랑이다"라고 말하고, 희랍인은 '사랑은 theos이다', 즉 '하나의 신이다'라고 말한다"(W. K. C. 거스리 지음, 박종현 옮김, 『희랍 철학 입문』, 서광사, 2000, 24-25).

30 DK 1013a 20.

31 Ibid.

3 무한론의 역사

1. 고대-가무한의 사유

(1) 파르메니데스와 무한

참 어렵다. 그리스 철학에서 아페이론은 대개 '무규정'의 의미를 가진다는 것을 이해하는 것도 힘들다. 일단 앞서 논한 지점들로 돌아가서 다른 측면에서 이것을 다시 살펴보도록 하자.

예전 고대철학자들의 '무한'이란 현대적 의미, 또는 수학적 의미의 '무한'과는 거리가 멀다.[32] 이것은 외적으로 무한히 뻗어나간다는 의미가 아니라, 내적으로 무한히 분할가능하다는 의미라고 할 수 있다. 무한분할과 관련해서 가장 유명한 것은 '제논의 역설'이라고 불리는 것인데, 이는 그의 스승인 파르메니데스가 '다'와 '운동'을 부정한 데 대해 그것을 옹호하기 위해 개발된 논변이다.

사실은 파르메니데스의 명제를 옹호하고, 만일 존재가 하나라면 이 명제로부터 수많은 우스꽝스럽고, 자기모순적인 결과가 나오는 것을 증명함으로써 이 명제를 우스개로 만들려고 하는 모든 사람에 대항하고자 하는 것이다. 따라서 이 글은 많음이 존재한다고 말하는 사람을 반박하고 그들의 일격에 반격을 가하려 하며, 더 나아가 많음이 존재한다는 것을 연역하고 있는 그들의 가정이, 사람들이 적합하게 이 추론을 보여준다면, 하나만이 존재한다는 것을 연역

---

32 유일하게 에피쿠로스가 원자의 수를 무한하다고 함으로써 이와는 다른 방식의 사유를 전개했다.

하고 있는 가정보다 더욱 우스꽝스러운 결과가 나옴을 증명하고자 하는 것이다.[33]

'아킬레우스와 거북'의 논변으로 알려진 이것은 '귀류법'[34]이라는 논리적 방법을 사용하여 만들어졌다. 사실 파르메니데스의 이론은 피타고라스에 반대한다. 피타고라스는 많음을 설정하는데, 이 많음은 앞서 살펴보았듯이 '불연속적'이다. 왜냐하면 마치 기하학적으로 수를 나타내는 점들 사이에 텅 빈 공허가 있듯이, 수의 계열에 있어서 하나의 단위에서 다른 또 하나의 단위로 가는 데는 갑작스러운 비약이 존재하게 마련이기 때문이다. 이는 우리가 $\sqrt{2}$를 논하면서 익히 보았다. 반면 파르메니데스의 '존재'는 기본적으로 기하학적 연속성을 전제로 한다. 그것은 그래서 꽉 차 있으며, 어디서든 단속되지 않고, 연속적이다. 물론 파르메니데스의 논증이 모두 타당한 것은 아니다. 그러나 제논은 다른 사람들의 논변이 이보다 더 우스꽝스러운 결론에 도달한다는 것을 보여줌으로써 파르메니데스를 옹호한다. 특히 겨냥하는 것은 바로 피타고라스의 논변이다.

(2) 제논의 논증

첫째로 제논은 피타고라스의 "많음이란 단위의 더하기로 구성되어 있다"라는 명제를 공격한다. 여기서 '단위'란 피타고라스학파에게는

---

33 플라톤, 「파르메니데스」, 128c-d.
34 주장하고자 하는 것의 반대 입장을 일단 인정하고, 논의의 결론에서 그 반대 입장이 모순에 봉착함을 증명함으로써 자신의 주장을 정당화하는 논법이다.

아킬레우스와 거북의 논증

'점'이다. 그러므로 이 명제는 점을 더하면 많음이 형성된다는 의미를 가진다. 하지만 연장을 가지지 않는 '점'은 그것을 더한다 하더라도 커지지 않는다. 또한 이것은 선과 면, 체적으로 확장되어도 마찬가지의 모순된 결과를 낸다. 이에 대한 대표적인 귀류법 논증은 '양분논증'이라 부른다. 즉 '움직이고 있는 것은 그 운동의 끝에 도달하기 전에 먼저 그 절반에 도달해야 한다는 사실로부터 운동은 있을 수 없다'는 것이다.[35]

A에서 B로 가기 위해서는 먼저 AB의 중심인 C에 도달해야 하는데, A에서 C로 가기 위해서는 먼저 AC의 중심인 D를, 또 AD의 중심 E를 가야 하며, 이런 식으로 무한히 계속된다. 따라서 이 거리를 주파하는 것은 끝나지 않는 과정이 된다. 왜냐하면 이러기 위해서는 무한한 점들을 하나씩 접촉해야 하는데, 이는 유한한 시간 동안에는 불가

---

35 아리스토텔레스, 『자연학』, 239b.

능하기 때문이다.

두번째 논의가 유명한 아킬레우스와 거북이의 논증이다. 그것은 다음과 같이 요약된다. '가장 느린 거북이도 경주에서 가장 빠른 자에게 결코 따라잡히지는 않을 것이다. 왜냐하면 추적하는 자는 우선 도망치는 자가 출발한 장소에 반드시 도달해야 하며, 그래서 가장 느린 자라도 항상 추적하는 자를 조금은 앞서 있는 것이 피할 수 없는 사실이기 때문이다.'

아킬레우스가 거북이가 출발한 P에 도달한다면, 거북이는 Q 지점에 가 있을 것이다. 아킬레우스가 Q에 도달한다면, 거북이는 Y 지점에 가 있을 것이다… 이런 식으로 무한히 계속된다. 원리적으로 이 논증은 앞서 한 '양분논증'과 동일하다. 다른 점이 있다면 그것이 단지 미리 주어진 크기를 둘로 나누지 않았다는 것뿐이다.

세번째 논증은 '화살의 논증'이라 부른다. 결론을 말하자면, '나는 화살은 결코 움직이지 않는다'는 것이다. 이 논증은 시간이 순간들로 구성되어 있다(실제로는 '점')는 전제를 가진다. 이 경우 어떤 순간에 주어진 화살은 그 자신에 똑같이 있는 길이(이를테면 CD), 혹은 자신과 똑같은 길이를 차지한다고 인정해야 한다. 그런데 화살이 움직이고 있다는 것은 CD와 일치하지 않고, D라는 화살촉 부분을 넘어선다는 것인데, 이는 현재의 순간 속에 그것이 운동한다는 전제와 일치하지 않는다.

(3) 아리스토텔레스의 무한

아리스토텔레스는 이 문제를 '가무한'과 '실무한'을 나누어 상정함으로써 해결하려고 했다. 이에 대해서는 아리스토텔레스 『형이상학』 XI권 1066a35, 1066b12-16과 『자연학』 III권에 다음과 같이 기술되어 있다(( )는 인용자).

아페이론(무한자)은, 마치 목소리가 가시적이 아니듯이, 본성상 통과될 수 없기 때문에 통과하기 불가능한 것, 통과가 불완전하거나 어려운 것, 본성상 통과할 수는 있지만 완전한 통과나 한계를 갖지 않는 것이다.

아페이론(무한자)이 현실적으로 있을 수 없다는 것도 분명〔하다.〕 (…) 무한자는 부분을 갖지 않고 분할불가능하다. 하지만 완전한 상태에 있는 것은 무한할 수 없다.

여기서 말하는 '무한'은 우선 '가무한'이라고 말할 수 있다. 그리고 아리스토텔레스는 이런 무한이 '현실적으로는 있을 수 없다'는 점을 반드시 덧붙인다. 가능적 무한, 즉 가무한이란 이렇게 봤을 때, 한없이 끝나지 않는 운동(무한한 분할운동)에서 발생하는 무한이며, 현실적 무한, 즉 실무한이란 끝없이 확대, 진행되는 무한, 이를테면 자연수의 집합과 같은 것이다. 가무한은 영어의 'illimitable' 프랑스어의 'illimité'에 해당되며, 실무한은 'infinite', 'infini'에 해당된다.[36] 수학적으로 전자를 '극한'이라고 부를 수 있다면, 후자는 '무한집합'이라고 부를 수 있다. 후자의 경우 매우 난해한데, 현대수학에서 칸토어에 이르러서야 제대로 이해될 수 있게 되었다.

'무한'(apeiron)에 관한 개념사적 연관성을 그려보면 다음과 같다.

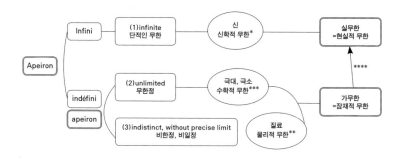

* 신을 실무한으로 취급하는 경우는 중세 이후 지속되었다. 특히 니콜라우스 쿠사누스는 이런 실무한으로서의 신을 강조했다. 그러나 그의 이런 주장은 범신론으로 취급받아 박해의 빌미가 되었다('완전성'이 아니라 '무한성'을 우선적인 신의 속성으로 보는 것은 항상 이런 위험이 뒤따랐다). 이러한 실무한으로서의 신의 유일성은 이후 도전을 받게 된다.
** 물리적 무한으로서의 가무한은 제논 이래로 아리스토텔레스가 주로 다루었으며, 이후 조르다노 브루노에 와서 실무한적인 측면으로 승격된다. 그는 실무한으로서의 신을 가무한으로서의 질료적 세계에 내재한 것으로 보았다. 이는 범신론(pantheism)을 넘어 범재신론(panentheism)의 혐의를 받았으며, 브루노가 화형을 당하는 원인이 되었다.
*** 수학적 무한으로서의 극대/극소는 게오르크 칸토어에 와서 실무한으로 취급된다. 그는 최초로 '신의 수'인 무한을 정식화했으며, 이를 히브리어 첫 글자인 알레프, 즉 'ℵ'로 표기했다.
**** 철학사와 수학사 그리고 물리학사는 단적인 무한으로서의 실무한을 인식하고 '수'와 '물질'을 그것과 나란히 놓으면서 '궁극성'(ultimateness)으로 파악해가는 과정이었다. 이 역사는 초재론과 내재론의 길항과정이라고 한 수 있다. 그래서 진정한 아페이론은 실무한과 가무한의 경계가 없는 그러한 무한(소문자 apeiron이 아니라 대문자 Apeiron)이라고 할 수 있다.

36 이정우, 『개념-뿌리들 1』, 278 참조.

2. 근대와 현대–실무한의 정립

(1) 근대 합리주의의 무한

유한/무한 개념에 대한 근대적 사유를 개괄하는 데도 데카르트를 빠트릴 수는 없다. 데카르트는 '무한'을 인간적인 것과 신적인 것, 즉 가무한과 실무한으로 분명히 했다. 그에 따르면 인간이 무한을 파악하는 데는 무한분할과 같은 끝없는 과정이 요구되며, 이는 분명 인간 지성이 가진 한계다. 반면 신은 그 자체로 무한한 자로서, 현실적으로 존재하는 무한이다. 중세적 사고의 여운을 느낄 수 있는 이런 데카르트의 주장은 이후 꽤 오랫동안 무한/유한에 대한 사고방식에 영향을 미쳤다.

데카르트 이후 근대는 이런 신적인 무한을 어떻게 파악할 것인가가 중요한 문제로 대두된 시기라고 할 수 있다. 특히 인간의 유한한 지성이 어떻게 신적인 실무한을 알게 되는가가 문제였다. 스피노자는 이런 문제를 해결하는 데 탁월한 방식을 도입하는데, 이것을 '실체 일원론'이라고 한다. 이 논의는 앞서도 잠깐 살펴보았는데, 당시로는 엄청난 스캔들을 일으키기도 했다. 이에 따르면 신은 자연과 동일시된다. 당시에는 이를 '범신론'이라 하여 이단시했다. 왜냐하면 중세 이래 기독교 철학이 구축하고 애지중지해온 절대적이고 완전한 신이 피조물에 불과한 자연과 같다는 논지를 스피노자가 전개하고 있다고 여겼기 때문이다. 이로 인해 스피노자는 괴한의 습격을 받기도 하고, 네덜란드 유대교 집단으로부터 파문되기도 했다.

앞서 3장에서 논했다시피, 스피노자에게는 신=실체=자연이라고 말할 수 있다. 다시 말해 무한한 것이 유한한 것 안에 속속들이 퍼져 있다. 양태들은 실체인 신의 표현이며, 이 표현 안에서 무한한 것은 유한한 것과 화해한다. 이를 변용(affection)이라고 한다. 여기서 좀더 나아가보자. 그렇다면 무한자로서의 신이 어떻게 유한한 양태들로 변용되는가? 바로 연장(extension)과 사유(thought)로 변용된다. 연장으로 변용된 것이 세상 만물이며 사유로 변용된 것이 지성이다. 이 두 가지, 세상 만물과 지성은 각각 물질과 정신에 해당된다. 하지만 실체 일원론에 따르면 이 두 가지는 분리되어 있을 수 없다. 따라서 스피노자는 이 두 가지를 모두 한갓 '자연'으로 본다. 그런데 중요한 것은 이 자연은 '유한'한 양태라는 점이다. 그런데 신은 무한하다. 그렇다면 무한한 신이 유한한 자연에 내재할 때 모든 것이 소진되지는 않을 것이다. 스피노자도 이 점을 잘 알고 있었다. 그래서 그는 신적인 무한은 무한한 속성을 가지고 있는데, 이 중 극히 일부인 연장과 사유가 이 세계에서 표현될 뿐이라고 말했다.

라이프니츠도 이와 비슷하지만 조금 다른 논지를 펼친다. 라이프니츠의 유력한 이론이 '단자론'임은 이미 앞선 장에서 살펴보았다. 이를 좀더 심화시켜보자. 단자는 '무한'과 직접적인 연관이 있다. 단적으로 말해 하나의 단자에는 시공간적으로 무한한 내용이 담겨 있다. 파도의 예를 들자면 파도-단자에는 다른 파도-단자 또는 파도 전체의 내용이 모두 담겨 있다는 것이다. 논리학적으로 말하면 파도라는 말은 파도의 모든 속성들-술어늘이 담겨 있는 분석적 개념이다. 라이프니츠의 단자는 그래서 '분석적' 개념이다. 논리학에서는 명제를 보통 두 가지, 즉 종합명제와 분석명제로 나눈다. 예컨대 필자가 사랑하는 고양이 똑똑이의 속성을 들어보자. 종합명제란 '똑똑이는 우리 아파트 고양이들 중 제일 똑똑하다'에서 '제일 똑똑하다'라는 술어-속성이 똑똑이에게 미리 갖추어져 있지 않다는 것이다. 반대로 분석명제는 그러한 술어-속성이 이미 똑똑이에게 갖추어져 있다고 본다. 즉 단자 안에는 모든 가능성들이 이미 구비되어 있는 셈이다.

그런데 문제는 이렇게 본다 하더라도, 단자 안에 존재하는 그 모든 가능성들이 어떤 '정도'를 가진다는 점을 간과할 수는 없다. 즉 똑똑이가 제일 똑똑하다는 것은 어떤 '정도'로 분할할 수 있다. 옆집 고양이보다 똑똑할 수도 있고, 건너편 동에 사는 녀석보다 똑똑할 수도 있다. 아니면 그 중간 어디일 수도 있다. 이것은 수학적으로 말하면 정도상 애매한 수, 즉 무리수다. 이 모든 가능성들은 무한하며, 이들 중 어떤 것이 선택되느냐에 따라 똑똑이는 일정 '정도' 똑똑한 고양이가 된다.

(2) 18세기 이후의 무한

18세기는 경험주의가 영향력을 확대하던 시기다. 그 대표자인 흄은 1711년생으로 현대에 이르기까지 엄청난 반향을 불러일으킨 『인간오성론』을 20대에 썼다. 흄 이후 근대인의 사유에는 관념과 더불어 경험이 중요한 입지를 형성하게 된다. 경험론에서 '경험'이란 사실상 '지각과정' 그리고 '인상'에 대한 경험이었다. 흄을 비롯한 대개의 경험론자들이 인상을 인식의 근거로 삼은 것은 그 인상이 관념보다 더 생생하고 강한 흔적을 남기기 때문이었다. 사정이 이러했기 때문에 18세기 형이상학적 사유에서는 '무한'이라는 비경험적인 대상은 심지어 조롱거리가 되기 일쑤였다.

도서관의 책들을 쭉 훑어볼 때 우리는 무엇을 없애버려야만 할까? 만일 우리 손에, 예를 들어 신에 관한 어떤 책이나 학교에서 배우는 형이상학 책 같은 것이 들려 있다면, 다음과 같이 물어보라. (…) '그 책이 사태와 존재에 관한 어떤 경험적인 추론을 포함하고 있는가?' 두 질문 모두에 아니라는 답이 나오면, 그 책은 궤변과 망상만을 담고 있을 것이므로, 불태워버려라.[37]

하지만 이후 독일관념론자들이 등장해서 경험을 '지각'으로부터 이탈시킨다. 즉 '주체적'인 경험을 강조하게 된 것이다. 대표적으로 딜타이는 역사적인 '체험'을 '해석'함으로써, 인상이 아니라 삶 자체의 본모습을 보려고 했고, 후설과 윌리엄 제임스는 내면적 체험을, 실존주의자들은 인간의 실존적 고뇌를 탐구하기 시작했다. 이후 베르그송, 화이트헤드를 이어 들뢰즈는 일종의 '초월론적 경험론'이라는 것을 정립하면서, 경험론의 외연을 확장하는 방향으로 나아간다. 그러나 이러한 확장과 경험론의 소박성에 대한 비판에도 불구하고 흄을 비롯한 경험론자들이 이전의 관념론의 '독단'을 일소한 것은 커다란 공헌이라고 할 수 있다.

이 입장에서 '무한'은 형이상학적 사변의 독단으로 치부될 가능성이 크다. 물리학에서도 이러한 측면들을 비판했다. 물리학에서는 '무한'이란 것노 검증가능성의 영역에 있어야 하기 때문이다. 예컨대 조지 버클리는 무한소 미분이 경험주의적으로 볼 때 인정하기 힘들다고

---

37 데이비드 흄 지음, 김혜숙 옮김, 『인간 오성의 탐구』, 고려원, 1996, 240.

비판했으며, 볼츠만의 통계역학은 마하를 비롯한 당대의 실증주의자들에게 관념론이라는 비난을 받아야 했다.

(3) 칸토어의 무한론

그런데 한 가지 특유한 점은 수학이다. 수학에서는 무한론이 자생적으로 발전하게 된다. 오일러, 크로네커, 코시, 데데킨트, 바이어슈트라스, 칸토어 등이 수학적 무한론을 새롭게 개척한 인물들이다. 수학자들은 예로부터 내려오는 가무한의 개념에 만족하지 않고 실무한을 정의하고자 했고, 그 성과는 현대집합론에 고스란히 남게 된다. 그들이 발견한 공리 가운데, '무한의 공리'(Axiom of infinity)는 다음과 같다.

0을 포함하며, 각 원소들의 다음 수를 포함하는 하나의 집합이 존재한다.

이 공리가 '무한의 공리'라고 불리는 이유는 공리대로 진행했을 때, 무한한 수들이 한 집합 안에 포함되기 때문이다. 이제부터는 수학식이 나오는데 그저 눈으로 보면서 이해하면 될 듯하다. 우선 수학자 중이 무한에 취한 한 사람을 소개하면서 이야기를 시작해보자.[38]

수학적인 실무한에 평생을 바치고, 마침내 정신이상에까지 이른 칸토어는 이러한 무한수를 '초한수'(transfinite number)라고 이름 붙이고, 그리스어 ω(오메가)로 표시했다. 칸토어에 따르면 각각의 자연수에

---

38 아래 칸토어의 이론에 대해서는 'A. D. 악젤 지음, 신현용, 승영조 옮김, 『무한의 신비 ― 수학, 철학, 종교의 만남』, 승산, 2002' 참조.

1을 더해가면 항상 그보다 더 큰 수를 얻는데, 이것은 유한수보다 항상 더 큰 하나의 수가 존재한다는 것을 의미했다. 이때 도출될 수 있는 '최소의 무한수'를 오메가로 표시한 것이다. 이어서 칸토어는 앞서의 수 계산을 초한수에까지 적용하여 $\omega+1$, $\omega+2$, $\omega+3$ … 2ω, … ω^2 … ω^ω 등으로 확대하고, 새로운 초한수들을 정의하게 된다. 이렇게 해서 그는 무한한 수들로 이루어진 무한을 가지게 되었다.

칸토어는 여기서 그치지 않는다. 그는 집합의 농도(cardinality, 어떤 집합에 속한 원소들의 개수의 척도)가 무한한 집합을 상정한다. 이를테면 '모든 정수의 집합' 같은 것이 그것이다. 이를 칸토어는 히브리어 첫 글자인 $\aleph$(알레프)로 표시했다. 더 나아가 그는 일련의 알레프가 존재한다는 가설을 세우게 된다. 가장 낮은 단계의 무한(정수와 유리수와 대수적 수의 무한)을 '알레프 제로'라고 명명하고, $\aleph_0$라고 표기한다. 칸토어는 이 알레프가 계속 이어진다고 믿었다. 그는 무리수, 특히 초월수인 무리수가 유리수보다 더 수가 많다는 것을 알고 있었다. 그러므로 무리수를 묘사하는 더 높은 단계의 알레프가 존재해야 한다. 직선상의 모든 함수의 집합은 그보다 더 높은 무한의 단계를 가지고 있으므로, 그것을 묘사하는 더 높은 단계의 알레프가 또 필요했다. 유리수와 무리수, 그리고 그 사이의 여러 무한의 단계들이 존재한다는 것을 나타내기 위해 칸토어는 급수를 도입하고, 다음과 같이 표기했다.

$$\aleph_0, \aleph_1, \aleph_2, \aleph_3, \aleph_4, \aleph_5, \aleph_6, \aleph_7, \aleph_8, \aleph_9, \cdots\cdots$$

이 급수를 사용해서 칸토어는 초산산수(transfinite arithmetic)를 발견하고 그것을 다음과 같이 공식화한다.

$$\aleph_0 = 1 + \aleph_0$$

이 공식이 의미하는 바는 이를테면, 우리가 무한히 많은 정수를 나타내는 수에 1을 더한다 해도, 우리는 여전히 무한히 많은 정수나 유리수를 나타내는 그 수를 얻게 된다는 것이다. 가장 낮은 단계의 무한에 1을 더해도 여전히 똑같은 무한으로 남게 된다. 이를 다시 더욱 일반화하면 다음과 같은 공식이 도출된다.

$$\aleph_0 + 1 = \aleph_0$$

이 공식은 이를테면 농도가 $\aleph_0$인 짝수의 무한집합에 역시 그 농도가 $\aleph_0$인 홀수의 무한집합을 더하면 모든 정수의 집합을 얻을 수 있지만, 그 농도는 여전히 무한, 즉 $\aleph_0$라는 것을 의미한다. 비슷한 논법으로 $\aleph_0$인 모든 분수에 역시 $\aleph_0$인 모든 정수를 더하면 여전히 $\aleph_0$인 모든 유리수를 얻는다. 따라서 우리는 다음과 같은 식을 다시 얻는다.

$$\aleph_0 + \aleph_0 = \aleph_0 \text{ 그리고, } \aleph_0 \times n = \aleph_0 \text{ 마찬가지로 } \aleph_0 \times \aleph_0 = \aleph_0$$

이렇게 해서 칸토어는 수학에서 실무한이 계산가능하고, 이를 정식화할 수 있음을 알게 된 것이다.

3. 유한한 삶 안에서 무한을 정립하라!

고대로부터 현대에 이르기까지 유한과 무한에 관한 사유가 붙들고 있었던 핵심은 바로 인간은 유한하지만 그가 속한 세계는 어떤 식으로든 무한한 힘을 가지고 있다는 깨달음이 아니었을까? 또는 그렇게 인간조차 세계에 속해 있으므로 그 자신 안에 무한의 능력을 조금이나마 나누어 가지고 있다는 긍정적인 깨달음이 아니었을까? 저 소포클레스의 비극적 사유와 희망적 언설의 혼합이 이를 말해주며, 현대의 칸토어가 무한에 대한 수학적 지식의 가능성을 마지막까지 믿고 있었던 것도 이를 말해주는 것으로 보인다.

처음으로 무리수를 발견했을 때 고대인들의 당혹감은 어쩌면 합리적 지성의 무력함과 새로운 세계에 대한 발견에서 오는 경이가 교차한 상태였을 것이다. 지금 우리의 삶과 세계도 이런 핵심적인 깨달음에 비추어 보면 그리 많이 변하지는 않은 것 같다. 다만 핵심을 둘러싼 환경과 배경이 변하였을 뿐이다. 비단 철학자나 수학자가 아니라도 일상인으로서의 우리는 스스로의 유한성을 늘 깨달으면서도, 어떤 무한한 존재, 무한한 사유가 가능하다는 것을 느낀다.

근대를 지나 포스트-근대를 살아가면서 우리는 이제 자연 자체의 무한이 아니라 문명 또는 기술의 무한성에 당혹감을 느낀다. 하이데거가 말한 기술, 즉 '도구-존재'로서의 기술은 인간이 유한성 안에서 스스로를 정립하는 인간 신체의 연장 정도였다. 하지만 이제 기술은 인간이 마음대로 다룰 수 있는 '망치'가 아니라 반대로 인간 자신이 거기 종속되거나 영향을 받는 거대한 기술역(technosphere)으로 전면에 나선다. 이렇게 인간 자신이 스스로의 필요에 의해 만들어놓은 기술적 대상들이 하나의 '환경'을 형성하고, 인간을 태어날 때부터 규정(이제는 대부분의 사람들이 산모의 품이 아니라, 산부인과 병원의 인큐베이터 안에서 생을 시작한다)하면서, 기술 자체의 무한한 폭과 깊이가 하나의 문제로서 다가온다.

이러한 사태를 우리는 기술적 대상들이 가진 '능동적 구성능력'이라고 칭할 수 있을 것이다. 이 구성능력의 현재 상태는 여러 방면에서 예의 그 '당혹감'을 선사한다. 공학적 측면에서 이 능력은 이미 인간의 '유한성'을 넘어, 무한하게 뻗어나가고 있다. 예컨대 유전자 조작 기술은 생명을 조작하는 수준을 넘어서 생명의 자기복제를 가능하게 하고 있다. 또한 디지털 기술도 초지능 AI 수준에 도달해 인간 각자의 지적 능력을 훨씬 초과하는 새로운 주체를 만들어내고 있다. 이와 같이 기술적 대상들의 무한한 능력은 한편으로는 인간의 유한성을 부각하면서, 실존적인 왜소함을 더하고, 다른 한편으로는 삶의 능력을 증강시키고 생명을 연장할 기회를 부여하기도 한다.

요컨대 자연이든 문명과 기술이든 우리의 일상생활 가운데 아페이론(무한)이 잠복해 있으며, 언제든지 페라스(유한)를 초과하여 넘쳐흐를 준비를 하고 있다. 현대의 포스트모던한 상황 안에서 이 초과분을 어떤 방향으로 관류시킬 것인지는 전적으로 자연-문명-인간의 상호작용의 방향에 달려 있을 것이다.

제5장

필연과 우연

앞선 4장의 도입부에서 고대 그리스인들이 자신들의 유한성에 대해 유독 민감했다고 말했다. 이러한 자각은 무한과 유한에 대한 사념뿐 아니라 필연과 우연에 대한 사유의 출발점이기도 하다. 왜냐하면 (아래에서 자세히 말하겠지만) 무한, 즉 아페이론에는 법칙을 벗어나는 우발적 사태라는 의미가 담겨 있으며, 유한, 즉 페라스는 한도를 정하는 법칙적인 필연성을 요청하기 때문이다.

이 두 개념과 밀접한 연관을 가진 것이 그래서 '법칙'인데, 소크라테스 이전의 자연철학자들에게 그것은 로고스(Logos)와 모이라(Moira)로 대표되었다. 그런데 이 둘 중 보다 강력한 것은 모이라다. 로고스는 법칙이라는 이미를 가지고는 있지만, 인간사를 강력하게 통제하는 법칙이 아니라, 자연의 질서 내지 운동을 가리켰다. 그래서 이 말은 그것을 알아보는 인간의 지성적 활동이라는 의미도 가지게 되었다. 자연이라는 큰 로고스 안에 인간 지성이라는 작은 로고스가 있고, 전자는 후자를 통괄하지만, 후자는 전자를 파악하고 알아본다는 것이다. 하지만 모이라에는 인간 지성이 활동할 여지가 없다. 심지어 신과 그 신적 지성조차 모이라의 강력한 통제를 알아보기는커녕, 거기에 반항할 수조차 없다. 이 불가피하고 불수의한 힘으로서의 모이라는 그래서 흔히 '운명'으로 번역된다.

1 운명에서 필연으로

1. 그리스 비극과 플라톤에게서의 운명 또는 필연

소포클레스의 비극인 「오이디푸스 왕」의 다음 구절들은 모이라에 속수무책인 인간의 무능력을 드러내는 것으로 보인다.

오이디푸스: 아아, 모든 예언이 이루어졌고 모든 것이 밝혀졌도다!
오오 빛이여, 내가 너를 보는 것도 지금이 마지막이 되게 해다오!
나야말로 저주 속에 태어나서 결혼해서는 안 될 사람과 결혼하고
죽여서는 안 될 사람을 죽였구나![1]

이 장면 뒤에 오이디푸스는 자신의 눈을 찔러 장님이 된다. 이 오이디푸스 왕 이야기는 대체로 많이 알려져 있다. 자신의 아버지를 자신도 모르게 우연한 사건으로 죽이고, 어머니와 결혼하여 아이들을 낳

---

1 소포클레스 지음, 「오이디푸스 왕」, 아이스퀼로스, 소포클레스, 에우리피데스 지음, 천병희 옮김, 『그리스 비극 걸작선』, 숲, 2010, 219.

은 오이디푸스 왕은 한 국가의 권력의 정점에서 추락한 후 스스로를 심판했다. 소포클레스는 이 모든 사건들이 처음부터 예정되어 있었던 것처럼 그려놓았다. 그래서 주인공인 오이디푸스는 이 비극적인 운명 안에서 괴로워하는 인간의 전형이다.

운명을 의미하는 그리스어의 'moira'는 라틴어로 'fatum', 'destina'다. 고대 사회는 이 '운명'이 절대적인 힘을 발휘한 시기라고 해도 과언이 아니다. 호메로스로부터 스토아 철학에 이르기까지 모이라가 가장 빈번히 주제화된다는 것이 그 방증이다. 이 말은 처음에는 매우 종교적인 의미를 많이 가졌으나, 그후 문학적, 철학적 뉘앙스를 띠게 된다. 게다가 모이라는 인간뿐만 아니라 그리스의 여러 신들조차 지배한다. 다시 말해 신들조차 어쩔 수 없는 것이 바로 '운명'인 셈이다. 이에 대해 아이스킬로스의 비극 「결박된 프로메테우스」의 한 구절을 보자.

프로메테우스: 모든 것을 성취하는 운명의 여신이 아직은 그 일이 그렇게 되도록 정해놓지 않았소. 먼저 수많은 고난에 휜 다음에야 나는 이 사슬에서 풀려나게 될 거요. 기술은 필연보다 훨씬 약하기 때문이오.
코로스장: 그럼 필연의 키는 누가 잡고 있나요?
프로네테우스: 세 명의 운명의 여신들과 잊지 않는 복수의 여신들이지요.
코로스장: 그럼 제우스는 이들보다 약한가요?
프로메테우스: 그도 정해진 운명에서 벗어날 수 없으니까요.[2]

여기서 '코로스장'(그리스 비극에서 배우들과 연기를 주고받는 합창단의 우두머리)은 결박된 채 독수리에게 심장을 쪼여 먹히는 형벌을 감내하는 프로메테우스에게 신들의 왕인 제우스가 운명의 여신보다 약한 존재인가라고 묻는데, 프로메테우스는 단호하게 그렇다고 말한다. 그런데 가만히 보면 이때 모이라는 단수가 아니라 복수다. 즉 신화 안에서 모이라는 단순히 추상명사인 운명이 아니라 '운명의 신' 그것도 세 명의 운명의 신을 의미한다. 이들은 각각 클로토(Klotho), 라케시스(Lachesis), 아트로포스(Atropos)라는 이름을 갖고 있으며, 인간의 탄생, 생애, 죽음을 관장한다. 이렇게 모이라는 처음에는 철학자들이 사용하기보다 문학에서 주로 사용되었다. 호메로스로부터 서정시 시대를 거쳐 페리클레스(Pericles) 시대의 비극에 이르기까지 이들 문학작품의 중심을 꿰는 주제는 바로 '운명'이다. 이 주제는 초기에 절대적인 힘을 가진 운명으로 형상화되지만 인간의 자의식이 발달하면서 그러한 절대적 힘을 극복하는 것으로 변형된다. 주로 비극시인들 시대에 와서 이러한 운명 극복의 사상이 엿보이는데, 아이스킬로스에서 소포클레스로 이르면서 그러한 경향은 더 뚜렷해진다.

모이라는 그 원어를 뜯어보면 '몫', '보답' 영어로 lot이라는 의미가 있다. 인간이란 태어날 때 자신에게 주어진 일정한 몫을 갖고 나오며, 죽고 나서 합당한 보답을 받는다는 의미다. 그렇다면 그 몫, 보답이란 어떤 것일까? 플라톤의 「파이돈」 편을 보면 다음과 같은 내용이 나온다.

---

2 소포클레스 지음, 「결박된 프로메테우스」, Ibid., 138.

죽은 사람들이 저마다 자신의 수호신이 인도하는 곳에 도착하면, 그들은 먼저 아름답고 경건하게 살았는지 아닌지 재판받게 돼. (…) 그들은 그곳에 살면서 자신들이 지은 죗값을 치름으로써 정화되기도 하고, 선행에 대해서는 각자 응분의 **보답**을 받는다네. (…) 지은 죄가 커서 치유할 수 없다고 판단되는 자들은 그들에게 합당한 **운명**에 따라 타르타로스에 내던져져 다시는 그곳에서 나오지 못한다네. (…) 그러나 남달리 경건한 삶을 살았다는 판결을 받은 사람들은 (…) 이들 지역에서 해방되어 순수한 거처로 올라와서는 대지 위에 거주한다네.[3]

이렇게 해서 인간은 지옥에 머무는 자와 대지로 다시 올라오는 자로 나뉘게 된다. 그것을 결정하는 기준은 이전 생에서의 선행과 악행이고, 이렇게 해서 균형과 정의가 이루어지게 된다. 언뜻 단순해 보이는 이 신화적 이야기는 모이라가 어떤 생애주기를 결정함으로써 세계를 응당 그래야만 하는 '당위'로 운행하게 하는 힘이라는 것을 알게 해준다.

모이라가 처음에 가졌던 이런 신화적 의미는 점점 더 철학적 의미를 가지게 되는데, 이로부터 이법(理法), 법칙으로서의 '필연성'(anankē)이라는 함축을 띠게 된다. 하지만 원초적인 의미에서 '모이라'는 '필연성' 안에도 남아 있게 된다. 따라서 모이라에는 두 가지 의미가 미분화된 채로 들어 있다. 첫째는 '법칙적 필연성'이고, 둘째는 '당위'

---

3 플라톤 지음, 천병희 옮김, 『플라톤 전집 1』, 숲, 2012, 113d-114d. 강조는 인용자.

다. 즉 모이라는 자연과 인간의 행위에 있어서 '~여야 함', '~일 수밖에 없음'을 일컫는다. 그런데, 모이라는 인간과 신이 넘어설 수 있는 기회를 제공하기도 한다. 이때 고대인들은 이러한 극복의 계기를 두 가지 상반된 관점으로 바라보았다. 첫째는 긍정적인 의미로서 그것을 '히페르모론'(hypermoron)이라 불렀다. 이를테면 운동선수들이 인간의 한계를 넘어 기록을 경신할 때 그것은 '경이로움'을 불러 일으키는데, 이것을 히페르모론이라 부른 것이다. 둘째로는 부정적인 의미로 '히브리스'(hybris)라고 불렀다. 이것은 '오만', '지나침', '광기' 등을 의미했는데, 마땅히 자신의 정해진 길을 가지 않고, 그것을 넘어서거나 이탈하는 것을 의미한다. 그리고 '히브리스'와 흡사한 말로 '아테'(atê)가 쓰였다. 이것은 '미망'으로 새길 수 있다. 즉 어떤 것(욕망 따위)에 눈이 멀어 마땅히 지켜야 할 것을 어기는 것이다. 이의 예로 고대인들은 아가멤논이 트로이 정복의 욕망에 눈이 멀어 딸인 이피게네이아를 포세이돈에게 제물로 바치는 행위를 자주 든다. 아가멤논 집안의 저주가 여기서 시작되는데, 아테에 대한 응보라 할 수 있겠다.[4]

2. 스토아 철학에서의 운명(fatum)

(1) 피시스와 운명/필연

이제야 스토아 철학을 제대로 살펴볼 기회가 온 것 같다. 스토아 철학이야말로 '운명'을 '필연성'으로 생각했던 철학 학파였기 때문이다. 초기 스토아 철학자들이 활동했던 시기를 '헬레니즘기'라고 부른

---

4 이정우, 『개념-뿌리들 1』, 131-33 참조.

셰익스피어의 동명 원작을 영화화한 〈안토니우스와 클레오파트라〉(1972). 찰턴 헤스턴 (Charlton Heston)이 감독과 주연을 모두 맡았다.

다. 여기서 '초기'라고 한 것은 스토아 철학이 헬레니즘기뿐 아니라 이후 로마 제국 말기에 이르기까지 엄청난 시간 동안 이어졌기 때문이다. 본래 헬레니즘이란 그리스 문명과 동의어로 쓰이곤 하는데, 연대적으로는 알렉산더 대왕의 사망(BC. 323)에서부터 악티움(Actium) 해전(BC. 31)에 이르는 때이다. 악티움 해전은 로마 초창기의 옥타비아누스(Octavianus, 아우구스투스라 불리기도 한다)와 마르쿠스 안토니우스(Marcus Antonius, 그 유명한 클레오파트라와 염문을 뿌린 당사자)가 패권을 두고 다툰 전투로, 여기서 옥타비아누스가 정적인 안토니우스를 몰리치고 로마의 첫번째 황제로 등극했다.

이 3세기 동안 고대 그리스와 초기 로마를 풍미한 철학은 무엇일까? 아마 많은 사람들은 플라톤과 아리스토텔레스를 떠올릴 것 같다. 하지만 예상과는 달리 이 당시 주류 철학은 스토아 철학과 에피쿠로스 철학이었다. 이 당시를 지나면 기독교에 의해 이 두 학파가 패퇴하면서 이후 꽤 오랫동안 사장되지만 말이다.

이런 영향은 후대에까지 미쳤는데, 스토아 철학의 핵심이라고 할 수 있는 존재론이 잊히고 앙상한 도덕철학만 남게 된 것이 대표적이다. 이런 이유로 현대인들에게 스토아 철학은 서점 스테디셀러 코너에 꽂힌 격언집 정도로 알려져 있다. 즉 무슨무슨 명상록이라든지 누구누구의 잠언집이라는 형태로 소비되는 실정이다. 이들 책의 저자들은 대개 로마 중기나 후기의 기독교화된 스토아 철학자들로서 "옳고 그름에 대한 판단이나 훈계를 강조"한다.[5] 초기 스토아 철학자에 속하는 제논(Zeno of Citium. 이 제논과 앞서 논한 제논Zeno of Elea은 다른 사람이다.)이나 크리시포스는 그 누구보다 더 자연과 존재에 관심을 두었으며, 그것을 '운명'이라고 여긴 철학자들이다. 사실 자연과 존재에 대한 이런 연구야말로 가장 도덕적이고 윤리적이라고 할 수 있다. 뒤에서 말하겠지만 이 연구 과정이 바로 '자연에 부합하는' 인간의 활동이기 때문이다.

앞선 장에서도 말했듯이 스토아 철학자들에게 중요한 것은 '자연' 즉 '피시스'인데, 이성, 즉 로고스가 이 자연의 이법을 알게 한다. 중요한 것은 자연이나 이성이나 모두 '합리성'이라는 대원칙하에 움직인다는 점이다. 사실 이 원칙으로 인해 이성이 자연을 이해할 수 있는 것이기도 하다. 이 스토아의 피시스가 무엇을 의미하는지 앞선 장(3장)에서 이미 살펴보았는데 다시 한번 확인해보자. 훌륭한 철학 개

---

5 롱, 『헬레니즘 철학』, 227.

념은 재차 상기할수록 좋으니까 말이다.

⑴ 모든 사물을 형성하고 만드는 힘 또는 원리.
⑵ 세계를 하나로 묶고 그러한 세계에 정합성을 부여하고 통일성을 주는 힘 또는 원리.
⑶ 스스로 움직이고 생성력 있는 호흡(불 또는 공기).
⑷ 필연과 운명.
⑸ 신, 섭리, 장인, 옳은 이성.[6]

여기에 바로 '필연과 운명'이 등장한다. ⑴~⑶에 나오는 피시스의 정의를 한마디로 말하면 '모든 사물을 형성하고, 묶고, 움직이는 원리'라고 할 수 있겠다. 우리가 앞 장에서 배운 바대로 보자면 이것은 여럿을 품고 있는 하나다. 바로 이러하기 때문에 필연이 성립하는 것이 아닐까? 이를테면 만약 아이들이 마구 뛰어다니고, 장난치며 물건을 던지는 초등학교 교실을 생각해보자. 이는 하나(교실) 안에 여럿(아이들의 운동)이 있지만, 통일성(묶음)은 없는 상태이기 때문에 필연적이지 않을 것이다. 하지만 선생님(원리)이 들어오고 아이들이 제자리에 앉음으로써 질서(필연)를 잡게 되면 비로소 필연적인 상태가 된다.

그런데 스토아 철학에서의 '운명'은 고대 그리스 비극의 모이라와는 상당히 다른 노양새를 취한다는 데 주목해야 한다. 한탄의 대상이었던 모이라는 스토아 철학에 와서 파툼(fatum)이 된다. 파툼은 로고

---

6 Ibid., 270.

스, 즉 세상의 이법이다. 그리고 한 가지 더 유의해야 할 것은 이 파툼이 결코 세상만사가 돌고 돈다는 관념적인 이치 따위가 아니라는 점이다. 스토아 철학자들에게 이 운명으로서의 필연적 법칙은 '물질'이다. 이들은 이런 물질적 운명을 '프네우마'(pneuma)라고 부른다. 우리는 이 개념을 지난 장에서 슬쩍 살펴보았는데 이제 이를 윤리학과 연관지어 생각해볼 필요가 있다.

(2) 필연의 숨결

프네우마를 말 그대로 번역하면 '숨', '숨결' 정도가 된다는 것을 이미 우리는 알고 있다. 좀더 정확히 말해 이 단어의 어근은 'pnein'(프네인)인데, '불다'(to blow), '숨 쉬다'(to breath)라는 의미를 가진다. 고대 그리스어 어근인 'pneu'(프네우), 'pnoia'(프노이아)도 마찬가지의 의미를 가지고 있다. 그런데 그리스어 프네우마에는 이런 뜻 외에 '인간의 영혼'(spirit of a person), '영감'(inspiration), '정신'(a spirit), '혼령'(ghost)이라는 정신적인 의미도 있다.[7] 그렇기 때문에 이 말은 성서가 그리스어로 번역될 때 '신의 숨결'이라는 의미로 쓰였다. 이 숨결로 인해 인간을 비롯한 뭇 생명체들은 영혼과 정신을 구비하게 된다.

하지만 프네우마가 이렇게 다소 신비하고, 정신적인 의미가 있다고 해서 스토아 철학자들이 어떤 신비주의자나 정신주의자라고 생각해서는 매우 곤란하다. 앞서 프네우마를 '물질적' 운명이라고 한 것은 이러한 그릇된 이해를 경계하기 위함이었다. 프네우마는 자연 위에서

---

7 〈Online Etymology Dictionary〉, https://www.etymonline.com/word/pneuma 참조.

그것들의 운명을 주관하는 신이 아니고 자연 안에 존재하면서 자연의 활동 원리인 "지성적 물질"이다.[8] 이 물질이야말로 신적인 것이지, 신이 따로 있는 것이 아니다. 사실상 이러한 사고방식, 즉 물질적인 것이 곧 신적이라는 생각은 고대 그리스로부터 이어오는 전통적인 사고방식이라고 할 수 있다. 이를테면 이들은 '사랑은 신이다', '승리는 신이다', '저 오래된 무구(武具)는 신적이다', '우리의 우정은 신적이다'라고 말하는 습관이 있었다. 이것은 기독교인들이 '신은 사랑이다', '신은 완전하다', '신은 전지전능하다'라고 말하는 습관과는 많이 다르다.[9] 다시 말해 그리스인들에게는 물질이나 경험이 먼저 있고, 신이 뒤이어 오는 것이지, 그 반대 방향은 매우 낯선 것이었다. 따라서 프네우마의 '신비'란 다름 아닌 물질의 신비, 또는 우리가 살아가는 이 세계의 신비 외에 다른 것이 아니다.

따라서 스토아 철학자들에게 물질적 세계는 이 프네우마가 어떻게 운동하고 형성되고 배치되느냐에 따라 달라진다. 이는 마치 에피쿠로스 철학자들에게 원자들의 위치와 방향에 따라 복합적인 물질이 다르게 생성되는 것과 비슷하다. 다른 점은 에피쿠로스주의자들의 원자론에서 원자가 일종의 '입자'로서 다른 입자들과 결합하고 분리되는 운동을 하는 반면, 스토아의 프네우마는 '편만한' 물질로서 처음부터 '하나'로 운동한다는 것이다. 우리가 앞서 배운 바에 따라 생각해보다면, 에피쿠로스 철학에서는 원자들의 '다원성'이 앞선다면, 스토아 철학에서는 프네우마의 '일원성'이 앞선다고 할 수 있다. 그렇다면 어떻

---

8 롱, 『헬레니즘 철학』, 274.
9 거스리, 『희랍 철학 입문』, 24-25 참조.

게 이러한 일원성에서 물질들의 다원성이 도출되는 것일까?

이것은 프네우마를 입자적인 사유가 아니라 불의 사유, 또는 보다 현대적인 들뢰즈의 말을 가져오자면 '주름'의 사유를 통해 가능해진다. 들뢰즈의 사유에 대해서는 뒤에 논할 것이고, 여기서는 스토아의 본의에 더 가까운 '불의 사유'를 생각해보자.

불의 사유는 프네우마의 사유와 아주 밀접한 연관을 가진다. 불은 스토아 철학이 헤라클레이토스의 사유에 직접적인 영향을 받았던 초기에 필연적인 '운동'을 표상했고, 프네우마는 당시 생리학이 발전하면서 불을 대신하여 '운동의 필연성'을 표상하는 것이었다고 할 수 있다. 당시의 생리학, 의학에서 프네우마는 동맥을 통해 전달되는 생기 있는 혼이라고 여겨졌다.[10] 따라서 프네우마는 어떤 움직이는 실재로서, 요즘의 단어로 대체한다면 '에너지'나 '힘'과 같은 것이기도 하다. 그래서 스토아 철학에서 이를 '얇고 작다'라고 표현한다. 이 얇고 작은 물질적인 운동체는 로고스와 밀접할 것이다. 왜냐하면 프네우마가 필연과 가깝고, 로고스가 그 필연, 즉 법칙을 표현하기 때문이다. 프네우마가 원자적인 복합체가 아니라 주름이나 불처럼 존재한다면 거기에도 서로 밀고 당기는, 또는 타오르고 꺼져드는 긴장이 존재할 것이다. 여기서 나오는 '긴장의 균형'이 바로 세계를 유지시키는 필연적 원리가 된다.

이러한 긴장과 균형은 우주 전체에 퍼져 있다. 마치 현대 우주론에서 팽창하는 우주와 수축하는 블랙홀이 긴장상태 안에서 우주를 조

---

10 롱, 『헬레니즘 철학』, 282 참조.

화롭게 유지하는 것처럼, 프네우마도 마찬가지로 우주 전체를 긴장 속에서 결합함으로써 우주가 붕괴되는 것을 막는다. 거시적으로도 이러하지만 미시적으로도 프네우마는 개별 물체들, 신체들을 유지하는 힘이다. 그런데 이러한 힘의 '배치'는 개별적인 것들 안에서 다르다. 즉 개별적인 생물, 무생물 안에서 주름들이 다르게 겹쳐지거나 힘의 강도가 그 신체 안에서 다르게 뭉쳐져 있다. 그래서 개별체들의 독특한 특성들, 다시 말해 식물은 식물의 프네우마 배치, 동물은 동물의 프네우마 배치 등등을 가지게 된다. 요컨대 프네우마의 일원성 안에 있는 배치의 다양성이 뭇 존재자들의 질적인 분화를 초래한다.

(3) 이중인과와 '맞아떨어짐'

이제 조금만 더 깊이 들어가보도록 하자. 여기서 이제 스토아 철학의 핵심 , '운명=로고스=프네우마=불'이 더 밝혀질 수 있을 것이다. 알다시피 로고스는 우주적인 법칙이며, 이것이 만물에 내재함으로서 필연성이 생겨난다. 요즘으로 치면 물리법칙 같은 것이라는 것을 독자들은 이미 눈치챘을 것인데, 이 법칙이 스토아 철학에서는 두 갈래로 나뉜다는 것이 매우 독특하다. 특히 이는 '인과론'에서 두드러진다. 즉 로고스로서의 프네우마는 내적 원인과 외적 원인을 포함한다. 이것을 크리시포스는 구르는 드럼통의 예를 들어 설명한다.

알려신 바에 따르면 크리시포스는 우선 드럼통이 평면 위에 놓여 있다고 가정한다. 그리고 그것이 굴러가기 위해서는 두 가지 원인이 필요한데, 첫번째가 그것을 밀어주는 행위다. 이것은 외적 원인에 해당된다. 두번째로 드럼통이 구르기 위해 본래적으로 드럼통에 내재

그리스 미술. 크리시포스에게 와인을 따르는 제욱소.

하는 원인, 즉 그것의 형태나 성질이 있다. 내적 원인이다. 외부 압력이 아무리 세다 해도 드럼통이 무쇠로 만든 커다란 사각형이라면 굴러가지 않는다. 이를 일반화하면 모든 자연적 대상들은 운동을 위해 외적인 자극과 내적인 본성이 맞아떨어져야 한다. 그렇다면 이러한 '맞아떨어짐'이란 어떻게 이루어지는가? 바로 이 맞아떨어짐의 정합적 성격이 그 자체로 '필연성'이 된다. 내적 원인과 외적 원인이 그렇게 되는바 바로 그것, 또는 그렇게 되어야 하는바 바로 그것은 완연하게 '운명적'이다. 만약 그렇지 않다면 자연법칙은 존재하지 않게 되며, 그러한 일은 불가능하기 때문이다.

주의해야 할 것은 이 예에서 외적 원인으로 간주되는 '인간'은 완전히 자율적인 존재가 아니라는 점이다. 다음 절에서 논하겠지만 이는 자유와 필연성의 관계에 관한 문제와 관련되는데, 미리 얘기하자면 스토아 철학자들에게 '자유'는 '필연성' 안의 자유 외에 다른 것이 아니다. 다시 말해 인간조차 자연의 로고스, 즉 운명 안에 포함되어 있다는 뜻이다. 인간이 더 특이한 점은 다른 존재자들보다 이 로고스를 더 많이 풍부하게 구현하는 '지성'을 가지고 있다는 것이다. 이 지성이 바로 자연-로고스의 한 부분으로서의 인간-로고스인 셈이다. 그러므로 인간의 질서가 따로 있고 자연의 질서가 따로 있다는 식의 이분법은 스토아 철학자들에게는 이해될 수 없다. 따라서 스토아 철학자들이 '자연을 따르라!'(kata physin)라고 외치는 것은 자연의 낙원에서 떨어져 있기 때문에 그것을 회복하라는 루소(Jean-Jacques Rousseau)식의 낭만적 구호가 아니라, 그냥 우리가 본래 갖추고 있는 대로 행동하라는 의미다. 그러나 그렇다고 해서 내 욕망과 욕구대로 하라는 것은 아니다. 이는 앞서 말한 '맞아떨어짐'과 멀고, 오히려 자연과의 불일치, 자연의 훼손, 히브리스에 가깝다.

인간의 합리성이 자연의 합리성과 맞아떨어질 때 '탁월함'이 드러난다. 이 탁월함은 바로 '덕'이라고 할 수 있는데, 이렇게 보면 스토아의 존재론이 윤리학과 밀접하다는 것을 알게 된다. 다시 말해 스토아 철학은 존재론의 윤리학이고 윤리학의 존재론인 셈이다. 문제는 덕 있고 탁월하게 살기 위해서 인간 자체이기도 한 이 '자연'을 잘 알아야 하고, 어떤 것이 그것에 부합하는 삶인지 파악해야 한다는 점이다. 이는 달리 말해 자기 자신을 잘 안다는 것과도 통한다. 왜냐하면 앞서도 말했듯이 나 자신이 바로 로고스의 일부, 필연성의 일부이기 때문이다. 더 구체적으로 말하자면 우리에게는 자연을 따르는(kata physin) 일련의 명제들이 필요해진다. 스토아 철학자들, 특히 후기 로마 제정 시대의 스토아 철학자들이 왜 그토록 삶의 '금언'이나 교훈에 천착했는가를 이제 우리는 이해할 수 있다. 그러한 금언들은 모두 자연에 부합하는 삶 자체를 드러내는 명제들이었던 셈이다.

3. 탁월함을 획득하기 위한 세 가지 검사

필연성, 프네우마, 운명, 자연과 일치하는 삶을 살기 위해 스토아 철학자들은 세 가지 행위의 검사지를 내세운다. 사실 이 검사지는 '맞아떨어짐'을 더 구체적으로 풀어놓은 것이나 다름없다.

(1) 에우카이리아

첫째로 '에우카이리아'(eukairia), 즉 '적기', '시의적절한 행위'다. 이 개념도 앞선 1장에서 살짝 보았는데, 좀더 깊이 논해보자(더 쉬운 설명을 상기하려는 독자는 여기서 잠시 멈추고 앞으로 돌아갈 수도 있다).

스토아 철학자들에게 에우카이리아는 만물의 변화상 가운데 어떤 최적의 '시간'을 잡아 쥐는 행위다. 그래서 이 말을 영어로는 'opportunity'(기회)라고 옮긴다. 최적의 시간이란 필연성, 즉 운명을 잘 알고 그것에 부합하는 시간을 잡는 기회다. 이를 다소 이론적인 어투로 고치면 "운명이라고 부르는 일련의 원인이 낳은 사건과 서로 만나고 일치하는 지점"[11]이라고 할 수 있다. 이렇게 되면 그 행위가 어떤 것이 되었든 간에 탁월한 행위가 된다. 그래서 스토아 철학에서는 시의적절하기만 하다면 '자살'마저 긍정한다. 이를테면 명예로운 죽음이란 뜻에서 자살이 권장되기조차 한다. 하지만 우리가 살아가면서 이러한 최적의 기회를 잡기란 매우 힘들다. 흔히 자살도 그저 애처로운 행위, 또는 비참한 선택이라는 부정적인 의미를 띠는 경우가 대부분이지 않은가? 실패에 실패를 거듭하고서야 그나마 인정받는 행위에 도달하는 것이 유한한 지성을 가진 인간이지 않은가? 그럼에도 불구하고 스토아 철학자들은 끝까지 이러한 실패를 탁월함으로 변형하기를 요구

---

11 Damianos Tsekourkis, *Studies in the Terminologie of Early Stoic Ethics*, 런던 대학교 박사학위 논문(1971), 91-92, 롱, 『헬레니즘 철학』, 362에서 재인용.

하는 셈이다.

그래서 이러한 에우카이리아를 잡아 쥐기 위해 우선 해야 할 일은 인간 자신의 운명, 즉 필연성을 체득하는 것인데, 이때 우리는 이 운명이 '로고스' 즉 '이성'이라는 것을 상기해야 한다. 역으로 말해 에우카이리아를 획득하기 위해서는 이성 이외의 정념과 욕망을 절제해야 한다. 여기서 바로 우리가 잘 알고 있는 스토아 사상의 '금욕주의'라는 것이 나온다. 그런데 주의해야 할 점은 이 금욕이 흔히 알려져 있듯이 자신의 신체를 괴롭히는 어떤 종교적(기독교적)인 형태가 절대 아니라는 것이다. 이는 오히려 '중용'이다. 스토아 철학자들은 '신체'를 현실 그대로 인정하며, 그 속에 깃든 욕망도 마찬가지로 인정한다.

지혜로운 자들은 이 신체적 욕망을 로고스로 통제하고 잘 운용한다. 이 말은 무엇일까? 욕망에서 자유롭다는 것, 욕망을 통제한다는 것은 쾌락을 좋은 것으로 여기지 않는 태도이자, 동시에 고통을 나쁜 것으로도 여기지 않는 태도다.[12] 이를 '냉담함'이라고 부르는데, 이것은 '냉혹함'과는 거리가 멀다. 스토아 철학자들은 '냉담함'이란 '좋은 감정상태'를 유지하는 것이라고 말한다. 즉 운명을 사랑하는 상태인데, 더 구체적으로 말하자면 '내 운명이 잘 풀리기를 바라는 상태' 또는 '내 운명이 잘 풀리리라고 믿는 상태'다. 이것은 자신에게만 적용되는 것이 아니라 타자들, 더 나아가 세계 전체에도 적용된다. 즉 '나 이외이 모든 것의 운명도 잘 이루어지리라고 믿는 상태'다. 이런 상태에서 '냉담함'이 유지될 수 있다. 이는 어떤 고난이 닥쳐도 그것을 긍

---

12 Ibid., 363 참조.

로렌스는 영국의 작가다. 그의 작품들은 성과 계급의 해방이라는 사회주의적인 이념을 담고 있다.

정하고, 고통스러워하기보다 그 운명을 잘 살피면서 다른 '적기'를 잡으려고 기다리며 탐색하는 것이다. 이는 고통이 아니라 쾌락에도 마찬가지로 적용된다. 이렇게 해서 아무리 큰 쾌락이 내게 주어진다 해도 '냉담함'을 유지할 수 있다. 그렇다 하더라도 이러한 믿음이 과도해서는 안 되므로, 스토아 철학자들은 '냉담함'에 '조심성'을 덧붙인다. 조심성은 한마디로 너무 들뜨지 않으려고 이성을 가다듬는 태도다. 조심성을 통해 우리는 운명에 더 다가갈 수 있다. 운명을 사랑한다(Amor Fati)는 것은 바로 이런 의미다. 농담을 좀 하자면 유행가 가사처럼 '연애는 필수 결혼은 선택' 따위가 아니다. 운명을 사랑한다는 것은 로고스(자연, 이성)를 따라 냉담함과 조심성을 유지하는 귀족적인 삶의 풍모다. 스토아 철학자들은 많은 사람들이 이러한 풍모를 유지함으로써, 로렌스(D. H. Lawrence, 1885~1930) 식으로 말하면, "우리

모두가 자력으로 괜찮은 귀족이 되는" 그런 세상을 원한 셈이다.[13]

(2) 카테콘

이제 두번째 '맞아떨어짐'의 구체적 검사지로 가보자. 그것은 '카테 콘'(Katēchon)이다. 연원을 거슬러올라가면 이 개념은 초기 스토아 철학자인 제논이 맨 처음 사용한 것으로 나온다. 그 이후 기독교에서 가져가 성서의 역사적 정통성을 설파하는 데 사용했고, 독일의 유명한 정치철학자인 카를 슈미트(Carl Schmitt, 1888~1985)는 이 개념으로 나치를 정당화하는 데 활용했다. 최근에는 좌파 정치철학자들이 카를 슈미트를 재조명하면서 이 개념을 사용한다. 어쨌든 종교와 정치, 좌와 우를 오가며 꽤나 오랫동안 유명세를 떨친 이 개념의 본뜻은 '상응하는 행위'다. 더 정확히 말하면 '사후 변론이 가능한 행위'다.[14] 사후 변론이 가능하다는 것은 무엇인가? 바로 이성에 의해 해명될 수 있다는 것이며, 따라서 이는 '맞아떨어진다.'

'카테콘'에 대해 확실하게 문헌으로 남아 있는 것은 3세기경 그리스의 철학사가인 디오게네스 라에르티오스(Diogenes Laërtius)가 남긴 『그리스철학자열전』이라는 책이다. 여기에 다음과 같이 적혀 있다.

스토아 철학자들의 주장에 따르면 '카테콘'이란 행위가 이루어졌을 때 이치에 닿는 변론을 할 수 있는 것을 말한다. 그것은 삶을 영위

---

13 D. H. 로렌스 지음, 류점석 옮김, 「제대로 된 혁명」, 『제대로 된 혁명』, 아우라, 2008.

14 디오게네스 라에르티오스 지음, 전양범 옮김, 『그리스철학자열전』, 동서문화사, 2008, 459; A. A. Long, D. N. Sedley, *The Hellenistic Philosophers* vol. 1, Cambridge; Cambridge University Press, 1987, SVF III, 493 참조.

하는 데 있어서 자연스러운 본성에 따르고 있음을 말하는 것이기도 하다. 그리고 이것은 또 식물이나 동물에게도 널리 고르게 미치고 있는 것이다. 왜냐하면 식물이나 동물에게도 '카테콘', 즉 '상응하는 행위'가 인정되기 때문이다.[15]

여기서 중요한 것은 이렇게 변론 가능한 행위라는 것이 어떤 통용되는 '선악'의 기준, 즉 도덕적 기준과는 다를 수 있다는 점이다. 이것은 개인의 행위기준에 국한되는 '도덕'(moral)과는 달리 집단적이며, 관계적이고, 상황적인 윤리(ethic)와 밀접한 연관을 가진다. 즉 그 행위의 '필연성', 합리적 정당성이 중요하다. 또한 이러한 상황적인 필연성이나 합리성도 당시의 맥락에 맞는 것과, 행위 당시에는 맞지 않지만 이후에 맞아떨어지는 행위가 있을 수 있다. 이 부분이 다소 난해하다. 디오게네스 라에르티오스가 전하는 말을 옮겨보면 다음과 같다.

상응하는 행위 가운데 어느 것은 그 자리의 상황에 따른 것이 아닌 것인데 어떤 것은 그 자리의 상황에 따른 상응하는 행위다. 그리고 다음과 같은 것이 상황에 의존하지 않는 상응한 행위다. 즉 건강에 유의한다거나, 감각기관에 신경을 쓴다거나, 그 밖에 그런 것과 비슷한 행위가 그것이다. 다른 한편 자신의 손발을 절단한다거나 재산을 버린다거나 하는 것은 그 자리의 상황에 의거한 상응한 행위다.[16]

---

15 Ibid.
16 Ibid., 461; SVF III, 495-96.

다시 말해 상황에 의존하지 않는 카테콘(상응한 행위), 즉 상황에 맞아떨어지지 않지만 상응하는(이후에 맞아떨어지는) 행위는 이제 와서 보니 건강을 챙기는 행위였다는 것이 된다. 역으로 상황에 맞아떨어지기도 하고, 이제 와서 봐도 맞아떨어지는 행위들이 있는데, 예를 들면 죄에 합당한 벌을 받는다거나, 재산을 기부하는 행위다. 이 말을 잘 새겨들으면 알겠지만, 여기서 중요한 것은 행위의 선악이나 유용성/무용성이 아니다. 이는 철저하게 '합리적'인 활동이며 지금이나 그때나 모두 '맞아떨어지는' 행위다. 좀 쉽게 설명하자면, 합리적인 설명(변론)이 안 되면 카테콘하지 않으며, 그것이 가능하면 카테콘하다. 전자는 후회스러운 인생이지만, 후자는 그때나 지금이나 후회하지 않으며, 그것이 가당치 않은 인생이다. 스토아 철학자들이 후자의 인생을 추구했을 것이라는 점은 너무나 분명하다.

(3) 데코룸

이제 세번째 검사지로 나아가자. '데코룸'(decorum)이다. 이 개념은 그리스어 '프레폰'(prepon)을 키케로(Cicero)가 라틴어로 번역한 말이다. 이것은 일차적으로 사물의 '적합함'에 대한 올바른 인식이며, 다른 한편으로는 내면적인 감정, 표상, 언어, 행동, 나아가 의상의 '적합함'까지 의미한다. 영어로는 흔히 'proper'나 'propriety'로 옮긴다. 말뜻을 새겨보면 알겠지만, 데코룸은 현재 어떤 사람의 내면과 외면의 적합함 모두를 아우른다. 이러한 적합함은 위에서 말한 에우카이리아나 카테콘과는 다소 다른 결을 가지는데, 어떤 개별적인, 또는 개인적인 '맞아떨어짐'이라는 측면이 강하다는 면에서 그러하다. 그러니까 데코

키케로는 귀족이 아닌 시민계급에서부터 자수성가하여, 무력을 통해서가 아니라 오로지 지성과 연설만으로 집정관에 오른 탁월한 정치가이자 철학자다.

룸은 이제 저 보편적인 운명과 필연의 운행이 개인의 아주 구체적이고 세세한 측면에서 일치하는지를 알아보는 검사지인 셈이다.

이에 대해 현대에도 많은 사람들로부터 존경받는 탁월한 스토아 철학자인 키케로는 각 개인이 데코룸을 유지하기 위해서는 자신이 고유한 본성, 즉 운명을 따르는 것(이것이 통속적인 의미의, 결정된 어떤 것을 따르는 것이 아님은 앞서 이미 말했다)이 중요하다고 말한다.

그렇게 함으로써 우리는 (…) 우리가 추구하는 바를 우리 자신의 본성이 명하는 규범에 따라 판단하게 되는 것이다. (…) 여기서 저 데코룸이란 어떤 것인지가 더 잘 나타난다. (…) 대체로 말해, 만약 데코룸한 어떤 것이 있다면, 참으로 전 생활 과정과 개별적인 행동들의 [자연과의, 운명과의] 시종일관된 일치 이상의 것은 없을 것이고, 만약 네가 다른 사람들의 본성을 모방하면서 네 자신의 본성을 무시한다면, 너는 결코 그 일치를 유지할 수 없을 것이다.[17]

---

17 A. A. Long, D. N. Sedley, *The Hellenistic Philosophers*, vol. 1, 424.

다시 말해 자신의 고유한 특성인 개성을 알고 그것만을 자유롭게 펼쳤을 때 데코룸하다. 타인을 모방하려는 것은 데코룸하지 않은 것으로서, 본성과의 일치를 거스른다.

그러므로 각자는 자신의 고유한 재능과 특성을 날카롭게 통찰하고, 자신의 장점과 결점들에 대해 정확한 판단을 내리도록 해야 한다. (…) 따라서 우리는 우리가 해야 할 가장 적합한 역할이 무엇인지를 알아내어, 여기에 가능한 한 온갖 노력을 쏟아야 할 것이다.[18]

그런데 여기서 키케로는 그 '적합한 역할'을 피치 못할 사정으로 떠맡는 일도 고려하고 있다. 그럴 경우에도, "가급적 최소한 데코룸한 것으로 행할 수 있도록 전심전력해야 할 것"이라고 조언한다. 이는 앞서 말했듯이 '고통을 나쁜 것으로 여기지 않는' 태도와 일치한다. 즉 만약 내키지 않는 일이라 해도 그것을 그냥 거부하기보다 본성에 맞도록 변형할 수 있어야 한다는 것이다. 이를테면 부당한 지시를 받은 군인은 그 지시를 군인으로서 이행하되 본성에 맞지 않는 행위는 스스로 하지 않아야 한다는 뜻이다. 만약 5·18 광주 민주화운동에 투입된 군인들이 데코룸했다면 민간인들을 학살하는 짓은 저지르지 않았을 것이고, 최근에 벌어진 미얀마 민간인 학살 사태에서도 군인들은 그와 같이 할 것이다. 하지만 군인들 중 이런 태도를 유지할 수 있는 자들이 극소수에 불과한 것도 현실이다. '모두가' 고귀하게 되는 것이

---

18 Ibid.

쿠데타군에 의해 폭행당하는 광주 시민들(왼쪽)과 미얀마 시민들(오른쪽).

이렇게 힘들다. 그렇기에 키케로는 이 데코룸을 유지하는 것이 "이 세상에서 가장 어려운 문제"[19]라고 말했을 것이다.

이 세 가지 검사지를 종합해보면, 우리는 스토아 철학자들이 필연성을 어떻게 윤리적으로 취급하는지 알게 된다. 즉 이들은 필연성의 영역에 있는 운명적인 질서를 자신의 이성과 행위에 일치시키는 것을 최고의 것, 즉 탁월한 덕으로 본다. 이는 앞 장에서 말한 그런 시간을 붙잡은 것과 같다. 무엇으로 붙잡는가? 자신의 지금/여기의 사유와 행위로서 붙잡는다. 그렇게 해서 마침내 저 유명한 '카르페 디엠'(Carpe Diem)을 성취하는 것이다.

요컨대 카테콘, 데코룸, 에우카이리아는 스토아 존재론과 윤리학의 삼항일조다. 카테콘은 과거 행위의 맞아떨어짐, 데코룸은 현재 행위의 맞아떨어짐, 에우카이리아는 미래 행위의 맞아떨어짐을 판단하는 기준이다. 그런데 이 모든 판단은 단 한 순간(아이온)에 이루어진

---

19 Ibid.

다. 이것이 바로 필연성을 붙잡는 것의 어려움이다. 아이온의 시간성은 우리가 1장에서도 살펴보았듯이 변화무쌍하고 언제나 과거와 미래로 나누어져버리는 바로 이 '순간'이기 때문이다. 이를테면 우리가 바로 이 순간 카테콘하고 데코룸한 선택을 하고 에우카이리아하게 예측한다 해서 그것이 반드시 '탁월한 맞아떨어짐' 즉 최상의 덕이 되리라 볼 수는 없다. 다만 우리는 그 최상의 덕을 낙관적으로 끌어올 것이라고 믿는 것뿐이다. 바로 이 믿음은 바로 '냉담함'이다. 그리고 여기에 '조심성'을 덧붙이면 된다. 여기까지다. 인간의 유한성이 무한한 필연, 운명에 대해 지배권을 행사할 수 있다는 생각은 바로 이 삼항일조가 나의 냉담함과 조심성 안에서 이루어질 것이라는 낙관적 믿음으로 갈무리된다.

2 자유와 필연성 문제

1. 자유의 조건?

스토아 철학자들에게 필연성은 그 안에 존재하는 인간의 자유라는 문제를 야기한다. 모든 것이 필연적이라면 인간조차 그 필연성으로부터 자유롭지 못하다는 것이다. 이 필연성은 앞서 말한 그 인과원리로서 인산을 이중적으로 구속한다. 이를테면 (이제는 드럼통이 아니라) 나는 지금 컴퓨터 앞에 앉아 이 책『철학, 개념』을 쓰는데, 이때 내적 원인은 내가 이 행위를 할 수 있는 신체적, 정신적 능력이고, 외적 원인은 컴퓨터라는 도구와 조용한 새벽녘의 분위기 그리고 잔잔하게 흐르는 쳇 베이커(Chet Baker)의 재즈 음악이다.

이때 이 모든 내적 원인과 외적 원인을 모두 알 수 있다면, 그리고 이 원인들이 언제, 어떻게 연결되는지 알게 된다면 나는 곧 스토아 철학자들이 말하는 '현자'의 대열에 들어갈 수 있다. 이렇게 되면 미래의 사건들까지 파악할 수 있다. 즉 운명을 지배하는 자가 되는 것이다. 하지만 이는 거의 불가능에 가까울 것이다. 그러나 스토아 철학자들은 이러한 운명의 지배라는 낙관적인 자유주의를 끝까지 견지한다. 만약 우리가 앞 절에서 말한 검사지들을 통과하고 아이온의 순간에 올바른 선택을 한다면 그것이야말로 자유로운 선택이 된다.

그런데 이런 낙관적인 자유가 아니라 매우 비관적인 의미의 자유도 존재한다. 이를테면 여기 한 청년 실업자가 있다고 하자. 그는 자유롭다. 왜냐하면 그의 선택 여하에 따라 시간을 마음대로 사용할 수 있기 때문이다. 그는 연극을 관람하러 가거나, 영화를 보거나, 오는 길에 시립미술관에서 열리고 있는 인상파 화가들의 무료 전시회에 들를 수도 있다. 이것도 저것도 여의치 않으면, 그는 집에 머물러 있으면서 넷플릭스 드라마를 1회부터 20회까지 하루 종일 볼 자유도 있다. 그리고 마침내 그는 돈이 떨어졌다는 것을 깨닫고 구인광고를 살핀다. 빌딩 청소를 하는 어머니가 오기 전까지 그는 뭐라도 희소식을 전하고 싶다. 오후 느지막이 집을 나선 그는 시 외곽에 있는 주물공장에서 면접을 봤지만 몸이 너무 약해 보인다는 이유로 일자리를 거절당했다. 다음 날에도 그는 좀더 먼 거리에 있는 편의점에서 아르바이트를 하려고 했지만, 사장이 그의 낡은 청바지와 구멍 뚫린 셔츠를 보고는 약간 심술궂은 얼굴로 무시하면서 고용을 거절했다. 다음 날도 그 다음 날도… 사실 이는 지난 1년간 거의 매일 그에게 벌어진 일이기도 하다. 결국 그는 집 거실에 누워서 가스 밸브를 한번 쳐다보고, 욕조를 들여다보고, 날카롭게 생긴 무언가를 찾는다. 또는 자기 방 천장과 바닥까지의 높이를 가늠해보며 적당한 길이의 로프가 집 안 어딘가에 있는지 샅샅이 뒤진다. 이 모든 것이 지겨워진 그는 문득 지하철역을 떠올린다. 이 모든 사념들은 그가 자유롭기 때문에 발생한다. 여하튼 그는 다음 날 아침 또다시 집을 나서서 꽤 오랫동안 걸은 후 시청역에 도착했다. 그날 저녁 뉴스에 그가 나왔다. '오늘 아침 7시경 지하철 시청역 1호선에서 달려오는 전철에 신원미상의 청년이 철길에 뛰어들어 그 자리에서 즉사했습니다.' 목격자가 전하는 바에 따르면 그는 복잡한 사람들 틈을 비집고 들어가 막 역에 도착하는 전철을 향해 몸을 구부렸다가 다이빙 선수처럼 두 발을 모으고 가슴을 펴면서 그 전철의 눈부신 헤드라이트 속으로 뛰어들었다고 한다.[20]

이 청년과 같이 모든 사람들에게는 '자유', 그중에서도 '죽음을 선택할 자유'까지 있다. 하지만 이는 이 청년의 '선택'이라는 것에 집중했을 때에만 성립 가능할 것 같다. 그가 스스로를 자유롭다고 생각했다 해도 그것과는 상관없이 여기에는 주물공장과 편의점 사장의 자유로운 선택이 이 청년의 자유에 대한 외적 원인이 되었기 때문이다. 따라서 애석하게도 그는 자유롭지 못했다. 스토아적 입장에서도 이 청년의 사살은 명예로운 죽음으로서 다른 사람들의 존경을 받는 능동적 자살이 아니라, 그저 외적 원인에 부대끼고 괴로워하다 선택으로 이

---

20 앙드레 베르제즈, 드니 위스망, 남기영 옮김, 『프랑스고교철학 I—인간학, 철학, 형이상학』, 삼협종합출판부, 1999, 209-10 참조.

끌린 수동적 자살로 받아들여질 것이다.

이와 같은 자유의 이율배반성을 마르크스는 '자유로운 임금노동자'라는 말로 표현했다. 여기서 '자유로운'과 '임금'은 자본주의 사회에서 함께 성립하기 힘든데, 왜냐하면 자유를 선택하면 임금이 없고, 임금을 선택한다 해도 자유는 사라질 것이기 때문이다. 결과적으로 자본주의 사회의 임금노동자란 봉건시대의 노예와 다름없다는 것을 보여주는 이 표현이 위의 이야기에 나오는 청년의 처지를 단적으로 드러내는 셈이다. 만약 그가 실업자 처지에 놓인다면 그는 일자리를 찾을 자유가 있지만, 그것은 고용주가 일자리를 준다는 조건, 즉 '필연성'에 완전히 종속된다.

2. '자유의지'로서의 형이상학적 자유란 존재하는가?

일반적으로 자유란 이러한 필연적 조건이 없는 상태를 의미할 것이다. 마치 자유낙하하는 물체에게는 진공이라는 상태가 주어지듯이 인간의 자유에도 이런 진공상태가 존재하는 것일까? 이는 물리적인 의미의 자유가 인간적이고 사회적인 의미의 자유와 상이하다는 것을 드러낸다. 아무리 사회적으로 출판·집회·결사·표현의 자유가 있다 하더라도 이러한 자유에는 책임이 뒤따르며, 많은 경우에 정치권력이 개입하여 이 자유를 방해한다. 경제의 경우에도 고용시장에서 직업 선택의 자유는 경기변동이라는 조건에 의해 제약되거나, 정부의 고용보장 프로그램에 의해 촉진되기도 한다.

여기서 '자유의지'란 그러한 모든 조건들에도 불구하고 그것에 좌우되지 않으며, 내적으로는 자신의 욕망이나 관념이라는 조건에도 속박되지 않는 능력이 될 것이다. 다시 말해 이 능력은 내외적으로 미리 결정된 필연성이 존재하지 않는 것으로 자신의 행위를 판단하는 것이다. 과연 이러한 자유란 실재하는가? 만약 이러한 능력이 존재한다면 그것은 말 그대로 필연성이 없는 상태, 즉 우연의 상태를 전제로 할 것이다. 이를 우리는 '형이상학적 자유'라 부를 수 있다. 하지만 이런 자유는 하나의 '극한'으로 존재한다고 여겨질 뿐 실제적으로 이것을 완전히 실현하기란 '현자'가 아닌 이상 불가능할 것이다.

3. 원효의 자유와 필연성

불교에는 이 '현자'의 대열에 오른 인물이 있는 것으로 보인다. 불교에서는 위에서 말한 형이상학적 자유를 '무애행'(無碍行)이라고 부르는데, 이는 한국의 걸출한 고승인 '원효'(元曉, 617~686)가 『화엄경』에서 가져온 개념이다. 이 개념이 탄생한 배경을 살펴보는 것도 재미있다. 『삼국유사』 4권에 다음과 같이 적혀 있다.

원효대사가 우연히 어떤 광대가 큰 바가지를 가지고 노는 것을 보았다. 그런데 그 모양이 너무도 기발하였다. 대사는 그 바가지 모양대로 도구를 만들었다. 그러고서 『화엄경』의 "모든 것에 걸림 없는 사람(一切無碍人)이라야 단번에 삶과 죽음에서 벗어나리라"는 구절을 따서 무애(無碍)라 이름 짓고 노래를 지어 세상에 퍼뜨렸다.

이 부분을 보고 있으면 그 '기발'하게 생긴 '큰 바가지'가 어떤 모습인지 사뭇 궁금해진다. 어쨌든 원효는 이 바가지를 옆에 끼고 저잣거리를 돌아다니며 자유롭게 노닐었는데, 이에 대해서도 고문에 다음과 같이 나온다.

원효

원효대사는 그 말이 미친 것과 같이 보였고 예의에 얽매이지 않았으며, 행동은 상식을 벗어났다. 거사들과 함께 주막이나 기생집[倡家]에 들어가기도 하고, (…) 『화엄경』에 대한 논문을 써서 강론하기도 했다. 사당에서 거문고를 타면서 즐기거나, 여염집에서 자기도 하고, 또는 자연 속에서 좌선을 하기도 하였다. 계기에 따라 마음 가는 대로 하여 도무지 일정한 법식이 없었다.[21]

일정한 규칙도 없이 보이는 이러한 원효의 자유로운 행각을 일반적인 불교의 시각에서는 '파계'라고 할 것이다. 하지만 그랬다면 원효가 강론을 하고 좌선(坐禪)을 했을 리가 없다. 오히려 그에게 음주가무와 연구, 좌선은 경계 없는 영역이었을 것이다. 그의 대표적인 책인 『대승기신론소(大乘起信論疏)』는 대승불교의 대표적인 경전으로 전해져온

---

21 『송고승전(宋高僧傳)』 4권.

『대승기신론』에 대한 원효의 강론서인데, 이는 오늘날로 치면 일종의 '연구논문'이라고 할 수 있다. 이 책에서 원효는 불교의 가르침은 '진제'(眞諦, 피안의 진리)와 '속제'(俗諦, 세속의 진리)로 나뉘지만, 종내에는 이 둘이 하나라는 '불이'(不二, 둘이 아님)임을 드러낸다. 따라서 진속의 경계가 허물어진 곳에 불교의 큰 가르침이 있다는 것이다. 그래서 원효가 선 수행과 저잣거리 기행을 오간 것은 이런 그의 사상에 기반한 바임을 알게 된다. 이는 파계한 자, 또는 방만한 속인이 제 욕망이 가는 대로 패악을 행하는 것과는 거리가 아주 멀다.

이런 원효의 생각은 그의 또 다른 저서인 『금강삼매경론(金剛三昧經論)』에도 나오는데 다음과 같이 풀어 쓸 수 있다.

두 개의 문(門)이란 무엇인가? 피안에도 차안에도 머무르지 않고 서, 대중들의 마음과 소승의 도리를 모두 버리고 사람과 법문에 대한 아집에 집착하지 않고, 양극단을 떠나 두 가지 모두가 비어 있다는 이치를 통달하는 것이다. 또한 문자에 통달하거나 자기만 깨우친 수준에 떨어지지 않고 두 가지 진리, 즉 진제와 속제를 융화하여 두 가지 모두를 깨우쳐 들어가는 길에 위배되지 않는 것이다. (…) 이 뒤에서 말하는 아홉 가지 문이 모두 한 가지 문에 포섭되며 한 가지 문에 아홉 가지가 있으니, 하나의 관(觀)을 벗어나지 못한다. 그러므로 펼쳐 보여도 하나인 문을 더 보태는 것이 아니요, 종합해보아도 열 가지 문에서 줄어들지 않는다. 따라서 늘지도 않고 줄지도 않는 것[이다.][22]

그러므로 원효의 '무애행'이 가진 자유의 함축은 '이항대립'이나 '이분법'의 경계를 흐리고 파괴하는 것이다. 그리고 이는 이론만으로 가능하지 않다는 것도 보여준다. 무애행은 말 그대로 실천이고, 그것이 이론적으로 합리화될 수 있을 때 효과를 발휘한다. 이를 스토아식으로 말하면 카테콘하기 위해 원효는 데코룸을 지켰으며, 그에 따라 에우카이리아를 붙잡았다. 이를 다시 풀어 쓰면, 원효는 이론과 실천을 일치시켰으며, 이를 위해 내외적 조건을 따라 행동했고, 그 결과 현자가 되었다 정도가 될 것이다.

3 우연의 문제

1. 우연이 곧 필연이라고?

'우연'은 고대 그리스어로 옮기면 '티케'(tyche)다. 이 말은 로마 시대에 와서 '운'(fortuna, 운명)이라는 의미를 가지는데, 이렇게 놓고 보면 우연은 필연과 그닥 멀지 않은 곳에 있는 개념이라고 할 수 있다. 이 우연과 필연의 '거리'라는 생각은 매우 묘하다. 왜냐하면 우리는 보통 우연과 필연을 '대립'의 관념하에 사고하는데, '거리'는 '차이'라는 다른 전제를 가지기 때문이다. 이를테면 우연한 사건들은 필연적인 사건이 되는데, 그러한 우연이 자꾸만 반복되면 그렇게 된다. 즉 '거리'는 '반복'에 따라 두 항의 거리가 가까워지면서 종내는 그것들이 일치하

---

22 원효 지음, 이인혜 옮김, 『금강삼매경론』, 동국대학교 역경원, https://abc.dongguk.edu/ebti/c2/sub2_pop_ls.jsp. 〔 〕 안은 인용자.

는 시점이 도래한다는 것이다. 사실 이런 '차이'와 그 차이의 반복이 없다면 학문으로서의 역사학이나 사회, 정치학이 존재할 수 없다. 인간사가 우연적인 사건들로 보이는 곳에서 이 학문들은 필연적인 법칙을 보거나 수립한다.

이는 점성술과 천문학의 관계에서도 드러난다. 천문학이 발전하지 않은 고대에 혜성의 출현은 직접적으로 '운' 또는 '우연'이었다. 예측할 수 없는 주기로, 엄청나게 커다란 빛을 내며 자신들의 생활세계 위로 질주하는 이 이상한 별에 대해 고대인들은 공포와 경외감 외에 다른 반응을 보일 수 없었다. 그래서 이를 '운'으로 해석하여 여러 가지 점성술적인 의미에서 불운이나 대재난의 예고라고 보았던 것이다. 하지만 천문학이 발달하고 혜성의 주기와 궤도가 발견된 후에는 그 누구도 이를 공포에 떨면서 바라보지는 않는다. 그것은 '반복'되는 것이고, 따라서 법칙이다. 이러한 경우 고대인들에게서 '우연'이었던 것이 '반복'을 통해 '필연'이 된 셈이다.

이렇게 보면 우연성과 필연성은 종이 한 장 차이처럼 보인다. 우리가 4장에서 무한과 유한을 다룰 때 논했던 플라톤의 필연성, 즉 '아난케'(ananke)는 대표적인 경우다. 플라톤이 이 아난케를 '무규정적인 필연성'이라고 논하는 부분[23]을 보면, 그가 생각한 우연성이 무엇인지 짐작된다.

우선 플라톤의 철학에서 본질은 이데아(Idea)다. 이는 대개 잘 알려진 바인데, 다시 부언하자면 이데아는 모든 사물들, 세계 전체의 실재적인 실체다. 여기에는 감각적인 세계와 실체적 본질로서의 지성적 세계의 뚜렷한 이분법이 있다. 예컨대 내 앞의 사과 하나가 가지고 있는 모든 감각적 성질들, 색깔, 형태, 맛 등등은 실체적 본질이 아니며, 본질은 이 사과의 지성적인 규정, 즉 '사과란~'이라는 명제로 표현되는 그것이다. 우리는 이를 쉽게 말해 '개념적 실체'라고 할 수도 있을 것 같다. 그것을 알 수 있는 방법이 언어적인 것을 통해서일 뿐이기 때문이다.

플라톤의 획기적인 철학적 발명품인 '이데아'는 아리스토텔레스에 와서 '형상'(eidos, form)이 되는데, 이 개념의 대립항이 이미 말했다시피 '질료'(hyle, matter)다. 플라톤에게도 이 질료가 분명 존재한다. 플라톤의 창조자인 데미우르고스가 세계를 만들어낼 때, 무에서부터 그것을 만드는 것이 아니라, 이 '질료'를 가지고 그렇게 한다. 그러니까 우리는 플라톤이 이 세계가 생성되는 그 순간의 우연성을 말하고 있음을 알게 된다. 다시 말해 여기서 그 '질료'는 순전히 우연적인 대상이다. 세계 자체가 법칙의 필연성에 따라 생겨날 수밖에 없는 그 '조건'은 질료가 거기 '우연히' 놓여 있기 때문이다. 그것이 어디서부터 나왔는가라고 묻는다면, 플라톤은 무슨 그런 말도 안 되는 질문이 있느냐는 식으로 빤히 쳐다볼 것 같다. 왜냐하면 질료의 우연성은 당연한 것, 즉 필연적이기 때문이다! 이런 결론은 이 장의 맨 처음에 우리가 언급했던 그 '우연과 필연의 거리'보다 더 묘하다. 즉 우리는 플라톤을 따라 다소 놀라운 역설에 도달한 것으로 보이는데, 이를 좀더 극적으로 표현하면 이와 같다. '필연적이기 위해서는 우연적이어야 한다.' 또는 '필연성이 생겨나기 위해서는 우연성이 있어야 한다.'

---

23 플라톤, 『티마이오스』, 46c 이하.

플라톤이 당연하게 생각했던 것이 우리를 적잖이 당황시키는 이유는 우연과 필연을 반대항으로 놓는 일상적인 어법에 우리가 길들여져 있기 때문이다. 그러나 위와 같이 가만히 생각해보면 그 둘이 결코 반대가 아니라는 것을 알게 된다. 오히려 이 둘은 떼려야 뗄 수 없는 밀접한 관계를 가지고 있다. 사실 이러한 생각은 플라톤 이래 계속 이어진다. 대표적으로 앞선 3장에서 우리가 보았던 에피쿠로스의 '클리나멘' 사상은 이러한 '우연성의 필연성'을 잘 드러낸다. 플라톤과 좀 다른 점을 짚어보자면, 에피쿠로스라면 위에서 플라톤에게 던진 질문('질료는 어디서부터 왔는가?')에 대해 상대적으로 겸손하게 '글쎄요 그건 저도 잘…'이라고 말할 것 같다는 점이다. 에피쿠로스는 클리나멘의 원인이 무엇인지에 대해서는 신들만이 알 것이라고 했기 때문이다. 문제는 이 신들이 인간에 대해서는 무관심하고, "많은 사람들이 생각하는 것과 다른 방식으로 존재"하기 때문에 인간으로서는 그 원인을 알 길이 없다는 점이다.[24]

플라톤과 그의 제자 아리스토텔레스의 경우에는 다소 오만할 수밖에 없는 이유가 있다. 이들이 에피쿠로스와는 달리 '목적론'이라는 것을 설정했기 때문이다. 플라톤에게는 '선의 이데아'라는 최고의 이데아가 목적이고, 아리스토텔레스에게는 '엔텔레케이아'(entelecheia, 완전태)라는 목적이 있다. 세계의 모든 존재들은 이 목적을 향해 가는 운동 중에 있다는 것이다. 하지만 에피쿠로스와 같은 유물론자들에게 이러한 세계의 목적이란 오히려 매우 인위적인 것으로서 자연의

---

24 에피쿠로스, 「메노이케우스에게 보내는 편지」, 『쾌락』, 42.

원자론적인 운행과는 거리가 멀다. 플라톤과 아리스토텔레스는 이렇게 자신들이 세계의 '목적'을 알고 있고, 그것이 하나의 '원인'으로 작동한다고 믿었으므로 꽤나 낙관적이었다. 우연적인 질료의 존재에도 불구하고 세계는 '잘될 것'이라고 믿었던 셈이다. 하지만 에피쿠로스주의자들에게 '우연'이란 법칙 이전에 있는 것으로서, 어떠어떠한 '목적' 따위로 길들일 수 없다고 믿었다. 클리나멘에는 목적이 없다. 하지만 오해는 하지 말아야 할 것이 에피쿠로스의 유물론자들도 세계 자체의 '법칙성'은 인정한다. 다만 그 '법칙성 자체'의 우발성을 상정할 뿐이다. 그리고 이들은 세계의 법칙성에서 어떤 인과성을 인정하지만, 세계 그 자체, 법칙 그 자체의 인과성은 인정하지 않는다. 이를테면 물리학적인 의미에서 '에너지 보존의 법칙'은 타당하지만, 이 법칙 자체, 세계가 그렇게 운행하는 움직임 자체는 우발적으로 나온 것이다.

2. 당구공과 유전자

(1) 흄의 당구공

에피쿠로스를 포함한 고대 유물론자들이 말한 '인과성'의 우연성, 달리 말해 '법칙 자체의 우발성'은 근대의 흄 철학으로 이어진다. 이제 흄 철학에서 '우연'이 어떻게 작동하는지 알아볼 차례다.

흄은 그의 책인 『인간 오성의 탐구』에서 우리가 일상적으로 믿어 의심치 않는 사실들의 연관, 즉 '인과성'을 의심하면서 '당구공의 예'를 든다. 그는 당구공 하나를 큐대로 치면 다른 당구공이 움직인다는 것은 법칙인가라고 묻는다. 즉 두 당구공 사이에 원인과 결과의 연쇄가 발생하는 것이 필연적인가를 묻는다. 흄에게 이러한 인과성은

흄과 당구공 사고실험에 대한 캐리커처

필연적이지 않다. 이는 다만 지금까지의 우리의 경험이 가리키는 바대로 추론될 뿐이다. 하지만 그 추론은 확실하지 않다. 왜냐하면 우리가 당구공이 부딪히는 경험을 아무리 많이 한다 하더라도 '이번에도' 첫번째 공이 두번째 공으로 돌진해 맞추리라는 필연성은 없기 때문이다. 그 전날 밤 아무도 없는 당구장을 침입한 쥐가 당구대의 천을 살짝 갉아놓았고, 돌진하던 공이 그 부분을 먼저 지나쳐 갔다면, 공은 방향을 틀어 다른 곳으로 나아갈 수도 있다. 또는 (다소 공상적이지만) 느닷없이 멧돼지 한 마리가(!) 당구장 문을 열고 뛰어들어와 당구대 위를 내달려간다면, 돌진하는 공 따위가 문제가 아니라 게임 전체가 엉망이 될 것이다. 아니면 갑자기 상대방이 돌변해서(흔히 내기 당구에서 이성을 잃은 적수가 그러듯이) 그 공을 잡아채서 달아날 수도 있다. 그 외에도 많은 경우가 있을 수 있다. 이 모든 경우의 수는 우리가 '경험적으로' 습득한 필연적 인과성을 흩트리는 우연성이다.

흄이 이러한 관점을 가지게 된 것은 물론 그가 사태를 바라보는 시각이 '경험론'에 기반하기 때문이다. 경험론이란 그의 또 다른 책이자 주저인 『인간오성론』 서문에 써놓았다시피, 인식의 "유일하고 견고한 토대는 학문과 관찰 위에 놓여" 있다는 주장에 잘 나타난다. 여기서 '관찰'이라는 말에서도 드러나다시피, 흄은 당대의 자연과학이 선호하던 관찰과 검증이라는 절차를 인간학을 비롯한 철학에도 확대 적용하기를 바랐다.

흄에 따르면 과학적인 관찰과 검증을 통해 나오는 결론일지라도 그것은 '개연성'(probability)을 벗어나지 못한다. 개연성은 "우연적인 것의 우월성에서 생기는"[25] 것이다. 이러한 우연성의 우월함이 생기는 이유는 그 우연적인 것의 발생빈도에 좌우된다. 즉 그 우연적인 경우가 많이 발생할수록 어떤 절대적인 우연성은 약화되고, 대신 '있을 법한 사건' 즉 개연성이 발생한다. 그러니까 '흄의 당구공'이 앞서의 이런저런 사태들에 의해 경로를 벗어나게 되는 것보다, 다른 공을 향해 돌진해서 맞추는 것이 더 '우월한 우연성', 다시 말해 '개연성'을 가진다.

다른 어떤 결과보다 어떤 한 결과에 더 많은 부분들이 일치하는 것을 발견하게 되면, 정신은 좀더 자주 그 결과 쪽으로 이끌려져, 최후의 결과가 좌우될 다양한 확률 혹은 가망성을 심사숙고할 때 자주 그쪽을 생각하게 된다.[26]

흄은 사람들이 이끌려들어가는 이러한 추론의 방향을 인과적 사고라고 본 셈이다. 다시 말해 이것은 관찰과 경험으로 '믿음'을 형성하

25 데이비드 흄 지음, 김혜숙 옮김, 『인간 오성의 탐구』, 고려원, 1996, 86.
26 Ibid., 87.

는 과정이다. 우리에게 해가 동쪽에서 떠서 서쪽으로 지는 것은 필연적인 인과 과정이 아니라 여러 해, 또는 수십 년간의 경험을 통해 그러한 일이 일어나리라는 '믿음'을 갖게 된 것이다. 우리에게 이 믿음은 그 믿음에 "반대되는 것, 즉 더 적은 수의 의견에 의해 지지되고 따라서 정신에도 덜 회상되는 그런 것에 부여되는 것 이상의 우월성을 그 결과에 부여"[27]하기 때문에 발생한다. 확실히 멧돼지 한 마리가 갑자기 당구대로 돌진하는 우연보다는 당구공이 맞은편 당구공으로 돌진하는 우연이 더 우월하기는 하다. 그래서 사람들은 어떤 우연은 백 번 발생했고, 어떤 우연은 열 번, 다른 우연은 한 번 일어났다고 생각하면서 백 번 발생한 것을 더 선호한다. 이럴 경우 그 우월한 사건은 우리의 상상에 강력한 영향을 미쳐서 확실한 인상을 부여하고, 이렇게 해서 필연성이 생겨난다. 이렇게 보면 앞서 우리가 논했던바, '우연이 필연의 근원이다'라는 명제가 흄에게서 반복되는 것을 알게 된다. 따라서,

> 우리는 어떤 힘이나 필연적인 연관성에 대해서 결코 알아낼 수 없으며, 결과를 원인에 연결해주며 원인에 뒤따라 결과를 반드시 일어나게 해주는 어떤 성질도 찾아낼 수 없다. 우리는 단지 하나가 실제로 사실에 있어 다른 하나의 뒤를 따른다는 것만을 발견할 뿐이다.[28]

다시 말해 인과적인 연결로써 우주적 연관성을 도출하는 우리의

---

27 Ibid.
28 Ibid., 95.

'습관'은 그 우주 자체의 힘에 대해 무지하다. 그 힘은 물체의 감각 가능한 영역에서 나오지 않는다. 불에 열이 수반된다는 것을 우리는 알고 있지만 그 둘을 연관시켜주는 힘이 무엇인지는 잘 모른다. 다만 우리는 그 두 사실이 서로 '인접'해 있다는 것만을 알 뿐이다. 여기에 인과적 연관성을 만드는 것은 사건의 반복과 습관의 형성이다.

이 과정에서 필연성은 맨 마지막에 온다. 일차적으로 있는 것은 물체들 간의 '인접'이다. 이것을 흄은 '물체들 간의 항상적 합일'(constant union)이라고 부른다.[29] 이 인접 또는 합일이 계속 이어지면, 그때 비로소 '인과관계'가 우리 관념 안에 형성된다. 필연성은 이렇게 형성된 인과관계가 뚜렷하지 않으므로 부가적으로 요구되는 관념이다. 따라서 필연성이란 사물의 객관적 질서가 아니라 '정신의 추론'에 의해 가능해진다. 하지만 필연성이 이렇게 인과관계에 부가된다 하더라도 그것이 인과관계의 핵심이라는 사실은 변하지 않는다. 또한 부가된 것으로서 필연성은 제거되기도 쉽다. 여기서 자유의 가능성이 나온다.

> 나의 정의에 따르면, 필연성은 인과의 본질적 부분을 이루며, 결과적으로 자유는 필연성을 제거함으로써 원인 또한 제거하고, 자유는 곧 우연(chance)이다.[30]

자유는 곧 '우연'이다. 만일 흄이 자유는 필연성을 거스르는 불합리

---

29 David Hume, *A Treatise of Human Nature*, (ed.) L. A. Selby-Bigge, Oxford Clarendon Press, 1978, 400.

30 Ibid., 7.

RNA   DNA

DNA와 RNA

한 대상이라고 했다면 논의는 단순하고 유치하게 흘렀을 것이다. 사실상 '원인'을 제거한 이는 흄 자신이며, 이를 통해 필연성을 물리적 사실의 원리의 지위에서 추방한 사람도 흄이다. 그에게는 개연적 가능성이 그 자리를 대신한다. 하지만 개연성(probability)이란 곧 확률(probability)이며 이는 곧 '우연'의 긍정일 것이다.

(2) 돌연변이

흄을 지나 이제 상당히 현대적인 과학의 영역에서 우연과 필연에 대해 알아볼 차례가 된 것 같다. 하지만 이 논의가 무슨 전문적인 능력을 요구하는 것은 아니니 함께 생각하다 보면 어떤 결정적인 결론에 도달하지 않을까 생각한다. 바로 생물학 영역에서 우연이 작동하는 방식을 살펴보자.

최근의 유전학에 따르면 생명체가 늙고 죽는 것은 DNA 수준에서 일어나는 '우연'들의 축적 때문이다. 이 우연들을 분자유전학(미시적인 단위의 DNA 사슬의 배열을 연구하는 분야)에서는 '돌연변이'라 부른다. 이 돌연변이가 생물 진화의 결정적인 요소라고 주장한 생물학자이자 철학자로 자크 모노(Jacques Lucien Monod, 1910~1976)가 있다. 모노는 돌연변이의 원인이 뉴클레오티드(nucleotide)의 대체, 부가, 이동에 의해 이루어진다고 본다.

여기서 뉴클레오티드란 유전자의 기본 단위인 핵산(DNA와 RNA)이라는 고분자 성분의 분자를 일컫는다. 뉴클레오티드는 핵산 안에서 에너지를 공급하고, 세포의 반응을 이끌어내는 중요한 역할을 한다. 위의 그림에 나타난 것이 핵산인데 왼쪽이 RNA, 오른쪽이 DNA다. 그리고 이 두 가지를 구성하는 저 꼬인 형태의 끈이 바로 뉴클레오티드다. 뉴클레오티드로 이루어진 핵산이 생명체를 구성하는 세포의 기본 단위로서 세포핵 내부와 외부의 정보를 전달하기도 하고, 가장 중요하게는 유전 정보를 자손에게 전달한다. 알다시피 이 유전 정보는 위 그림에 나타난 뉴클레오티드 안의 '염기서열'을 통해 저장, 전달된다.

그러니까 돌연변이는 이 뉴클레오티드상의 우연적 변화를 일컫는다. 우선 '대체'는 위의 한 쌍의 뉴클레오티드 끈이 다른 쌍에 의해 대체되는 것을 말한다. 두번째로 '부가'(반대로 '결손')는 한 쌍 혹은 여러 쌍의 뉴클레오티드가 결손되거나 부가되는 경우다. 세번째로 '이동'은 길이가 각기 다른 뉴클레오티드 배열 부분들이 순서가 뒤바뀌거나, 반복되거나, 옮겨지거나, 섞이는 경우로, 그 결과 정보가 뒤죽박죽이 되어버리는 것을 말한다.[31] 그런데 문제는 이러한 변화가 아무런 사전 예고도, 예측도 없이 일어나버린다는 점이다. 유전자의 변화는 곧 유전자 상속의 변화를 초래한다. 즉 진화의 원인이 된다. 모노는 이 우연적인 돌연변이가 생명권에서 발생하는 모든 창조의 원천이라고 말한다. 그는 확신에 차서 다음과 같이 말한다.

오직 우연, 절대적이지만 또한 맹목적인 것에 불과한 이 자유, 이것이 진화라는 경이적인 건축물을 가능하게 하는 근거인 것이다. 현대 생물학의 이와 같은 핵심적인 생각은 이제 더 이상 생각해볼 수 있는 여러 개의 가설들 중 하나가 아니다. 그것은 생각 가능한 유일한 생각이며, 관찰과 실험의 사실들과 양립할 수 있는 유일한 생각이다. 그리고 이러한 생각이 언젠가 재검토되어야 한다거나 혹은 그렇게 될 수 있다고 여기게 할 (혹은 그렇게 기대하게 해줄) 어떠한 것도 존재하지 않는다.[32]

이렇게 자신 있게 말하는 모노의 배경에는 그가 이로써 과학과 철학에 완고하게 터를 잡고 있는 인간중심주의, 특히 합리주의적 인간중심주의를 배격할 수 있다는 생각이 깔려 있다. 인간중심주의는 실제로 현대철학의 주요한 문젯거리인데, 생물학 철학을 전개하는 모노에게도 관건이었던 셈이다. 어쨌든 모노는 이제 중요한 것은 돌연변이에서 저 '우연'이라는 개념을 명확하게 하는 것이라고 말하면서 다음 논의를 전개한다.

보통 우연이란 확률을 의미하는데, 모노는 이것을 '조작상의 우연'

31　자크 모노 지음, 조현수 옮김, 『우연과 필연』, 궁리, 2010, 163 참조.
32　Ibid., 164.

이라고 한다. 하지만 이 조작적 우연은 본질적인 것이 아니다. 본질적인 우연은 "완전히 서로 독립적인 두 개의 인과 계열이 서로 교차하여 일어나게 되는 사건"[33]이다. 이 본질적인 우연에 대해 설명하면서 모노는 그의 유명한 다음과 같은 예시를 든다.

의사 뒤퐁 씨가 긴급 호출을 받아 어떤 새로운 환자의 집으로 불려가는 도중, 배관공 뒤부아 씨는 옆집 지붕을 수리하고 있던 참이라고 가정해보자. 의사 뒤퐁 씨가 그 집 발치를 지나가려는 찰나, 배관공 뒤부아 씨가 부주의로 인해 손에 들고 있던 망치를 떨어트리게 되고, 이 망치가 떨어지는 (결정론에 의해 정해진) 궤적은 지나가던 의사의 동선과 한 지점에서 겹치게 되어, 결국 의사는 머리가 박살나서 죽게 된다.[34]

유전자 정보의 복제 과정에서 발생하는 오류들도 이러한 본질적인 우연과 같다. 유전자 안에서 벌어지는 단백질의 실제 역할, 상호작용, 반응 등은 하나의 인과계열이지만 오류가 발생하는 인과계열은 이 인과와 무관하기 때문이다. 다시 말해 돌연변이를 일으키는 결정론적 과정과 돌연변이가 단백질의 상호작용 차원에서 영향을 미치게 되는 결정론적 과정 사이에는 절대적인 우연의 일치만이 있을 뿐이라는 것이다.

이 미시적 차원의 우연이 발생하게 되면 이제 거시적 차원에서 필

---

33 Ibid., 165.
34 Ibid., 165-66.

연성의 장이 펼쳐지는데, 이를 '진화'라고 한다. 우연이 필연의 영역으로 들어오는 메커니즘을 모노는 '사이버네틱스'라고 부른다.[35] 사이버네틱스는 간단히 말해 미시적인 부분과 거시적인 전체가 상호작용해서 어떤 방향성을 가지는 것을 말한다. 이 사이버네틱스는 유기체의 세포 내부의 작동원리다. 따라서 모든 돌연변이가 현실적으로 발현되는 것은 불가능하다. 그중에서 이 사이버네틱 시스템, 상호연결망과 조화될 수 있는 것만이, 또는 새로움을 부가하여 시스템을 더욱 풍부하게 해줄 것만이 살아남는다. 요컨대 생명체의 유지와 전개, 창조 과정은 우연과 필연의 놀이인 것이고, 그 규칙은 그 생명체의 조화와 풍요로움을 가능하게 하는 방향인 셈이다.

(3) 진리의 우연성

생물학의 영역에서 모노가 우연성을 진화의 근간으로 삼았다면, 인문학 영역에서는 리처드 로티(Richard McKay Rorty, 1931~2007)가 우연성을 진리의 규준으로 삼는다. 아니, 오히려 지금껏 말했던 그런 진리란 존재하지 않는다고 말한다. 단적으로 말해 그 이유는 진리란 언어적인 것이며, 진리는 인간의 언어놀이이기 때문이다. 유명한 로티의 말을 옮기자면, "세계는 말하지 않는다. 오직 우리가 말할 뿐이다."[36] 일단 언어가 인간에게 그 어떤 표현이나 소통 수단보다 우월한 것으로 자리잡으면(아마 이 과정은 위의 모노가 말한 '절대적 우연성' 또는 '본질적 우연성'에 속할 것이다), 세계 자체는 우리가 어떤 진리를 표명하

---

35 Ibid., 172 참조.
36 리처드 로티 지음, 김동식, 이유선 옮김, 『우연성, 아이러니, 연대』, 사월의책, 2020, 38.

도록 만들 수 있다. 하지만 세계는 언어에 대해서 그렇게 할 수가 없다. 어느 누구도, 어떤 사물도 우리에게 한국어를 말할 권리를 부여하지는 않는다. 이는 우리가 선택한다. 하지만 이것이 어떤 자의적 선택을 의미하는 것도 아니라고 로티는 주장한다.

리처드 로티

> 유럽은 낭만주의 시의 어휘나, 사회주의 정치의 어휘나, 갈릴레이 역학의 어휘를 수용하기로 **결정하지** 않았다. 그러한 유형의 전환은 논변의 결과가 아닌 것과 마찬가지로 의지에 의한 행위도 아니다. 오히려 유럽은 어떤 낱말들을 사용하던 습관을 점차 잃어버리고, 다른 낱말을 사용하는 습관을 얻게 되었던 것이다.[37]

로티의 이 말은 언어라는 거시적 수준에서, 그 선택의 유무는 집단적 차원에서 결정되지만, 그 결정 자체는 습관의 산물이라는 뜻이다. 습관이 '우연적으로' 방향 짓는 것에 따라 언어가 선택된다. 이는 마치 앞서 우리가 짚어본 흄의 견해와 비슷하다. 로티에 따르면 이는 어떤 개인이 신을 믿기로 하거나, 신은 죽었다고 믿는 것과는 차원이 다르

---

37 Ibid., 39. 강조는 인용자.

다. 그 사람이 그렇게 믿는 것과 신이 어디에서 무엇을 하는지는 별개의 것이기 때문이다. 그럼에도 불구하고 우리는 어떤 규준을 세계에 부여하려는 유혹을 느낀다. 그래야만 심적인 안정을 얻고, 그 규준에 따라 타인을 만나고, 느닷없는 사건 사고들을 당하고도 제자리(규준)로 돌아올 수 있다고 믿는다.

로티에게는 철학사 안에서의 새로운 이론이나 사상의 발전도 이러한 언어놀이 내부에서 벌어지는 사건들이다. 이를테면 아리스토텔레스 형이상학의 어휘들, 즉 목적인이나, 형상인과 같은 개념은 16세기부터 나온 기계론자들에게는 거추장스러운 것들이었다. 이렇게 해서 이 단어들은 다른 기계론적 단어들에 밀려 사라지거나, 다른 단어들로 대체되었다. 이런 변화는 옛사람들이 더 멍청해서, 현상의 배후를 꿰뚫어보지 못했기 때문에 현명한 근대인들이 이들을 발견했다고 해서는 곤란하다. 그것은 그저 '도구의 창안'에 불과하다. 로티의 비유에 따르면 "도르래를 착상했기 때문에 지렛대와 받침대를 버리는 것과 더 흡사하며, 유화(油畫)를 적절히 다루는 방법을 알게 되었기 때문에 아교와 템페라 화법을 버리는 것과 더 흡사하다."[38]

이렇게 되면 우리가 그와 같은 단어를 사용해서 발언하는 문장의 진리치도 분명치 않게 된다는 것은 자명하다. 그것은 찬성과 반대 논변 모두 어떤 도구적인 타당성을 가질 것이기 때문이다. 문제는 이런 문장들이 진리가 될 수 없다는 것이 아니라(진리는 늘 있어왔다!) 지금은 반대 논변에 가로막혀 진리가 아닌 것이 나중에 진리가 될 수 있

---

38 Ibid., 50-51.

다는 것이다. 그렇게 주목을 받게 된 문장들은 사람들 사이에 회자되고 되풀이해 음미되며, 점점 수용될 것이다. 언어놀이 안에서 자리잡게 된다는 것은 이와 같은 과정 안에서 습관화된다는 의미다.

이와 같은 생각을 확장하면 인류의 문화 전체가 우연적 과정의 산물이 된다. 즉 "우리의 언어, 우리의 양심, 우리의 공동체 등 모든 것을 시간과 우연의 산물로 여기는 그러한 지점"[39]에 도달하게 되는 것이다. 상당히 파격적인 결론을 담고 있는 로티의 이러한 주장은 물론 상대주의이지만, 우리가 늘상 '진리의 향수병'에 젖어 망각하곤 하는 인간 지성과 언어의 유한성을 깨우쳐주는 것이기도 하다.

3. 우연에서 우발로

자, 이제 이 장의 대단원에 접어들고 있다. 여기서 우리는 1절에서 말한 어떤 지점으로 다시 되돌아갈 것인데, 바로 우연과 우발, 그리고 필연의 관련을 살펴보면서 그렇게 할 것이다. 이것이 무슨 말일까? 우연과 우발은 우리말로 하면 그저 비슷해 보인다. 하지만 이 개념은 철학사 내에서는, 특히 현대철학으로 올수록 매우 다른 함축을 가지게 된다.

단적으로 말하면 '우연'(chance, hazard)은 물리적인 의미에서 '원인 파악 불가'라는 의미를 가진다. 이를테면 우리가 앞서 배운 아리스토텔레스의 '운동인' 또는 '목적인'에서 엔텔레케이아(완전태)와 같은 것이 그러하다. 엔텔레케이아는 존재하는 것들이 운동할 수 있도

---

39 Ibid., 68.

록 동기를 부여하고, 힘을 발동하게 하는 것이다. 그러나 그것은 순전히 우연적이다. 즉 엔텔레케이아 자체는 그 원인이 설명될 수 없다. 그렇기 때문에 중세 신학에서 이 완전태는 '신'과 동격이 될 수 있었던 것이다.

이와 달리 '우발'(contingency)은 존재론적 의미에서의 '원인 파악 불가한 상태 자체'를 의미한다. '우연'이 원인의 계열 가운데 최종항으로서 '아직' 알 수 없는 것이라면, '우발'은 '이미' 알 수 없는 것을 말한다. 이런 의미에서 우발성은 '잠재성'(potentiality)이라고 할 수 있다. 그것은 이미 우리가 알 수 없는 존재의 심층으로서, 결코 현실화되지 않는 존재의 상태다. 예컨대 혜성의 궤도는 우연'이었다.' 즉 궤도 공식이 발견되기 이전에는 '아직' 알 수 없는 상태였다. 하지만 그 궤도가 케플러에 의해 계산되면 '필연'이 된다. 즉 법칙이 된다. 이렇게 우연은 법칙이 되기 이전의 '아직' 알 수 없는 상태다. 하지만 우발은 그 법칙 자체의 '출현' 또는 혜성의 궤도가 그렇게 된 이유에 해당한다. 우발은 저 우연이 화한 필연의 상태를 늘 벗어나거나, 그로부터 뒤로 물러난다. 그래서 우발은 늘 잠재적이며, '이미' 알 수 없다. 이 '이미 알 수 없다'는 역설적인 말은 매우 당혹스럽다. 그렇지만 이 역설은 우리 가까이에 있다. 이를테면 탄생과 죽음을 생각해보자. 탄생과 죽음은 '이미' 알 수 없다. 그것은 '아직' 알 수 없다고 말할 수 없는 실재적인 사실이다. 단적으로 말해 그것은 우리가 그 사건의 순간을 체험할 수 없기 때문이다. 물론 다른 방식으로는 경험 가능할 것이다. 소설이나, 철학적 탐구나, 다른 사람이 나고 죽는 것을 봄으로써 말이다. 그러나 우리가 그것을 안다고 할 수 있을까? 그렇지 않다. 그것은 그저 '이미'

알 수 없는 존재론적인 사실일 뿐이다.

현대철학, 특히 현대 존재론이나 형이상학이라고 할 수 있는 분야에서는 이 우발성이 상당히 중요하다. 이제부터 이를 살펴보도록 하자.

(1) 알튀세르의 우발성

알튀세르(Louis Pierre Althusser, 1918~1990)는 20세기의 가장 뛰어난 마르크스주의 철학자 중 한 사람이다. '마르크스주의'라는 말에서 알겠지만, 알튀세르는 유물론자다. 그래서 그의 철학은 보통 '우발성의 유물론'이라고 일컬어진다. 대개의 유물론자들이 말하듯이 그 또한 자신의 유물론이 주류 관념론에 저항해온 일련의 소수철학의 역사, 즉 에피쿠로스로부터 스피노자, 마르크스로 이어지는 철학 안에 기입된다고 본다. 알튀세르는 이러한 유물론에 대한 입장을 다음과 같이 말한다.

> 내 생각에 '진정한'(true) 유물론, 마르크스주의에 가장 적합한 유물론은 에피쿠로스와 데모크리토스의 노선에 안에 있는 우발적 유물론(aleatory materialism)입니다.[40]

여기서 알튀세르가 말하는 유물론은 보통 철학사에서 말하는 '관념론'과의 대립에서 한 항을 차지하는 그런 부분적인 의미가 아니다.

---

40 L. Althusser, *Philosophy of the Encounter: Later Writings*, 1978~87, (eds.) François Matheron & Oliver Corpet, (trans.) G. M. Goshgarian, Verso, 2006, 256.

그는 "관념론/유물론이라는 서로를 반조하는 쌍을 거부하는 것"[41]이 유물론의 진정한 표지라고 본다. 왜냐하면 자꾸만 우리가 '유물론은 관념론에 대립한다'라고 말하게 되면, 그것만으로도 관념론을 되살리고, 유물론 반대편에 자리

루이 알튀세르

를 마련해주는 패착을 저지르기 때문이다. 이렇게 해서는 관념론으로부터 벗어나기가 불가능해진다.

따라서 알튀세르는 유물론의 지표를 '반'관념론에 두지 않는다. 유물론은 그보다 훨씬 심오한 것으로서, 그러한 관념론/유물론이라는 이분법 자체를 횡단하거나, 그러한 이원론이 기반한 '질문 자체'를 벗어나는 것이다. 여기서 관념론적 질문은 모두 근거와 이유, 즉 법칙에 관한 질문이며, 이러한 질문은 "기원뿐만이 아니라 목적에도 관계"된다.[42] 결과적으로 이는 모두 "종교와 도덕에 속하지 철학에 속하지 않"는다.[43] 이 말을 이해하기 위해서는 바로 앞 장에서 언급한 아리스토텔레스의 '엔텔레케이아'가 알튀세르에게는 '관념론'적 용어가 된다는 것을 음미해보면 된다.

유물론에 대한 이와 같은 규정은 철학 일반에도 적용된다. 다시 말

---

41 Ibid., 272.
42 Ibid.
43 Ibid., 273.

해 "철학은 기원이나 마지막 목적에 대한 질문에 대답하지 않는다. 왜냐하면 철학은 종교도 도덕도 아니기 때문이다 (…) 기원이나 마지막 목적에 대한 질문은 이데올로기적 명제이다."[44] 이에 대한 유명한 비유가 있는데 그것은 다음과 같다.

나는 관념론 철학자란, 기차를 탈 때, 애초부터 여행의 시작(기원) 과 목적지를 알고 있는 사람이라고 말했습니다. 마치 그가 인간의 기원과 운명, 즉 역사와 세계를 알고 있다는 듯이 말이지요. 반대로 유물론 철학자는 미국 서부영화의 영웅처럼, 언제나 '움직이는 기차'에 올라탑니다. (…) 이 철학자는 기원도 제일 원리도 목적지도 모릅니다. 그는 달리는 기차에 올라, 빈 자리에 앉거나 차량들을 어슬렁거리면서, 여행객들과 수다를 떨지요. 그는 예측하지 않으면서, 모든 것이 예기치 않게, 즉 우발적인(aleatory) 방식으로 발생하는 것을 목격합니다. 이때 그는 기차 자체에 관해, 다시 말해 여행객들과 창문을 통해 스쳐 지나가는 시골의 풍경에 관해 무한한 정보들을 모으고 무한한 수의 관찰을 수행하는 겁니다. 요컨대 그는 우발적인 만남의 장면들(sequences(séquences) of aleatory encounter) 을 기록하는데, 이것은 질서잡힌 귀결을 모든 의미의 기초인 기원으로부터 또는 절대적인 제일 원리나 제일 원인으로부터 연역하는 관념론자와는 같지 않습니다.[45]

---

44 루이 알튀세르 지음, 김용선 옮김, 『철학과 과학자들의 자생적 철학』, 인간사랑, 1992, 38.
45 L. Althusser, *Philosophy of the Encounter: Later Writings*, 277-78.

여기서 '우발성'은 모종의 목적이나 근거를 통해 세계와 인간의 어떤 본래 면목을 미리부터 알고 있는 관념론자의 것이 아니라, 언제나 '이미' 모르는 것에 대해 다가가고, '만남의 장면들' 안에 스스로가 속해 있으면서, 그러한 만남을 관찰하고 기록하는 유물론자의 것이다. 그래서 이러한 기준을 만족시키는 철학은 우발적 유물론뿐이다. 알튀세르는 이 우발적 유물론의 계보에 속하는 철학자들을 한 사람씩 소환하는데, 여기에는 우리가 이전에 살펴보았던 에피쿠로스가 당연히 속하게 된다.

이들에게는 그 어떤 목적론이 존재하지 않는다. 예컨대 에피쿠로스의 '클리나멘'은 무슨 목적을 향해 기울어지지 않는다. 무엇보다 이들이 우발성의 유물론에서 중요한 철학적 대가들인 이유는 이들이 "주체(신이든 프롤레타리아트이든)의 유물론이 아니라, 어떤 할당가능한 목적도 없이, 그 발전의 질서를 지배하는—주체 없는—과정의 유물론"[46]이기 때문이다. 주체 없는 과정, 즉 주체라는 인간중심주의를 벗어난 과정의 역동론이란 바로 우리가 '아직' 모르는 것이 아니라 '이미' 모르는 것을 드러내려는 과정을 탐색하는 분야라고 할 수 있다. 그래서 이는 과학이 아니라 철학의 임무가 된다.

클리나멘에 대해 알튀세르식으로 한번 더 살펴보자. 클리나멘은 '창조' 또는 '창발'의 순간이다. 이 무한히 작은 '편위'(기울어짐)는 무한히 거듭되면서 하나의 세계를 탄생시킨다. 하지만 이 우발적 편위 자체가 세계의 창발은 아니다. 세계는 필연성의 체계이고, 우발성은 이 체

---

46 Ibid., 260.

계 이전에 그것과 다르게 있다. 다른 방식으로 표현하면 '필연성은 그것과 다른 우발성에서 나온다'고 할 수 있다. 바로 우리가 앞선 장에서 보았던 그 '역설'이 알튀세르-에피쿠로스에게서도 나타나는 것이다.

(2) 메이야수의 '원-화석'과 '선조성'

21세기 현대철학을 논하면서 빠지면 안 되는 철학자가 퀑탱 메이야수(Quentin Meillassoux, 1967~)다. '우발성'과 관련해서 메이야수는 두 개의 중요한 개념을 제출하는데, '원-화석'(arche-fossil)과 '선조성'(ancestralité, ancestrality)이 그것이다. 여기서 '원-화석'은 "어떤 선조적 실재성 또는 사건, 이를테면 지구 생명체보다 앞서는 어떤 것의 실존을 가리키는 물질"이다.[47] 이러한 물질의 실존은 '선조성'이라는 다른 개념을 필요로 하는데, 이 개념을 소략하게 정의하면, '**내가 존재하지 않았던 시간에 대해 내가 생각하는 실재가 아닌 실재성**'이다.[48] 이런 의미의 원-화석은 인간과의 관계에서만 실재를 사유하는 것의 무능력을 드러낸다. 즉 우리가 '실재' 또는 '존재하는 것'이라고 믿는 것은 우리 지성이 구성한 것에 불과하다는 것이다. 진정한 실재는 그 구성의 바깥에 존재하는 현상들이다. 이를테면 "방사성 동위원소 붕괴 또는 자신의 형성 날짜와 같은 정보를 알려주는 별빛의 방사"[49]가 그것이다. 이것은 인간적 관점의 필연성이 아니라, "어떤 우

---

47 Quentin Meillassoux, *After Finitude: An Essay on the Necessity of Contingency*, (trans.) Ray Brassier, London: Continuum, 2008(정지은 옮김, 『유한성 이후』, 도서출판b, 2010), 10.

48 Ibid., 12, '1. ancestrality' 참조.

49 Ibid.

발성에 (…) 속하는 필연적 조건들"[50]이라고 할 수 있다. 이를 메이야수는 '절대적 우발성'이라고 이름 붙인다. 또한 '우발성'이 강조되는 자신의 철학을 메이야수는 '사변적 유물론'(speculative materialism)이라고 부른다.

쾅탱 메이야수

다시 말해 '원-화석'이라는 개념은 우리가 통상적 사유 안에 머무는 한 선조성을 알 길이 만무하다는 것을 의미한다. 원-화석은 스스로 명증하지 않는데, 그것이 현행화되어 표명된 것이 아니라, 그 표명으로부터 언제나 물러나기 때문이다.

하지만 이런 의미에서 '물질'이란 매우 공허하게 변할 수 있다는 점도 이야기해야 한다. 선조성의 잠재적 시공간과 우리의 이 현행적(현실적) 시공간을 설명하는 것은 '자연과학'인데, 자연과학이 설명하는 순간 선조성은 불가능한 것이 되어버리기 때문이다. 선조성이 불가능해지면 '원-화석'으로서의 실재 혹은 물질도 사라진다. 다시 말해, "원-화석은 (…) 어떤 당혹스러운 면모를 드러낸다."[51]

---

50 Q. Meillassoux, 'Iteration, Reiteration, Repetition: A Speculative Analysis of the Meaningless Sign', Paper presented at the Freie Universität Berlin, Germany, 20 April 2012.

51 Ray Brassier, "'The Enigma of Realism: On Quentin Meillassoux's After Finitude'", *Collapse* Volume II: *Speculative Realism*, (ed.) Robin Mackay, Urbanomic, 2007, 18–19.

이렇게 되면 선조성은 현행화된 시공간을 극복하지 못하고, 과학적으로 기술된 실재성에 머물게 된다. 사정이 이러하기 때문에 메이야수가 원-화석을 주장하기 위해서는 선조성을 통해 현존하지 않는 어떤 잔여적인 것을 기술할 필요가 생긴다. 메이야수가 최근 SF뿐만 아니라 그 자신이 창안한 XSF에 관심을 기울이는 것은 이런 맥락에서 이해할 수 있다.

나는 두 가지 명칭을 사용할 것인데, 하나는 아주 잘 알려진 것이고 다른 하나는 신조어다. 한편으로 과학소설(science fiction), 다른 한편으로는 내가 '과학-밖 소설'(extro-science fiction, Fictions des mondes hors-science), 또는 줄여서 SF와 XSF라고 부르는 것이 있다. (…) 여러분들은 아마도 문학장르로서의 과학소설이 [내가 말하는] '과학-외향 소설'을 함축하기도 한다고 생각할 것이다. (…) [하지만] 나의 목표는 이 점에 대해 경합하는 것이 아니다. 그보다 어떤 개념적 구별을 배경에 기입하고 철학적 취지를 보여주고자 하는 것이다. 일반적으로 말해서 과학소설 안에서 과학과 소설의 관계는 (…) 과학의 지식과 실재의 지배력의 가능성들을 변형하고, 종종 확장하는 과학의 허구적[소설적] 미래를 상상하는 문제다. (…) [그런

"상관주의자가 과학의 선조적 주장들을 이해한다는 점은 어쩔 것인가? 상관주의는 실재성에 대한 우리의 관계로부터 독립적으로 존재하는 인지 가능한 실재란 있을 수 없다고 주장한다. (…) [하지만] 이러한 원초적인 관계와 초월적 표명의 조건들이 부재한 상태에서는, 아무것도 드러날 수 없고, 파악될 수도 없으며, 사유되거나 알 수도 없다. 따라서 상관주의적인 것은 지속될 것이다. 심지어 이것은 과학에 의해 기술된 현상이, 그 표현되는 관계로부터 독립적으로 가능하다 할지라도 그러하다"(Ibid., 19-20).

데) '과학-바깥의 세계'라는 말에 의해, 우리는 단순히 과학이 결여된 세계를 지칭하고 있는 것이 아니라, 특히 실험과학이 사실상 존재하지 않는 세계를 의미한다. 예컨대, 인간이 실재와의 과학적 관계를 발전시키지 않았거나, 아직 못한 세계가 그것이다. '과학-바깥의 세계'라는 말로 우리는 **원칙적으로, 실험과학이 불가능**하고 사실상 알려지지 않은 세계를 의미하는 것이다. 따라서 '과학-외향 소설'은 어떤 특유한 상상력의 권역을 설정하는데, 여기서는 구조화된—또는 더 낫게는 탈구조화된—세계가 파악되는바, 실험과학이 그것의 이론들을 전개할 수 없고, 그 이론들 안에 객체들을 구성할 수 없는 방식으로 그렇게 한다.[52]

이와 같은 메이야수의 사변적 유물론에서 실재 혹은 물질이 상상력 안에서 생산되는 과학 외적 사물/사태라는 것을 알게 된다. 그렇다면 이것은 '우발성' 외에 다른 것이 아니다. 왜냐하면 과학적 이해를 벗어나는 것이란, 곧 법칙을 벗어나는 것이고, 그것은 '이미' 알 수 없는 어떤 것이기 때문이다.

(3) 육후이의 사이버네틱 우발성

현대철학자로 또 한 사람 주목해야 할 철학자는 이제 우리가 살펴볼 육후이(Yuk Hui, 許煜)다. 그는 컴퓨터공학과 사이버네틱스를 철학적 존재론과 결합해서 사유하는 아주 특유한 기술철학자다. 육후이

---

52 Q. Meillassoux, *Science Fiction and Extro - Science Fiction*, (trans.) Alyosha Edlebi, Minneapolis: Univocal, 2015, 3-6. 〔 〕 안은 인용자.

육후이

에게도 우발성은 매우 중요한 개념이다. 그는 우발성에 두 가지 근본적인 논점을 제기한다. 우선 우발성은 자연을 이해하는 데 있어서 근본적인데, 그것이 경험적 관찰을 벗어나는 "불규칙성을 증명하고 (…) 우발성을 하나의 필연성으로 인식하"[53]기 때문이다. 이를테면 갑작스러운 죽음이나 역사적인 사건들 또는 블랙홀과 같이 아직 그 전모가 다 드러나지 않은 자연현상들은 현재로서는 우발적이다. 이때 우발성은 사실 우연과 가까워 보인다. 왜냐하면 자연현상들의 불가사의한 면모는 '아직' 모르는 것일 수 있기 때문이다. 그러나 우발성의 두번째 의미는 "체계들의 바로 그 가치에 도전"하는 것이고, 그 결과 "모든 지식은 사실적으로뿐 아니라 논리적으로도 의심스러워질 것이고 그 타당성이 박탈"되는 지점을 말한다.[54] 즉 우발성은 여기서 상대적 의미가 아니라 절대적인 의미로 쓰인다. 법칙이 되는 우발성은 '이미' 모르는 것이 아니다. 절대적 우발성은 법칙으로서의 그 체계 자체에 도전하는 것이므로 모든 지식의 타당성이 박탈되는 그 지점, 즉 메이야수가 말한 과학적 법칙 바깥에서부터 온다. 이때에야 비로소 우발성은 제 면모를 되찾게 된다.

53 Yuk Hui, *Recursivity and Contingency*, Rowman & Littlefield, 2019, 41.
54 Ibid., 42.

데이비드 호크니, 〈더 큰 첨벙〉

　예컨대 우리는 이러한 우발성을 뛰어난 예술작품에서부터 말 그대로 법칙 외적인 충격을 통해 받아들이게 되는 경우가 있다. 만약 이 우발적 충격이 없다면 그 작품은 결코 걸작이 될 수 없을 것이다. 이를테면 데이비드 호크니(David Hockney, 1937~)의 작품 〈더 큰 첨벙 A Bigger Splash〉(1967)은 우발성을 화가의 필연적인 붓질, 즉 인체의 물리적 움직임을 통해 드러내는 것으로 볼 수 있다. 이때 우발성은 두 번 반복되는데, 하나는 물의 첨벙거림의 이미지이고 다른 하나는 거기 '없는', 물속에 뛰어드는 인간의 이미지가 우리에게 너무도 선명히 새겨짐으로써 그렇게 된다. 이 그림에서 우발성은 반복됨으로써 강도를 더 높이게 되는데, 이는 어떤 자연법칙과도 무관한 '사건'인 셈이다.

사실 이러한 사건의 경험은 그것의 필연성을 통해 우발성을 드러내는 것이므로, 앞서 말한 그 우발적 필연성을 뒤집은 '필연적 우발성'이라고 할 만하다. 이 예술적인 작업을 통해 우리는 이런 명제, 즉 "필연적 우발성을 통한 우발적 필연성"이라는 역설적 명제를 획득하게 된다. 이 명제 안을 잘 들여다보자. 그러면 이것이 어떤 되돌아옴, 반복이라는 것도 알게 된다. 호크니의 저 그림만을 두고 보면 앞서 말했듯이 두 번의 반복, 즉 '첨벙'과 '첨벙거리는 사람'의 우발성이 반복된다. 이것은 우발적 필연성이다. 그리고 호크니 자신, 즉 화가의 측면에서 보면 캔버스와 붓질이라는 필연성이 만나는 그 지점의 우발성이 있고, 다시 한번, 그 붓질을 벗어나는 이미지(첨벙거리는 사람)의 우발성이 있게 된다. 이것은 필연적 우발성이다. 따라서 '필연적 우발성을 통한 우발적 필연성'이라고 했을 때, 앞의 '필연'과 '우발'은 뒤의 '우발'과 '필연'을 거치면서 동일하게 드러나는 것이 아니라, 말 그대로 갱신(renewal)된다.

육후이는 이를 '재귀성'(recursivity)라고 부를 것이다. 재귀성이란 "단순한 기계적 반복이 아니"라 그렇게 반복됨으로써 갱신되는데, 이때 "스스로를 규정"하게 된다. 호크니의 저 그림에서처럼 재귀적으로 돌아옴으로써 스스로를 '작품'으로서의 '특이성'(singularity)으로 규정하는 것이다.[55] 그것이 무엇을 어떻게 규정하느냐는 우발성과의 교전

---

55 Ibid., 4 참조.

을 거쳐 획득된다. 즉 그것을 제거함으로써가 아니라, 그것을 필연성으로 통합함으로써 또는 필연성을 거쳐 발산함으로써 그렇게 한다.

이렇게 존재하는 것이 우발성을 향해 열리고 재귀성을 기반으로 가동될 때 역동적인 구조가 완성된다. 이러한 구조는 파르메니데스적인 '존재'라기보다 헤라클레이토스적인 '생성'이라고 하겠다. 육후이는 "재귀성과 우발성의 놀이에 의해 구성"되는 이러한 생성을 메이야수의 개념을 빌려와 '절대적 우발성'이라고 부른다.

여기에 그치지 않고 육후이는 최신의 사이버네틱스[56] 이론을 전개하면서 우발성 개념을 도입한다. 사이버네틱스의 가장 큰 특징이 바로 정보의 우발성과 알고리즘적인 재귀성이기 때문이다. 여기서 말하는 '정보'란 유기체의 DNA 정보에서부터 단순기계의 피드백과 컴퓨터의 알고리즘을 모두 포함한다. 정보는 어떤 것에 형식(또는 형태)을 부여하는 것으로서 특유한 개체를 발생시키는 데 필수불가결한 요소다. 이것은 사실상 고대인들에게는 낯선 것인데, 이것은 '질료'로서의 물질만도 아니고, '힘'으로서의 에너지만도 아니기 때문이다. 정보는 이 둘 모두에게 '의미'를 부여하면서 운동의 방향을 부여하는 매개체다. 이 '의미화 작용'을 통해 정보는 유기체에서 기계에 이르기까지 한 개체가 스스로 작동하도록 만든다.

이러한 작동이 가능한 이유는 우발성이 의미작용을 획득할 수 있기 때문이다. 이를테면 어떤 앰프 장치는 소리가 유입될 때, 여러 번

---

56 사이버네틱스라는 개념은 일반적으로 '자동조절', '자기제어'라는 의미를 가진다. 이는 인간, 동물, 기계가 가지는 창발적인 속성을 설명하는 학문분과이기도 하다. 이 이론은 컴퓨터 공학의 기초가 되는 알고리즘을 탐구하는 것이기도 하며 현대의 AI 이론으로 발전한다. http://www.aistudy.com/control/cybernetics.htm 참고.

의 피드백을 통해 노이즈를 걸러내고 음향을 내보내는 작동을 하는데, 이때 저 걸러내는 작용은 순전히 우발적인 것으로서 '노이즈/음향'이라는 의미작용을 이룬다.

이와 같이 현대적인 의미에서 우발성은 유물론적 의미에서부터 호크니의 예술작품, 그리고 사이버네틱스에 이르기까지 매우 광범위한 영역을 포괄하는 개념이 된다. 철학, 예술, 기술은 이 개념을 통해 아마도 더 풍부한 전망을 내놓을 것이다. 그리고 이 개념에는 위에서 보았다시피 항상 필연성이 따라붙는다. 결국 우발성과 필연성의 현재적 의미는 결코 대립되는 것이 아니라 반복되고 피드백됨으로써 서로 갈마든다.

제6장

주체와 타자

이번 장에서는 근대 이후 철학의 중심 주제가 되고, 현대철학에서는 비판의 중심 대상이 된 '주체'(subject) 문제를 다룬다. 사실 '주체' 개념은 이 책의 1장에서부터 꾸준히 사용되어왔다. 그래서 어쩌면 독자들에게는 상당히 친숙할지도 모른다. 그만큼 이 개념이 현재로서는 여러 철학 개념들에 걸쳐 광범위한 활용 범위를 가진다는 의미다. 비록 현대철학에 들어서서 천덕꾸러기 신세가 되긴 했지만, 이 개념이 가진 중추적인 가치는 긍정적이든 부정적이든 간과할 수 없다.

이에 반해 '타자'(the other)는 고대의 플라톤에서부터 철학의 관심 주제이긴 했지만, 주로 부정적인 맥락에서 파악되어왔다. 이 개념의 가치는 현대철학자들에게 더 큰데, 사실 주체라는 근대적 의미의 개념이 없었던 고대와 중세에 타자가 이미 철학사 내에서 중요한 역할을 했는지도 모른다. 바로 '신'이 고대 그리스든 중세 유럽이든 '타자' 의 역할을 해내고 있었기 때문이다. 신은 인간과는 완전히 다른 초월적 타자이거나 인간과 가깝다 하더라도 결정적인 특징에서 인간과 다른 존재였다. 전자의 경우 주로 '절대자'라는 의미로, 후자의 경우에는 '불멸성'이라는 특성으로 말이다. 이 둘은 공히 인간-주체에게는 낯선 타자성이었다.

1 '인간'은 어쩌다 '주체'가 되었나?

1. 주체는 인간이 아니었다

이 절의 소제목은 좀 이상해 보일 수 있다. 우리 머릿속에 주체는 곧 인간이라는 공식이 너무 강하게 박혀 있기 때문이다. 하지만 이는 일종의 고정관념이라고 할 수 있다. 이 말의 어원만을 살펴보아도 그렇다.

주체(subject)는 중세 시대의 라틴어로 거슬러 올라가면 '수비엑툼'(Subiectum)이고, 그보다 더 멀리 거슬러가 고대 그리스어로 하면 '히포케이메논'(hypokeimenon)이다. 하이데거식으로 말하면 이 두 단어는 "밑에-그리고-근저에-가로놓여 있는 것, 즉 자체로부터 이미 현존하고 있는 것"[1]을 의미한다. 여기서 '밑에'는 'hypo-'이고 '놓여 있다'는 'keimenon'이다. 이 그리스어는 본래는 철학 용어가 아니었다. 늘 그렇듯이 그리스에서 처음 탄생한 철학 용어들은 대개 일상어에서 유래한다. 이 단어는 일상적으로 쓰일 때 주로 동사형인 '히포케이

---

1 마르틴 하이데거 지음, 박찬국 옮김, 『니체와 니힐리즘』, 지성의 샘, 1996, 212-13.

마이'(hypokeimai)로 쓰이곤 했는데, 이것은 '눈이나 마음 아래에 어떤 목표로서 놓는다' 또는 줄여서 '정해지다'를 뜻한다. 또는 '가설이나 전제로서 놓는다'라는 뜻에서 '상정되다', '명령이나 지배 또는 형벌 아래에 놓는다'는 뜻에서 '종속되다'라는 의미도 있다.[2] 이렇게 대체로 일상적인 어법이었던 단어를 아리스토텔레스는 개념 발명의 천재답게 철학 개념으로 일신하여, '기체'(基體)라는 의미로 쓰게 된다. 즉, 철학적인 의미에서 주체란 "술어적 범주의 기체로서는 주어를, 부차적 성질들의 기체로서는 개별자를, 가변적 사물의 기체로서는 질료를 각각 의미한다."[3] 이렇게 어원을 따라 생각해보면 주체가 인간만을 의미하는 것이 아님을 알게 된다.

이런 의미에서, 히포케이메논으로부터 파생된 중세의 단어인 수비엑툼도 우리가 알고 있는 인간-주체의 의미가 아니다. 아퀴나스(Thomas Aquinas, 1225~1274)는 인식의 과정, 즉 지식 획득의 과정을 논할 때, "인식(cognitio)은 인식되는 것(cognitum)이 인식하는 것 안에(in cognoscence) 있는 데 따라 성립된다"[4]고 말하는데, 이때 인식하는 것을 결코 수비엑툼이라고 부르지는 않는다. 아퀴나스의 이 말에서 나뉘는 것은 다만 대상의 양태(modus objecti)와 인식하는 자의 양태(modus cognoscentis)일 뿐이다. 다시 말해 중세적 의미에서 인식의 '주체'는 대상과 마찬가지로 '양태'(modus)였던 것이다. 여기서 '양

---

2 *A Greek-English Lexicon*, Oxford, 1968, 증보판, 1884; 김종욱, 「근대적 주체의 형성과 해체」, 한국하이데거학회 편, 『하이데거와 근대성』, 1999, 137 참조.

3 김종욱, 「근대적 주체의 형성과 해체」, 139.

4 T. Aquinas, *Summa Theologiae*, I, 1, 7과 I, 5, 2와 I, 5, 4. 김종욱, 「근대적 주체의 형성과 해체」에서 재인용.

토마스 아퀴나스

태'란 어떤 것이 존재하는 상태로서 인간, 사물, 동물, 식물, 천상의 것 등을 구별하지 않고 쓰인다. 따라서 중세적 의미에서의 주체란 차라리 존재하는 모든 것, 피조물 전체라고 할 수 있다. 어떻게 보면 신과 인간, 그 외 존재자들을 나누고 철저하게 위계를 설정했던 중세가 훨씬 더 생태적인 평등성에 가까웠던 것 같다. 적어도 중세철학에서 '인간'은 주체로서의 어떤 특권을 향유하지는 않았던 것이다.

인간이 주체로서 형성되는 것은 데카르트로부터 시작된다. 다시 하이데거의 말을 빌려오자면, "데카르트를 통하여 그리고 데카르트 이래의 형이상학에서 인간은, 보다 정확히 말하면 인간의 '자아'는 특별한 의미에서 '주체'가 된다."[5] 이렇게 말하면 어떤 사람들은 고대 그리스의 소피스트(sophist)들 중 최초의 인물이라 일컬어지는 '프로타고라스'(Protagoras, BC. 490~415)의 다음 말, 즉 "인간은 만물의 척도다"를 떠올린다. 고대 세계에서도 그러한 주체가 있지 않았느냐는 것이다. 하지만 이때의 인간이란 자기 마음대로 진리의 척도가 된다는 주

---

5 하이데거, 『니체와 니힐리즘』, 212.

도적인 의미가 아니라, 그 척도로서의 진리가 인간을 '통해서 나타나는' 수동적인 의미가 있었다는 점에 주목해야 한다. 즉 인간으로서 나는 진리를 결정하는 주체가 아니라 오히려 그 진리가 주체다. 다시 말해 '나-주체'는 그것을 드러내는 매개체일 뿐이다.[6]

그런데 데카르트에 이르러 나의 주체는 현저하게 주도성을 띤다. 이렇게 되는 과정에서 핵심적인 역할을 하는 것이 바로 '자아'다. 그 유명한 데카르트의 명제, '나는 생각한다, 고로 존재한다'(cogito, ergo sum)에서 '나'는 주체로서의 '자아'를 의미한다. 이 자아는 인간만이 '이성'('생각한다')을 활용하여 사물을 인식하는 존재임을 보증한다. 여기서 이제 '사물'은 이성의 대상으로서의 '객체'가 된다. 이를테면 고대나 중세에 인간은 존재하는 것들 중 하나로서, 사물의 진리, 또는 신적인 진리를 그저 드러내는 장소와 같은 것이었다면, 이제 인간은 이성을 적극적으로 활용하여 진리를 탐구하고, 활용하는 '주체'가 된다. 이와 같은 '주체'로의 전회(turn)를 데카르트는 다음과 같이 말한다.

대개 우리를 설득하는 것은 확실한 인식이 아니라 관습이나 선례라는 것 (…) 그러므로 그 진리에 동의하는 사람이 많다고 해서 그 진리성이 만족스럽게 증명되는 것이 아님을 알게 되었다. 그리고 다른

---

6 "1. '자아'는 프로타고라스에게는 바로 존재자의 비은닉됨에로의 그때그때마다의 제한된 귀속성을 통하여 규정된다. 인간의 자기는 비은닉된 존재자와 그것의 영역이 갖는 신뢰할 만한 성격에 근거한다. 2. 존재는 현성(Anwesen)이라는 본질성격을 갖는다. 3. 진리는 비은닉성으로서 경험되었다. 4. '척도'는 비은닉성에 순응한다는 의미를 갖는다"(Ibid., 211). 우리가 통상 알고 있듯이 '만물의 척도로서의 인간은 어떤 유일한 척도-실체로서의 인간이 아니라는 것이다.

사람이 아닌 바로 이 사람의 견해를 따라야겠다고 생각할 만한 사람을 찾을 수 없었기 때문에 이제 나 스스로 나 자신을 이끌어가야 한다고 생각했다.[7]

이때 이성의 능력이 큰 관건인데, 이성은 이제 고대적 의미에서의 '자연의 일부'도 아니고, 중세적 의미에서의 '계시가 드러나는 매개'도 아니다. 그것은 오로지 '인간의 능력'이다. 그렇다면 이 능력은 무엇일까? 바로 '표상 능력'(머릿속에 어떤 것의 영상이나 도식을 떠올리는 능력)이다. 다시 말해, 데카르트의 근본명제 '나는 생각한다, 고로 존재한다'는 자기 자신과 대상을 표상하는 능력으로서의 인간 이성의 확실성을 의미한다. 이렇게 해서 '생각하는 나'(res cogitans)는 가장 확실한 존재의 버팀목이요, '실체'가 된다. 이와 함께 진리의 본질이 확실성으로 변한다. 단적으로 내 머릿속에서 확실한 것만이 진리가 된 것이다.

2. 주체와 객체의 이분법

이렇게 자아로서의 주체, 확실성으로서의 주체, 표상 능력으로서의 주체가 전면에 나서게 되자, 다른 사물들, 다른 대상들, 자연은 자연스럽게 '객체'가 된다. 여기서 바로 그 유명한 '주객 이분법'이 나타나게 된다. 이러한 주객 이분법의 최초 형태는 다름 아니라 나의 정신과 신체의 구분이다. '생각하는 나'는 신체에 깃들 수는 없으며, 전적으로

---

7 데카르트, 『방법서설』, 166-67.

정신 또는 이성의 소관이기 때문이다.

마찬가지로 인간은 기계와 다르다. 데카르트는 인간이 기계와 다른
이유를 두 가지 드는데, 하나는 언어 사용이고, 다른 하나는 이성의
보편적인 적용 능력 또는 배치 능력이다. 비록 인간과 비슷한 기계가
있다 하더라도 "그것이 진정한 인간(vrais hommes)일 수 없다는 것을
알 수 있는 아주 확실한 두 가지 수단을 갖고 있다는 것이다."[8]

첫째, 그 기계는 우리가 다른 사람에게 우리 생각을 알게 할 때처
럼, 말을 사용하거나 다른 기호를 조립하여 사용하는 일이 결코 없
다는 것이다. (…) 기계는 자기 앞에서 말해지는 모든 의미에 대해
대답할 정도로 말들을 다양하게 정돈할 수 없지만, 아무리 우둔한
사람이라도 그런 것을 할 수 있다. 둘째는, (…) 이성은 모든 상황에
적절히 대처할 수 있는 보편적인 도구인 반면에, 이 기계가 개별적
인 행동을 하기 위해서는 (…) 삶의 모든 상황에서 행동하기에 충
분한 다양한 배치가 한 기계 속에 있다는 것은 사실 불가능한 일이
다.[9]

이로써 인간-주체는 자연-객체보다 우월하다는 관념이 생성된다.
이 우월성이 확보되는 것이 '이성' 때문이라는 점도 분명하다. 그래서
인간은 "불, 물, 공기, 별, 하늘 및 우리 주변에 있는 모든 물체의 힘과
작용을—마치 우리가 우리 장인의 온갖 기교를 알듯이—판명하게

---

8 Ibid., 213.
9 Ibid., 213-14.

앎으로써 장인처럼 이 모든 것을 적절한 곳에 사용하고, 그래서 우리는 자연의 주인이자 소유자가 된다."[10]

주객 이분법을 공고히 하는 '이성'은 데카르트에게서 '양식'(bon sens)이라고 불린다. 데카르트는 그래서 이성 즉 양식은 "이 세상에서 가장 공평하게 분배되어 있는 것"이며, "사람들은 누구나 그것을 충분히 갖추고 있다"고 본다[11](여기서 공평함이란 '사람들'에 국한된 것임을 알 수 있다). 인간에게는 이성적 능력이 천부적으로 분배되어 있으며, 그것은 동등하다. 하지만 그렇다 해도 모두가 '위대한 영혼의 소유자'(les plus grands âmes)가 되는 것은 아닌데, 그 이유는 그 이성을 잘 사용하는 자와 그렇지 못한 자가 나뉘기 때문이다. 이제부터 근대적 주체를 성립시킨 데카르트의 이 주객 이분법을 좀더 상세하게 살펴보겠다.

(1) 코기토(Cogito)의 탄생

주체 쪽에서 이분법은 데카르트의 '코기토', 즉 '생각하는 자아'가 어떻게 도출되는지를 살펴보는 것이 중요하다. 이에 대해서는 그의 명저인 『성찰』의 '제2 성찰'을 중심으로 살펴보아야 한다. 여기서 데카르트는 첫 구절부터 자신이 '엄청난 의심'에 휩싸여 있다고 고백하는데, 물속에 빠져 허우적대는 사람에 자신을 비유하고 있다. 아마도 그는 이 '의심'이 어떤 결과를 초래할지 모르고 그 길에 들어선 것 같아 보인다. 사실상 데카르트의 의심은 당시로서는 전면적이고, 근원적이었다. 그래서 이 의심이 지금까지 '위대한 의심'이 되는 것일 테지만 말

---

10 Ibid., 220.
11 Ibid., 146 참조.

이다.

그는 존재하는 모든 것들의 확실한 토대가 없다고 생각했다. 게다가 그는 그 이전의 철학 선배들이 애지중지했던 '신'의 존재에 대해서도 감히(!) 의심하고 있었다. 이 신의 존재에 대한 의심은 거의 불경죄에 해당된다. 그런데 데카르트가 예전의 조르다노 브루노처럼 화형대에 오르는 것을 피할 수 있었던 것은 이 신이 단지 이성적 신, 즉 이성으로 이해할 수 있는 신이었기 때문이다. 그러니까 데카르트에게도 이성을 초월하는 신앙의 대상으로서의 신은 존재했다. 이런 아슬아슬한 측면이 있기 때문에 데카르트는 이런 의심이 전대미문의 것이었다는 점을 충분히 인지하고 있었다.

세계와 인간을 설명할 수 있는 어떤 근원적인 '원리'에 대한 욕망이 철학자의 보편적 성향임은 데카르트에게서도 발견된다. 소위 '아르키메데스의 점'이라고 불리는 이 원리는 세계를 들어올리는 지렛대를 떠받치는 그 힘점이다. "내게 딛고 설 장소를 준다면, 나는 지구를 들어올릴 것이다"라는 아르키메데스의 야심 찬 말은 데카르트가 "확실하고 흔들리지 않는 최소한의 것"을 발견한다면 세계를 설명할 수 있다는 말과 잘 통한다.

데카르트가 이 원리를 발견하는 경로의 입구는 앞서 말한 그 '의심'인데, 데카르트의 정확한 용어로 지칭하자면 '방법적 회의'다. 즉 확실한 것을 발견하기 위해 모든 것을 의심하는 것이지, 의심 자체가 목적은 아닌 셈이다.

그러므로 내가 보는 것은 모두 거짓이라고 가정하자. 저 기만적인

아르키메데스의 점에 관한 삽화

기억이 나에게 나타내는 것은 결코 현존한 적이 없다고 믿자. 나는 어떠한 감각도 갖고 있지 않으며, 물체, 형태, 연장, 운동 및 장소도 환영 이외에 다름 아니다. 그러면 참된 것은 도대체 무엇이란 말인가? 아마 확실한 것은 아무것도 없다는 이 한 가지 사실뿐이다.[12]

단적으로 기억도 감각도 믿을 수 없다는 의심은 우리가 작정하고 하지 않는 이상, 일상적이지는 않은 생각이다. 이 의심을 그냥 놔두면 종내 정신이 이상해지는 것은 시간문제일 것이다. 그래서 이러한 의심이 '방법적'인 것이지, '최종적'이지 않다는 것은 매우 다행인 셈이다. 데카르트는 이 의심을 계속 밀어붙여 지금 현재 '이러한 가정', 즉 확

---

12 데카르트 지음, 이현복 옮김, 『성찰』, 문예출판사, 1997, 42-43.

실한 것은 아무것도 없다는 가정을 하는 이유가 무엇인지 묻는다. 의
심을 통한 결과도 믿지 못하겠다는 것이다. 일단 이러한 가정이 나의
기억과 감각에서 나왔다고 하면 앞선 의심을 부정하는 것이 되므로
타당하지 않다. 그런데 이렇게 '의심하는 나'는 있지 않을까? 만약 이
'의심하는 나는 있다'는 것이 '의심의 시험'을 통과한다면 '나'를 저 아
르키메데스의 점으로 내세울 수 있게 된다. 그러려면 아주 혹독한 시
험을 통과하지 않으면 안 된다. 이를 위해 데카르트는 그 유명한 '교
활한 기만자'(또는 '교활한 악마')라는 사고실험을 행한다.

> 누군지는 모르지만 아주 유능하고 교활한 기만자가 집요하게 나를
> 항상 속이고 있다고 치자. 자 이제, 그가 나를 속인다면, [그가 '나'
> 를 속이는 것이므로] 내가 있다는 것은 의심할 수 없다. 그가 온 힘
> 을 다해 나를 속인다고 치자. 그러나 나는 내가 어떤 것이라고 생각
> 하는 동안, 그는 결코 내가 아무것도 아니게끔은 할 수 없을 것이
> 다.[13]

이렇게 보면 이 교활한 기만자가 '온 힘을 다'하는 것이 아니라, 데
카르트 자신이 정말 '온 힘을 다해' 의심하고 있는 것처럼 보인다. 어
쨌든 데카르트는 이러한 의심을 통해 **"나는 있다, 나는 현존한다**(ego
sum, ego existo)는 명제는 내가 이것을 발언할 때마다 혹은 마음속
에 품을 때마다 필연적으로 참이라는 결론에 이르게 된다."[14]

---

13 Ibid., 43. [ ]는 인용자.
14 Ibid.

『성찰』뿐 아니라 그의 또 다른 명저인 『방법서설』의 4부에서도 이 '근본 명제'에 이르는 길이 묘사되어 있다. 그 부분도 보도록 하자.

이런 식으로 모든 것이 거짓이라고 생각하고 있는 동안에도 이렇게 생각하는 나는 반드시 어떤 것이어야 한다는 것을 알게 되었다. 그리고 **나는 생각한다, 그러므로 나는 존재한다**라는 이 진리는 아주 확고하고 확실한 것이고 (…) 이것을 내가 찾고 있던 철학의 제일 원리로 거리낌없이 받아들일 수 있다고 판단했다.[15]

그러므로 '생각하는 나'의 현존을 통해 '나의 현존'을 확증하는 이 명제는 가장 확실한 '사실'로서 정립되며, 철학 전체, 나아가 학문 전체의 '제일 원리'가 된다. 그리고 일상적으로도 '생각하는 나'는 근본적인 토대가 된다. 왜냐하면 데카르트는 이 '생각'이라는 것을 지성적 활동에만 국한하지 않고, 감정, 느낌, 욕망 등으로 넓게 생각하기 때문이다.

바로 여기서 그 유명한 '근대적 주체'가 탄생하게 된다. 그런데 가만히 보면 데카르트에게 주체는 앞서 말했듯이 고대나 중세와 다르게 '인간-주체'임이 분명하다. 그리고 재우쳐 들여다보면, 이 인간-주체가 특정 성격, 즉 이성적, 합리적(rational) 성격을 가지고 있음을 알게 된다. 인간-주체는 합리적으로 사고해야 한다. 그것이 비록 욕망이나 느낌이라 해도 합리적이어야 한다. 데카르트의 이러한 주체에 대한 생

---

15 데카르트, 『방법서설』, 185.

각은 '인간은 이성적 동물'이라는 오래된 철학의 교설과 완전히 일치한다.

(2) 기계로서의 자연

인간-주체의 탄생은 중세의 신 중심적 세계관을 넘어서는 '진보'라는 것이 통설이다. 이는 백번 지당한 말이기도 한데, 왜냐하면 이제 신은 주체의 자율성, 특히 사유와 이성이 가진 자율성을 뒷받침하기 위해 세계의 전면에서 배경으로 사라지게 되기 때문이다. 물론 데카르트와 근대 합리주의자들 대부분은 신실한 가톨릭 또는 신교 신자들이었다. 이는 데카르트의 경우 좀더 두드러졌다. 그는 자신의 발견이 행여나 로마 교황청의 심기를 건드리지나 않을까 전전긍긍한 나머지 『세계, 혹은 빛에 대한 논고』라는 책의 출간을 늦추기도 했다.

그렇다 해도 작가의 손을 떠난 책들은 이후 신학적 세계관을 신랄하게 비판하는 계몽주의 사조로 이어졌고, 마침내 한편으로는 철학이 과학으로 분과화되는 동시에 다른 한편으로 신학과 완전히 갈라서게 만든다. 이것은 학문 전체가 탈신화화(demystification)하는 과정이기도 했다. 이 과정에서 자연은 신의 입김이 머무는 신성한 장소가 아니라 물리 법칙만이 통용되는 '자동기계'가 된다. 즉 객체가 합리적인 이성 앞에 불려나와 법칙에 종속되는 대상이 된 것이다.

이것을 데카르트의 '기계론'이라고 한다. 어찌 보면 기계론은 데카르트의 인간 중심 주체론의 필연적인 결론일 것이다. 왜냐하면 내가 나임을 '사유', 즉 '이성'을 통해 자각할 수 있는 존재란 애초부터 비인간(nonhuman)일 수 없기 때문이다. 그리고 만약 이성이야말로 가장 탁월한 능력이라면, 그 능력을 가진 인간이 다른 존재자들보다 우월해지는 것도 당연하다.

그것은 마치 살아 있는 사람의 육체가 죽은 사람의 육체와 구별되는 것과 비슷하다고 데카르트는 말한다. 즉 비인간의 경우 시계나 자동기계가 태엽 등을 비롯한 기계장치를 갖추고 있지만, 거기에 이성과 의지가 깃들지 않은 것과 마찬가지다. 『방법서설』의 다른 구절에서 그는 인간과 아주 비슷하게 생긴 기계가 있다 해도, 그것이 '진정한 인간'일 수 없는 두 가지 이유가 있다고 논한다. 첫째로 "그 기계는 우리가 다른 사람에게 우리 생각을 알게 할 때처럼, 말을 사용하거나 다른 기호를 조립하여 사용하는 일이 결코 없다." 이는 앞서 말했던 것처럼 언어적 측면에서 인간을 비인간과 구별하는 방식이다. 요즘으로 치자면 아무리 AI가 초지능으로 발전한다 하더라도 인간을 따라잡을 수 없다는 의미인데, 공학자들이 보기엔 상당히 비관적인 관점이라 하겠다. 물론 데카르트는 어떤 '물질적 작용'에 따라 언어적 반응을 하는 기계를 발명할 수 있다고도 말하지만, 그때 그 기계의 언어는 단순한 외침이나 간단한 언어조작일 뿐이다. 그것은 '우둔한 사람'이 하는 그 정도라고 데카르트는 기계의 능력을 폄하한다. 두번째 이유는 아무리 능력이 뛰어나다 해도 모든 상황에 적절히 대처할 수 있는 유연성을 가진 기계는 존재할 수 없다는 것이다. 그러나 인간에게는 이러한 능력을 위한 도구가 있는데 그것이 '이성'이다. 이성은 거의 모든 상황에 적절히 대처할 수 있지만, 비인간 기계는 주어진 기계적 배치에 의해 예정된 행동이나 반응만을 이끌어낼 수 있기 때문이다. 즉 기계는 인간만큼 상황의 변화에 대처할 능력이 없고, 그 이유

는 이성이 결여되어 있기 때문이다.[16]

　인간과 기계를 구분하는 것과 마찬가지로 인간과 짐승도 차이 난다. 어떤 사람이 어리석든, 똑똑하든, 심지어 조현병 환자든 간에 인간이라면 당연히 "다양한 말"(diverses paroles)을 구사할 수 있어야 한다.[17] 이를 통해 인간은 타인과 소통하고 사회를 이루어 살지만, 짐승들은 그런 능력이 없다. 기껏해야 무언가를 지껄이는 듯하지만, 그것의 의식 있는, 즉 생각 속에서 나온 행위라고 볼 수는 없다는 것이다. 그러므로 동물들이 자신들만의 언어를 갖고 있다거나, 그들끼리는 소통한다거나 하는 의견들은 대개 어떤 울부짖음, 몸짓, 신호와 같은 열등하고 파편적인 행태를 인간의 고등언어와 혼동하는 어리석은 생각이다. 왜냐하면 동물은 정신이라고는 가지지 않으며, 기계와 마찬가지로 어떤 기관들의 배치에 따라 '작동'할 뿐이기 때문이다. 데카르트의 견해에 따르면, 만약 누군가가 몇몇 아주 단순한 욕구 충족의 경우, 이를테면 배고픔이나 두려움을 느낄 때 동물과 소통할 수 있다고, 그래서 자신은 그들이 배고플 때 먹을 것을 주고, 두려워할 때 안아 줄 수 있다고 믿는다면, 그는 어느 정도는 망상에 빠져 있음에 틀림없다. 그러므로 몇몇 반려동물 애호가들에게는 미안하지만, 동물들은 인간에 비해 낮은 이성을 지니고 있다고 해서는 안 되고, 그런 이성이라고는 갖추고 있지 않다고 해야 옳다.

16　Ibid., 213-15.
17　Ibid., 214.

(3) 주체와 객체의 애매한 관계

이렇게 데카르트가 보기에 '주체'라는 명예로운 자리를 차지할 수 있는 존재는 인간뿐이다. 물론 '신'이 있을 테지만 그것은 인간으로서는 당최 이해할 수 없는 존재이므로 철학의 대상에서 제외함이 마땅하다. 이 자리에 오른 인간이라면 그래서 모든 권력을 지닌다고 할 수 있다. 이는 인간 이외의 것, 즉 '객체'들을 지배할 권력이다. 아무리 복잡하다 해도 기계에 불과한 객체들은 인간의 발아래 엎디어 인간의 편리나 욕구 충족을 위해 무한대로 활용될 수 있다. 통상 '기계론'이라고 불리는 이런 생각은 현대에 와서 엄청난 비판에 직면했다. 그도 그럴 것이 이렇게 자연을 수동적인 이용의 대상으로 본 덕분에 환경 재앙이 닥쳐왔기 때문이다.

그런데 자세히 살펴보면 데카르트에게도 고민이 많았음을 알 수 있다. 우선 그는 정신과 육체의 관계, 즉 인간적인 능력과 자연적 소여 간에 생각보다 심각한 문제가 있음을 깨달았다. 과연 이 둘이 그토록 멀리 떨어져 있다면, 우리의 정신과 신체는 어떻게 연결되기에 이토록 잘 작동하는가? 이런 고민은 그로 하여금 신체의 역할을 일정 정도 격상시켜야 할 필요가 있었는데, 데카르트는 이에 대해 "정신조차도 신체의 기질과 기관의 배치에 의존하는 바가 아주 크"[18]다고 보았다.

그렇다면 정신은 신체에 어떻게 의존하는가? 이 의존성을 밝히기 위해서는 무엇보다 신체 안에서 '연결'을 담당하는 기관이 있어야 한

---

18 Ibid., 220.

데카르트가 묘사한 송과선

다. 데카르트는 이 기관이 '송과선'이라고 믿었다. 송과선은 대뇌 심층부에 있는 작은 선(gland)인데, 현대 의학에서는 이 기관이 빛을 감지한다고 한다. 데카르트에게 이 부분은 "육체의 부분 중에서 다른 모든 부분보다도 더욱 특별하게 자신의 기능을 발휘하는" 기관이다. 당대의 상식에 따르면 이런 역할을 하는 기관은 대뇌 전체이거나 심장에 위치했는데, 해부학에도 조예가 깊었던 데카르트에게 이런 의견은 매우 불성실해 보였던 것 같다.

어쨌든 이 송과선이라는 기관의 역할은 데카르트에 따르면 '동물 정기'(animal spirit)가 서로 교류하게 하는 것이다. 이 정기 덕분에 정신과 신체는 서로 영향을 주고받음으로써 완전해진다. 동물 정기란 현대어로 고치면 '정념' 또는 크게 봐서 '에너지' 정도가 될 것 같다. 이는 "아주 미세한 공기와 같은 것, 혹은 오히려 아주 순수하고 강렬한 불꽃 같은 것인데 그것은 끊임없이 다량으로 심장에서 뇌 안으로 올라가서는 신경을 거쳐 근육으로 들어가 신체의 모든 부분에 운동을 전달해준다."[19]

그런데 이런 이론은 데카르트 자신의 이전 논의와는 부합하지 않는다. 데카르트는 이를 충분히 깨닫고 있었다. 그는 "내가 보기에 이는 실체로서의 그들에 대한 모순적 주장을 펴는 것이라는 점을 고백하지 않을 수 없다"[20]라고 솔직히 털어놓는다. 왜냐하면 "그 자체만을 놓고 보았을 때 그들은 완전한 것들(즉 실체들)이기 때문이다."[21] 다시 말해 정신이든 신체든 자기충족적인 실체이므로 다른 것을 필요로 하지 않아야 하는데, 실제로 이렇게 되면 정신과 신체가 영원히 따로 놀면서 분열에 이르기 때문이다. 그렇기 때문에 이 둘은 "조화를 이루어 하나의 자립적인 존재를 형성한다고 주장할 수밖에 없다. 그런 의미에서 그들은 불완전하다. (…) 정신과 육체는 그들이 함께 형성한 통일체인 인간과 관련해서 보면 불완전한 실체이기도 하다."[22] 이 미세한 불일치, 모순을 데카르트는 확실히 해결했을까? 아니면 문제를 제기함으로써 훗날의 과학과 철학에 과제를 남긴 것일까? 아마도 후자 쪽이 더 그럴듯해 보인다.

데카르트의 '송과선' 이론은 인간의 정신과 신체에만 국한되는 것은 아니다. 일반화해서 생각해보면 이는 정신과 물질의 이분법, 또는 주체와 객체의 이분법과 연관된다. 데카르트의 주요 논의에서 이 둘은 이분법적으로 나누어지며, 물질, 객체는 마땅히 수동적이며 기계

---

19 Ibid., 211.
20 F. 코플스톤 지음, 김성호 옮김, 『합리론』, 서광사, 1998, 194에서 재인용.
21 Ibid.
22 Ibid.

적이어야 하겠지만, 이는 그렇게 간단하게 단언할 만한 문제가 아니다. 이 둘 간에는 반드시 어떤 '관계'가 형성되어야 한다. 그렇지 않으면 터무니없는 '두 세계 이론'이 탄생하게 된다. 이것은 종교적인 의미에서 이승과 저승을 가르는 식으로 받아들여질 수 있겠지만 철학적, 과학적으로는 받아들여질 수 없는 것이다.

3. 주체가 뭐라고?-흄과 그 후예들

(1) 흄 철학에서 주체 또는 비주체?

① 주체는 어떻게 정신이 되는가?

이제는 다들 알 만한 현대철학자인 들뢰즈는 흄의 입장에서 이상한 질문을 하나 제기한다. '정신은 어떻게 주체가 되는가?' 이 질문에는 주체가 본래부터 고유한 어떤 것이 아니고, 정신에서부터 시작해서 구성된다는 전제가 깔려 있다. 그런데 이 질문을 뒤집어보자. '주체는 어떻게 정신이 되는가?' 이 순간 앞의 논의를 되짚은 독자라면, 이것이 데카르트의 질문이라는 것을 알 수 있을 것이다. 데카르트에게 주체란 '생각하는 나', 즉 정신적 존재였기 때문이다. 이렇게 놓고 보면 흄은 바로 데카르트 주체론을 전복했다고 할 수 있다.

일단 주체가 구성되는 어떤 것이지, 실체적이지 않다고 보면, 그것이 어디에서부터 오는지 궁금해진다. 흄은 이것이 '습관'(custom)으로부터 온다고 보았다. 과거와 현재로 이어지면서, 주체가 동일성을 유지하면서 실제처럼 보이는 이유는 그것이 시간적으로 연속되며, 우리 자신이 그것을 기억하기 때문이다. 하지만 우리 기억의 측면에서 이것은 불가능하다는 것을 우리는 금방 알 수 있다. 당연하게도 우리 기억은 한계가 있고, 따라서 우리는 꼬꼬마 시절이나, 갓난아기 시절에 이르기까지 주체의 동일성을 확장할 수는 없다. 다만 우리는 그러한 불분명하고, 지금은 없는 기억이 존재한다고 '믿으며', 또 그것이 사실임을 추호도 의심하지 않는다. 우리는 그렇게 믿어버리는 데 익숙하며, 그것이 습관이다.

만약 우리가 이러한 습관의 장막을 걷어내고 우리 안을 들여다보면, 거기에서 어떤 데카르트적 의미의 코기토, 즉 생각하는 '나'는 사라진다. 이것을 철학사가들은 '자아동일성의 해체'라고 부르는데, 흄이 여기에 엄청난 역할을 한 셈이다. 그렇다면 앞서 제기한 문제로 되돌아와보자. 즉 주체는 어떻게 정신이 되는가? 사실 이제 '정신'이란 자아에 대한 이미지들, 또는 인상들이 취합되는 어떤 장소 정도가 된다. 그러한 이미지들, 인상들이 모여 '나'라는 습관이 형성되는 것이다. 이렇게 보면 정신이란 각각의 인상들이 서로의 역할을 하면서 '나'를 연기하는 어떤 무대처럼 보인다. 그래서 흄도 "정신은 일종의 극장"이라고 말한다.[23] "이 극장에서는 여러 지각들이 계기적으로 나타나고, 지나가며, 다시 지나가고 미끄러지듯 사라지고, 무한히 다양한 자태와 상황 안에서 혼합된다."[24] 이 극장에서 공연되는 연극이 호러물이 될지, 아니면 낭만적인 사랑 이야기가 될지는 전적으로 '습관'에 달려 있다. 그래서 어떤 인간은 아주 끔찍한 자아를 가지게 되며, 어떤 인간은 나름 행복한 자아를 가지게 될 것이다. 그러고 보면 흄은 정신을

23 David Hume, *A Treatise of Human Nature*, (ed.) L. A. Selby-Bigge, Oxford University Press, 1978, 253.
24 Ibid.

이렇게 경험적인 구성물로 바라봄으로써 우리에게 스스로의 삶을 구성할 기회와 권리를 부여하는 것 같다.

② 정신은 전혀 정신적이지 않다

이제 다소 재미있는 글을 한번 보도록 하자. 흄의 주저인 『인간 본성에 관한 논고*A Treatise of Human Nature*』의 부록에는 「최근 간행된 어떤 책에 대한 초록」이라는 글이 실려 있다. 언뜻 보기에 흄의 책에 대한 어떤 논평자의 글 같지만, 사실은 그런 척하면서 흄 자신이 쓴 글이다. 흄의 익살이 돋보이는 글이라 하지 않을 수 없다.

상당히 능청스러운 어투로 시작되는 첫 부분은 자신의 저작이 무엇을 목적으로 하는지를 철학사에 대한 일람을 통해 밝혀놓고 있다. 그에 따르면 철학의 목적은 극소수의 "단순 원리"(simple principles), "궁극적인 원리"(ultimate principles)를 획득하는 것이다.[25] 이러한 과제를 성취하기 위해서 '인간학'은 매우 중요하다. 논리학이든 정치학이든 윤리학이든, 이 모든 것이 인간의 능력들과 사회적 관계를 다루기 때문이다.

흄에 따르면 우선 인간의 정신은 지각(perception)과 다를 것이 없다. 즉 그는 "정신에 현전되는 어떤 것도 지각"[26]이라고 부른다. 따라서 지각은 정신이라는 텅 빈 무대에 들어선 첫 배우다. 지각은 이 무대에서 정념이든 사유든 반성이든 모든 것을 유발하고 촉발할 준비가 되어 있다. 이렇게 정신에 들어와 정신을 '구성'하는 지각, 즉 정신의

---

25 Ibid., 646.
26 Ibid., 647.

지각(the perception of the mind)을 흄은 '인상'(impression)이라고 부른다. 여기서 흄은 자신이 인상에 대해 규정하는 방식이 매우 새로운 것이라고 부가한다. 이 '새로움'은 추측건대 로크(John Locke)가 보지 못한 측면일 것이다. 즉 로크에게 중요한 것은 '관념'이었지 그것과 '인상'이 어떻게 다른지, 나아가 '인상'이 어떻게 '우선적인 것'이 되는지에 대한 고찰이 부족했다. 이 새로운 발견에 따르면 "인상이란 우리의 생생하고 강한 지각이며, 관념이란 보다 희미하고 약한 지각"[27]이다.

그런데 주목할 만한 부분은 흄이 로크를 비판하는 와중에 마치 데카르트의 '본유관념'(innate idea)을 수용하는 듯이 보인다는 것이다. 본유관념이란 데카르트에 따르면 선천적으로 우리 안에 구비된 관념들로서, 자아가 대표적이다. 하지만 오해하지 말아야 할 부분은 이런 능청 떠는 구절들이다. "우리의 강한 지각이나 인상들이 본유적이며, 자연적 정서, 덕에 대한 사랑, 원한 또한 모든 다른 정념들이 본성으로부터 직접적으로 발생한다는 것은 분명하다."[28] 하지만 이러한 '본성'이 발생하는, 또는 일어나는 그 '터'는 어디인가? 그것은 '자연'이며, 또는 '자연으로서의 정신'이며, 정신을 구성하는 '인상'들이고, 마찬가지로 그 인상을 촉발하는 '물질'이다. 따라서 정신의 일차적 구성 조건은 흄에게는 전혀 '정신적'이지 않다.

27　Ibid.
28　Ibid., 648.

③ 느낌으로서의 주체

따라서 흄의 주체론은 유물론적인 경향을 띠고 있다고 할 수 있다. 이와 같은 경향은 '관념'을 '느낌'과 연결하고, 그것을 '신념'과 결부시키면서 더 뚜렷해진다. 흄은 우리의 인식작용을 분류하면서 "어렴풋한 관념"(loose ideas), "어렴풋한 표상작용"(loose conception), 즉 '느낌'에 대해 말한다. 즉 이런 관념과 표상이 우리 안에 있다는 것인데, 생각해보면 당연한 듯하다. 사실 우리는 데카르트의 명석판명한 관념보다는 이런 어렴풋한 관념을 가지고 훨씬 많은 시간을 보내지 않는가? 그런데 이것은 보통 '뚜렷하다'고 말하는 '신념'과는 다르다. 즉 신념은 어렴풋하지 않고 뚜렷하다. 그럼에도 이 뚜렷한 신념보다는 이 느낌이 사람들에게 "더 강한 영향력을 미친다."[29] 특히 이 느낌은 정념이나 상상력에 강한 영향을 미친다. "정념이나 상상력은 진리 또는 진리로 받아들여진 것에 감동"[30]을 부여한다. 이를테면 시(詩)의 대상은 표상으로는 채워질 수 없는 어렴풋한 관념과 느낌이 있는데, 이것은 신념이나 의견을 유발하는 것과 동일한 방식으로 인식될 수 없다.

그런데 더 중요한 것은 흄이 이 느낌이 신념의 토대가 되고, 또 신념이 느낌을 더 분명하게 하면서 '관념'을 생성시킨다고 할 때다. 이때 매개가 되는 것이 습관이다. 이를테면 우리가 모국어를 배울 때 그 언어의 구조나 문법을 처음부터 뚜렷하게 인식하는 것은 아니다. 최초에 그 모국어의 발음과 의미는 일종의 '소리', '소음'이며 어떤 언어에 관한 느낌으로 다가온다. 어린아이의 경우 이러한 소리들이 일정

---

29 Ibid., 654.
30 Ibid.

한 구조를 갖추려면 일상생활 안에서 비슷하거나 동일한, 또는 차이나는 음성들을 여러 번 듣는 습관이 요구되고, 또 그것을 따라 발음하는 습관도 요구된다. 이 반복되는 과정을 통해 모국어의 구조와 문법이 뚜렷하게 인식되면, 이제 이것이 다시 내면화되어 더 폭넓은 언어적 느낌들을 자기화하여 뚜렷한 관념으로 만들 준비가 이루어진다. 이것이 어느 수준의 관념이 되고, 개별적인 관념들이 연결되면 이제 모국어에 대한 신념이 형성된다. 그래서 모국어 구사자는 일반적으로 특정 연령대가 되면 거리낌 없이 자신의 언어를 발화할 수 있게 된다. 이때 신념은 관념적 표상들을 서로 구별하여 다르게 느끼게 하거나, 동일하게 느끼게 하는 것뿐만 아니라 "그 표상을 더욱 강하고 생생하도록 한다."[31] 따라서 흄에게 정신으로서의 주체란 뚜렷하지 않은 '나'라는 느낌에서 시작하여 '자아'라는 관념으로 이행한 구성물이다.

이때 정신은 우리가 흔히 '지성'으로 이해하는 그 정신적인 것이 아님이 분명하다. 그것은 느낌으로서 어떤 신체적인 작용을 전제로 한다. 왜냐하면 느낌이란 분명 신체-감각적 인상이 내적인 인상으로 들어설 때 발생하는 인식원리이기 때문이다. 이렇게 더 이상 데카르트적인 심신이원론이 들어설 여지가 없어지는 이유가 더 분명해진다. 다시 말해 정신으로서의 주체는 신체로서의 감각작용에 의해 형성되는 것이고, 또한 정신으로서의 주체가 형성되는 와중에 어떤 인상이 뚜렷해지면서 감각작용을 더 분명한 관념으로 만들어준다. 이때 정신적 주체와 신체적 주체는 동일한 평면에 놓이게 된다.

---

31 Ibid., 656.

(2) 흄의 기여

흄이 26세의 나이에 철학사에 항구적인 영향을 끼친 주저 『인간 본성에 관한 논고』를 쓴 것도 대단하지만, 이후 철학자들이 감각의 중요성을 절대 간과하지 못하도록 만들었다는 점에서 더 중요하다. 이러한 기여는 사실 상당히 급진적인 방식으로 이루어졌다. 이를테면 그에게 그간의 형이상학이란 불쏘시개로 쓸 만한 정도의 가치밖에 가지지 않았던 정도였다. 형이상학이란 초경험적인 실재를 바라보며 그것을 모든 학문의 기초로 삼으려는 야심을 담고 있었지만, 흄에 와서 그런 야심이 헛꿈이었음이 밝혀진 것이다.

경험론자들에게 감각경험과 독립적인, 그보다 더 심층적인 실재란 존재하지 않는다. 내가 내 앞에 놓인 사과를 맛본다면, 경험론자에게 이 사과는 둥근 모양, 달콤한 맛, 후각을 자극하는 과일 향, 그것을 손에 쥘 때의 차가운 느낌으로 규정될 뿐이다. 이러한 감각 데이터들은 나의 정신이 '연합'이라는 조작을 거쳐 하나의 사과라는 것을 나에게 전달한다. 이 감각 데이터들은 한 다발의 감각 덩어리로서, 내가 이 사물에 접근할 권리를 나에게 부여한다. 경험론자들은 사물의 본질이 여기에 있다고 여기므로, 기존의 형이상학자들이 감히 이 감각적 본질을 어떤 이데아나, 저세상의 영향에 의해 잔류하는 하찮은 것으로 여기는 것을 참지 못한다.

문제는 흄과 같은 경험론자들에게는 주체 또한 그러하다는 사실이다. 이럴 경우 인간에게 뭔가 특별한 것이 있다고 생각하는 것은 지나치다. 다만 인간은 감각경험을 하고, 그것을 연합하고, 더 나아가 '주체라는 환상'을 만들어내어 삶을 영위할 수 있는 그런 능력이 다른 존재자들보다 더 뛰어날 뿐이다. 사실상 인간은 이 환상이 없이는 살아갈 수 없을 정도인데, 왜냐하면 감각경험이 흩어진 채로 과거와 현재, 미래에 그 어떤 통합된 관념도 없이 살아가는 것은 오로지 제정신이 아닌 광인에게나 어울리기 때문이다. 이런 측면에서 흄도 데카르트와 같이 주체가 없는 인간은 정상으로 보이지 않았을 것이다. 다만 흄은 데카르트가 간과한 주체의 하부구조, 즉 경험적 취합 과정을 강조했다. 사실 이 부분이 흄의 철학사적 기여라고 할 수 있다. 이후 그 누구도 이 하부구조를 무시할 만큼 철학적인 만용을 부리지 않게 될 것이기 때문이다.

(3) 흄과 불교철학

주체에 대한 흄의 이론은 서양 철학자들에게도 놀라운 것이었지만, 일군의 불교철학 연구자들에게 상당히 획기적인 것이기도 했다. 그래서 흄과 불교철학, 그중에서도 초기 불교와의 연관성에 관한 많은 연구들이 이루어졌다. 흥미로운 지점은 흄과 마찬가지로 불교에서도 주체를 완전히 통합되어 실체적으로 존재하는 어떤 '자아'로 보지 않는다는 것이다.

불교적 주체론은 '무아론'(無我論)으로 갈음된다. 무아론은 불교의 핵심 사상으로서 불교 이전의 인도철학이 견지했던 자아의 무한성(자아는 우주의 통일성과 일치한다)과 같은 형이상학적 교설을 단숨에 무가치한 것으로 만들어버렸다. 이것은 흄이 그 이전의 관념론을 '형이상학적 헛소리'로 만들어버린 것에 필적한다.

어쨌든 불교의 '무아론'은 자아가 소위 '오온'(五蘊)의 끊임없는 전변에 의해 나타나는 환상이라는 주장을 처음부터 끝까지 견지한다. 여기서 오온이란 물질(색色), 지각(수受), 상상/정념작용(상想), 의지작용(행行), 인식작용(식識)의 다섯 가지를 의미한다. 이러한 주장은 자아가 '사유하는 실체'이며 '물질'과 구분된다는 데카르트적 사유에 반하는 것으로서 흄의 경험적인 자아에 필적한다. 무엇보다 무아론은 자아의 구성요건으로 '물질'(색)을 취급하는데, 이는 흄의 자아관보다 훨씬 명시적으로 유물론적인 입장을 견고하게 유지하는 셈이다.

2 타자로 가는 험로

1. 다시 플라톤에게서 시작

'타자'에 대한 논의는 주로 현대철학에서 각광을 받고 있지만, 사실 '타자'라는 개념이 처음 철학적 개념으로 주목을 받게 된 것은 플라톤에서다. 과연 "모든 철학은 플라톤의 주석"이라는 화이트헤드[32]의 말이 일리가 있는 것 같다.

플라톤 철학에서 '타자'를 어떻게 보는지 알 수 있는 중요한 문헌은 「파르메니데스」다. 여기서 그는 두 사람의 스승인 소크라테스와 파르메니데스를 등장시켜 대화편을 써나가는데, 이들은 다음과 같은 유명한 말을 주고받는다.

---

32 영국의 현대철학자이자, '과정철학'을 통해 존재론의 일신을 꾀한 사람이다.

파르메니데스: 머리털이나 진흙이나 먼지나 그 밖에 더없이 무가치하고 하찮은 것처럼 가소로워 보이는 것들 말이오. 그대는 그런 것들 하나하나에도 우리가 손으로 만질 수 있는 것과 다른 별도의 형상이 존재한다고 말해야 할지 말아야 할지 난처한가요?

소크라테스: 아니요, 그런 것들은 우리가 보는 그대로이며, 그런 것들의 형상이 있다고 생각하는 것은 매우 불합리하겠지요. 사실 나는 같은 원칙이 모든 경우에 적용되는 것이 아닌가 하는 생각에 때로는 고민했지만, 생각이 거기에 미치면 어리석음의 나락에 떨어져 헤어나지 못할까 두려워 도망치곤 하지요. 그래서 나는 우리가 방금 형상을 가진다고 말한 것들로 되돌아가 그런 것들을 다루면서 시간을 보내는 것이랍니다.

파르메니데스: 소크라테스, 하긴 그대는 아직 젊으니까요. 그러나 훗날 때가 되면 내 예상이 빗나가지 않을 경우 철학이 그대를 움켜잡을 것인데, 그때 그대는 가장 하찮은 것조차도 무시하지 않을 것이오. 비록 지금은 젊은 까닭에 여전히 사람들의 의견에 주목하지만 말이오.[33]

여기서 파르메니데스가 논하는 '머리털, 진흙, 먼지'는 다소 농담처럼 들리지만 소크라테스가 무서워하는 대상이다. 대철학자가 이런 하찮은 것들에 두려움을 느끼다니 우습지만 말이다. 그러나 여기에는 심오한 철학적 의미가 있다. 파르메니데스가 이런 것들에도 과연 '형

---

33 플라톤, 「파르메니데스」, 130c.

상'이라는 것이 있냐고 묻기 때문인데, 이 물음은 플라톤의 '이데아론'에 어떤 예외가 있는가라는 물음과 같다. 이것이 어째서 심각하냐면, 만약 이런 예외가 발생하면 이데아론이라는 거대한 이론 체계에 흠이 생기고, 그렇다면 이는 세계를 설명하는 틀로서 결격사유가 발생하기 때문이다.

사실 플라톤의 '이데아'는 이런 예외가 발생해서는 곤란한 '동일성'(identity)의 체계다. 다시 말해 세계 전체를 담아내고, 그것을 설명할 수 있는 거대한 체계. '동일성'은 자신의 외부를 허용하지 않는다. 이를테면 우리가 '삼각형'이라고 말할 때, 그 삼각형 안에 세상의 모든 삼각형이 포함되는 것과 같다. 그 삼각형이 왼쪽으로 조금 기울었든, 오른쪽으로 조금 일그러졌든 결과적으로 삼각형임은 마찬가지다. 동일성으로서의 삼각형에는 그런 '외부'가 존재하지 않는다. 이때이 '외부'를 '타자'(other) 또는 '타자성'(otherness)이라고 부른다.

그런데 앞서도 말했지만, 플라톤을 비롯한 고대 세계에서 '인간'만을 이러한 동일성을 갖춘 주체로 보지는 않았다는 것에 주의해야 한다. 이에 따라 '타자'도 인간으로서의 '타인'만이 아니다. 즉 타자는 처음부터 인간학적 개념이 아니라 존재론적 개념이었던 셈이다.

아마도 플라톤이 저 동일자로 환원되기 힘든 '머리털, 진흙, 먼지'와 같은 타자를 발견하기 이전에 가장 충격적인 타자-사건은 피타고라스학파 내에서 발생했다. 유명한 $\sqrt{2}$의 발견이 그것이다. 우리는 이것을 '무리수 2' 또는 '루트 2'라고 부르면서, 각종 수식 계산에서 기본적인 단위로 사용한다. 하지만 피타고라스학파가 처음으로 이를 발견했을 때 이 숫자는 아마도 공포의 대상이었던 것으로 보인다. 왜냐하면 피타고라스에게 '수'는 만물의 원리이고, 이때 그 원리는 오로지 '자연수'(natural number) 또는 '유리수'(rational number)여야 했기 때문이다. 이 발견에 대해 피타고라스학파가 얼마나 놀랐던지, 발견 당시 마침 항해 중이었던 학파 사람들이 그것을 처음 발견한 수학자 히파소스를 바다에 던져버렸다는 일화가 전해질 정도다. 이후 $\sqrt{2}$는 자연스럽지 않고, 이성에 반한다는 의미에서 '무리수'(irrational number)로 불리면서 존재론적인 의미에서 '타자'의 상징이 되었다.

플라톤에게 이런 수학적인 존재론은 『티마이오스』라는 책에 전해진다. 이 책은 앞서 인용한 『파르메니데스』와 더불어 플라톤 저서 중에서 가장 난해하다고 알려져 있는데, 유명한 현대의 물리학자인 하이젠베르크가 이 책을 읽고 '불확정성의 원리'라는 양자역학의 기본 아이디어를 생각해냈다는 이야기가 전해진다.

여기서 플라톤은 '데미우르고스'라는 세계 제작자를 등장시키는데, 이는 기독교의 창조주와 비슷하다. 하지만 결정적 차이점은 전자는 이미 존재하는 재료(질료)를 가지고 세계를 '제작'하지만, 후자는 아무것도 없는 데서 세계를 말 그대로 '창조'한다는 것이다. 어쨌든 플라톤의 데미우르고스는 앞서 말한 동일성과 타자성을 잘 섞어서 존재하는 것들과 물체들을 만들어낸다고 말한다. 상당히 신화적인 어투지만, 여기서 타자성은 동일성과 "억지로 조화를 이루어 결합"하는 것으로 나온다.[34] 이 타자성은 물체의 결합에서뿐만 아니라 물체의 '나눔'에서도 나타난다. 데미우르고스가 '나눔'을 실현할 때 수학적인 비

---

34 플라톤, 『티마이오스』, 35a-b.

율로 정확히 나누지만, 거기에는 항상 나누어지지 않은 '잔여'가 생긴다. 이것이 타자성이다.[35] 이 잔여로서의 타자성은 정확하게 맞아떨어져야 할 존재의 비율에 늘 따라다니는 유령과 같아 보인다.

이렇게 플라톤이 타자성의 문제를 제기했음에도 불구하고 그가 여전히 타자성을 한갓 부수적인 것으로 간주했음은 분명하다. 왜냐하면 궁극적으로 그의 이데아의 세계는 그러한 타자성을 체계 내의 이질적이고 사소한 것으로 간주하고, 배제하기 때문이다. 이러한 배제가 그뒤의 철학사 내에서 꽤나 성공적이었던 것으로 보이긴 한다. 이후 중세철학 내내 이 타자성의 형상은 악마적인 것으로 취급되어 견고한 신적 동일성에 복종하는 어떤 것으로 간주된다. 주류 근대철학에서도 이는 마찬가지였음을 우리는 앞에서 보았다.

이러한 견고한 전통에 균열을 낸 사람은 역시 니체다. 아래에서는 이제 이 천재적인 철학자에게 돌아가보도록 하자.

2. 니체-주체의 죽음을 선언하다

니체는 주체를 비판하기 위해 대적해야 하는 상대가 데카르트임을 잘 알고 있었을 것이다. 그의 데카르트 비판의 주된 논점은 '사유작용'에 '나'를 주체로 내세우는 점에 놓여 있다. 대체 사유라는 활동과 '나'가 무슨 연관이 있다는 말인지 모르겠다는 것이다. 그것은 차라리 빌산적인 사유작용을 '하나', '동일성', '지속성' 등등의 오래된 철학적 관습에 따라 '나'로 수렴시키는 조작적 수행일 뿐이다. 니체에 따르

---

35 Ibid., 36a-b.

프리드리히 니체

면 이는 매우 잘못된 것이다.

이러한 잘못된 믿음에서 출발하여 데카르트는 '자아'를 세계 자체의 원인과 조건으로 만들어버린다. 세계의 중심이 된 자아는 매우 나르시시즘적이다. 나르시시즘적 자아로서의 주체는 이제 그 무엇보다 '확실한 것', '명증적인 것', '실재'로 받아들여진다. 그러나 사실상 이것은 가상에 불과하다. 사실상 '주체'는 사유작용의 결과에 불과하다는 것이다. 잘 생각해보면, 주체가 사유에 앞서는 것이 아니라 사유 이후에 주체가 결론으로 도출된다. 데카르트는 이러한 사유의 파생물로서의 주체의 특성을 전도하여, 즉 결과를 원인으로 만들어버림으로써 하나의 가상적인 결론에 도달하는 것이다.

더 나아가 니체는 이 파생과정이 대체 어디에서 비롯되는지를 따지고 들어간다. 그때 니체의 시야에 잡힌 것이 바로 언어 문법의 주어-술어 관계다. 언어 문법은 다들 알다시피 우리의 언어적 관습과 연관된다. 인도-유럽어족을 비롯한 대개의 언어에서 기본적인 문법 관계는 '주어-술어' 관계다. 예를 들면 데카르트의 유명한 명제 '나는 생각한다'에서 주어인 '나'는 본래부터 독립적이고 자율적인 '자아'로 취급되지만, 사실 그것은 문법적인 주어를 자립적인 실체로 간주하는 환상에 불과하다. 니체는 이런 식으로 단일한 자아로서의 주체를 기각한 후, 그것을 무한히 증식시킨다. 이것은 흄의 경험론적 자아와도 또 다른데, 흄에게서는 주체가 감각경험으로부터 구성되기 때문이다. 니체에게는 이 구성적 주체마저도 허상에 불과하다.

3. 레비나스-타자의 철학

(1) 레비나스는 어떤 철학자인가?

레비나스는 1905년 리투아니아에서 태어나 1995년 프랑스 파리에서 세상을 떠난 유대인 철학자다. 사람들은 그를 '네 문화의 철학자'라고 불렀다. 어린 시절 유대교 교육을 받으면서 히브리어 성서와 러시아 문학을 읽으며 자랐고, 독일 철학자인 후설과 하이데거를 공부했고, 프랑스로 귀화한 후에는 프랑스 철학과 함께 사유했기 때문이다. 유대인이었던 그의 집안은 제2차 세계대전 당시 나치에 의해 그의 남동생 둘이 살해 당하는 비극을 겪었다. 이 사건은 레비나스에게 평생의 상흔으로 남게 된다.

레비나스 철학의 기초가 되는 철학은 후설의 현상학이다. 지금 우리의 주제인 '타자'와 '주체'에 대한 성찰의 기본적인 방법론은 현상학에서 나왔다. 그의 주저들인 『존재에서 존재자로』(1947), 『시간과 타자』(1947), 그리고 『전체성과 무한』(1961)은 현상학이 아니었다면 일굴 수 없었던 성과였다. 여기서 현상학은 바로 '사물 자체로'라는 표어로 요약될 수 있다. 이는 주체의 한계 안에서 의식에만 집중하는 것이 아니라, 의식 바깥의 대상, 즉 타자에게로 초월하는 것을 철학의 요체로 삼는다.

(2) 주체의 철학적 재정립

현대의 타자 철학에서 가장 급진적인 레비나스의 사상에서는 주체 또한 새롭게 규정된다. 주의해야 할 것은 레비나스가 타자를 철학의 중심에 놓았다고 해서 주체를 완전히 부정하는 것은 아니라는 점이다. 레비나스에게 주체는 두 가지 의미를 지닌다. 첫번째로 '향유의 주체'가 있다. 이것은 세계를 즐거움으로 대하고 그것을 누리는 가운데

에마뉘엘 레비나스

주체성을 확보하는 주체다. 자연과 문화를 즐기고 그것을 통해 자신을 확인함으로써 주체는 어떤 전체적인 것으로서의 세계로부터 자신을 분리하여 고유한 내면의 가치를 깨닫게 된다. 이러한 내면의 가치에 대한 자각을 레비나스는 바로 인간이 자신을 개별적인 것으로 정립하는 '개별화의 원리'로 부른다. 자연 안에서 인간은 문화를 일구어내고 노동하며 거주한다. 이는 삶에 지속성과 안전성을 확보해줄 것이다. 이를 기반으로 우리는 자신의 내면을 돌보는 여유를 가지게 되고, 자아의 풍성함을 향유하게 된다. 하지만 이러한 향유는 한계 없이 확장되고자 하는 인간의 욕망으로 인해 전체주의로 빠지게 된다. 레비나스에게 이 전체성은 아마도 나치즘이라는 정치체제로 구체화된 상태일 것이다. 어쨌든 이 전체화의 욕망에 의해 인간은 자신만을 돌

보는 이기주의의 상태에 접어든다. 이렇게 포화된 자기성 또는 이기주의에서는 타자로의 초월이 불가능하다. 레비나스는 결국 이런 의미의 주체성을 거부한다. 왜냐하면 진정한 주체성이란 타자로의 초월, 타자와의 관계맺음을 통해서만 가능하기 때문이다.

이 두번째 주체성이 레비나스에게는 더 진정성 있다. 중요한 것은 이때 타자가 주체의 유한성과 대조적으로 '무한성'이라는 점이다. 즉 레비나스에게 주체와 타자의 관계는 대칭적이지 않고 비대칭적이다. 이 비대칭적인 관계로부터 주체는 타자를 무조건적으로 받아들여야 한다는 '환대로서의 주체성'이 나타난다. 그런데 여기서 주의할 것은 이런 환대의 대상으로서의 타자가 권력자나 기득권이 아니라, '과부, 고아, 걸인'으로 대표되는 소수자라는 사실이다. 이 부분에서 레비나스의 유대-기독교적인 면모가 완연히 드러난다.

타자를 무조건적으로 환대하는 주체는 이기적 욕망을 버리고, 책임의 주체로 다시 세워진다. 하지만 그렇다고 해서 저 이기적인 본성이 말끔히 씻기는 것일까? 레비나스는 그렇지 않음을 나치즘의 경험을 통해 절실히 깨닫고 있었다. 인간은 타자를 환대함으로써 새로운 주체로 태어나지만 언제든 퇴행할 수 있다.

이러한 인간의 특성을 레비나스는 '상처받을 가능성'이라고 한다. 이 말은 이중적이다. 첫번째는 인간 주체가 세계와의 상호작용 속에서 상처받고 퇴행할 가능성이다. 두번째로 그 고난을 이기고 '책임의 주체'로 다시 서는 가능성이다. 첫번째 의미는 '타인으로부터' 상처받는 것이고, 두번째 의미는 '타인에게로' 상처받고자 다가가는 것이다. 여기서는 두번째 의미가 더 중요하다. 타인을 위해 짐을 짊어지고, 관용하면서 부러 다가가는 적극적인 태도 속에 무한자인 타자로의 '초월'이 있다.

(3) 타자의 얼굴

레비나스는 타자를 '얼굴'로 현현하는 자들로 본다. 이때 얼굴은 앞서도 말했지만, 권력자들이나 부자의 얼굴이 아니다. 그것은 빈자, 과부, 고아, 떠돌이 들의 얼굴이다. 이런 타자들은 고통을 드러내는데, 이러한 고통을 직시하는 것이 주체의 의무이기도 하다. 하지만 주체는 이런 고통스런 타자의 얼굴을 무시하고도 잘살 수 있다. 아니, 오히려 그렇게 했을 때에만 내면적인 슬픔을 겪지 않는다. 그러나 레비나스에게 진정한 주체는 '윤리적' 주체이며, 따라서 진정한 주체란 타자의 얼굴과 대면하고 교류하고 환대해야 한다. 레비나스는 '윤리란 타자의 얼굴을 보는 것'이라고 말한다. 즉 그렇게 했을 때에만 주체도 제대로 선다는 것이다.

이러한 의미의 '윤리'는 칸트의 도덕률과는 다르다. 레비나스에게는 도덕법칙에 대한 존경이라기보다 타자의 고통을 직시하고 그것을 함께하는 데서 윤리가 생성되는 것이 중요하다. 다시 말해 칸트적인 실천이성의 정언명령이 아니라, 타자와 감응하고 그의 부름에 귀를 기울이는 태도와 감성이 중요한 것이다. 마찬가지로 이러한 타자의 윤리는 나의 이성의 자율성에서 오는 것이 아니라 바깥으로부터, 초월적으로 나에게 느닷없이 도래하는 타율적인 것이다.

이와 같은 타자의 철학은 윤리학을 전면에 내세우면서 존재론을 파생적인 것으로 만드는데, 사실 레비나스는 이것이 철학의 진면목이라고 본다. 윤리학이 존재론에 앞선다는 것이다. 이렇게 보면 인간은 윤리적인 존재이기 때문에 실존을 인정받게 된다. 요컨대 레비나스에게 '나'의 존재는 '너'의 존재에 앞설 수 없다.

3 이분법이 뭐라고?

현대철학에 들어서면 이 주체/타자의 구분에 대한 의심이 팽배해진다. 사실 현대철학에서는 이 구분뿐만 아니라 여타 이분법들, 즉 자연/문화, 정신/신체, 인간/비-인간 등등의 이분법이 모두 비판 대상이 되는데, 여기서는 일단 주체/타자의 이분법만을 살펴보도록 하자. 이 이분법 파괴의 기초를 닦은 현대철학자는 질 들뢰즈다.

1. 들뢰즈의 '주체?'

(1) 성가신 주체

앞 절에서 설명한 레비나스도 마찬가지지만, 현대철학자들은 주체에 대해 상당히 비판적이다. 그것은 아마도 주체 중심적인 사고방식이 가져온 폐해가 너무나 극명하게 주위에 널려 있기 때문일 것이다. 대표적으로 환경파괴는 주체중심주의의 가장 현저한 결과인데, 이런 경우 주체=인간인 셈이다. 이 모든 근대적인 주체/인간중심주의는 이론적으로도, 실천적으로도 이미 성가시고 골치 아픈 대상일 뿐이며, 이 말에 화를 내는 분들이 다소 많겠지만 좀 거칠게 말하자면 철학사적으로 이미 폐기되었다고 할 수 있다.

들뢰즈는 주체 개념을 사유하거나 비판하는 일이 이제 "결코 흥미로울 수 없"다고 말한다.[36] 오히려 "그러한 개념을 무용하거나 부적합하게 만드는 새로운 장을 발견하는 일이 더 낫"다는 것이다.[37] 이 말에는 주체가 더 이상 객체 또는 대상과 더불어 이분법적인 기능을 수행하던 시절은 지나갔다는 함축이 있다. 어떻게 보면 주체는 객체적인 장에서 돌출되어 나온 파생물일 뿐인데, 달리 말하자면 인간이 자연의 산물이라는 언급과 비슷하다. 그러나 여기서 자연이 들뢰즈에게 우리가 잘 아는 루소가 말하는 식의 자연, 즉 '자연으로 돌아가자'는 식의 복고풍의 원시림은 아니라는 점에 유의해야 한다. 만약 그렇다면 들뢰즈가 자연/인공 이분법에 갇힌 근대철학자가 되어버릴 것이기 때문이다.

사실상 인간/자연 이분법보다 자연/인공 이분법이 훨씬 뿌리 깊다. 후자야말로 인간으로서의 주체에 어떤 탁월함을 부여하면서 그것을 '주인'의 위치로 올려놓는 오래된 편견일 것이다. 숲과 바람과 강물과 바다가 한쪽에 있고, 건축물과 인터넷망과 도로들, 상하수도 시설로 이루어진 도시가 다른 한쪽에 있는 야만/문명의 구도가 여기서 등장한다. 문명은 야만을 다스리고 계몽해야 한다는 오래된 인간-주인의 오만함이다. 들뢰즈에게 '자연'은 꼬리에 꼬리를 물고 나타나는 이런 이분법적인 의미가 아니라 자연/인공 이분법 자체를 소멸시키고, 둘의 경계를 허무는 방식의 자연이라고 할 수 있다. 동물과 인간, 기계

---

36 Gilles Deleuze, "A Philosophical Concept…", (eds.) Eduardo Cadava, Peter Connor, Jean-Luc Nancy, *Who Comes After the Subject?*, Routledge, 1991, 94. 본래 이 글은 다른 지면에서 1988년에 먼저 발표되었다.
37 Ibid.

와 자연이 어울려 살아가는 혼합체가 자연인 것이다.

그러니 이런 기본적인 구도 안에서 '주체'가 예전 방식의 강고한 역할을 하기는 힘들다. 오히려 들뢰즈에게 중요한 것은 타자 또는 타인이다. 들뢰즈는 이 주제에 대해 아주 아름다운 문장으로 「미셸 투르니에와 타인 없는 세상」이라는 논문을 썼다. 이 글을 통해 현대철학의 스승인 들뢰즈에게서 '타자' 또는 '타인'이 어떤 의미인지 알아보도록 하자.

(2) 타인의 구조

들뢰즈에게 타인은 우리가 세상을 지각할 때 그 배경이 되는 존재라고 본다. 이를테면 우리는 세계 안에 홀로 있지 않다는 막연한 감각을 지니고 살아가는데, 그것이 바로 타인의 효과다. 이 효과는 타인이 있을 때보다 타인이 없을 때 더 뚜렷하게 드러난다. 들뢰즈가 미셸 투르니에

미셸 투르니에

(Michel Tournier, 1924~2016)의 소설 『방드르디, 태평양의 끝』을 타자 분석의 대상으로 정한 것은 이 소설에서 주인공인 '로뱅송'이 난파하여 도달한 섬이 바로 그 타인 부재의 장소이기 때문이다. 사실 이 소설은 투르니에의 순수 창작물이 아니다. 소설의 원저자는 대니얼 디포이고, 원제는 알 만한 사람들은 다 아는 『로빈슨 크루소』다. 투르니

에는 이 소설을 다른 방식으로 '재기술'한 셈이다.

어쨌든 소설은 타인 없는 세상에 대한 하나의 실험이라고 할 수 있다. 원작과 마찬가지로 무인도에 표류한 '로뱅송'(로빈슨)이 타인 없는 세상에서 하나의 단독자로서 어떤 경험을 하고 어떤 생각을 하게 되는지에 대한 실험이다. 그렇게 함으로써 '타인의 효과'를 유추해낼 수 있다고 들뢰즈-투르니에는 생각한 것 같다. 이제 이 소설과 들뢰즈의 논문을 통해 '타인의 효과'가 어떤 것인지 살펴보도록 하자.

타인의 첫번째 효과는 내가 지각하는 각각의 대상과 생각하는 각각의 관념 주위에서 바탕을 조직한다는 점이다. 다시 말해 타인은 나의 존재를 뒷받침하는 토대와 같은 것으로, 그것이 사라지면 '나'도 마구 흔들리게 된다. 그래서 들뢰즈는 "'나'는 타인을 통해 세계를 인식한다. 만약 타인이 없다면, '나'는 어떤 것에 대해 아무것도 알 수 없다"고 말한다. 이를테면 내가 어떤 대상을 볼 때 그것은 나의 시야에 초점을 부여하며 나타난다. 여기서 만약 그것으로부터 눈을 돌린다면 그 대상은 다시 '바탕'으로 사라지는데, 이때 그것을 인식하거나 감지하는 다른 타인이 있을 것이다. 따라서 나는 타인을 통해 그 대상이 늘 그렇게 존재한다는 것을 에둘러 감지할 수 있다. 내 앞에서 나를 바라보는 우리 집 고양이는 귀여운 표정으로 나와 눈이 마주치지만, 내가 다시 컴퓨터 화면 위로 시선을 돌린다면 그 시선은 사라진다. 그렇다 하더라도 나는 이 녀석이 존재한다는 것을 잘 아는데, 이는 내가 아닌 다른 무언가의 시선을 통해서다. 따라서 "나는 대상 뒤에서 타인을 만나게 되고 타인의 봄과 나의 봄이 합쳐질 때 대상의 총체적 봄이 달성될 것이다." 이것은 타인과 나의 만남이 세계의 총체적인 구성을 달성한다는 것을 의미한다.

그런데 가만히 생각해보면, '나'는 세계를 부분적으로, 그것도 아주 일부만 순전한 나의 감각과 지각으로 파악한다는 것을 알게 된다. 그도 그럴 것이 한 생애를 살아가면서 우리가 경험하는 것은 극히 일부에 불과하기 때문이다. 그렇다면 우리가 보는 세상은 열에 아홉이 나의 시선이 아니라 타인의 시선이라고 할 수 있겠다. 이 논의를 끝까지 밀고 나가면 나의 시선으로 구성된 세계상은 거의 대부분 나의 것이 아니라 타인의 것이고, 이에 따라 '나는 내가 아니라 타인이다'라는 결론에 도달하게 된다.

이것은 데카르트식의 자아관을 가지고 살아가는 근대인들에게는 상당히 불안하고 섬뜩한 결론이다. 나의 지각과 감각이 나의 것이 아니라니 말이다. 여기서 나의 존재를 보증하는 '코기토'는 마치 유령처럼 느껴진다. 소설 속에서도 이런 일이 일어나는데, 주인공인 로뱅송이 원주민인 방드르디를 처음 대면했을 때 그러하다. 로뱅송은 아무도 없는 줄 알았던 무인도에서 타인을 대면하고 엄청난 혼란에 직면하게 되는데, 이는 타인으로 인한 세계상의 확장 과정에서 나오는 불안과 전율이라고 할 수 있다. 이때 발생하는 로뱅송의 혼란은 머릿속에서만 일어나는 관념의 혼란이 아니라 감각체계와 욕망 전반에 걸친 혼란이라고 할 수 있다. 이 혼란 이후에 로뱅송은 방드르디라는 세계를 받아들이고 안정을 되찾는다. 이로써 '타인의 구조'가 작동하게 되는 셈이다.

(3) 타인뿐인 세상

투르니에의 작품은 들뢰즈의 논문 제목대로 '타인 없는 세상'을 묘사하지만, 역설적으로 '타인뿐인 세상'을 증명한다. 이 소설에 대한 해석을 토대로 들뢰즈는 나의 욕구와 감각과 지각이 대부분 타인을 통해 가능하다고 말한다. 다시 말해 내 욕구를 대상으로 향하게 하는 것은 늘 타인이다.

이렇게 해서 타인은 내가 어떤 대상을 욕구하는 데 '기준점'을 제공한다. 다시 말해 나는 타인에 의해 양육되고 지향되는 상태에 놓여 있다. 이것은 들뢰즈와 동시대에 활약했던 자크 라캉(Jaques Lacan)의 "나는 늘 타인의 욕망을 욕망한다"라는 말을 떠올리게 만든다. 어찌 보면 생뚱맞은 소리지만 가만히 생각해보면 이 말은 매우 분명한 진실을 드러내는 것 같다. 과연 나의 욕망이 나의 고유한 내면에서 비롯된 것일까? 그 욕망이 본래부터 내 것이었을까? 그것은 혹시 내 부모나 형제나 친구와 애인의 것은 아닌가? 즉 나의 욕망이란 '그들'의 욕망, 그들이 '바라는 바'인 나의 모습이 아닌가? 어떻게 보면 이러한 의문들은 상당히 심란한 분열을 초래하는 것 같지만, 재차 생각해보면 이를 통해 우리는 타자로 가는 첫번째 문을 열게 되는 것으로 보인다.

들뢰즈는 타인이 존재하지 않는 세계란 엄청나게 위협적이라고 가정한다. 그는 이를 투르니에 소설의 주인공 로뱅송이 무인도인 스페란차 섬에 처음 도착해서 느낀 두려움과 불안감으로 설명해낸다. 사실 로뱅송의 처지에서는 그 누구라도 이런 감정을 느낄 것이다. 왜냐하면 낯설고 사람의 흔적이라고는 없는 곳에서, 뭔가 이질적이고 기괴한 것이 언제 나를 덮쳐올지 예측하기 어렵기 때문이다. 모든 것은 확실성을 벗어나 있고, 오직 불가능한 것들만이 나의 주의를 옥죄어온 다면, 이는 상당히 근원적인 불안감을 내게 가져다줄 것이다. 구체적인 것은 모조리 사라지고 오직 추상적인 예감만이 있게 되는 것이다. 마치 어린 시절 놀이공원에 있는 '귀신의 집'에 홀로 들어선 것처럼 언제 공격당할지 모르는 공포감의 한가운데에 있게 된다.

이는 철학적으로 타인이 제대로 기능하지 않는 것, 즉 그 부재로 인해 자아를 상실감으로 몰아가는 상황을 말한다. 들뢰즈의 분석을 가져오자면 타인이란 '나의 지각장 안의 한 구조'로서 그것이 부재할 경우, 자아를 포함하여 '이 장 전체가 기능하지 못하게' 되는 사태다. 자아의 기능부전 상태가 타인의 부재로부터 비롯된다는 것은 이런저런 나의 행동이나 말이나 제스처들이 실제로는 '나'가 아니라 '타인'을 표현한다는 점을 예리하게 짚고 있는 셈이다. 이러한 관점을 더 밀고 나가면, '나'는 타인들의 가능성들을 펼쳐내고, 타인들이 나를 통해 그들의 욕망을 실현하도록 돕는 매개물이라는 생각으로 이어진다. 즉 자아는 타인의 잉여물, 또는 분비물이다. 들뢰즈는 우리가 일상 안에서 늘 느끼는 '나'라는 그 확고부동한 감각을 폐기처분하려고 한다. 기실 그 '나'라는 것은 기망이고, 허위며, 실재와는 다르다는 것이다. 하지만 그 기망과 허위가 없으면 '나'는 존속할 수 없게 된다. 여기에 비극이 있다. 즉 우리는 '나'가 실재하지 않음을 알고 있음에도, 그 사실을 부정하지 않을 수 없고, 그 사실을 부정함으로써 삶을 살아갈 수 있게 된다. '나는 있다', '나는 나다', '나는… 이다.'…

방드르디는 비록 미개한 야만인에 불과하지만, 스페란차 섬에 있는 유일한 '타인'이다. 로뱅송은 이 유일무이한 타인으로 인해 자신이 그

동안 일구어놓은 '문명'(개간한 땅과, 집과, 길들인 개와 댐과 다리 들)이 모두 파괴되는 경험을 하게 된다. 들뢰즈의 눈에 이러한 과정은 아주 필연적이다. 왜냐하면 이제 로뱅송의 지각장은 방드르디라는 타인의 지각장, 언제나 자아의 지각장보다 앞서는 그 지각장에 의해 재구성되지 않으면 로뱅송 자신이 살아갈 수 없게 될 것이기 때문이다.

타인으로서의 방드르디가 나타나기 전의 안정적인 '타인 없는 세계'는 이제 과거의 세계일 뿐이며, 위협적으로 등장한 타인에 의해 파괴되면서 재구성된다. 타인이 가능세계라면 나는 과거의 한 세계. 이렇게 해서 인간은 타인 없이는 살아갈 수 없는 존재가 된다. 내가 그렇다면 타인도 마찬가지다. 그 타인은 나를 타인으로 여기며 살아갈 수밖에 없다.

이렇게 놓고 보면, 세상에 '자아'라는 것은 없고, 오직 '타인'들뿐이다. 사실 이것이 진실에 더 가깝지 않을까? 우리는 자아에 대한 집착이 매우 강하기 때문에 진실이 이렇게 드러나도 그것을 받아들이기 쉽지 않다. 분명한 것은 '타인'의 가치는 자아의 가치보다 높다는 점이다. 그래서 세상이 아무리 낯선 타인이라 하더라도 그의 곤란과 기쁨을 함께하게 될 때 진정한 '공동체'로 거듭날 수 있다. 우리가 8장에서 다룰 '공동체'는 이런 타인의 우선성을 긍정하는 토대 위에서 가능해진다.

2. 페미니즘과 신유물론

이제 아주 최근의 철학에서 '타자'란 무엇을 의미하는지 알아보도록 하자. 레비나스와 들뢰즈라는 탁월한 철학자들 이후 '타자'의 철학은 일군의 창조적인 사람들에 의해 지속적인 탐구의 대상이 된다. 사실상 근대적 주체는 완전히 일신된 것처럼 보인다. 타자 없는 주체는 상상될 수 없는 수준에 이르렀다고 해도 과장은 아닐 것이다. 여기에 그 이전부터 사회운동의 형태로 지속되어온 페미니즘이 타자의 철학을 만나면서 상당히 참신한 분파들을 형성하기 시작했으며, 이들과 끊임없이 연계되면서 '신유물론'이라는 최신 사조가 성립하게 된다.

(1) 성과 젠더-타자로서의 여성

'여성은 태어나는 것이 아니라 만들어진다'는 페미니즘 철학에서 자주 인용되는 말이다. 이 말은 프랑스의 철학자인 시몬 드 보부아르의 『제2의 성』에 등장한다. 여기서 '젠더'(gender)라는 개념이 나왔다. 보부아르의 저 말을 통해 이해되는 '젠더'란 사회적으로 구성된 성차다. 달리 말해 이 개념은 생물학적 성차에 대한 거부, 다시 말해 신체적인 의미에서의 '섹스'(성)에 대한 비판이라는 함축이 있다. 개념이 가진 이런 비판적 힘은 실천적인 역량을 갖추게 만드는 것이기도 하다. 이제는 더 이상 태어나면서부터 성이 결정된다는 소박한 생각은 쉽게 논파되기 때문이다.

그렇다면 여성은 어떻게 만들어지는 것일까? 우선 전통적인 의미에서 남성과 여성은 '남성다움'과 '여성다움'이라는 문화적인 의미로 확장되면서 '젠더화'한다. 이때 젠더화란 특정 사회·역사적 맥락에서 여자와 남자의 다른 성역할을 강요하는 메커니즘을 말한다. 이렇게 해서 성은 단지 두 가지인 것으로 확정되면서, 그 범주를 벗어나는 언어와 행동은 윤리적으로 또는 정치적으로 배제되거나, 나아가 탄압

받는다. 이는 애초에 '차이'에 불과했던 생물학적 구분이 강고한 이분법적 젠더로 정착되어 '차별'을 양산하는 과정을 준비하게 한다. 이분법이란 두 항 중 한 항의 지배와 통제를 늘 수반하기 때문이다. 통제받는 대상은 대개 '타자성'을 가진다. 즉 동일성의 질서 안에서 이질적인 것이 그것이다.

이 차별이 공고화되면 '위계'가 등장하게 된다. 보부아르가 젠더의 차이가 단순한 성적 차이가 아니라, 남성중심적 가치관이 규범화됨으로써 성립했다고 강조하는 것은 이런 위계화의 절차라고 할 수 있다. 이렇게 되면 여성성은 남성성의 부산물 또는 '타자'로 정의될 수밖에 없고, 이것이 확고한 통념이 된다. 이 통념은 다시 개인에게 스며들어 정체성을 형성하게 된다. 즉 남성은 성장하면서 사회적으로 통념이 된 '타자'로서의 여성에 대해 우월함을 내면화하고, 여성은 종속을 내면화한다. 여기서 남/여 정체성의 획득은 내면화(internalization)의 완성, 곧 섹스와 젠더 간의 상호 피드백이 완성되었음을 의미한다. 즉 젠더는 이제 더 이상 문화적 구성물이 아니라 섹스가 그러한 것처럼 자연화(naturalization)된다. 거스를 수 없는 법칙이 되는 것이다. 이렇게 되면 남성은 군림하고 여성은 복종하는 것이 문화 구성 과정의 권력관계라는 것에 대해 맹목이 되고, 그 결과 남성은 주체로, 여성들은 타자화된 '약자'로 사는 데 익숙해진다. 성폭력이 발생했을 때 남성뿐 아니라 여성 쪽에서도 백래시(Backlash)(어떤 사회운동에 대한 반동적이고 폭력적인 반응들)가 발생하는 맥락을 이를 통해 이해할 수 있다.

(2) 페미니즘의 갱신-교차성 이론

우리는 페미니즘 이론이 성차별 담론을 해체한다는 것을 알게 되었다. 그러나 페미니즘은 여기서 그치지 않는다. 최근의 페미니즘은 여기서 더 나아가 '타자' 전반, 즉 여성뿐만 아니라 사회적 소수자들에게까지 관심을 기울인다. 이러한 관심에는 여성이라는 정체성이 사회적, 정치적으로 소수자들의 운동에서 가장 두드러지고 중요한 주체라는 사실이 전제되어 있다.

이렇게 소수자 전반에 대한 관심의 확장은 '교차성'(intersexuality)이라는 개념으로 수렴되고 있는 중이다. 교차성이란 젠더의 정체성이 생물학적 성을 넘어서 있다는 사실에 기반한다. 그래서 교차성은 젠더를 비롯하여, 인종, 소수적 성(동성애 그룹), 계급, 국적과 같은 다른 사회적 범주들과 교차하는 어떤 정체성을 분석하기 위한 개념이다. 이렇게 되면 기존의 페미니즘이 젠더로 단일화했던 틀이 깨진다. 다시 말해 이제 페미니즘은 단순히 '여성해방운동'의 범주에만 머무르지 않게 되는 셈이다. 페미니즘은 여성해방뿐 아니라, 계급해방 그리고 인종주의에 대한 저항에까지 광범위한 사회적, 정치적 영역에서도 스스로를 자리매김하게 된다. 이는 페미니즘이 바라는 '해방'이라는 목표가 단순히 성과 젠더에만 머물러 있지 않다는 자각에서 비롯되는 것이다. 이렇게 해서 생겨난 분파들이 바로 '블랙 페미니즘'(흑인 여성들의 페미니즘)이나 '제3세계 페미니즘'이다.

그래서 교차 이론은 젠더 이론이 기존의 여성성/남성성이라는 틀을 강고하게 하는 '이성애중심주의'(heterosexism)라고 비판하면서 시작한다. 이 이분법하에 여성이나 남성은 자신과 반대되는 것으로 알

주디스 버틀러

려진 성만을 사랑의 대상으로 선택해야 하는데, 교차 이론에 따르면 이는 정체성을 단순히 이분화할 뿐, 그것이 내장하고 있는 여러 다른 성'들'을 간과한다는 것이다.

이와 비슷한 측면에서 현대의 대표적인 페미니즘 사상가인 주디스 버틀러(Judith Butler, 1956~)는 퀴어 이론(queer theory)을 전개한다. '퀴어'라는 단어는 본래 동성애자들을 경멸적으로 부르던 말이다. 그런데 동성애자들은 이 단어를 스스로를 지칭하는 단어로 역이용함으로써 동성애에 대한 부정성에 대해 극적인 전복을 이루어냈다. 버틀러는 이 명칭을 이론화하여 『젠더 트러블』이라는 책을 써서 일약 페미니즘계의 총아로 떠올랐다. 여기서 그녀는 성, 젠더, 섹슈얼리티(섹슈얼리티는 성과 젠더를 모두 아우르는 넓은 개념)를 젠더 쪽에서 재정의한다. 다시 말해 세 가지 성에 대한 규정은 모두 젠더로 수렴하는 경향이 있다는 것이다. 이 이론에 따르면 젠더는 '수행성'(performativity)에 의해 형성된다. 수행성은 어떤 행위나 말을 반복적으로 수행함으로써 그것이 체화되는 것을 말한다. 그러니까 젠더적 수행이란 애초에 자연스럽지 못한 인위적 남성성과 여성성이 관습적으로 반복 수행되면서 자연적인 것이 되는 과정이다. 퀴어 이론은 이러한 젠더 이분법에 저항하는 일련의 실천을 이끌어냈다는 점에서 획기적이다.

퀴어적 실천이란 이성애중심주의 사회 안에서 스스로를 드러내는 동성애자들의 커밍아웃과 같은 방식으로 나타난다. 이를 통해 퀴어 활동가들은 비합법의 영역에서 게토화된 동성애를 합법화하는 여론을 환기하고, 보수적인 이성애자들의 각성을 촉구한다. 이를 큰 틀에서 바라보면 이성애가 그리 안정적인 사회규범이나 가치체계가 아니라는 것을 알게 된다. 즉 이성애는 그 수행과정에서 늘 동성애라는 타자를 만나면서 체현에 실패한다. 이는 동성애가 이성애에 대적하는 어떤 강한 흐름이라서가 아니라, 이성애 안에 이미, 항상 동성애가 숨쉬고 있기 때문이다. 이성애중심주의는 말 그대로 '중심'을 세우려는 시도일 뿐, 변방의 타자를 영원히 은폐하지는 못한다.

(3) 신유물론의 등장

페미니스트들의 이원론에 대한 공격은 최근 새롭게 부상하고 있는 '신유물론'으로 이어진다. 신유물론은 페미니스트들의 이원론/이분법에 대한 비판을 '유물론'의 입장에서 수용하면서 더 확장시킨다.

예로부터 유물론은 '물질 일원론', 다시 말해 '물질적인 것이 원초적인 것이다'라는 원칙을 지켜왔다. 이런 입장에서 보자면 유물론은 수위 '관념론'과 대립적이다. 실제로 많은 철학사가들은 철학사를 유물론과 관념론의 대립으로 파악하고 기술해왔다. 하지만 이런 방식의 철학사적 관점은 철학사 그 자체의 관점이 관념론적이라는 것을 간과한다. 저런 이분법적인 관점 자체가 유물론과는 상관이 없고, 관념론적이라는 그 사실을 간과한다는 뜻이다. 이는 철학사가 반유물론적이라는 것을 드러낸다. 결론적으로 유물론의 입장에서 저런 대립은 허상에 불과하다. 유물론은 관념론과의 대립에서 스스로를 드러내는 철학이 아니라, 그 자체로 만족스러운 철학일 뿐이다.

이러한 유물론이 21세기에 들어와서 새롭게 구성되는데, 이를 '신유물론'이라 한다. 신유물론의 두드러진 특징은 앞서 말한 이원론의 해체이지만, 해체에만 머물지 않고 이론적이며 실천적인 원칙들을 만들어낸다는 점을 더 들 수 있다. 그래서 신유물론의 입장에서 주체는 생성의 과정 중에 있는 것이지, 이미 완성되거나 본래부터 존재했던 것이 아니다. 게다가 주체는 '환경'과의 상호작용을 통해 스스로를 형성한다. 이렇게 주체와 환경 간에는 시시각각 연결되는 메커니즘이 있다. 따라서 주관과 객관을 일률적으로 나눌 수 있는 기준은 존재하지 않는다.

대표적인 신유물론 철학자인 로지 브라이도티(Rosi Braidotti, 1954~)는 이러한 주체의 모습을 '유목적 주체'(nomadic subject)라고 명명했다. 유목적 주체란 "탈-개인주의적 주체 개념"으로서, "계급, 젠더, 섹슈얼리티, 민족성과 인종의 사회적 좌표들"이 상호 교차하는 복잡한 주체로서[38] 앞서 말한 '교차성'과 일맥상통하지만, 그보다 더 실천적으로 적극적인 개념이다. 즉 '교차성'이 여러 범주들의 중첩성을 드러낸다면, '유목'에는 그러한 중첩성을 적극 실천함으로써 새로운 실천, 새로운 주체의 형상을 창발해야 한다는 실천적 요청이 담겨 있다.

---

38 로지 브라이도티 지음, 이경란 옮김, 『포스트휴먼』, 아카넷, 2015, 115.

그렇기 때문에 유목적 주체에서 주체란 타자와의 적극적인 얽힘, 교차를 행하는 과정 중에 있게 된다. 여기서는 주체와 타자 간의 이분법이 점점 더 큰 의미를 가지지 못한다. 왜냐하면 그 어떤 주체든 타자를 내장하고 있고, 또 그 어떤 타자도 주체적 특징을 체현하기 때문이다.

로지 브라이도티

3. 주객 이분법의 종언

우리는 현대사상으로 올수록 주체와 타자, 또는 주체와 객체 간의 이분법이 사라지는 양상을 철학사 안에서 보게 된다. 이는 이러한 주객 이분법에 내재해 있는 주체중심주의, 달리 말해 인간중심주의가 초래한 파괴적 양상 때문이다. 17세기와 18세기를 거쳐 20세기까지 소위 '계몽적 이성'은 지식을 권력으로 여기고, 이를 통해 자연과 타자를 지배하고자 했다. 그 결과는 두 번에 걸친 세계대전과 환경파괴, 그리고 전 세계적인 빈부격차와 약자에 대한 폭력이다.

주객 이분법은 주체와 객체를 평등하게 나누지 않는다. 이것은 애초부터 그 나눔을 행하는 주체의 우월성을 전제하거나 사후 보증하기 위해 탄생했다. 고대 세계의 경우 '자연'이라는 큰 범주 안에서 주체와 객체는 상호 간의 영향을 인정하면서 조화를 이루었다. 인간 외의 비인간 존재들도 '신적인 것'으로서 자신의 가치를 담지하고 있었으며, 때로 조화를 위반하는 인간에게 징벌을 내리는 역할을 담당하기도 했다. 하지만 중세에 이르러 신-인간-비인간이라는 위계구도가 자연-평등이라는 구도를 대체하기 시작하면서 이러한 상호작용은 기울어진 상태로 변모하게 된다. 물론 중세에도 평등한 구조를 유지하는 사상은 이어졌지만, 토마스 아퀴나스를 정점으로 한 스콜라 철학이 주류가 되는 상황에서 소수적인 위치에 놓이게 된다.

하지만 현대사상은 인간의 계몽적 역할에 대한 회의와 더불어 종래의 '비인간'이 소박한 자연적 대상을 넘어 첨단 정보통신과 인터넷, 알고리즘으로 변모하면서 그러한 인간의 우월성을 탈피한 방향으로 흐르게 된다. 여기서 '자연'이란 '새로운 자연'으로서 과학기술의 발전으로 생겨난 '비인간'을 모두 포함한다. 인간 삶의 일상 전반에 속속들이 영향을 미치는 이 '인간-비인간-신자연'이 더 이상 '인간-비자연 대 비인간-자연'이라는 낡은 체제를 유지할 수 없도록 만든 것이다. 이제 인간이든 비인간이든 모두 새롭게 구성된 '신자연' 안에 포함된다. 이 안에서 모든 존재자는 평등성을 누릴 자격과 권리를 가지게 된다.

현대사상의 첨단에 있는 '신유물론'은 이러한 '신자연주의'의 분위기 안에서 탄생한 철학사조다. 그래서 신유물론에서 가장 핵심적인 요소는 바로 객체, 물질, 타자의 능동성이다. 지금까지의 모든 철학이 주체의 능동성만을 내세우면서, 그 대립 지점에 객체와 물질을 두었다면, 신유물론에서는 주객 이분법을 허물고 그 경계 지점에 상호작용을 놓는다. 이렇게 되면 어떤 식으로든 주체의 권력을 옹호하는 것이 불가능해진다. 이와 더불어 정치적으로도 타자화된 객체로 사람들을 대할 수 없게 된다. 그 어떤 권력이라 해도 구성원들의 상호작용이 전제되지 않으면 그 정당성을 잃게 되는 것이다.

제7장

앎과 무지

'안다는 것'과 '모른다는 것'은 얼마만한 큰 차이가 있을까? 혹은 우리가 생각하는 것보다 그리 많은 차이는 없지 않을까? 과연 많이 아는 자, 즉 지식인은 모든 측면에서 아는 자일까? 가장 바보스러운 자라 해도 어떤 면에서는 저 박학한 지식인보다 나은 점이 있지 않을까? 예컨대 우리 동네 구두 수선공 아저씨의 솜씨는 스피노자의 안경 세공 솜씨보다 못한가? 물론 철학 분야에서야 스피노자가 아저씨보다 더 나을 것이다. 그렇다고 아저씨를 모르는 자라고 말할 수 있나? 이번 장에서는 이런 질문들에 답해볼 차례다. 이와 관련한 철학의 분과를 우리는 '인식론'(epistemology)이라 부른다.

　'안다'(to know)의 어원을 살펴보면, 그리스어 어근 'gno-'에서 유래한다는 것을 알게 된다. 이 어근은 '~을 할 힘이 있다' 또는 '~을 할 수 있다'라는 의미로 쓰인다. 또한 '학습하다', '일반적 진리에 대한 간결한 진술' 또는 '인식', '지적 관점'이라는 의미로도 쓰인다. 한마디로 말하자면 '안다'는 것은 '일반적 진리를 인식하고 말할 수 있는 능력'이라고 정리될 수 있을 법하다. 이에 반해 '알지 못한다'(not to know)(무지)는 'agnosis'라는 그리스어에서 유래했다. 영어로는 ignorance라고 할 수 있는데, 이것은 저 '안다'는 말의 어원과 반대의 의미를 지닌다고 보면 된다.

사실상 '인식론'은 고대 초기 철학에서는 거의 보이지 않는다. 소크라테스 이전 철학은 주로 '자연철학' 즉 존재론 위주의 사유를 전개했으며, 소피스트 이후에도 '인식'에 대한 본격적인 논의보다는 '윤리학'이나 '정치철학'이 전경을 차지하게 된다. 소크라테스와 플라톤에 이르러 인간 인식에 대한 논의가 본격적으로 시작된다. 이는 소피스트들의 '회의주의'가 깊은 영향을 주었기 때문인데, 소크라테스는 이에 대응하면서 인간 인식의 심층적인 면모를 드러내 보이려고 애썼다. 플라톤주의는 근대에 이르러 데카르트에서 스피노자에 이르는 합리론으로 계승된다.

근대에 이르러 플라톤식의 인식론은 비판받기 시작하는데, 그 전면에 선 것이 '경험론'이다. 이 경험론의 핵심을 이어받으면서 칸트는 자신의 '이성비판'을 전개했고, 20세기에 와서는 다시 합리론적 경향이 대두하기 시작했다. 바슐라르가 대표적인 인물이다. 이 와중에 존재론은 베르그송이라는 거대한 산맥을 형성하면서 인식론과 일정한 길항 관계를 형성하기 시작한다.

1 앎의 중요성

1. 앎의 거처, 영혼

철학을 잘 모르는 분들이라도 소크라테스는 잘 알고 있다(심지어 유행가 가사에도 '테스 형'이 등장하지 않는가?!). 여기에 "너 자신을 알라"(Gnothi seauton)라고 말한 철학자라고 하면 이제 웬만한 중학생도 알 것이다. 그런데 사실 저 말은 소크라테스가 처음으로 한 것이 아니다. 당시 아테네 시민들이라면 누구라도 이 경구를 알고 있었는데, 이 말이 모든 사람들이 드나드는 아폴론 신전의 기둥에 새겨져 있었기 때문이다. 그러면 소크라테스는 왜 이 말을 굳이 또 한 것일까? 그 이유는 소크라테스가 '망각을 일깨우는 자'라는 철학자의 본분에 충실했기 때문이다. 당시 아테네 시민들은 자신들의 도시가 지중해 전체 국가들 중에서 가장 부유하고, 문화적으로 발전했으며, 학문적으로도 탁월하다고 자부했다. 그러나 이러한 자부심은 곧 자만심으로 바뀌었고, 이는 사회와 정치의 타락을 불러왔다. 소크라테스는 이러한 아테네의 상태를 누구보다 잘 알고 있었으며, 그래서 헛된 자만심에 빠져 현실을 보지 못하는 시민들의 눈을 뜨게 하고 싶었던 것이다. 따라서 저 오래된 경구는 소크라테스에게 그저 그런 속담 정도가 아니라 아주 중요하고, 현실적인 성찰의 매개였던 셈이다.

그렇다면 소크라테스가 아테네 시민들에게 전하고자 한 '앎'이란 무엇이었을까? 그것은 '너의 영혼을 돌보라'(epimeleia heauton)라는 또 다른 소크라테스의 말을 통해 알 수 있다. 다시 말해 소크라테스는 아테네 시민들이 자신들의 영혼, 내면, 정신을 돌이켜보고 그것을 적극 옹호하기를 원했다. 역으로 생각하면 당시 사람들이 그만큼 그러한 것에 소홀했다는 의미도 된다. 그도 그럴 것이 부유한 도시의 재산을 바탕으로 시민들은 하루가 멀다 하고 축제와 육체적 쾌락에 빠졌고, 정치는 독재로 흘렀기 때문이다. 그러므로 소크라테스의 저 '앎'이란 '자기 자신의 영혼, 정신'에 대한 앎이라고 할 수 있다.

소크라테스에 따르면 우리의 영혼만큼 탁월한 것은 없다. 이 점에 대해서는 소크라테스 이전의 그리스 전통에서도 강조되어왔다. 영혼은 고대 그리스어로 프시케(psychê)라고 한다. 그런데 이때의 '영혼'은 현대인들이 흔히 알고 있는 '정신', 다시 말해 육체와 이분법적으로 나뉘는바, 그런 정신이 아니었다. 이 말은 오히려 '생명'이라는 것과 더 잘 통했다. 다음과 같은 호메로스의 『일리아스』 구절은 이를 잘 설명해준다.

파트로클로스는 사르페돈의 가슴에 한 발을 디디고 그 몸뚱이에서 창을 빼냈다. 그러자 창에 딸려 횡경막도 같이 나왔다.
이렇게 해서 그는 창을 빼내면서 사르페돈의 영혼도 함께 빼낸 것이다.[1]

여기서 주목해야 할 표현은 창이 영혼을 빼낸다는 것이다. 이것은 오늘날 상식적으로 가지고 있는 영혼에 대한 선입견, 즉 그것이 비물질적이라는 선입견과는 달리 매우 '물질적'이라는 것을 암시한다. 즉

---

1   호메로스 지음, 천병희 옮김, 『일리아스』, 도서출판 숲, 2015, XVI, 503-5.

영혼을 심장이나 이런저런 신체의 일부로 생각하게 한다. 이 외에도 호메로스는 "어둠이 그의 눈을 가렸다"라든지 "사지가 풀어졌다"라고 함으로써 영혼을 어떤 물질적인 요소로 파악하고 있다는 것을 알게 한다. 이렇기 때문에 흔히 말하는 '유령'도 이들 그리스인들에게는 완전히 비물질적인 것이 아니라 물질적인 것보다는 약하지만 감각될 수 있는 존재로 여겨졌다.

한편 호메로스는 프시케와 티모스(thymos)를 구별하면서 전자를 생명, 후자를 정신 또는 마음에 할당했다. 이는 앞서 이야기했다시피 영혼을 자연의 본성과 밀접하게 파악했다는 것을 드러내며, 오히려 인간의 본성에 가까운 것은 티모스였음을 나타낸다. 이렇게 본다면, 그리스인들에게 영혼은 자연의 한 부분으로서 영원불멸하며, 티모스는 인간적인 것의 부분으로서 필멸하는 존재가 된다.

그런데 소크라테스 시대에 이르면 이러한 영혼에 대한 소박한 견해와는 완전히 다른 견해가 등장한다. 이제 영혼은 물질적인 것과는 완전히 다른 인간의 본성이 된다. 이렇게 된 데에는 당시의 소피스트로부터 시작된 '피시스에서 노모스(nomos)로'라는 지적 운동이 많은 영향을 주었다. 여기서 '노모스'는 인간들이 만든 관습, 규범을 의미한다. 이들 이전의 고대 그리스인들은 대개가 '자연주의자'였다. 즉 자연과 인간을 날카롭게 구분하지 않았다. 하지만 소피스트 운동 이후 소크라테스 시기에 이르러서 자연은 인간과 다른 존재가 된다. 이 사조는 '영혼' 개념에도 영향을 끼친다. 소박한 유물론의 관점을 일신하여 프시케에 '정신적 힘', '사유'라는 속성이 들어가게 된 것이다. 물론 그렇다고 해서 이 구분이 근대적인 정신/육체 이분법만큼 강고하지는 않았다.

앞서 소크라테스의 '너의 영혼을 돌보라'는 경구는 이런 개념사적 맥락에서 출현했고, 또 그렇게 해석되었다. 사실상 이렇게 공개적으로 인간의 본성을 자연과 떨어트려놓은 이는 소크라테스가 최초였고, 그래서 아테네인들은 많은 충격을 받았다. 이러한 영혼론을 기초로 소크라테스는 사람들에게 자신의 영혼이 가지고 있는 고귀한 성품, 즉 로고스를 돌보라는 말을 할 수 있었던 것이다. 그래서 앞서 말한 '너 자신을 알라'라는 신전의 경구도 소크라테스에게는 새로운 해석의 대상이 되었다.[2] 다시 말해 소크라테스는 피시스에 기울어져 있던 프시케를 노모스로 (소피스트들에 이어) 한층 당겨놓은 셈이다. 이때 영혼은 이론적, 실천적, 심미적인 모든 가치를 담게 된다.[3]

따라서 영혼을 안다는 것은 인간만의 독특한 본성을 안다는 의미가 된다. 이런 영혼에 대한 일종의 '정신주의'는 플라톤에 이르러 심화된다.

2. 앎의 과정

플라톤은 이데아가 '오케아노스 강(그리스 신화의 전설의 강) 너머'에 있다고 전한다. 이 말은 인간 세상과는 별개의 이데아의 세계가 존재

---

2 현대철학자인 미셸 푸코는 소크라테스의 이러한 해석에 다시 현대적인 재해석을 가한다. 이에 대해서는 '미셸 푸코 지음, 이혜숙, 이영목 옮김, 『성의 역사 3—자기 배려』 나남, 2020'에 잘 나와 있다.

3 이러한 파악 외에 고대철학 체계(특히 플로티노스의 체계) 내에서는 영혼을 개별적인 영혼이 아니라, 보편적 의미로 사용하는 경우도 있다. 즉 '세계영혼'(psychê tou pantos)이나 '우주영혼'(psychê tou kosmou)으로 사용하는 것이다. 이런 맥락에서는 '우주 자체가 거대한 생명'이라는 뜻을 지니게 된다.

한다는 것이고, 이를 알기 위해서는 상당한 지적인 노력이 필요하다는 것도 말해준다. 플라톤이 '앎'에 대해 직접 전해주는 텍스트는 『테아이테토스』[4]다. 이제 이 텍스트를 중심으로 플라톤의 '앎'에 대해 생각해보도록 하자.

많은 분들이 알다시피 이 책은 대화 형식으로 되어 있다. 이 책의 첫 부분에 보면 의미심장한 구절이 나오는데, 이를 통해 '앎'의 요소가 무엇인지 암시적으로 드러나도록 플라톤이 단어들을 심사숙고해서 선택했다는 것을 알 수 있다. 등장인물 중 하나인 '테롭시온'은 이렇게 말한다. "선생님을 찾아다녔는데요, 뵐 수가 없어 의아해하던 터였습니다."[5] 여기서 '찾아다니다'는 그리스어로 'zētein'이고 '뵈다'는 'heurein', '의아해하다'는 'thaumazein'이다. 이 단어들은 철학적 맥락에 들어오면 각각 '탐구하다', '발견하다', '놀라다'(경이로워하다)로 옮길 수 있다. 즉 인식이란 어떤 것에 대해 놀라면서 그것을 탐구해 들어가 마침내 무언가를 발견한다는 의미인 셈이다.[6]

대화편의 제목인 '테아이테토스'는 어느 청년의 이름인데, 플라톤은 이 사람의 성향을 들어 앎의 태도에 대해 논한다. 플라톤이 바라보는 테아이테토스는 총명하고 기억력이 좋지만 성마른 성품을 가지고 있다. 그래서 똑똑한 대신 "바닥짐 없는 배처럼"[7] 가벼워서 자주 흔들리고, 때로는 광기에 휩싸인다. 반면에 기억력이 그닥 좋지는 않

4 아래에 참조하거나 인용하는 책은 '플라톤 지음, 정준영 옮김, 『테아이테토스』, 이제이북스, 2013'이다.
5 Ibid., 142a.
6 Ibid., '역주 3' 참조.
7 Ibid., 144a.

지만 성격이 차분한 사람은 앎에 있어서 가볍지 않고, 부드럽고 효과적으로 대상에 다가간다고 말한다. 이 말은 탐구하고 발견하는 데 기질의 중요함을 강조한 것인데 사실 이런 논의는 플라톤의 대표작인 『국가』에서도 매우 상세하게 다루어진다.[8]

여기서 플라톤은 '격정'과 '온유함'을 다루면서 이들이 함께하기 힘든 기질이지만, 이들이 조화될 때 진정한 철학적 정치가가 탄생한다고 논한다. 그러니까 이것을 '앎'과 관련하여 보자면 제대로 아는 자만이 정치가로서의 자격이 있게 되는 셈이다.

어쨌든 등장인물인 소크라테스는 테아이테토스와 대화를 시작하면서 '앎과 지혜가 동일하다'는 논지를 펼치는데, 이때 앎이란 '지식'이고 '지혜'와는 다르다. 지식은 대상에 대한 합리적 이해에 바탕한 이론적 앎이고, 지혜란 그것과 대동소이하지만 실천적인 덕목의 요소를 갖춘 것이라고 해야 할 것이다. 하지만 이는 처음부터 분명하게 드러나지 않는다. 플라톤은 자신의 대화편에서 주로 소크라테스로 하여금 상대방에게 끊임없이 질문을 던짐으로써 어떤 이론적 궁지에 빠지도록 이끈다. 이러한 지도방식은 상대방이 스스로 궁극적인 질문에 대해 해명을 해내도록 하기 위함이다. 여기서도 소크라테스는 '앎이 도대체 무엇인지 연구해보자'고 말한다.[9]

소크라테스가 이를 위해 지식, 지혜와는 다른 '기술'을 정의한다. 기술은 경작, 수확, 산파들의 일 등등이 있을 것이다. 하지만 이는 소크라테스 자신의 '지식 추구'와는 다른데, 그는 어떤 물체나 몸이 아니

8　플라톤, 『국가』, 503c-d.
9　플라톤, 『테아이테토스』, 148d 참조.

라 영혼을 돌보는 지식 또는 지혜를 추구하기 때문이다.[10] 그런 면에서 소크라테스 자신이 지혜를 낳지 못한다고 하는 다음 구절은 매우 인상적이다.

> 난 지혜를 낳지 못하네. 그리고 바로 이 점을 두고 이제껏 많은 사람들이 나를 비난했다네. 내가 남들에게 묻기만 하고, 나 자신은 지혜를 전혀 지니지 못한 탓에 어떤 것에 관해서도 자기 생각을 제시하는 건 아무것도 없다는 것인데, 이건 맞게 한 비난일세. (…) 그들[대화 상대]이 나한테선 아무것도 배운 적이 없고, 그들 자신에게서 많은 아름다운 것들을 스스로 찾아내고 출산했다는 것 또한 분명하네. 그렇지만 분만의 원인은 신과 나에게 있[다네.][11]

소크라테스가 플라톤에 의해 '무지의 지'를 옹호한 철학자로 알려져 있다는 점을 기억하자. 그러면 이 말이 괜한 겸양은 아니라는 것을 알 수 있다. 또한 그가 지혜를 '추구'한다고 했지, 지혜를 가지고 있다거나 이미 획득한 상태라고는 결코 말하지 않는다는 점도 기억해야 한다. 그런 면에서 이 말은 앎을 추구한다는 것이 사실은 다른 사람들과의 대화와 논의를 통한 협력 작업임을 드러낸다. 그리고 이러한 협력을 거쳐 영혼을 움직이는 것이 중요하다. 대화편 속의 소크라테스는 영혼이 "움직임에 해당하는 배움이나 연습에 의해서는 지식을 얻기도 하고 보존하기도 하여 더 좋아지는 반면에, 연습을 게을리

---

10 Ibid., 150a.
11 Ibid., 150c-d. 〔 〕는 인용자.

함 및 무지 같은 가만 있음에 의해서는 뭔가를 배우지도 못하고, 설사 배운다 해도 잊어버리고"[12] 만다고 말한다.

이렇게 동료들과 대화하고 영혼을 움직이면서 새로운 것을 발견하는데, 이것은 어떤 '놀라움', '경이감'을 느끼는 과정이기도 하다. 소크라테스는 이 놀라움이 바로 '철학의 시작'이라고 말한다. 즉 진정한 앎은 '경이감'을 동반한다는 것이다.[13] 그러나 이러한 경이감은 경험에만 그쳐서는 안 된다. 그것은 영혼을 자극하여 추론을 이끌어내야 하는데, 그렇지 않다면 그것은 아무런 의미도 띠지 않은 채 지나가버리고 만다. 그래서 "앎은 경험들 속에 있지 않고, 그런 경험들과 관련된 추론 속에 있"으며, 거기서 "진리를 파악하는 것이 가능"해진다.[14]

그렇다면 진리란 무엇일까? 또는 거짓이란 무엇일까? 소크라테스(이 소크라테스가 플라톤이 자신의 대화편에 등장시킨 가공의 인물이라는 걸 잊지 말자)는 '있는 것' 즉 존재하는 것만이 진리이고, 있지 않은 것에 대해 말하는 것은 무엇이든 거짓이라고 한다. 왜냐하면 있지 않은 것에 대해 어떤 '판단'을 내린다는 것은 말 그대로 유명무실하기 때문이다. 따라서 있지 않은 것을 판단하는 것은 그것이 무엇이든 거짓이다. 반면 존재하는 것에 대한 판단은 그렇지 않다. 그것이 내 눈앞에 있든 추론을 통해 도달하는 것이든 간에 그것은 진리가 된다.

여기서 그 유명한 '밀랍의 비유'가 등장하는데, 이것을 우리는 보통 데카르트가 처음 사용했다고 보지만, 사실은 플라톤이 그의 대화편

---

12 Ibid., 153b-c.
13 Ibid., 155d.
14 Ibid., 186d.

에서 최초로 사용했다. 이에 따르면 우리의 지각과정을 거친 대상의 이미지는 우리 영혼에 있는 밀랍에 새겨진다고 한다. 이렇게 새겨진 이미지는 이후 그와 같은 종류의 대상이 나타났을 때, '상기'의 역할을 한다. 이 밀랍에 새겨진 이미지가 상기의 역할을 제대로 하게 되었을 때 참다운 앎이 생겨난다. 하지만 밀랍에 새겨진 이미지와 경험되는 이미지가 서로 맞지 않음에도 그것을 맞추려고 애쓰거나, 그것이 맞다고 생각하고 우기면 거짓이 발생한다. "마치 신발을 거꾸로 엇맞추어 신는 사람들의 경우처럼, 당신들 각자의 보임새를 다른 쪽의 표시에다 엇맞추어 갖다"[15] 댄 셈이다. 이를 플라톤은 소크라테스의 말을 빌려 '빗맞힌다'라고 한다. 이 빗맞힘은 그리스어로 하마르티아(hamartia)라고 쓰는데, 주로 그리스 비극에서 주인공이 결정적인 실수를 하게 되어 나락을 경험하게 되는 원인으로 설명되는 개념이기도 하다. 그러므로 "판단이, 원래 찍혀 있는 고유의 인상들과 새로운 인상들을 마주하게 똑바로 맞댈 때는 참이 되나, 비뚤어지고 어긋나게 맞댈 때는 거짓이"[16] 된다.

소크라테스는 이렇게 참된 앎이 등장하기 위한 영혼의 조건에 대해서도 말한다.

그의 영혼 안에 있는 밀랍이 두껍고 널찍하며 보드랍고 적절히게 무른 것일 경우 (…) 표시들은 깨끗하기도 하고 충분한 두께를 가지고 있어서 오랜 시간 지속되기도 한다는 거지. 그리고 그런 사람

---

15 Ibid., 193c.
16 Ibid., 194b.

들은 우선 쉬 배우며 기억력 또한 좋고, 더구나 지각들에 대한 표시들을 엇맞추지 않고 참된 판단을 한다는 것일세. 표시들이 명확하고 찍히는 공간도 넉넉하기에, 그 표시들을 그것들 나름의 각각의 새김판들에 신속하게 배치하기 때문이라는 거지. 바로 이것들이 '있는 것들'이라고 불리며, 이런 사람들이 '지혜로운 자'라고 불린다는 거야.[17]

이 말을 들으면 소크라테스가 왜 아테네 시민들에게 '여러분들 자신의 영혼을 돌보시오!'라고 외쳤는지 알 수 있다. 즉 영혼을 '두껍고 널찍하고 보드랍고 적절하게' 유지하는 것은 바로 진리를 파악할 수 있는 기반이 되기 때문이다. 영혼을 그렇게 돌봄으로써 기억력을 유지하고, 지각을 명쾌하게 만들고, 마침내 참다운 앎에 도달할 수 있게 한다. 그렇다면 이때 '참다운 앎'이란 무엇인가? 소크라테스의 입을 통해 플라톤은 그것이 '차이에 대한 앎'이라고 말한다. 즉 영혼에 찍힌 대상들의 차이를 아는 것이다. 그런데 여기서 소크라테스는 역설적으로 이 앎이 사실은 자신의 '무지'에 대한 앎이라고 말한다. 그 많은 지식을 통해서도 실재 대상에 다가가는 것은 한계가 있기 때문이다. 이렇게 해서 소크라테스는 결국 이 한계를 자각하고 그만큼 자신이 무지하다는 것을 깨닫게 하는 것이 자신의 '기술'이라고 말한다.

플라톤의 『테아이테토스』에 나오는 위의 논의들은 그의 스승인 소크라테스의 입을 빌려 앎이 어디에서 시작되고, 어떻게 이루어지고,

---

17 Ibid., 194d.

또 궁극적인 앎이란 무엇인지 말해준다. 요약하자면, 앎은 '경이'에서 시작되어 '추론'와 '기억'에서 마무리된다. 하지만 이것이 다는 아니다. 어떤 앎이라 할지라도 거기에는 언제나 무지의 부분이 있게 마련이고, 결국에는 스스로의 무지를 다시 인정하는 자세가 요구된다.

3. '범주'로 대상을 포획하기

'앎과 무지'의 문제에 대한 고대 철학자들의 언어들을 넘어 나아가다 보면, 엄청나게 거대한 '앎-무지의 철학자'와 맞닥뜨리게 되는데 그가 바로 칸트다.

우리가 지금까지 살펴본 존재론의 개념들은 '범주'(範疇, Category, Kategorie, catégorie)라고 일컬어진다. 철학은 사실상 범주론을 통해 그 정점에 이른다. 왜냐하면 철학으로서의 철학을 밝혀 드러내는 분과는 형이상학과 존재론이며, 여기서 궁극적으로 지향하는 것은 '존재 또는 존재자'이고, 이를 근원적으로 분류·탐구하는 것이 범주론이기 때문이다. 이에 대해 마이클 루는 다음과 같이 명쾌한 규정을 내린다.

> 다른 분과들과는 달리 형이상학은 형이상학의 주제가 되는 것이 그 냥 존재한다고 가정해버리지 않는다. (…) 즉 형이상학자들은 형이상학의 의제에 대한 여러 기획 중 하나가 성공적으로 수행되어야만 [비물질적 실체의 존재에 대한 증명], 자신들이 활동할 분과의 존재를 확신할 수 있다.
>
> (…) 그래서 형이상학은 사물들을 존재자로서 혹은 존재하는 것으

로서 고찰하며, 사물들이 존재자인 한에서 드러내는 속성 혹은 특성들이 어떠한 것인지를 밝히고자 한다. 따라서 형이상학은 단순히 존재자라는 개념만을 이해하고자 하는 것이 아니라, 매우 일반적인 다른 개념들, 즉 단일성(unity), 혹은 동일성/정체성(identity), 차이(difference), 유사성(similarity), 비유사성(dissimilarity) 등의 개념들도 이해하고자 한다. 보편 학문으로 이해되는 형이상학에서 핵심적인 것은 아리스토텔레스가 범주(categories)라고 부르는 것에 대한 성격 규정이다. (…) 이렇게 함으로써 형이상학자들은 존재하는 모든 것의 구조에 대한 어떤 지도를 우리에게 제공하게 되는 것이다.[18]

이러한 형이상학적 활동으로서의 범주론은 존재의 근원을 탐구하는 것이고, 이는 기본적으로 (칸트의 말을 빌리자면) 인간 안에 있는 '형이상학적 소질'이라고 할 만한 것에서 비롯된다고도 할 수 있다. 우리는 일상적으로도 "이게 어느 범주에 드는 말이지?"라는 따위의 물음을 통해 그러한 소질을 드러낸다. 구체적으로 말해서 이러한 형이상학적 소질은 세계를 '전체'로서 종합적으로 보려는 욕망이라고 말할 수 있을 것이다.

(1) 플라톤과 아리스토텔레스, 포르피리오스의 범주

'범주'라는 말을 철학적 의미에서 본격적으로 사용한 사람은 물론

---

18 마이클 루, 『형이상학 강의』, 18-19. 〔 〕는 인용자.

아리스토텔레스다. 그의 저서 중 하나가 『범주론』이며, 이 책이야말로 현대에 이르기까지 범주론의 기초교과서로 통용되고 있음은 주지의 사실이다. 그러나 그전에 최초의 범주론이라고 할 만한 것은 플라톤에게서 처음 등장한다. 일종의 '범주적 사유'라고 할 만한 것이 펼쳐지는 플라톤의 대화편은 바로 『소피스트』다. 표면적으로 이 저작은 당대 소피스트들의 허위를 폭로하고, 진정한 진리란 그들에게서 나오지 않으며, 그들은 단지 허상(시뮬라크르)만을 제기할 뿐이라는 것을 밝히고자 했다. 하지만 논의가 진행되면서, 상당한 분류·분석이 나타나고 마침내 '최상위 유들'이라는 개념이 등장한다. 이 말을 현대적으로 번안하면 '최고 보편자들'이 되는데, 이런 보편자들이 바로 '범주들'이라고 할 수 있다.

플라톤의 최상위 유는 5가지다. '존재, 운동, 정지, 동일자, 타자'가 그것이다. 이 중 가장 보편적인 것은 존재며, 다음으로 운동과 정지이고 동일자와 타자가 그 다음을 잇는다. 이처럼 플라톤에게서 존재론이란 범주들을 다루는 분과가 된다. 이 범주들에 대한 본격적인 논의를 플라톤은 「파르메니데스」 편에서 전개한다.

앞서 말했듯이 범주란 개별적인 것에서 시작해서 거슬러올라갔을 때 더 이상 어떤 것으로 환원되지 않는 최상위 유들을 의미한다. 예컨대 개, 소, 말, 새 등은 동물로 환원된다. 그리고 동물은 생명체로 환원된다. 그리고 빨강, 노랑, 파랑 등등은 색으로 환원된다. 그런데 생명체와 색 등도 '존재'나 '질' 등으로 환원될 수 있다. 여기에 '양'과 같은 것도 있을 수 있다. 이런 식으로 아리스토텔레스는 10개의 범주를 제시한다. 이 범주들은 최상위 유들이기 때문에 서로 간에 환원될 수도 없다. 우리는 일상 속에서도 이러한 범주를 늘 염두에 두고 대화하고 있음을 확인할 수 있다. 이를테면 "구구는 누구입니까?"라고 물으면 "구구는 고양이입니다"라고 해야지, "구구는 3입니다"라는 식으로 대답할 수는 없다. 이것은 구구는 고양이라는 생명체의 범주에 속하지, 3이라는 수의 범주에 속하지 않기 때문이다. 그래서 오류추리론에서는 이러한 잘못된 답변을 '범주 오류'라고 하는 것이다.

아리스토텔레스의 10범주론은 기본적으로 두 가지 '존재'의 분류로부터 시작된다. '그 자체로(kath'auto, per se) 존재하는 것'과 '부수적으로(kata symbebēkos, per accidens) 존재하는 것'이다. 전자를 실체(實體)라고 부르고 후자를 우유(偶有, 보통 이것은 '우연'이라고 새기면 뜻이 쉽게 통한다)라고 한다.[19] 아리스토텔레스는 '실체'라는 자체적 범주와 9개의 우유적 범주를 제시한다.

한글	영어	프랑스어	독일어	라틴어	고대 그리스어
실체	substance	substance	Substanz	substantia	ousia
양	quantity	quantité	Quantität	quantitas	poson
질	quality	qualité	Qualität	qualitas	poîon
관계	relation	relation	Relation	relatio	pros ti
능동	action	action	Tun	actio	poiein
수동	passion	passion	Leiden	passio	paschein
상태(습관)	state	manière d'être	Haben	habitus	echéin
시간	time	temp	Wann/Zeit	quando	pote
장소	place	lieu	Wo/Ort	ubi	poû
위치	position	situation	Lage/Zustand	situs	keistai

이 범주들은 어떻게 도출된 것일까? 아리스토텔레스는 '명제 분석'을 통해 이 범주들을 도출하고 있다. 즉 이 범주들의 전제는 '언어'다. 일상적으로 주어를 'substantive'라고 하는데 이 말이 바로 'substance'에서 파생되었음을 금방 알 수 있다. 그리고 술어(predicate)는 존재론적으로 성질(형용사)과 사건(동사)에 해당한다. 그래서 문장의 기본 구조인 주-술 구조는 이미 실체-성질(또는 사건)이라는 존재론적 구도를 깔고 있다. 즉 실체와 우유의 구도가 거기 있다. 이 중에서 우유에 해당되는 것은 명제의 술어들을 분류한 것이라는 사실도 알 수 있다.

우선 '실체'에 대해 아리스토텔레스는 다음과 같이 언급한다.

(1) 단순한 물체들 (…) 그것들의 부분들 (…) 다른 기체에 대해 술어가 되지 않지만 다른 것들은 그것들에 술어가 되[는 것] (2) 있음의 원인으로서, 다른 기체에 대해서 술어가 되지 않는 것들 안에 내재해 있는 것 (…) (3) 그런 것들 안에 내재하는 부분들로서, 그것들을 제한하고 '이것'이 되게 하는 것들 (…) 이것들이 사라지면 전체도 사라진다. (…) 일반적으로 수가 그런 성격을 가진다. 수가 사라지면 아무것도 없고, 수는 모든 것을 제한하기 때문이다. (4) 정의를 자신에 대한 정식으로 갖는 본질 (…) 각자의 실체 (…) 결과적으로 '실체'는 두 가지 용법으로 쓰이는데 한편으로 ① 다른

---

19 아리스토텔레스가 우유에 대해 언급한 바를 정리하면 다음과 같다.
(1) '부수적'(kata symbebēkos)으로 있다는 뜻: (a) 둘이 동일한 것에 속하는 것. (b) 어떤 부수적인 것이 있는 것에 속하는 것. (c) 진술의 주어 자리에 오는 것이 속하는 것.
(2) '그 자체로'(katháuto) 있다는 뜻: 범주의 수만큼 많다. 실체, 양, 질, 관계, 능동, 수동, 장소, 시간, 위치, 상태(10범주).
(3) '참/거짓' 또는 '긍정/부정'의 뜻.
(4) '가능적/완전한' 있음의 뜻.
(아리스토텔레스, 『형이상학』, 1017a5-b5 참조.)

것에 대해 더 이상 술어가 되지 않는 최종적인 기체 (…) ② '이것'이
며 분리 가능한 것 (…) 각 대상의 형태와 형상이다.[20]

다시 말해, 실체란 '다른 것에 의존하지 않으며, 그 자체로 존립하
는 기체이자 개별적인 대상들의 형상'이다.

다음으로 '질'은 고대 그리스어 중성명사인 poîon에서 온 것이다
(라틴어 qualitas). 이것은 실체(무엇)에 따라붙는 술어에서 '이러이러하
다'에 해당된다. 예컨대 '구구는 어떤가요?'라고 물을 때, '구구는 (아침
밥을 못 먹어서) 뚱합니다'라고 하면, '뚱함'이 그런 것이다. 또는 '구구
는 건강합니다'라고 할 때 '건강함'도 마찬가지다. 이외에 '질'은 색이
라든지, 모양, 감촉 등등도 포함한다. 그래서 다른 범주들에 비해 매
우 다양하게 펼쳐지는 특징이 있다.

다음으로 '양'을 의미하는 'poson'도 양의 의문형용사가 중성명사
화된 것이다. 이 양의 범주는 근대 이전에는 사유의 기본적 틀이라기
보다는 질의 범주 다음으로 오는 어떤 것이었다. 그러던 것이 자연철
학의 자연과학화가 급격히 진행되는 17~18세기에 와서는 가장 중요
한 범주로 사유에 기입된다. 자연과학이 대상을 양화하는 것, 즉 수
학화하는 방향으로 급속하게 진행되었기 때문이라고 추론 가능하다.

넷째로 '관계'를 뜻하는 'pros ti'는 하나의 '구'인데, 'ti'는 '무엇'에
해당되고 'pros'는 '관하여'라는 의미다. 그래서 이것은 '무엇무엇에 관
한 것'이라는 명사구인데, 아리스토텔레스는 이를 철학 개념으로 정

---

20   Ibid., 1017b10. 〔 〕는 인용자.

착시켰다. 라틴어에서 이는 relatio라는 명사로 굳어진다. 관계 범주의 가장 큰 특징은 '다수'를 전제한다는 것이다. 실체들 또는 주체들이 자기동일성만을 유지한다면 이런 관계가 형성될 리 없으므로 마찬가지로 '타자'(something)를 전제한다. 그리고 이 관계 '사이'에는 '운동' 또는 '변화'라는 것이 있게 마련이다.

다섯번째와 여섯번째 범주인 능동과 수동은 한 쌍으로 볼 수 있다. 이 둘은 각각 'poiéo'(to make or to do)와 'paschó'(to suffer) 동사에서 온 단어다. 이 범주는 플라톤의 디나미스(dynamis)(『티마이오스』), 아리스토텔레스의 가능태(dynamis), 스토아의 물체(somata), 스피노자의 역능(potentia), 라이프니츠의 활력(vis viva) 등의 개념들에서 매우 중요한 역할을 한다.[21] 즉 이러한 것들이 바로 존재의 실재, 즉 참 존재의 모습인데, 그것들이 모두 이 작용력, 즉 능동/수동의 작용력과 수용력을 기본으로 갖고 있다.

일곱번째 범주인 '상태'는 본래 '가지다'를 의미하는 고대 그리스어 'echéin'(to have or to be)에서 나온 말이다. 이 범주는 곧잘 '질' 범주와 혼동되곤 하는데, 이러한 혼동은 어의를 좀더 따져보면 해결될 수 있다. 즉 이 말이 라틴어로 habitus로 번역되면서 '습관'의 의미를 강조하게 되는데, 본래 고대 그리스어에도 이런 의미가 있었다. 습관이란 일시적인 상태가 아니라 '지속적인 상태'라는 것이다. '구구는 지금 발랄하다'라는 것은 '질'에 해당되지만, '구구는 발랄한 성격이다'라고 하면 '상태' 범주에 속하게 된다.

---

21 이정우, 『개념-뿌리들 1』, 312 참조.

여덟번째와 아홉번째 범주인 '시간'과 '장소'는 본래 의문부사였으나 아리스토텔레스가 '범주'로 만들었다. 여기서 '공간'이라고 하지 않고, '장소'라고 한 데 유의해야 한다. 아리스토텔레스 시대에 우리가 지금 떠올리는 텅 빈 장소로서의 공간이란 존재하지 않았다. 즉 어떤 공간이든지 대상이 차지하고 있는 '자리'가 있었던 것이다.

그리고 마지막 범주인 '위치'도 '장소'와 구별될 필요가 있다. 아리스토텔레스는 '장소'(position)라는 것이 어떤 운동이나 행위의 목적지의 의미라면, '위치'는 어떤 대상의 상대적인 자리를 의미한다고 말한다. 그래서 이 범주는 독립적인 개별체가 아니라 유기적인 개체, 즉 생명체에 자주 사용된다. 왜냐하면 생명체의 세포 하나하나의 위치는 다른 세포들의 위치와 상대적으로 존재하기 때문이다.

아리스토텔레스 이후 중세에는 포르피리오스(Porphyrios, AD. 234~305)의 범주표가 대대적으로 수용되었는데, 그는 아리스토텔레스의 10범주가 5범주로 압축될 수 있다고 보았다. 중세 대학에서 교과서로 광범위하게 사용된 『이사고게Isagoge』(아리스토텔레스 『범주론』의 주석서)의 내용을 간추리면 다음과 같이 정리될 수 있다.

한글	영어	라틴어	고대 그리스어
유	genre	genus	genos
종	species/form	species/forma	eidos
차이	difference	differentia	heteroion
특성	property	proprium	idion
우유	accident	accidens	symbebēkos

(2) 칸트의 범주

아리스토텔레스의 '범주론'은 포르피리오스를 거쳐 근대에 이르기까지 하나의 '정전'(Canon)으로 취급받는다. 그러나 근대에 들어 범주론은 일종의 인식론적 전회를 거쳐 일신하는데, 그 중심에 칸트가 있다. 여기서 '전회'라고 말하는 까닭은 아리스토텔레스의 그것이 존재자의 존재를 탐구하는 방향에서 추구되었다

이마누엘 칸트

면, 칸트의 범주는 존재에서 인식으로 전환하기 때문이다. 그래서 범주는 인간주체의 인식의 가능성과 관계된다. 다시 말해 아리스토텔레스에게서 인식 능력이 존재자들과 상응한다는 전제하에 성립된다면, 칸트에게서 그것이 역전되어 존재자들이 인식 능력에 상응한다는 전제가 나타난다. 이것을 칸트는 유명한 '코페르니쿠스적 혁명'이라는 말로 표현했다. 이때 인식 능력(지성)은 대상을 '구성'하는 주체다. 이 구성 작업이 인식의 보편성과 객관성, 필연성을 보장하게 된다.

감성을 통해 받아들여진 재료인 '잡다'에 통일성을 부여하는 것이 바로 지성의 범주다. 칸트는 범주표를 도출하기 전에 그것이 우리 인식 능력인 판단력으로부터 나오는 종합에서 시작된다는 점을 제시한다. 이 판단은, 예컨대 '구구는 아침밥을 굶었기 때문에, 짜증이 났다'

라는 진술과 같이 '인과'의 틀 내에서 이해되는 진술문의 형태로 드러난다. 칸트는 이러한 판단의 분류들을 연역하고, 거기서부터 범주를 도출해낸다. 칸트가 제시하는 판단표는 다음과 같다.

양의 판단	전칭	모든 S는 P다.	모든 고양이는 구구다.
	특칭	어떤 S는 P다.	어떤 고양이는 구구다.
	단칭	이 S는 P다.	이 고양이는 구구다.
질의 판단	긍정	S는 P다.	구구는 고양이다.
	부정	S는 P가 아니다.	구구는 고양이가 아니다.
	미정	S는 비(非)P다.	구구는 비고양이다.
관계의 판단	정언	p는 q다.	구구가 고양이라는 것은 철학자라는 것이다.
	가언	만약 p이면, q다.	만약 구구가 고양이라면, 구구는 철학자다.
	선언	p이거나 q다.	구구는 고양이이거나, (구구는) 철학자다.
양상의 판단	개연	S는 P일 수 있다.	구구는 철학일 수 있다.
	실연	S는 P다.	구구는 철학자다,
	필연	S는 P이어야 한다.	구구는 철학자여야 한다.

여기서부터 범주표가 도출된다.

양(Quantität)	질(Qualität)	관계(Relation)	양상(Modalität)
총체성(Allheit)	현실성(Realität)	실체(Subsistenz) 우유(Inhärenz)	가능성(Möglichkeit) 불가능성(Unmöglichkeit)
다수성(Vielheit)	규정성(Negation)	원인(Ursache) 결과(Wirkung)	현존(Dasein) 비현존(Nichtsein)
단일성(Einheit)	제한성 (Limitation)	상호성 (Gemeinschaft)	필연성(Notwendigkeit) 우연성(Zufälligkeit)

칸트는 이렇게 우리의 앎이 무작위로 생기는 것이 아니라, 정해진 범주에 맞추어 생겨난다고 본다. 감각으로부터 대상의 이미지가 들어

오면 지성은 범주에 맞추어 그것을 정돈하고 앎으로 전환한다는 것이다. 때문에 이 범주들은 대상에 선행해야 한다. 칸트식으로 말하면 '선험적'(a priori)이어야 한다. 하지만 그렇다 하더라도 우리 앎의 최초 상태가 경험과 감각 데이터라는 것에는 변함이 없다. 따라서 경험을 넘어서는 곳에서는 뒤에서 보게 될 것처럼 지성의 '이율배반'이 등장하게 된다. 다시 말해 칸트는 인간의 앎이 얼마나 논리적이고 완벽한지를 밝히고 나서 그 한계까지 명확하게 짚어준 셈이다.

(3) 한계 상황

인간은 이 앎의 한계를 모르고 자만할 때도 있고, 이 한계를 극명하게 깨달아 겸손해질 때도 있다. 이는 인간 자체가 가진 유한성이라는 한계, 즉 '죽을 수밖에 없는 운명' 때문인지도 모른다. 그러므로 어떤 사람도 세계에 관한 모든 지식을 다 가질 수는 없다. 20세기 실존주의자들이라면 이것을 이성의 한계상황이라고 했을 것이다.

이 한계상황 안에서 인간은 어떤 실존적인 불안과 공포를 느낀다. 최근의 코로나 사태는 이 불안과 공포의 정체가 바로 '무지'라는 것, 그것이 단순한 지적인 결여가 아니라 실존적 결여라는 것을 증명하고 있다. 인간은 실존적으로 이 바이러스를 정복할 수 없다는 이 명백한 사실 앞에서 겸손해져야 한다. 그래서 많은 철학자들은 갑자스럽게 (말 그대로 우발적으로!) 닥쳐온 사태에 대해 여러 성찰을 하고 있는 중이다.

현대철학자인 마르쿠스 가브리엘(Markus Gabriel) 같은 철학자는 이 사태의 진실이 "우리는 알지 못한다는 것"[22]이라고 단언한다. 이는 우리 인간 자신들이 주변 세계의 동식물들이 과연 무언가를 알고 있는지 아닌지에 대해서 알지 못하는 것과 같다. 만약 그렇다면 우리는 어떤 대상에 대해 알 수 없는 만큼 그것에 대해 연약한 추론만을 할 수 있을 뿐이지 않을까? 이럴 경우 우리는 코로나 바이러스가 살아 있는 거대 유기체인 지구 생태 체계의 '복수'인 것처럼 생각할 수 있다. 하지만 그렇다 하더라도 우리가 이 바이러스의 원인이 무엇인지 완전히 안 것은 아니다.

우리 인간의 문화, 정치, 이데올로기는 얼마나 허약한가! 사실 과학과 기술의 진보란 어떤 문제를 해결하는 데 한계가 있다. 하지만 그렇다 하더라도 그 모든 앎을 포기할 필요는 없을 것이다. 의사들과 세균학자들의 전문지식은 이런 경우 절대적으로 필요하다. 이들의 앎이 사람들의 목숨을 구하고 팬데믹을 종식시킬 수도 있다. 아니면 그 전염력을 약화시킬 수는 있을 것이다. 그러나 애석하게도 우리는 '~수도 있다'라는 가능성의 범위를 벗어나지 못한다. 가까스로 묵시록적 상황을 벗어난 상태에서 인간은 얼마나 버틸 수 있을지 아무도 알 수 없다.

페터 슬로터다이크(Peter Sloterdijk)[23]의 말대로 공-면역주의(co-immunism)가 달성될 때까지 사회를 느슨한 통제 상태로 내버려두는 것이 최선일지도 모른다.

---

22 Markus Gabriel, "We need a metaphysical pandemic", https://www.uni-bonn.de/news/we-need-a-metaphysical-pandemic
23 1947년 독일 태생으로 종교철학, 심리철학, 문화철학에서 두각을 나타내고 있는 철학자다. 뮌헨 대학과 함부르크 대학에서 수학했다. 1980년 이래 활발히 활동하면서 여러 책들을 내고 있다. 주요 저서로 『인간농장을 위한 규칙Regeln für den Menschenpark』(1999), 『기포 Sphären I: Blasen, Mikrosphärologie』(1998), 『지구Sphären II: Globen, Makrosphärologie』(1999), 『거품Sphären III: Schäume, Plurale Sphärologie』(2004) 등이 있다.

이런 가운데에서도 어떤 새로운 앎, 또는 이전에는 경시했던 상식이 되살아난다. 그것은 인간적인 지식이 지식 그 자체가 아니라 공동체의 생존과 잇닿아 있다는 사실이다. 소크라테스가 영혼을 돌보라고 조언한 아테네인들은 도시공동체를 이루고 있었고, 명민한 이 철학자는 공동체의 붕괴를 막기 위해 시민들 각자가 '무지'를 깨닫길 원했다. 그래야만 진정한 앎이 가능하기 때문이다. 그래서 바이러스의 전염은 공동체 전체를 하나의 생명으로 표상하도록 만든다. 이 생명체의 기관 중 하나만 기능을 잃어도 전체적인 혼란이 올 것이다. 그것이 사회를 더 낫게 변화시키는 일시적인 기능상실이 아니라, 생명을 위태롭게 하는 전반적인 기능상실을 초래한다면 모든 수단을 동원해서 그것과 싸워야 한다.

이러한 새로운 앎, 또는 깨달음은 역설적이게도 '격리 명령' 안에서 이루어졌다. 즉 주디스 버틀러가 예리하게 지적했듯이 "격리 명령은 우리의 전 지구적 상호의존성에 대한 새로운 인식과 궤를 같이"[24]하는 것이다. 경계들을 가로지르는 바이러스와 그에 반해 격리의 삶을 살아가는 지구 생명체 중 가장 지적인 인간은 어쩌면 지구의 어떤 생태적 균형을 실현하고 있는 중일지도 모른다. 바이러스는 우리 모두를 공평하게 취급한다. 이에 따라 우리 모두 각자를 바이러스의 관점에서 공평하게 바라보아야 한다. 이것이 가르침일 것이다. 코로나 사태는 격리된 간격을 가로지르는 공평한 시선을 회복하게 하고 타자에 대한 오만을 거두게 하고 스스로가 얼마나 무지했던가를 깨닫게 한다.

---

24 Judith Butler, "Capitalism Has its Limits", https://www.versobooks.com/blogs/4603-capitalism-has-its-limits

2 무지는 잘못된 것인가?

1. 앎을 뛰어넘어 무지로

지식의 한계에 대해 보다 철저하게 깨달은 철학자들을 이야기하라면 아마도 중세의 부정신학자라고 불리는 사람들 중 니콜라우스 쿠사누스(Nicholas of Cusa, 1401~1464)를 소개할 필요가 있다. 부정신학이란 긍정신학의 반대 개념으로서 신에 대한 앎이 긍정적인 명제들로 이루어지는 것이 아니라, 부정적인 명제들로 이루어진다는 교설이다. 예컨대 '신은 완전하다'라는 긍정적 진술은 부정신학에서는 신을 오롯이 담아내지 못한다. 왜냐하면 저 진술은 그저 인간적인 의미만을 담아낼 수밖에 없기 때문이다. 부정신학은 이를 피하기 위해 '신은 완전하다'는 명제는 신을 제대로 표현하지 못한다고 말하면서 그 명제를 부정한다.

이 논의를 대표하는 니콜라우스 쿠사누스는 신학자이자 철학자로서 엄청나게 박학한 사람이었다. 그는 당대의 철학, 자연학, 신학적인 지식에 능통했는데, 이렇게 보면 이 사람이야말로 '앎'의 철학자처럼 보인다. 그러나 그는 오히려 '무지의 철학과 신학'을 주장한 사람이 되었다. 이러한 주장의 핵심 개념이 바로 '교화된 무지'다. 이 개념은 말 그대로 앎으로써 무지를 통찰한다는 것이다. 신학자인 만큼 그는 이 무지를 신에 대한 무지에 적용한다. 즉 인간이 아무리 신에 대한 앎을 조장하고 거기 접근하려 해도 궁극적으로 신에 대해서는 완전히 알지 못한다는 것이다. 이것은 소크라테스가 말한 무지에 대한 신념과도 통하므로 그는 소크라테스를 스승으로 취한다.

쿠사누스는 인간 지식의 대상이 무한자, 즉 신일 때 그 부적합함이 또렷이 드러난다고 주장한다. 어떤 자명한 이치에서 시작해서 추론을 거듭해가면 일정 수준까지 인간의 지성은 적절한 결론을 도출한다. 하지만 더 진행하면서 여러 단계를 거쳐 궁극적인 결론에 도달하기는 힘들다. 이 궁극적인 결론이 신

니콜라우스 쿠사누스

학자인 쿠사누스에게는 신에 다름 아니다. 왜 이렇게 되느냐는 질문에 쿠사누스는 그러한 추론이 처음부터 적합하지 않은 전제를 가지고 있기 때문이라고 대답한다. 즉 유한한 인간이라는 실존적 조건이 무한자인 신에 도달하기에는 적합하지 않은 전제라는 것이다. 이렇게 보면 유한자로서의 인간이 무한자로서의 신과의 관계에서 단절되어 있다는 것을 알게 된다. 따라서 유한자의 언어로 무한자를 표현하는 데도 단절이 있게 마련이다.

이에 대한 예로 쿠사누스는 원 안의 다각형을 든다. 원 안에 다각형을 아무리 많이 그려넣어도 원이 되지 않는 것처럼, 인간의 정신도 절대적 진리에 접근하기는 해도 그것에 적합한 진리를 생산하지는 못한다. 세상의 많은 철학자들이 진리를 알아냈다고 말해도, 그것이 곧장 논박되고 또한 다른 진리를 가졌다고 주장하는 철학자들이 나타나는 것은 이런 이유 때문이다. 세계의 진리는 언제나 철학자들의 언

설 너머로 달아나며, 영원히 획득되지 못한다.

인간의 이성은 동일률에 기반한다. 즉 모순적인 것이 동시에 참이 될 수 없다. 그래서 이성은 언제나 비교하고 비유하며 관계 짓는다. 그러나 무한자를 파악하려 할 때 모순율은 무용지물이다. 쿠사누스는 이성을 따라 신의 속성들을 열거하는 작업이 가능하다고 본다. 하지만 그런 후 곧 그러한 열거된 속성을 부정해야 한다. 예컨대 신은 하나다라는 주장이 있다고 치자. 그러나 신은 유한한 피조물들이 '하나' 라는 의미에서 하나가 아니다. 즉 하나라는 긍정과 하나가 아니라는 부정이 공존하게 되는 것이다.

그러므로 쿠사누스에 따르면 유한한 인간은 유한한 진리에 만족해야 한다. 이것이 바로 '교화된 무지'다. 주의해야 할 것은 이러한 무지의 긍정이 어떤 지적인 허무주의를 초래하지는 않는다는 점이다. 오히려 쿠사누스의 '교화된 무지'는 과학과 수학 연구의 원동력이 되었다. 이렇게 된 이유는 바로 그 무지가 더 정교한 지성의 연마를 촉진하는 기반이 되었기 때문이다. 쿠사누스는 이성이 불필요하다고 한 것이 아니다. 오히려 그는 무지하기 때문에 그러한 무지를 깨치고 나아가야 한다고 보았다. 비록 그것에 한계가 있을지라도 무한한 것에 접근할 수 있다면 그것을 추진하라는 것이다. 이것이 어쩌면 '무지'가 가진 힘일지도 모른다.

2. 무지와 광기의 콜라보

사람들은 대체로 무지를 광기와 연결하는 데 익숙하다. 바보와 광인은 서로 비슷한 면이 많다고 느끼는 것이다. 이에 대해 연구한 현대

철학자라면 두 사람을 먼저 꼽을 수 있는데, 프로이트와 푸코가 그들이다. 먼저 프로이트를 살펴보자.

프로이트(Sigmund Freud, 1856~1939)는 당시로서는 철학자라고 할 수 없었지만, 이제 그의 사상은 철학은 물론이고 심리학, 문화이론, 교육론 등등의 영역에서 광범위한 영향력을 행사하는 대표적인 사상이 되었다. 이렇게 된 데에는 그의 사상이 가진 혁명적인 요소들 때문이기도 하겠지만 그것이 '정신분석'이라는 이름으로 여러 정신병 환자들에게 적용되어 치료 효과를 달성함으로써 그 효능을 증명했기 때문이기도 할 것이다. 특히 인간 심리를 분석하면서 무지와 광기가 어떻게 실존의 주요한, 아니, 우리가 생각하는 것보다 막대한 영역을 차지하고 있는지 사람들에게 드러내면서 인간 존재 자체를 하나의 스캔들로 만들어버렸다.

프로이트는 1856년 오스트리아의 유대인 집안에서 태어났다. 1856년 비엔나로 이주하여 대학까지 마쳤다. 대학에서 프로이트는 의사로서 훈련을 받았는데, 주로 생리학이나 해부학과 같은 외과적인 과정을 거쳤다. 그래서 그가 의사로서 처음 맡은 분야도 뇌 해부였다. 이 과정에서 그는 신경학자인 브로이어(Joseph Breuer)를 만나 함께 히스테리 환자들을 연구할 기회를 얻게 되었다.

당시에 환자들에게 널리 퍼진 치료법은 최면술이었는데, 프로이트는 이것이 매우 비과학적이고 효능도 의심스럽다고 생각했다. 그에게 새롭게 떠오른 아이디어는 '대화를 통한 치료' 즉 '정신분석'(psychoanalysis)이었다. 이 치료법은 대화를 통해 환자의 심리적 외상(trauma)을 드러냄으로써 스스로 병의 원인을 자각하게 하고, 그

프로이트와 브로이어

것을 다룰 수 있게 만드는 것이었다. 여러 환자들을 만나본 프로이트는 정신병이 대개 유아기의 심리적 외상과 관련이 있다고 판단했다. 그리고 그 외상은 대개 성적인 내용을 띠고 있었다. 여기서 '성적인 내용'이 문제가 된다. 사람들은 도덕적 기준에 비추어 프로이트의 임상적 결과와 이론을 재단하기 일쑤였다. 그들이 보기에 프로이트의 이론은 사회적 통념을 거스르는 이상한 광기에 젖은 이론에 불과해 보였던 것 같다. 그의 동료였던 브로이어도 이에 반대했고, 결국은 결별을 선언하게 된다. 의학계도 마찬가지였다.

프로이트는 상당히 굳건한 의지를 가진 인물이었기 때문에 아랑곳하지 않고, 비엔나에서 정신분석을 계속 이어갔다. 이러한 임상 경험을 바탕으로 쓴 저작이 그 유명한 『꿈의 해석』(1900)이다. 처음 제목이 사람들에게 알려졌을 때 (지금도 비슷한 경우가 있지만) 이 책이 무슨 해몽책처럼 비춰졌던 것은 어쩌면 당연해 보인다. 왜냐하면 당시에 꿈의 영역은 인간의 이성이 들어갈 수 없는 순전한 광기나 어리석음의 지대였고, 요정이나 신이 거기 개입해서 불러일으키는 망상 같은 것이었기 때문이다. 이성적 인간에 남아 있는 일종의 야만의 흔적 말이다. 하지만 프로이트에게 이 꿈의 영역은 인간성을 근원적으로 파악할 수 있는 비옥한 곡창지대 같은 곳이었다. 그는 꿈에서 나타나는 망상들이 환자들에게도 적용될 수 있다고 생각했는데, 꿈이 억눌린 성적 억압의 표현이라고 보았기 때문이다. 이러한 연구 결과를 일반적인 정상인에게도 적용 가능하다고 보고 연구한 결과는 『일상생활의 정신병리학』(1901)에 반영된다. 이 같은 주장은 그 당시의 학계나 대중들에게 너무나 기묘해 보였음에 틀림없다. 그럼에도 그후 그의 이론은 많은 추종자들을 불러들이게 되었고, 그의 학파(비엔나학파)를 만들게 된다.

프로이트는 초보자들을 위한 강의도 자주 했는데, 특히 1915년에서 1917년 사이에 행한 강의가 대표적이다. 여기서 프로이트는 자신의 정신분석 이론을 두 가지 내용으로 요약해서 말했다. 첫째, 감정, 사고, 의지로 형성되는 우리의 일상적 삶에서 의식적인 것보다 무의식적인 것이 더 많고, 더 결정적인 역할을 한다. 이 언급이 대단한 이유는 무의식이란 말은 당대뿐 아니라 고대로부터 내려오던 인간의 가장 본질적인 특성으로서의 '이성'을 어쩌면 깡그리 무시하는 함축을 가지기 때문이다. 사람들이 첫번째로 대경실색한 것은 이와 같은 프로이트 정신분석의 전복적 요소였다. 두번째로 프로이트는 그의 성적 충동에 관한 정신분석 이론을 문화론 전반의 프로그램으로 만들었다. 즉 프로이트는 그것이 어떤 희귀 질환이나 우리가 부러 찾아야만 눈에 보이는 정신병적 상황에만 적용되는 것이 아니리, 흔히 보이는 예술적 재능(예컨대 레오나르도 다 빈치), 새로운 문화의 창조에서도 적용된다고 주장한다. 다시 말해 성적 충동은 우리가 생각하는 것보다 더 엄청난 창조적 역능을 간직하고 있다는 것이다. 이와 같이 성충동이 문화예술 또는 학문적으로 나아가는 것을 프로이트는 '승화'라고 불렀다. 성충동의 승화는 앞서 첫번째 정신분석 구성요소가 가진 이성파괴주의적 경향을 순화시키는 특성을 띤다. 왜냐하면 이렇게 '승화'됨으로써 성충동은 길길이 날뛰는 제어불가능한 광기로부터 모든 사람들이 감상 가능한 오브제나 한 편의 잘 다듬어진 논문으로 응축되기 때문이다.

이와 같은 프로이트의 정신분석 이론은 우리가 우리 자신에 대해 생각보다 훨씬 무지하다는 것을 드러냈는데, 이는 신뢰할 만했다. 왜냐하면 이러한 '무지'에 기반하여 많은 환자들을 '앎'으로 인도했기 때문이다. 즉 의학적 실행과 성공이 가능한 실증적 기반을 형성한 것이다. 많은 논란에도 불구하고 프로이트가 자신의 거대한 학파를 만들 수 있었던 것은 이런 경험적 사례들이 있었기 때문이다. 말 그대로 우리의 '앎'이란 저 막대한 무의식 영역의 성적 억압이라는 '무지'로부터 비롯된다는 '사실' 말이다.

그렇다면 이 성적 억압은 언제부터 생겨나는 것일까? 이제는 거의 상식이 되다시피 한 대답이 있는데, 그것은 '유아기 때부터'이다. 프로이트는 유아기의 성적 발달 단계를 구강기, 항문기, 음경기 세 가지로 구분한다. 구강기는 성적 쾌락이 입에 집중된 시기로서 어머니의 젖이나 손가락을 빠는 행위로 구체화된다. 항문기는 배변을 조절하면서 발생하는 쾌락이 성적으로 이전될 때 생긴다. 음경기는 일단의 유아기적 성적 쾌락이 완성되면서 성인의 쾌락으로 진입하는 단계로서, 자신의 음경이나 음핵에 집중하는 단계다. 프로이트에 따르면 음경기에 이르러 아이는 '오이디푸스 콤플렉스'를 겪게 되는데, 이는 '어머니에 대한 지배욕과 아버지에 대한 증오'로 요약될 수 있다. 하지만 아버지에 대한 증오는 아버지가 자신을 거세할 것이라는 공포와 함께 가는데, 이 공포가 어머니에 대한 지배욕을 포기하게 만드는 계기가 된다. 포기된 욕망은 무의식에 자리잡고 영원히 표출되지 말아야 할 금지의 표식을 달게 된다. 이 억압된 욕망은 오이디푸스 콤플렉스의 핵심이다. 이 억압이 사회적으로 승화되고, 문화적으로 정제되면 아이는 소위 '정상인'이 되지만 그렇지 않으면, 신경증 환자, 정신분열자가 되기 쉽다. 프로이트가 개발한 오이디푸스 삼각형, 즉 '아빠-엄마-나'는 이후 문명에 대한 분석의 틀이 되기도 한다.

말년에 접어들면서 프로이트는 의식/무의식 대립항을 삼중구조로 대체한다(『에고와 이드』). 먼저 금지된 욕망과 충동이 저장되어 있는 '이드'(id)가 있으며, 이 억압 위에 구축된 '자아'(ego), 그리고 이 자아를 지배하는 '아버지의 법'인 '초자아'(superego)가 있다. 여기서 이 삼중구조를 사회와 문화의 허용치 안으로 자르고, 깎는 기능을 하는 것이 바로 자아다. 자아는 금지된 사항들을 억압하고, 초자아가 명령하는 법과 규율을 지키기 위해 평생 동안 분투한다. 이 분투에서 패배한다면 그는 곧장 정신 이상의 상태로 진입하게 된다. 이드가 이기게 되면 신경증이 되며, 초자아가 이기게 되면 우울증이 초래된다.

프로이트의 이러한 인간상은 이전의 데카르트적인 합리적이고 이성적인 자아와는 엄청나 간극이 있다. 데카르트에게 지이는 '생긱하는 자아' 곧 앎을 향해 가는 자아였지만, 프로이트에게 자아는 '생각하지 않는 무의식'이 기반이 되는 자아이며, '앎이 아니라 명령하는 초자아'에 적응하기 위해 분투하는 자아다. 이성과 합리성으로 무장하고 온 세계와 자연 전체에 위엄을 뿜어내던 자아는 '나는 내가 생각하는 것을 안다'에서 '나는 내가 생각하는 것이 무엇인지 모른다'로 격하된다.

3. 무지한 자가 무지한 스승을 만날 때

현대철학자들 중 '무지'가 가진 어떤 가공할 만한 교육적 힘에 집중한 사람은 자크 랑시에르(Jacques Lancière, 1940~)[25]다. 랑시에르는 그의 책『무지한 스승』에서 '무지의 교육학'이라고 할 만한 내용을 전개한다. 이 교육학은 지금까지의 교육의 통념, 즉 스승은 아는 자이고 제자들은 모르는 자라는 생각을 전복하면서, 둘 모두 모르는 자로 시작했을 때 어떤 일이 일어나는지에 대해 논하고 있다.

우선 랑시에르는 다음과 같은 아주 특이한 예로 그의 책을 시작한다. "1818년 루뱅 대학 프랑스 문학 담당 외국인 강사가 된 조제프 자코토는 어떤 지적 모험을 했다."[26]

그런데 희한한 것은 프랑스 문학 강사였던 자코토 자신이 루뱅에서 사용하는 언어인 네덜란드어를 전혀 몰랐다는 것이다. 학생들과 어떻게 소통하면서 가르쳤을까? 여기에는 소통을 위한 최소한의 매개

---

25 랑시에르는 프랑스의 철학자다. 프랑스 명문 파리고등사범학교를 졸업한 후 파리 8대학에서 미학과 철학을 가르쳤다. 마르크스주의자이자 노동사 연구자로 시작해서 자신만의 철학을 전개하고 있다. 그의 박사논문『프롤레타리아트의 밤』(1981)은 최근 우리나라에도 번역 출간되었다. 이 논문에서 랑시에르는 노동자들의 생활과 언어, 그리고 사유를 관찰하면서 그것을 전반적인 역사철학으로 발전시킨다. 그후『평민철학자Le philosophe plébéien』(1985)를 편집하고,『철학자와 그 빈자들The Philosopher and His Poor』(1983)을 발표했다. 여기서 다루고 있는『무지한 스승』은 1987년에 출간되었다. 구소련의 붕괴 이후에는 마르크스주의자이자 철학자로서 새로운 이념에 대해 성찰하기 시작했고, 그 결과물로서『정치적인 것의 가장자리에서』(1990, 1998),『불화』(1995)를 발표하면서 세계적인 명성을 얻기 시작했다. 그 이후에도『말의 살La chair des mots』(1998),『감성의 분할』(2000) 등을 썼다.
26 자크 랑시에르 지음, 양창렬 옮김,『무지한 스승』, 궁리, 2008, 9.

체가 필요했을 것이고, 자코토
는 당시 출판되어 있던 고전인
『텔레마코스의 모험』을 발견했
다. 이 책은 프랑스어-네덜란드
어 대역판이었으며, 그 최소한의
매개물의 조건에 맞아 떨어지는
것 같았다.

자크 랑시에르

　자코토는 통역사를 통해 학생들에게 그 책의 네덜란드어 번역본으
로 프랑스어 텍스트를 대조해가면서 이해하라는 과제를 냈다. 방법은
아주 간단했다. 일단 그 책 1장의 절반 정도를 거의 외우다시피 될 때
까지 반복적으로 보고 읽는다. 그리고 나머지 부분들은 이야기를 이
해하고 말로 할 정도로만 읽으라고 시킨다. 랑시에르는 이러한 교육적
실험이 매우 성공적이었다고 전한다. 학생들은 스스로 프랑스어를 깨
우치고 있었던 셈이다. 그들은 아무것도 없는 완전한 무지의 상태에
서 앎의 상태로 '스스로' 갔다. 자코토 선생이 가르친 것은 거의 아무
것도 없었다. 그 흔한 '문법'조차 가르치지 않았다. 학생들은 동사 변
화와 문법적인 구조를 스스로 찾아냈다. 그렇게 해서 '읽기'가 어느
정도 되자, 그들은 '쓰기'에 도전했으며, 그것마저 훌륭하게 해냈다.

　랑시에르는 이 모든 과정에서 '무지의 힘'과 같은 것을 간파한 것
같다. 사실 선생의 역할은 지식을 전달함으로써 가르치는 것이고, 학
생은 그것을 받아들인다. 그런데 자코토에게는 가르칠 것도, 가르칠
수단도 없었다. 만약 선생이 가르칠 내용과 수단을 모두 가지고 있다
면 이제 해야 할 것은 지식의 주입과 요점 반복하기다. 여기에는 일정

한 교수법이 있고, 과정이 있으며, 학생들은 의무감을 가지고 이것을 수용한다. 그리고 일정 기간이 지나면 시험을 치르며 이들의 지적 능력은 A~F까지 차등화된다. 선생은 이제 이들 중 누가 플라톤식의 철인왕이 되고, 애석하게도 노예의 상태를 벗어나지 못할 것인지를 어느 정도 예상할 수 있다. 얼마나 간편하고, 잔인하고, 명예로운가!

하지만 자코토와 그의 학생들은 이런 실용주의적인 호러물의 주인공이 되기를 거부했으며, 당연히 그에 따르는 구닥다리 명예도 걷어차버렸다. 그 결과는 엄청나게 새로운 '사건'이었는데, 그것은 앎과 무지의 경계를 단숨에 꿰뚫고, 무너트리는 경험과 관련 있었다. 학생들은 어떻게 프랑스어를 배우게 되었을까? 지식을 주입함으로써? 설명을 상세하게 함으로써? 그렇지 않다. 오히려 그 반대로 선생의 '무지'를 알게 하고, 설명을 하지 않음으로써 그렇게 했다. 이것이 바로 '무지의 힘'이다.

어떻게 이런 일이 가능했을까? 랑시에르는 해답이 저 '설명'이라는 악마의 속삭임에 있다고 본다. 우선 랑시에르는 "이해하지 못하는 무능력 (…) 이란 설명자의 세계관이 지어내는 허구"[27]라고 단언한다. 그러므로 "설명자가 무능한 자를 필요로 하는 것이지 그 반대가 아니다. 즉 설명자가 무능한 자를 그런 식으로 구성하는 것이다."[28] 이런 상황에서 설명자는 반드시 무지한 자를 만들어낼 필요가 있다. 이것은 바로 '교육학의 신화'가 만들어내는 이분법, 즉 앎과 무지의 이분법

---

27 Ibid., 19.
28 Ibid.

이다.[29] 보다 신랄한 어조로 랑시에르는 이 신화가 바로 '바보 만들기'의 원리라고 고발한다. 자코토가 거부한 것은 바로 이 원리이며 그의 학생들이 덫에 걸리지 않은 것은 이 원리를 전혀 염두에 두지 않았기 때문이다.

무지한 자는 지능이 떨어지거나, 배우지 못하거나, 스스로 이해하지 못하는 자가 아니다. 오히려 그는 정식 교육 과정에서 배우는 자들보다 더 빨리 앎을 향해 나아간다. 그러므로 무지는 앎과 대조되는 상태가 아니라, 앎의 준비 상태, 혹은 앎의 원동력이라고 말할 수조차 있을 것이다. 자코토의 학생들이 무지하지 않았다면, 스스로 앎을 찾아갔을까? 그러지 않았을 것이다. 우리는 이제 무지를 앎의 부수적 상태나, 그와 반대되기 때문에 극복되어야 하는 상태로 놓았던 소크라테스로부터 상당히 많이 떨어져 있다.

3 앎과 무지의 경계에서

1. 모른다는 것은 죄악인가?

이 질문에 대한 대답은 위에서 우리가 언급한 구절들에 충분히 밝혀져 있는 것 같다. 무지는 죄악이 아니고, 오히려 권장되어야 할 만한 것에 속한다. '아는 것이 힘'이라는 식의 계몽주의적 꼰대 화법은 더 이상 통하지 않는다. 우선 이 '앎'이라는 것이 '무지'에 기반하지 않

---

29 Ibid., 20 참조.

으면 불가능하다. 왜냐하면 앎은 자신이 모르는 것을 아는 데서 시작하기 때문이다. 모르는 바에 대해 무지하다면 우리는 다시 소크라테스 선생을 모시고 문답법을 통해 무지를 깨우쳐야 할 것이다. 또한 앎은 무지에 대한 한 번의 깨달음으로 끝나지도 않는다. 이는 끊임없이 스스로의 무지를 깨닫고, 앎을 추구하는 자세를 요구한다.

그렇다 하더라도 '무지'가 제한 없이 옳은 것은 아니다. 다시 말해 진정한 문제는 '무지에 대한 무지'다. 만약 자신의 무지에 대한 자각이 없다면 그것은 영원히 구제불능이 될지도 모른다. 그런데 여기서 우리는 무지와 앎이 한낱 대립적인 개념이 아니라는 것을 알게 된다. 왜냐하면 바로 이 '무지에 대한 무지'가 무지의 최대치라면, '무지에 대한 앎'은 앎의 최소치라는 것을 깨닫기 때문이다. 바로 이 지점에서 안다는 것은 자신의 앎의 내용이 무지라는 것을 안다는 것이고, 무지의 최대치와 앎의 최소치 사이에는 아주 미세한 차이만이 있을 뿐임을 알게 된다. 앞선 절에서 말한 '무지한 스승'은 소크라테스와 마찬가지로 바로 이 미세한 차이를 건네게 해주는 섬세한 교수법을 가진 스승일 것이다.

그러므로 무지는 앎과 대립되는 악이 아니라 오히려 앎을 위해 '최초로 알아야' 하는 출발지로서 긍정되는 상태다. 그렇다면 이 '무지에 대한 앎'이란 궁극적으로 무엇을 겨냥할까? 물론 그것은 앎의 최대치다. 즉 우리의 앎을 최대한으로 끌어올리기 위해 무지를 알아야 한다. 즉 최소치의 앎(그리고 최대치의 무지)을 넘어 그것을 극한으로 밀어붙이는 것이다. 그러면 이 최대치의 앎이란 무엇에 대한, 어떤 앎인가? 그것은 아마도 무지를 완전히 넘어선 앎, 우리가 아는 것이 불가능하다고 여겼던 대상에 대한 앎일 것이다. 이를테면 앞 절에서 논했 던 '신'과 같이, 또는 '자연'의 모든 세부사항에까지 적용되는 법칙과 같이 말이다.

그러나 유한한 인간에게 이러한 것이 가능할까? 한편으로 대답은 부정적일 것이다. 왜냐하면 저 신이나 자연법칙은 무한한 대상임에 틀림없을 것이고, 우리가 그것에 대한 최대치의 지식을 추구한다 하 더라도 결국에는 미진한 채 죽을 것이기 때문이다. 다른 한편으로 인 간을 개별적인 존재가 아니라 '인류'로 바라본다면, 저 최대치의 앎은 가능할 듯도 하다. 인류는 개별적 인간을 넘어 앎의 경험을 유전시키 고, 전승시킴으로써 앎의 진전을 더 멀리까지 밀어붙이기 때문이다. 이 문제는 지금 당장은 해결될 수 없을 것 같다. 그런데 이와 같이 해 결될 수 없는 문제, 즉 대립되는 두 가지 대답이 모두 가능한 것을 직 시한 철학자가 있다. 이제 칸트의 '이율배반'에 대해 알아볼 차례다.

2. 근원적인 무지에 대하여

이마누엘 칸트(Immanuel Kant, 1724~1804)라는 이름을 들어보지 못한 사람은 없을 것이다. 그러나 그의 철학을 충실히 안다고 자부하 는 사람은 아마도 극히 드물 것이다. 이렇듯 널리 알려져 있지만 읽히 지 않는, 또는 난해함으로 인해 읽을 수조차 없는 그의 책이 『순수이 성비판』이라 해도, '이율배반'이라는 단어는 꽤나 익숙하다. 하지만 이 단어가 저 책에서 엄청나게 중요하게 다루어지고 있다는 것을 아는 사람도 그리 많지는 않을 것이다.

칸트식으로 이율배반을 정의하자면 '이성이 현상들을 객관적으

로 종합하려 할 때 나타나는 상충되는 두 논리적 주장'이라 할 수 있다.[30]

그렇다면 인간은 왜 이런 상충되는 주장에 빠지게 되는 것일까? 칸트에 따르면 인간에게 인식 가능한 존재의 차원은 '현상'의 차원에 국한된다. 즉 타당한 지식의 한계는 인식주체에게 '나타난' 차원인 것이다. 그리고 인식주체의 시야를 벗어난 차원 그것을 칸트는 '물자체'(Ding an sich)라고 불렀다. 인간이 현상이 아니라 이 물자체의 차원을 논하게 되면 이율배반의 상황에 빠지게 된다. 이를 우리 주제의 맥락에서 다시 말해보면, 현상은 우리 앎의 최대치이고, 물자체는 우리 무지의 최대치인 셈이다. 이제 이율배반의 자세한 내용을 살펴보자.

(1) 제1이율배반

정립: 세계는 시간상 시초를 가지고 있으며, 공간적으로도 한계로 둘러싸여 있다.

반정립: 세계는 시초나 공간상의 한계를 갖지 않으며, 도리어 시간적으로나 공간적으로나 무한하다.[31]

이 제1이율배반 명제들은 사실 우리가 어릴 적 한번쯤은 생각해보았을 법한 것이다. 누구나 '이 세상의 끝은 어디일까?'라든지 '세상은 언제 시작되었을까?'라는 질문을 스스로에게 던져보곤 했을 것이기

---

30 이마누엘 칸트 지음, 박종현 옮김, 『순수이성비판』, 아카넷, 2006, 626 참조. A407; B432-34. 이제부터 칸트의 이 책을 인용할 때는 후자의 원문 쪽수 표기법을 따른다.
31 B454-55.

때문이다. 그런데 이것이 철학에서는 근본적인 질문 중 하나다. 칸트의 공헌은 이 근본 질문을 어린 시절의 몽상으로부터 끄집어내어 완전히 논리적으로 제시한다는 점이다.

① 정립의 증명

제1이율배반의 정립 증명은 다른 증명들과 유사하게 소위 '귀류법'으로 진행된다. 즉 해당 명제가 '아니라면'이라고 가정하고, 그것이 오류임을 밝히는 식이다. 칸트는 이 명제를 시간 측면과 공간 측면 두 부분으로 나눈다. 우선 시간 측면에서 그는 '만약 세계가 시초를 가지지 않는다면'이라고 시작한다. 그렇다면 세계에는 난만한 사건들이 무한한 계열로 발생해야 한다. 그런데 이 무한한 계열이란 결코 완성될 수 없다. 완결될 수 없는 무한한 계열이 우리의 현재 뒤로 펼쳐져 있다는 것은 과거에 그 어떤 시작도 없다는 뜻이다. 과거로의 무한한 계열은 그것이 종합될 수 없다는 것을 의미한다. 그러나 이렇게 종합될 수 없는 무한한 시간의 계열이란 불가능하다. 왜냐하면 종합적으로 규정불가능한 시간이 현존한다는 것은 불합리하기 때문이다. 따라서 세계의 시초는 세계 현존의 필연적 조건이고, 그것은 존재해야 한다.

다음으로 공간 측면을 살펴보자. 여기서도 귀류법이 등장한다. 즉 '만약 공간이 한계를 가지지 않는다면', 세계에는 무한한 사물들이 동시에 편재하는 무한히 펼쳐진 전체일 것이다. 그런데 만약 이렇다면 우리가 이 세계를 인식할 수 있을까? 그렇지 않다. 왜냐하면 우리는 무언가를 인식할 때, '부분들의 종합'을 거치는데, 이 종합이 불가능해지기 때문이다. 이 상태에서 종합을 이루려면 우리는 무한한 시간 동안 세계 안의 사물을 헤아려야 한다. 말 그대로 우리는 영원한 무지 상태에 있게 된다. 하지만 이는 우리가 평소에 버젓이 세계를 끊임없이 인식하는 사실에 부합하지 않으며, 그래서 불합리하다. 때문에 이 사실에 부합하려면, 세계는 공간적인 한계에서 무한하지 않다고 보아야 한다. 이제 반정립으로 가보자.

② 반정립의 증명

이것도 귀류법이다. 반정립 명제와 반대로 세계가 시초를 갖는다고 가정해보자. 여기서 '시초'라고 하는 것은 그 시초 이전에는 세계에 그 어떤 사물도 존재하지 않는 상태다. 말 그대로 시초 이전은 완전히 텅 빈 상태, 텅 빈 시간이라고 할 수 있다. 그런데 이 시간 안에서는 그 어떤 것도 발생할 수 없다. 그러나 지금 세계는 발생한 이후의 사물들로 그득하다. 그러므로 그 시초라는 것은 발생과 관련하여 사물들의 현존과 모순된다. 따라서 세계는 시초, 즉 시간상의 한계를 가지지 않는다고 해야 한다.

다음으로 공간상의 무한성에 대한 귀류법적 논증을 살펴보자. 칸트는 예의 '세계가 공간적으로 유한하고 한계가 있다고 가정'하자고 한다. 이렇게 가정하면 시간상의 무한성에 관한 귀류법적 논증과 마찬가지로, 세계가 그 한계 너머의 텅 빈 공간에 둘러싸인 채 섬처럼 떠 있게 된다. 이 텅 빈 공간은 우리 세계의 어떤 사물들과 관계를 맺어야 한다. 왜냐하면 세계란 절대적으로 주어진 '전체'로 사유되며, 그 안의 어떤 사물들도 상관관계를 맺기 때문이다. 그런데 이 공간은 말 그대로 아무런 사물도 없는 공간이다. 이것은 불합리하다. 세계는 그

관계하에 존재하기 때문이다. 따라서 세계는 공간적으로 아무런 한계가 없다. 증명 끝. 다음으로 두번째 이율배반으로 가자.

(2) 제2이율배반

정립: 세계 내의 모든 합성된 실체는 단순한 부분들로 이루어져 있고, 어디에서나 단순한 것이거나 이것으로 합성된 것만이 실존한다.

반정립: 세계 내의 어떤 합성된 사물도 단순한 부분들로 이루어져 있지 않고, 세계 내 어디에서도 단순한 것은 실존하지 않는다.[32]

이 제2이율배반의 명제들은 앞서의 제1이율배반의 명제들과는 달리 미시적 세계로 향한다. 제1이율배반이 우주론적 차원에서 논증을 전개한다면, 제2이율배반의 이 명제들은 미시적 실체의 차원에서 논증이 전개된다. 여기서 '단순한 부분들'은 과학적으로 '원자'에 해당될 것이고, '합성된 실체'는 원자로 이루어진 개체들을 의미한다고 새기면 될 것이다. 사실 이 명제들도 우리가 한번쯤은 생각해보았던 것이다. 다만 우리는 칸트처럼 이를 논증하려고 시도하지 않고, 그저 지나쳐왔을 뿐이다.

① 정립의 증명

만약 합성된 실체들, 즉 개체들이 단순한 부분들로 이루어져 있지 않다면, 그것은 그저 공허한 허상에 불과하게 된다. 왜냐하면 합성이

---

32 A434: B462.

라는 것을 생각할 수 없게 되면, 개체의 합성체의 부분들도 없게 되며, 그렇다면 합성이라는 것도 애초에 불가능하기 때문이다. 따라서 우리가 합성체를 보면서 그 단순한 부분들을 사고하지 않는 것은 불가능하다. 즉 세계 내에서 합성된 실체들은 단순한 부분들로 이루어졌다고 생각해야 한다.

② 반정립의 증명

합성된 사물이 단순한 부분들로 이루어져 있다고 가정하면 자기모순에 빠진다. 왜냐하면 합성된 사물의 단순한 부분들이란 또 다른 합성체에 불과할 것이기 때문이다. 모든 관계는 공간 안에서 이루어지고, 합성체들의 부분들 간의 관계도 그러하다. 즉 합성체의 부분들도 공간을 차지해야 한다. 그런데 가정에 따르면 단순한 부분들은 거기 어떤 내적인 관계도 없이 그 자체로 '단일한' 것이어야 한다. 그러나 공간을 차지하는 것이 무엇이든 간에 부분을 가진다. 그렇다면 단순한 부분들은 부분을 가져야 한다. 이는 모순이다. 따라서 단순한 것은 실존하지 않는다.

(3) 제3이율배반

정립: 자연의 법칙에 따르는 인과성은, 그로부터 세계의 현상들이 모두 도출될 수 있는 유일한 것이 아니다. 현상들을 설명하기 위해서는 자유에 의한 인과성 또한 반드시 받아들여야 한다.

반정립: 자유는 없다. 오히려 세계에서 모든 것은 오로지 자연법칙들에 따라서 발생한다.[33]

칸트의 제3이율배반은 우리가 이 책 5장에서 다룬 '필연과 우연'에 닿아 있다. 다만 칸트는 우리가 취급한 '우연' 대신에 '자유'를 논증의 대상으로 삼는다. 그런데 이 제3이율배반은 앞서의 두 이율배반과는 다소 결이 다르다. 그리고 네 가지 이율배반 중에서 가장 중요하게 다루어지는데, 이 장의 마지막에서 논해보기로 하자.

① 정립의 증명

만약 자연법칙 외의 인과성이 없다면, 발생하는 것들은 필연적으로 그에 앞서는 원인을 가정해야 한다. 하지만 이 발생의 원인에도 어떤 발생의 원인이 있게 마련이다. 이렇게 되면 원인의 계열이 무한히 뒤로 이어진다. 그러므로 자연법칙만이 존재한다면 최초의 원인을 알 수 없게 된다. 즉 언제나 두번째 시작만이 있으며, 첫번째 시작은 무한퇴행에 의해 드러나지 않는다. 이렇게 되면 자연법칙이 충분히 규정된 원인으로 이루어진다는 것에 어긋난다. 따라서 인과성이 자연법칙에만 있다고 보는 것은 그러한 자연법칙의 완결성에 있어서 자기모순적이다. 다시 말해 자연법칙에 따르는 인과성만이 존재한다고 볼 수는 없다. 때문에 자기 자신이 선행하는 원인에 의해 규정되지 않고, 자기에서부터 시작하는 원인이 있어야 한다. 이것은 절대적 자발성으로서의 '자유'다. 이를 '초월적 자유'라 부른다.

---

33 A444; B472.

② 반정립의 증명

늘 그렇듯이 칸트는 여기서도 귀류법적 논증을 사용한다. 이쯤 해서 우리는 칸트의 이 논증방식이 논증하고자 하는 대상에 대한 적극적인 방식이 아니라, 반대 논증을 우회하는 간접적인 방식에 불과하지 않은지 의심해볼 수 있다. 물론 이 의심을 한 사람이 우리가 처음은 아니다. 현대철학자들 중 명민한 분들이 이에 대해 많은 논문을 쏟아냈는데, 지금은 그것들을 둘러볼 차례는 아닌 것 같다. 아무튼 그런 의심이 가능하다는 데 동의하고 지나가도록 하자. 그렇다 하더라도 칸트의 이 논증이 가진 철학사적인 막대한 의미는 훼손되지 않을 것이기 때문이다.

그러면 돌아와서 칸트의 반정립 논증을 살펴보자.

만약 초월적 자유가 인과계열을 시작하는 힘이 있다고 가정하면, 이에 선행하는 원인은 존재하지 않는다. 그러나 어떤 것이 힘을 가지고 활동한다는 것은 그 시작에 선행하는 활동하지 않는, 즉 선행원인에 의해 규정되지 않는 어떤 원인이 존재한다는 것을 의미한다. 자유는 활동한다. 즉 최초의 원인으로 작동한다. 그렇다면 이 작동의 원인이 있어야 한다. 그러나 초월적 자유는 이를 거부하며, 이것은 인과법칙에 어긋난다. 이런 의미에서 초월적 자유는 어떤 경험의 통일도 만들지 못하며, 어떤 경험에서도 발견되지 않는 공허한 사고의 산물일 뿐이다. 따라서 우리는 세계에서 일어나는 사건들에서 자연 외에 다른 인과성을 가지고 있지 않다. 자연의 이러한 인과성은 '합법칙성'이라 한다. 합법칙성은 항상 인과성에 의해 앞과 뒤로 연관되며, 원인의 계열을 무한하게 만들지만, 경험의 통일성을 가져다주기도 한다. 초월적 자유는 이러한 경험적 통일성을 내팽개치고 무조건적인 원인성이라는 허구에 머문다.

(4) 제4이율배반

정립: 세계에는 그것의 부분으로서든 그것의 원인으로서든 단적으로 필연적인 존재자인 어떤 것이 있다.

반정립: 단적으로 필연적인 존재자는 세계 안에든 세계 밖에든 어디에도 그것의 원인으로서 실존하지 않는다.[34]

제4이율배반은 중세 시대의 신 존재 증명에 대한 근대적 판본이라고 할 수 있다. 여기서 말하는 '단적으로 필연적인 존재자'는 '신'으로 바꿔 써도 무리가 없다. 이렇게 보면 제1이율배반과 제2이율배반은 양적인 분할과 확장에 관련되므로 수학적 이율배반, 제3과 제4는 인과성과 관련되므로 역학적 이율배반이라고 불린다. 이 이율배반들은 모두 시공간의 형식을 전제하고 있다. 칸트에 따르면 시공간은 주관적 감성의 형식이지 객관적이지 않다. 이를 '초월적 관념론'이라고 부른다. 이들 중 역학적 이율배반에 속하는 두 가지, 즉 '자유'와 '신'의 문제는『순수이성비판』이후 나오는『실천이성비판』에서 긍정된다. 후자의 책은 도덕철학인데, 도덕적으로 자유와 신이 반드시 필요하다. 결론적으로 인간이 자신의 경험이 허용하는 한도 밖에서 지성을 활용하는 것은 '월권'에 해당되지만, 이론적인 지성이 오류에 빠지는 이

---

34 A452; B480.

'너머'의 차원은 '실천이성'이 담당할 필요가 있다는 것이다. 칸트는 엄숙주의 철학자로서 자유와 신을 경험적 규준에 따라 모조리 버릴 필요는 없다고 본 셈이다.

① 정립의 증명

우리가 경험하는 이 세계(감성 세계)는 변화들의 계열을 포함한다. 왜냐하면 그렇지 않다면 이 세계의 가능조건인 시간적 계열이 표상되지 않기 때문이다. 그런데 이 모든 변화들은 시간상 선행하며 필연적인 어떤 조건이 있어야 한다. 즉 변화하는 모든 것은 조건지어져 있다는 것이다. 그런데 이 조건지움은 스스로 조건지어지지 않는 무조건적인 것에 이르러야 계열이 완결된다. 그러므로 절대적으로 필연적인 것이 이 변화들의 무조건적 원인으로 있어야 한다. 하지만 이 절대적으로 필연적인 존재자는 우리의 감성적 세계 안에 존재해야 한다. 왜냐하면 감성적 질서에 속하지 않고도 감성적 질서의 계열을 조건짓는다는 것은 불가능하기 때문이다. 시간상 선행하는 것은 시간 안에서만 규정된다. 따라서 변화의 필연적 원인의 원인성인 이것은 현상에 속한다.

② 반정립의 증명

만약 세계 내에 단적으로 필연적인 존재자가 있다거나 세계 자체가 필연적 존재자라고 가정해보자. 그렇다면 변화의 계열 중 그 자신의 원인이 없는 어떤 시초가 있거나, 또는 그 계열 전체가 시초가 없을 것이다. 그러나 이는 모순이다. 왜냐하면 그 계열 중 하나든 아니면 전체 계열이든 그 자체의 필연적인 현존을 가지지 못하면, 필연적일 수 없기 때문이다. 세계 안에서는 이 필연적 현존의 필연성을 거슬러 시초나 전체의 시초를 상정할 수 없다.

이와 달리 세계 밖에 필연적인 존재자로서의 필연적인 원인이 있다고 가정해보자. 그렇다면 이 세계원인은 최초, 최상의 원인일 것이다. 이 원인은 이렇게 세계원인 계열의 최초항이 될 것이다. 하지만 이렇게 되면 현상들에 영향을 주는 것으로서 필연적인 원인은 세계 안으로 들어올 수밖에 없다. 그러나 이는 전제와 모순된다. 따라서 세계 안이든 밖이든 세계와 결합된 필연적인 존재자는 없다.

이렇게 해서 칸트의 네 가지 이율배반을 모두 살펴보았다. 이들 정립과 반정립들을 살펴보면 칸트가 어떤 식으로 앎과 무지를 파악했는지 알게 된다. 가만히 보면 정립은 경험을 넘어선 논증을 통해 주장을 정당화하는 반면, 반정립은 경험적인 것에 기반하여 논증을 진행한다. 그러니까 칸트는 우리의 앎이 경험에 국한된다는 관점을 가지고 있으므로, 반정립을 적극적으로 옹호할 것이다. 경험의 범위를 벗어나는 앎은 '독단론'으로 배격된다. 하지만 칸트는 이러한 독단론을 실천이성의 형이상학으로 긍정하기도 한다는 것을 잊지 말아야 하겠다. 이런 칸트의 이중적 측면은 후세 철학자들에게 비난과 비웃음을 사기도 했으나, 그의 입장에서 보면 이것은 경험의 한계 안에서 앎을 구원하고, 형이상학적인 실천이성의 한계 안에서 무지를 구원하는 셈이다. 다시 말해 우리가 정말 확실히 알 수 있는 것은 경험적 대상이지만, 확실하지는 않을지라도 우리의 삶과 이성이 '요청'하는 것이 바로 경험을 넘어선 대상, 무지의 대상이다. 그 무지의 대상은 지성으로 포획되지 않으나 반드시 전제된다. 여기서 다시(!) 소크라테스의 역설이 반복된다. '우리는 무지를 앎으로써 앎에 다가간다.'

3. 지식과 무식의 얽힘[35]

이 장의 마지막 절에서 현대철학의 최전선에서 이루어지는 사유를 건너뛰고 갈 수는 없을 것 같다. 앞서도 논했듯이 최근 철학사상의 첨단은 '신유물론'이다. 이 신유물론자들 중에서 가장 중요한 철학자들 중 한 사람은 바로 카렌 바라드인데, 아직 한국 사회에는 많이 알려져 있지 않다. 물론 학자들 사이에는 꽤나 유명한 사람이기도 하다. 이 사람의 철학을 '행위적 실재론'이라고 하는데, 바라드는 이 사상이 '존재-인식론'이라고 밝힌다. '이게 뭐지?' 하고 의아해하는 사람들이 있을 것 같은데, 그도 그럴 것이 존재론와 인식론이 어떻게 저렇게 아무런 매개 없이 연결될 수 있는지 궁금할 것이기 때문이다. 사실 존재론과 인식론이라는 철학의 분과는 데카르트 이래 분화되어 칸트에 이르러 완전히 다른 영역이 되었다. 그 이후로 사람들은 이 두 영역이 완결된 체계로서 때로는 대립하고 때로는 연결된다는 식으로 이해했다. 하지만 바라드는 이 두 영역이 이미/언제나 하나라고 선언한다. 그것이 행위적 실재론의 가장 기초적인 가정이기도 하다.

그런데 바라드의 이런 특이한 생각이 그저 (칸트식으로 말해) 철학의 독단적 사유에서 비롯되는 것은 아니다. 바라드 자신이 이론물리

---

35 이 절에서 논의되는 내용은 'Karen Barad, *Meeting the Universe Halfway*, Duke University Press, 2007'의 3장에 기반한다.

학자였다가 철학자가 된 사람이
기도 한데, 이력에 걸맞게 바라
드는 물리학 이론, 그것도 21세
기 최고의 물리학인 양자역학
에 기반하여 논의를 전개한다.
그러면 양자역학에 대해서도 좀
알아야 하는데 우리는 다행히
도 앞서 2장 3절에서 이를 간략
하게나마 살펴보았다. 그런데 문

카렌 바라드

제는 또 있다. 앞서 우리가 정리한 양자역학의 '불확정성의 원리'(또는
'불확실성 원리')는 그 유명한 하이젠베르크의 이론이다. 바라드는 이
하이젠베르크의 이론에 기반하여 양자역학을 이해하는 것이 불충분
하다고, 더 신랄하게 말하면 그릇된 것이라고 본다. 그렇다면 대안은?
바로 하이젠베르크의 스승인 보어다. 보어의 이론은 하이젠베르크의
그것과는 달리 '미결정성 원리' 또는 '상보성 원리'라고 불린다. 별안간
나타난 보어 때문에 당황할 필요는 없다. 이제부터 바라드가 설명하
는 보어의 '미결정성 원리'를 간략하게나마 정리해보자.

앞서 우리는 양자역학이 탄생할 때 이루어진 놀라운 발견들, 이를
테면 이중 슬릿 실험을 통한 빛의 입자-파동 이중성 발견을 보았다.
그런 이후에는 어떤 논의들이 있었을까? 사실 대개의 고만고만한 물
리학자들은 이 말도 안 되는 사태를 방치하는 쪽을 택했다. 그러나
아인슈타인과 보어를 비롯한 많은 학자들은 이 사태를 어떻게든 해결
하기 위해 노력했다. 몇 번에 걸친 국제 물리학 회의(이를 '솔베이 회의'

라고 부른다)를 통해 논쟁을 거듭했던 것도 그 노력의 과정이었다.

이 논의 과정에서 보어는 당시의 주류 양자역학 해석팀이라고 할 수 있는 '코펜하겐학파'의 해석(코펜하겐 해석)을 이끄는 지도자였다. 사실상 하이젠베르크는 보어의 제자이자 동료로서 이 팀에 참가하고 있었다. 그런데 하이젠베르크의 해석인 '불확정성의 원리'가 발표되자 보어는 다소 우려하는 마음을 가지고 있었던 것 같다. 이 해석이 아주 중요한 부분에서 잘못된 것인데, 대중적으로 너무나 급격하게 유명세를 타는 바람에 그에 대한 논의가 묻혀버렸다고 생각한 것이다.

보어는 하이젠베르크가 '불확정성의 원리'를 내놓는 것과 동시에 '상보성의 원리'를 발전시켰다. 상보성은 보어의 '미결정성 원리'의 핵심에 해당한다. 그러나 하이젠베르크에서 이 상보성은 부차적으로 다루어진다. 다시 말해 하이젠베르크의 핵심적인 주제는 실험 상황에서 입자의 운동량을 측정하기 위해 무언가(예컨대 빛)를 쏘면 그것에 의해 측정이 방해받는다는 사실이다. **방해**(disturbance)라는 생각에 기반한 이러한 분석은 하이젠베르크를 불확정성 관계가 인식론적 원리라는 결론으로 이끈다. 이는 우리가 알 수 있는 것에 한계가 있다고 말하는 셈이다. 다시 말해 입자의 운동량의 결정값은 측정과 독립적으로 존재한다고 가정되지만, 우리는 그것을 알 수 없다. 그래서 우리는 측정에 의해 야기되는 불가피한 방해로 인해, 그 값에 대해 **불확정적**으로 남는다. 이런 '불확정성'에 대해 보어는 처음에 상당히 심드렁하게 반응한 것 같다. 왜냐하면 중요한 것은 그것이 아니라고 봤기 때문이다. 보어에게 중요했던 것은 '방해'가 아니라 입자의 속성을 어떻게 '결정'하느냐는 문제였다. 쉽게 말해 그 입자가 방해 받음으로써 빨강(입자의 경우에는 운동량과 위치)이 빨강이라는 것이 불확정적으로 남는다는 것이 문제가 아니라, 그 빨강이라는 속성 자체가 이미 미결정된 상태라는 것이다. 빨강을 애초에 전제하느냐 그러지 않느냐의 문제가 여기 있다. 이건 매우 심대한 차이라고 바라드는 말한다.

이것은 측정을 통한 앎이 측정대상에 대한 앎에 그치는 것이 아니라, 앎과 동시에 측정대상의 존재 자체를 결정한다는 의미로 받아들여진다. 이것은 상당히 기묘하게 느껴지는데, 이를테면 자칫 우리는 이런 엄연한 실제적 과정을 마법사의 지팡이가 모자 안에서 토끼를 만들어내는 듯이 여길 수가 있다. 하지만 보어는 이것이 전혀 불합리하지 않은 것이 양자역학의 결론이라고 말한다. 다시 말해 보어는 우리가 어떤 독립적인 물리적 실재성을 이러한 속성들에, 또는 그 문제에 있어서 독립적으로 존재하는 객체의 관념에 귀속시킬 권리가 없다고 논증하는 것이다.

그러므로 보어가 보기에 하이젠베르크의 '불확정성의 원리'는 우리가 운동량과 위치라는 이미 정해진 결정값이 있고, 그것에 대해 분명히 알 수 없다고 보는 점에서 오류를 범하고 있다. 이에 반해 보어는 그런 '이미 정해진 결정값'이란 존재하지 않으며, 어떤 장치를 통해 측정하느냐에 따라(즉 위치 측정을 위한 장치냐, 운동량 측정을 위한 장치냐에 따라) 둘 중 하나의 측정값만이 불확실하게 결정되며, 다른 하나는 미결정 상태에 놓인다고 말한다. 이 동일한 의미에서 두 측정값의 존재는 서로 상보성, 다른 말로 '상호배제성'을 띤다. 철학적으로 말하면, 우리는 어떤 대상에 대한 확실한 앎이 있다고 전제하지만, 사실상 그 대상은 직접 실험하기 전까지는 존재하지 않으며, 따라서 앎도 존재하지 않고, 안다고 해봐야 기껏 그 부분만을 알 뿐이다. 여기서 앎은 무지와 뒤섞인다.

바라드는 양자역학의 보어식 해석이 하이젠베르크의 불확정성의 원리에 관한 일반 대중의 열광 아래에 묻혀버렸고, 이후 물리학 교재, 물리학 학생들, 그리고 전문적인 물리학자들이 이러한 그릇된 개념을 공유하게 된 것은 매우 불행한 일이라고 말한다. 바라드는 다음과 같이 결론 내린다.

> 보어에게 실제적인 주제는 **미결정성**이지 **불확정성**이 아니다. (⋯) 그는 **의미론적**이고 **존재적인**(ontic) 용어로, 그리고 추론적인 인식론적 용어로 위치와 운동량 간의 상호관계를 이해한다(즉 우리는 알기 위해 정의될 것이 아무것도 없는 어떤 것에 대해 정의할 무언가를 알 수는 없다). 보어의 미결정성 원리는 다음과 같이 진술될 수 있다. **상보적 변수들의 값**(위치와 운동량 같은)**은 동시적으로 결정되지 않는다.** 이 주제는 인식불가능성 자체에 관한 것이 아니다. 오히려 이것은 동시적으로 존재한다고 알려질 수 있는 것에 관한 질문이다.[36]

바라드의 이 말을 여러 번 곱씹어보라. 그러면 여기서 데카르트 이래 유지되어온 앎과 무지(또는 광기)의 이분법이 무너지고 있다는 것을 알게 된다. 중요한 것은 안다는 것('의미론적'인 것)과 모른다는 것('존재적인' 것)은 상보적으로 얽혀 있다는 점이다. 이 상보적인 관계는

---

36 Ibid., 118.

매우 미묘한데, 왜냐하면 그것은 서로 '상호배제적'으로 보완한다는 의미가 담겨 있기 때문이다. 상호배제적으로 관계 맺는 앎과 무지는 곧 미리 결정된 것이 없다는 것이고, 때문에 어떤 것에 대한 앎은 동시에 다른 것에 대한 무지를 필연적으로 야기한다. 당신이 뭔가를 안다고 확신하는가? 그렇다면 당신은 그것과 밀접하게 얽힌 다른 것은 확실히 모른다! 더 나아가 그 모르는 것은 존재하지조차 않는다.

제8장

덕과 정의

지금까지 우리가 거쳐온 개념들은 철학에서 '존재론'과 '인식론'의 범위에 속한다. 단순화하면 전자는 인간의 인식 대상이자 인간 자신의 실존 근거에 해당되며, 후자는 그것을 파악하는 인간의 능력이라고 할 수 있다. 이제 우리는 이러한 인간이 어떤 '무리'를 이루고 사는 장면으로 들어가게 된다. 이러한 삶의 양식 안에서 과연 그 무리를 지탱하는 윤리적이고 정치적인 가치는 무엇일까? 이것은 윤리학과 정치학의 영역이다. 철학 개념에서 이 영역의 대표자는 단연 '덕'과 '정의'라고 할 수 있다.

　'덕'은 고대 그리스어로 'aretê'라고 한다. 이 말의 어원은 전쟁의 신의 명칭인 아레스(ares, 라틴 계열에서는 마르스mars)이다. 그래서 '덕' 즉 아레테라는 말에는 힘, 용기, 전투의 어의가 함축되어 있다. 이 말과 비슷한 말이 남성, 용감함을 뜻하는 'arsên', 훌륭함을 의미하는 'haristos', 명령하다, 힘을 가지다 등을 뜻하는 'archô'다. 이렇게 보면 현대적인 뜻으로서의 '덕'과 고대적인 의미가 많이 다르다는 것을 알 수 있다.

아레테의 라틴어 변용은 'virtus'다. 이 말도 영어인 virtue와는 그 뜻이 다른데, 주로 남성적인 '힘'의 의미(vir가 남자라는 뜻)를 가진다. 그런데 이때의 '힘'이란 단순히 물리적인 힘이 아니다. 이 덕이라는 것은 기본적으로 '영혼의 힘'을 의미한다. 즉 정신력, 생명력 등을 의미하는 것이다. 그래서 이러한 영혼의 힘을 가진 자를 '위대한 자', '탁월한 인간'이라고 한다.

정의의 그리스어는 'dikaiosynē'다. 이것을 '올바름' 또는 '공정성'이라고 번역하기도 한다. 이 말은 그리스 신화의 '정의의 여신'인 'Dikē' 여신의 이름에서 왔다. 이것이 라틴어의 'justitia'로 변했다가, 현대어인 'justice'가 된다. 고대 철학사가인 거스리에 따르면, 이 말은 'dikaios(just)한 상태'를 의미했고, 어원인 dikē는 '길'(way, path)이라는 의미를 가지고 있었다.[1]

1 최고의 덕을 찾아

1. 고대인들의 '덕'

인간의 본성 가운데 '덕'의 요소를 찾는 작업은 '가치론'이라고도 불린다. 가치론에서는 '인간은 어떻게 살아야 하는가?' 또는 '세계는

---

1 거스리, 『희랍 철학 입문』 참조.

어떤 방향으로 가야 하는가?'라는 당위에 대한 질문이 중요하다. 이것은 단적으로 말해 '선'과 '행복'에 대한 추구라고 할 수 있다. 이 둘의 내용이 무엇이며, 둘의 관계는 어떻게 설정되어야 하는지는 고대 철학자로부터 지금까지 매우 중요한 문제가 되어왔다. 예컨대 덕이 있는 사람은 반드시 행복한지, 아니면 불행 가운데에서도 선을 추구하는 것은 합당한지와 같은 문제가 그것이다.

그런데 덕 또는 아레테는 처음에는 단독으로 쓰이지 못했다. 영어의 virtue(덕)처럼 명사적으로 쓰이지 못하는 경우도 많았다는 것이다. 그래서 그리스인들은 "무엇의 아레테인가?" 또는 "누구의 아레테인가?"라고 묻는 말을 들어도 자연스러웠다. 아레테 다음에는 보통 종속관계를 나타내는 속격이나 한정적 형용사가 따른다. 그러니까 아레테는 단독으로는 불완전한 단어인 셈이다. 레슬링 선수들의 아레테, 기병들이나 장군들 및 제화공들 또는 노예들의 아레테가 있다. 또한 정치적인 아레테, 가정적인 아레테, 군사적인 아레테가 있게 된다.[2] 이렇게 놓고 보면 아레테는 어떤 주체나 대상에 '속해 있는' 어떤 기능으로 보인다. 즉 윤리적이거나 도덕적 의미가 희미하거나 아예 없는 것이다. 그렇기 때문에 이 '기능'적 의미에서 소피스트들은 정치인 및 대중 연설가의 아레테를 가르친다고 주장했다.

그런데 이 덕을 지닌, 즉 영혼의 힘을 지닌 탁월한 인간이란 시대에 따라 다르게 규정된다. 그리스에서 아레테라는 말은 훌륭함이란 의미와 더불어 '수확'의 의미도 있었다. 그래서 아레테는 탁월한 인간

---

2 Ibid., 21-24 참조.

의 행위가 가져오는 좋은 결과라는 뜻도 있게 되는 것이다.[3] 호메로스 시대(BC. 12C~11C)에는 이러한 훌륭함이 주로 '용기'였다. 용기는 'andreia'인데, 이 말이 또한 aretê의 어의와 밀접한 연관을 가진다. 청동기 시대에는 우리가 『일리아스』와 같은 데서 볼 수 있듯이 전사(戰士)들이 가장 탁월한 인간이었다. 이 의미가 발전해서 나중에는 '운명에 맞서는 자'라는 뜻도 가지게 된다.

그러나 후대로 갈수록 용기는 덕 자체가 아니라 덕의 한 부분이 된다. 다시 말해 전사의 시대가 지나가면서 그리스인들은 용기만이 덕이 아니라는 사실을 깨닫게 된 것이다. 플라톤은 덕 중에서 용기를 전사가 가져야 할 덕으로 국한시킨다. 그리고 아리스토텔레스는 이것을 다시 무모함과 비겁함의 중용에 해당된다고 제시한다. 이러한 변화는 정치체제의 변화와 밀접한 연관이 있다. 호메로스 시대의 정치적 영웅에게는 전장을 누비며 적들의 수급을 베는 용감함이 최고의 덕이었지만, 그것이 민주주의 정치 체제로 변화하면서 그다지 중요해지지 않게 된 것이다. 이때 중요한 것은 대중과 상대 정치인을 설득시키는 '말'의 힘이며, 따라서 용기보다는 영리한 지성이었을 것이다. 물론 민회에서 연설하는 정치인이 있고 다른 쪽에서는 국경을 지키는 전사가 여전히 존재했지만, 그 중요성은 정치인에 비해 낮았을 것이다.

이때에는 아레테가 '특정 공동체에 의해서 가장 중하게 여겨지는 그런 종류의 빼어남'이라는 의미로 쓰였다. 앞서 이야기했다시피 호메로스 시대에 이것은 '용기'였고 뒤에 말할 것처럼 소크라테스와 플라

---

3 이정우, 『개념-뿌리들 1』, 125 참조.

톤을 거쳐 아리스토텔레스로 갈수록 그 의미가 더 일반화된다. 이들은 '인간의' 또는 '인간적'이라는 형용사로 아레테를 수식하고 한정했는데, 이렇게 해서 아레테에 일반적 의미를 부여했다. 즉 사람 자체의 빼어남, 즉 삶에서의 능함의 의미가 그것이다. 당시 사람들이 놀랐던 것은 이 세 사람이 공히 아레테에 대해 우리는 아직 모르며, 탐구를 통해 찾고, 실천을 통해 획득해야 된다고 역설한 점이다. 당시의 일반 민중들에게 이 말은 매우 모욕적이거나, 기묘한 주장이었다. 왜냐하면 '아니, 내가 나로서 가진 것이 아레테인데 뭘 또 찾아야 한다는 거지?'라는 식의 반응이 있었기 때문이다. 아레테가 지금 나한테 없다는 것은 이를테면 '내가 지금 사람 구실을 못 한다'는 의미였다. 이들 고대 그리스 철학의 세 스승들은 이렇게 사람들에 충격을 주면서 윤리적이고 도덕적인 각성을 이끌어냈다.

하지만 기능적인 아레테의 의미가 완전히 사라지지는 않았다. 일반 민중들의 말 쓰임에서 아레테는 여전히 무엇보다 어떤 특정한 일에서의 숙달 또는 능함을 의미했다. 그와 같은 능함은 종사하는 일에 대한 특유한 이해와 지식에 의존한다. 그러므로 그 세 철학자가 그 개념에 지식의 함축을 가미하면서, "덕(virtue)은 곧 앎(지식)이다"(소크라테스)라는 말을 추종한 것은 필연적이었다.

2. 소크라테스에서 아리스토텔레스까지

(1) 소피스트와 소크라테스

이러한 변화에 가장 큰 기여를 한 최초의 철학자는 소크라테스다. 소크라테스는 덕, 즉 아레테를 본격적으로 주제화했다. 소크라테스는 일상적 용법을 넘어 이 말에 철학적 지위를 부여하고 진지한 탐구의 대상으로 만들었다. 고대철학을 연구하는 철학사가들은 이러한 변화가 단순히 소크라테스라는 인물 개인의 천재성에서 비롯되었다고 보지는 않는다. 이는 지성사적 변화와 연관된다. 앞선 장에서도 말했다시피 철학사가들은 이 변화를 '피시스에서 노모스로'라는 식으로 부른다.

사실 이 두 개념은 고대인들에게 매우 중요했다. 이에 대해 좀더 알아보자. 먼저 피시스(physis, 자연)는 말 그대로 자연의 탁월함, 그중에서도 영원성과 필연성을 찬양하는 맥락에서 많이 쓰였다. 즉 필연적으로 변화를 가능하게 하되 그 자신은 변하지 않는 것을 말한다. 그렇기 때문에 고대 유물론자인 레우키포스는 자연에 대해 "아무런 일도 부질없이 일어나지는 않는다. 일체의 것이 어떤 근거에서 그리고 필연적으로 일어난다"고 말했고, 비극시인인 에우리피데스는 "복되도다(…)/ (…)/ 불사의 피시스의/ 늙지 않은 질서와 무엇이 일어났으며/ 그리고 그것이 어떻게 또 어째서 일어났는가를 아는 자는"이라고 노래했다. 이 당시의 시인들과 철학자들에게 피시스, 즉 자연은 일종의 숭배의 대상이자 신비로운 존재였다는 것을 알 수 있다. 때문에 현대적인 감각에서 자연이라는 말은 이들의 피시스와는 결을 달리한다. 과학기술에 의해 이미 지배의 대상이 되고, 착취의 대상이 된 자연은 이들 고대인들에게는 뭔가 상당히 불경스럽게 변모한 존재로 비칠 것이다. 고대 그리스의 신들이 모두 자연의 이미지가 투영된 '자연신'들이었다는 것을 상기하는 것도 이를 이해하는 데 도움이 된다.

요컨대 피시스는 지금의 '자연'과는 다른 의미를 가졌는데, 그 의미는 '근원적인 것', '본질적인 것'에 가깝다. 이것이 소피스트 이후 겉으로 드러난 '실재'를 가리키게 된다. 소피스트 이전에 피시스는 그렇게 노골적으로 드러난 것이 아니었다. 헤라클레이토스가 "피시스는 숨기를 좋아한다"고 한 것은 피시스는 소피스트들에게는 그저 오래된 헛소리 정도로 비쳤을 것이다.

이와 달리 노모스(nomos)는 '관습' 또는 '법'이라는 의미를 가진다. 완연히 인간적인 의미다. 예컨대 플라톤은 『국가』에서 다음과 같이 노모스를 정의한다.

> 법(nomos)은 이런 것에, 즉 나라에 있어서 어느 한 부류가 각별하게 잘 지내도록(살도록) 하는 것에 관심을 갖는 게 아니라, 온 나라 안에 이것이 실현되도록 강구하는 데 관심을 갖는다네. 법은 시민들을 설득과 강제에 의해서 화합하게 하고, 각자가 공동체(to koinon)에 이롭도록 해줄 수 있는 이익을 서로들 나누어줄 수 있도록 만듦으로써 그런다네. 또한 법은 나라에 그런 사람들이 생기도록 하는데, 이는 각자가 내키는 대로 향하도록 내버려두기 위해서가 아니라, 법 자체가 나라의 단합을 위해 이 사람들을 십분 이용하기 위해서일세.[4]

여기서 '노모스'라는 말이 '법'으로 번역되었는데, 이 법은 오늘날의 성문법이라기보다는 '관습법'으로 새기는 것이 올바르다. 기본적으로

---

4 플라톤, 『국가』, 519e-520a.

고대 사회는 성문법전이 있다 해도 그것의 해석이나 확장, 적용에서
는 관습을 따랐기 때문이다. 게다가 당시에는 법과 관습을 모두 '노
모스'라고 했다.

위의 플라톤의 언급에서도 알 수 있듯이 노모스는 어떤 개인이나
집단이 아니라 공동체 전체를 위한 법을 말한다. 개인이나 일부 집단
의 욕망은 노모스의 당위적 법칙과는 다르며, 다른 한편으로 이것은
자연적인 필연과도 다르다. 노모스는 인간주의적이면서 동시에 공동
체적인 용어로서 공동체 전체의 행복을 목적으로 한다. 이런 의미에
서 '피시스에서 노모스로'라는 구절이 지니는 함축은 '필연에서 당위
로', '자연에서 인간으로', '개인에서 공동체로', '욕망에서 절제로'라고
할 수 있다. 그러니까 중요한 것은 자연이 아니라 보다 인간-공동체적
인 것, 즉 변화하는 어떤 것이 된 셈이다.

그런데 소피스트들과 소크라테스는 '덕'의 문제에서 동일한 관심
을 가졌지만, 매우 첨예하게 대립했다. 이러한 대립의 가장 핵심적인
요소는 '상대주의 대 보편주의'다. 소피스트들에게 덕은 개인의 문제
에 가까웠다. 때문에 덕은 개인들마다 다른 상대적인 척도를 가진다.
"인간은 만물의 척도다"라는 프로타고라스의 유명한 말은 그 대표적
인 예다. 이때 '인간'이란 '인간 일반'이 아니라 '인간 각자'라고 새겨야
올바르다. 즉 인간 각자가 만물의 척도다. 사실 이런 생각은 오늘날의
우리 '법'과 매우 가깝다. 현대법의 경우 '법적 인격체'는 바로 '개인'이
기본이기 때문이다.

이와는 대조적으로 소크라테스는 우리가 7장에서 보았다시피 덕
을 그 자신이 천명한 '영혼'과 연관된 보편적 실천으로 바라본다. 즉

이것은 개인을 넘어선 어떤 정신 자체로부터 나오는 법칙이다. 소크라테스의 사상이 그 당시에 매우 특이하고 기괴한 것으로 받아들여졌다는 것을 상기해보면, 이런 생각도 마찬가지로 볼 수 있다. 왜냐하면 당시에 '영혼', 즉 '프시케'는 자연과 그리 구분이 되지 않는 인간의 한 부분이었지, 이렇게 인간만의 것이 아니었기 때문이다. 소크라테스는 인간의 덕이 보편타당한 정신의 법칙이라고 본다.

또 한 가지 소크라테스의 덕에 대한 관점에서 오늘날까지 쟁점이 되는 사안은 "앎은 곧 덕"이라는 것이다. 이를 풀어 쓰면, '당신이 진리를 안다면, 즉 진짜 지식을 가지고 있다면, 덕스럽지 않을 수 없다'는 것이다. 이를 거꾸로 하면 '당신이 덕스럽다면, 그것은 당신이 진짜 지식을 가지고 있다는 증거'가 된다. 그런데 이것은 당시에도 그렇고 오늘날에도 그렇고 매우 당혹스러운 말이다. 실재와 잘 맞아떨어지지 않는 측면이 많기 때문이다. 그래서 아리스토텔레스는 소크라테스의 이 명제를 다음과 같이 비판했다.

우리는 건강이 무엇인가를 알고 싶어하기보다는 건강하게 되기를 바라고, 용기가 무엇인지 알고 싶은 것이 아니라 용감하게 되기를 원하며, 정의가 무엇인가를 알고 싶은 것이 아니라 정의롭게 되기를 원한다.[5]

다시 말해 아리스토텔레스 입장에서 볼 때 소크라테스는 이론철학

---

[5] 아리스토텔레스 지음, 천병희 옮김, 『니코마코스 윤리학』, 도서출판 숲, 2013, 6장, 1112b.

과 실천철학을 혼동하고 있다. 덕이란 무엇인가라고 묻고 답하는 것은 이론철학의 몫이지만, 그것을 어떻게 실천하고, 덕을 어떻게 획득할 것인가 하는 문제는 실천철학의 문제라고 본 것이다. 아리스토텔레스는 이것을 혼동하고 지나친 '주지주의'로 흐른 소크라테스를 비판했다.

하지만 소크라테스의 입장에서 볼 때 아리스토텔레스의 비판은 표면적이다. 즉 어떤 덕이든지 간에 지혜를 동반하지 않으면 불완전할 수밖에 없다는 점을 아리스토텔레스가 간과했다는 반론이 가능하다. 이를테면 누군가 용기를 실천하고자 한다면, 그 용기에 대한 확고한 지식과 신념이 있어야 하지 그렇지 않으면 그러한 실천은 완전히 잘못될 수도 있다. 이렇기 때문에 악인은 자신의 행동이 자신의 영혼을 더럽힌다는 생각에 대해 무지한 자라고 할 수 있다.

이런 소크라테스의 입장은 사실 매우 이상적인 도덕률이라고 할 수 있다. 다시 말해 정말로 덕스럽게 산다는 것은 '깨끗한 영혼'으로 고귀한 도덕적 신념을 가지고 '정신적인 일'에 종사하는 것이기 때문이다. 일반적으로 이런 도덕률은 통용되지 않는다. 왜냐하면 언제나 문제가 되는 것은 현실적인 일에 종사하면서 자신의 신념을 '어떻게' 지킬 것인가이기 때문이다.

하지만 이런 소크라테스의 윤리를 현대적인 의미의 '수행성'(performativity)으로 받아들이면 이해되는 면이 있기는 하다. 수행성은 안다는 것을 단순히 정신적인 영역에만 국한하지 않고, 어떤 실천으로 받아들이는 것을 의미한다. 다시 말해 올바른 덕에 대해 알고, 그것을 실천하면서, 그 앎을 다시 강화하는 과정이다. 이렇게 하면 앎이 곧 덕이라는 소크라테스의 말이 이해가 된다.

(2) 플라톤과 아리스토텔레스

위에서 본 바와 같이 소크라테스가 덕을 수행적인 것으로 바라보면서 앎과 연관시켰다면, 플라톤은 이 '앎'에 더 집중하여 그것을 구체화한다. 플라톤은 아레테를 논할 때 윤리적 측면을 따로 떼서 논하기보다 반드시 '정치'와 연관시킨다. 플라톤의 윤리학은 정치철학과 밀접한 연관을 가지는 셈이다. 아마도 이는 당시 아테네의 정치적 상황이 매우 혼란스러웠고, 이것이 곧 한 개인의 윤리성을 결정하거나, 어떤 정치적 입장이 곧 그에 해당하는 윤리적 '태도'를 말해주기 때문일지도 모른다.

그래서 플라톤은 당시 정치적 입장에서 때로는 일치하고, 때로는 갈등하던 각각의 사회계급을 아레테와 연관지어 설명한다. 이 사회계급은 통치자, 수호자, 일반 시민이다. 이 각각의 사회계급은 자신들의 아레테를 가지고 있는데, 이를 우리말로 풀어 쓰면, '~다움'이라고 할 수 있다. 즉 통치계급은 통치계급'다운' 아레테를, 수호자계급은 그'다운' 아레테를, 시민들은 시민'다운' 아레테를 가진다. 이 아레테들을 순서대로 쓰면, '지혜', '용기', '절제'다. 그리고 우리가 다음 절에서 말할 '정의'는 이 세 아레테의 조화다. 이 아레테들은 매우 본질적이고, 본성적인 것으로 세 계급의 인간들에게 귀속된다. 여기서 본성적이라는 의미는 이 세 가지 덕이 영혼의 구성요소에 상응하기 때문이다. 플라톤은 지혜를 이성에, 용기를 기개에, 절제를 욕구에 할당한다. 다시 말해 플라톤은 윤리적 덕목들을 영혼의 본성적 요소로 고정해버린 셈이다.6 따라서 "우리 영혼을 구성하는 부분들 각각이 그 역할을 제대로 수행할 때에만, 우리는 우리 자신의 직분에 충실한 역할을 수행하는 정의로운 개인이 된다."7

때문에 가장 덕스러운 삶은 각자에게 부여된 이 계급적 본성으로서의 아레테를 지키며 사는 것이다. 그리고 이 계급들의 조화와 질서가 정의라면, 불의는 이러한 요소들이 뒤섞이거나, 전복되는 것이다. 불의는 영혼의 혼란상이다. 이는 육체의 질병에 버금가는 것으로, 그 누구도 이를 원하지 않을 것이라고 플라톤은 말한다. 인간은 욕구, 기개, 이성 중 어떤 것에 지배되느냐에 따라 탐욕스러운 인물, 야심적인 인물, 학문적인 인물로 구분된다. 이들은 종사하는 일도 다르다. 탐욕스러운 자들은 주로 부나 쾌락을 추구하는 일을 하며, 야심적인 인물은 정치권력을 획득하고자 일하고, 학문적인 인물은 지식과 지성을 추구하는 학자, 즉 철학자의 삶을 원한다. 이 유형에 속한 사람들은 스스로가 최고라고 생각하는 경향이 강한데, 그렇기 때문에 분란이 발생한다. 플라톤에 따르면 이러한 분란을 예방하기 위해서는 이들 중 철학자의 생각을 따라야 한다. 철학자는 다른 이들보다 연륜과

6 사실상 플라톤의 덕론은 단순한 것이 아니다. 플라톤의 덕론은 초기 저작에서부터 후기 저작에 이르기까지 다양하게 변화하기 때문이다. 우선 『파이돈』에서는 상당히 피타고라스적인 영육이분법이 강조된다. 그러나 『국가』에 오면 육체에 부과되었던 부정적 가치들이 영혼의 한 부분으로 격상된다. 이렇게 해서 영혼이 매우 복잡한 양상을 띠게 되는데, 영혼에서 이성과 욕망이 구분되고, 오늘날의 '의지'나 '열정'에 해당되는 '티모스'(thymos, 기개, 용기, 격정 등)'가 나타난다. 그러다가 『국가』 8권 이후에는 티모스가 어떤 면에서는 이성의 보조역할을 하지만 또 어떤 면에서는 욕망의 편에 서는 양면적인 것으로 파악된다. 또 욕망이 이성적 판단을 겸한다는 사상도 등장한다('이성의 욕망'이라는 이 테제는 아리스토텔레스의 『형이상학』 IX권에도 등장한다). 『티마이오스』에서는 혼이 신체와 매우 유기적인 관련을 맺으면서 그것을 통어하는 존재가 되기도 한다(이정우, 『개념-뿌리들 2』, 141 참조).
7 플라톤, 『국가』, 441e.

경험, 지성의 능력에서 앞서기 때문이다. 이들 철학자가 추구하는 목표는 더 실제적이며, 이에 비해 다른 이들의 목표는 헛것에 가깝다.

이제 플라톤의 제자인 아리스토텔레스의 윤리학을 살펴보자. 아리스토텔레스는 『니코마코스 윤리학』에서 인간의 덕과 선은 완전해야 한다고 천명한다. 다시 말해 그것은 그 자체로 추구할 만한 것이고, 그 어떤 것에도 의존하지 않는 어떤 것이어야 한다. 우리의 삶에서 이러한 정의에 필적할 만한 것은 바로 '행복'(eudaimonia)이다. 따라서 아리스토텔레스의 아레테는 바로 행복이라고 할 수 있다. 그렇다면 우리는 이 행복에 어떻게 도달할 것인가?

아리스토텔레스는 그의 또다른 윤리학 저서인 『에우데모스 윤리학』에서 일곱 가지를 제시한다. 그것은 지혜, 덕, 쾌락, 명예, 평판, 부, 교양이다. 그리고 이것에 도달하기 위한 방법은 다섯 가지다. 바로 본성, 배움, 훈련, 신의, 호의, 행운을 통해서다. 그런데 아리스토텔레스는 이 다섯 가지 방법 중에 불합리해 보이는 두 가지를 배제하는데, 본성과 신의 호의가 그것이다. 이들이 배제되는 이유는 행복이 순전히 신의 호의나 행운에 의해 이루어진다면 그것은 인간의 능력 밖에 있는 것이 되며, 행복을 위한 사람들의 노력은 아무런 의미를 가지지 않을 것이기 때문이다.

아리스토텔레스는 목적론자였기 때문에 윤리학에서도 인간이 추구해야 할 목표를 분명히 한다. 그것은 행복인데, 이 행복은 '쾌락'을 요구한다. 이런 면에서 아리스토텔레스는 쾌락을 전적으로 덕의 하위 요소로 바라본 플라톤보다 훨씬 현실적이다. 하지만 쾌락에도 제한이 따른다. 예컨대 음주와 식욕, 성욕은 충족되었을 때, 쾌락을 가져다주기는 하지만 동물의 수준에 머물러 있는 쾌락이다. 그러므로 이 것은 인간이 추구해야 할 궁극적인 목표가 될 수 없다. 그렇지만 이 쾌락이 다른 목표와 결합되어 나타난다면 괜찮다. 이를테면 진정한 예술가가 추구하는 아름다움은 미적 쾌락으로서 그 자체로 가치 있 는 것이다. 또한 철학자가 지혜를 추구할 때, 또는 정치가가 정의를 추 구할 때도 그로부터 나오는 쾌락은 목표로서 가치가 있다.

아리스토텔레스는 이런 논의를 거쳐 인간이 좋은 삶을 살아가기 위해 필요한 것을 세 가지로 제시한다. 지혜와 덕과 쾌락이 그것이다. 이들은 각각, 철학적 삶, 정치적 삶, 향락적 삶에 대응한다. 그러나 앞 서 보았듯이 아리스토텔레스는 소크라테스의 주지주의에는 반대한 다. 우리가 이러한 윤리적 질서를 안다는 것이 곧 덕스러움을 보장 하지는 않는다는 뜻이다. 이는 아리스토텔레스의 형이상학으로부터 직접 도출된다. 즉 그는 존재를 가능태(잠재태)와 현실태로 구분하는 데, 무언가를 안다는 것은 가능태에 해당된다. 이를 아리스토텔레스 는 헥시스(hexis, 상태)라고 한다. 다음으로 이것을 활용하고 발휘하는 현실태의 단계는 이와는 다른 것으로 여러 조건에 의해 결정된다. 따 라서 덕과 지혜는 헥시스에 있으며 행복은 활용이므로 이 둘을 동일 시해서는 안 된다. 덕과 지혜는 행복을 목표로 발휘되어야 한다. 이때 쾌락은 이 상태들이 방해받지 않고 발휘되는 것을 말한다. 이렇게 해 서 덕과 지혜의 상태가 발휘되면서 쾌락을 얻게 되고, 마침내 행복에 도달하게 된다.[8]

---

8 앤서니 케니 지음, 김성호 옮김, 『고대철학』, 서광사, 2008, 426-27 참조.

그렇다면 이러한 덕과 지혜의 발휘는 어떻게 이루어져야 하는가? 이것은 선천적이거나 고유한 것이 아니므로 끊임없이 실천을 반복해야 하는 것임에 분명하다. 그렇지 않으면 행복은 순간적인 것에 그치며, 아레테는 발휘되지 못하는 상태에 이른다. 아리스토텔레스는 그래서 '선택'(prohairesis)과 '실천'(praxis)을 중시한다. 그렇다면 어떻게 선택하고 실천할 것인가? 여기서 그 유명한 '중용'이 등장한다. 중용은 지나침과 모자람 둘 다를 피하고, 적절함을 찾는 지혜다. 아리스토텔레스는 이 중용에 포함되는 덕들로 용기, 절제, 관대함, 진실함, 위엄, 재치 등을 말한다. 사실 '중용'이라고 하면 사람들은 적당히 처세해서 '중간 정도 가는 행동'이라고 보는 경향이 강하다. 하지만 이런 이해는 천만부당하다. 이렇게 되면 아리스토텔레스가 '기회주의'를 선한 것이라고 가르치는 꼴이 된다.

우선 이해를 돕기 위해 그림을 하나 제시하겠다.

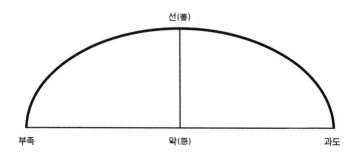

이 그림을 보면 어째서 '중용'이 기회주의가 아니라 정말 고귀하고 힘든 행위인지를 알 수 있다. 여기서 부족한 것과 과도한 것의 '중간'

은 오히려 '악'이라고 한다. 그래서 '선'은 양극단을 떠나는 것일 뿐만 아니라 그 '중간'도 떠나는 행위를 말한다. 이것을 말로 표현하면, '부족한 것도 과도한 것도 아니고, 중간인 것은 물론 아닌 행위'라고 할 수 있다. 이를테면, 용기는 대담함만도 아니고 냉정한 조심성도 아니라 그것을 모두 떠난 어떤 탁월한 행위다. 그래서 용기 있는 사람은 무모한 행동도 하지 않고, 겁쟁이처럼 신중함을 가장하지도 않는다. 이렇게 볼 때 실천적 지혜라는 것이 늘 '반성 행위'를 동반한다는 말이 이해가 된다. 양극단과 중간을 떠나는 '가장 적합한 행위'란 무엇인지 늘 고민해야 한다는 것이다. 사실 이 고민은 '상황'과 '조건' 그리고 '타인'과 '사회 전체'에 관한 고민이 될 것이다. 세상은 늘 똑같지 않고, 우리들은 늘 다른 상황 속에서, 다른 사람들과 함께 더불어 살아가고 있기 때문이다. 자신의 행위가 어떤 맥락 안에 있으며, 어떻게 행동해야 중용을 유지할 수 있는지는 사실상 매번 이루어지는 우리의 현실 판단이 좌우한다. 이렇게 아리스토텔레스는 그의 스승인 플라톤이 절대적인 가치들(지혜, 용기, 절제, 정의)을 내세우면서, 이것만을 지키라고 한 것과는 달리 우리의 삶 속에서 부딪힐 수 있는 개별적인 차이들을 고려하는 경험주의자의 면모를 그의 윤리학에서 보인다. 이런저런 가치들을 지키라고 하는 것은 쉽지만, 그들을 현실 안에 행위로서 구현하는 것은 정말 힘든 반성적 성찰의 과정을 거쳐야 한다는 것을 그는 뼛속 깊이 알고 있었던 것이다.

(3) 에피쿠로스와 스토아

① 쾌락의 윤리학

위에서 우리가 살펴본 소크라테스, 플라톤, 아리스토텔레스와는 달리 쾌락 그 자체의 효용성과 가치에 대해 깊이 생각한 인물이 에피쿠로스다. 그리고 스토아 철학의 윤리도 이에 대해 다른 방식으로 숙고한다. 우선 에피쿠로스의 윤리학에서 '덕'이 어떤 것인지 알아보자.

에피쿠로스 윤리학의 목적은 한마디로 '자기만족'(autarkeia)을 얻기 위한 과정이다. 이 궁극적인 자기만족을 아타락시아(ataraxia)라고 부른다. 하지만 이 최고의 적정상태는 획득하기 힘들다. 한쪽에는 '기만적 만족'이, 반대편에는 '폭력적 이기주의'가 있기 때문이다. 여기서 중요해지는 것이 '측정'의 문제라고 할 수 있다. 즉 올바른 자기만족에 해당되는 대상이나 사태를 잘 측정하여야 한다는 것이다. 이를 가능하게 하는 것은 '자연에 대한 탐구'라고 에피쿠로스는 주장한다.

> 자연에 대한 탐구는 사람을 자랑하거나 허풍떨거나 교양을 과시하는 자로 만들지 않고, 자존심 있으며, 스스로 만족하고(autarkos), 재산을 자랑하는 것이 아니라 자신의 고유한 장점을 자랑하는 자로 만든다.[9]

이것은 자연의 탐구가 곧 윤리학과 밀접한 연관성을 가진다는 것을 의미한다. 그래서 "가장 중요한 사실들의 원인을 정확히 발견하는

9　에피쿠로스, 『쾌락』, 30.

것이 자연학의 역할이며, 행복은 천체 현상의 본성에 대해 관찰하고 이런 목적을 위해 필요한 지식들을 획득하는 데 있다 (…) 〔원인을 모르는 사람들은〕 아무것도 모르는 사람들과 마찬가지로 두려움을 가지게 된다"[10]라고 말한다. 다시 말해 내가 아타락시아의 상태에 도달하기 위해서는 나와 밀접한 관련을 가지는 자연 현상에 대해 합리적인 지식을 획득해야 하며, 이것이 측정의 자료가 된다는 것이다.

만약 자연의 원인을 모르게 되면 두려움에 빠지게 되는데 이는 덕을 획득하는 데 방해가 된다. 이 두려움은 크게 세 가지에서 비롯된다. 첫째로, 신에 대한 잘못된 관념에 의한 것이고, 둘째로 죽음에 대한 잘못된 관념으로 인한 것이며, 셋째로 생각하지 않는 마음에서부터 그러하다.[11] 이렇게 두려움이 되는 원인들을 극복하는 것이 급선무다. 두려움에 떨면서 합리적인 추론과 측정이 이루어지기는 힘들기 때문이다. "아타락시아는 이 모든 고통으로부터의 해방을 의미하며, 보편적이고 가장 중요한 원리들을 계속 기억함을 뜻한다."[12] 이 원리는 매우 중요하다. 아타락시아는 직접적으로 인식 또는 지식과 연관된다는 것을 의미한다. 자연의 원인에 관한 지식을 획득하게 되면 저 세 가지 두려움의 원인은 소멸하게 되며, 그로부터 진정한 자유의 상태, 아타락시아에 도달하게 된다. 이 상태에 도달하지 못한 모든 덕과 행복은 일정 정도의 기만과 거짓을 담고 있으며, 일시적이다. 그러니 모든 세속적인 욕망의 충족이 완성된다 하더라도 자족과 적정의 상

---

10 Ibid., 84-85. 〔 〕 안은 인용자.
11 Ibid., 86-87 참조.
12 Ibid.

태에 있지 않으면 진정한 행복이라 할 수 없다고 에피쿠로스는 가르친다.

이제 에피쿠로스가 쾌락을 어떻게 설명하는지 살펴보자. 우선 쾌락은 ①정적 쾌락(아타락시아, 아포니아)과 ②동적 쾌락(즐거움, 환희)으로 나누어진다. 이 중 보다 상위의 쾌락은 정적 쾌락이다. 다시 말해 최고의 쾌락은 고통의 제거이며, 역설적이게도 이것은 곧 쾌락의 제거이기도 하다. 결론적으로 아타락시아는 고통과 쾌락, 둘 모두의 부재가 된다. 이것은 일종의 '탈속'의 의미를 가진다. 내가 이것을 역설적이고, 탈속적이라고 하는 까닭은 이런 상태의 '쾌락'은 우리가 흔히 생각하는 육체적인 쾌락이나 통속적 의미에서의 정신적 쾌락과는 거리가 멀다는 것을 강조하기 위해서다. 에피쿠로스의 쾌락은 고통은 물론이고 쾌락조차 사라져가는 쾌락, 쾌락의 소실점에서 획득되는 어떤 최고의 상태라고 할 수 있다.

이것을 도식화하면 아래와 같다.

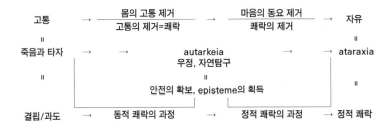

여기서 고통의 제거=쾌락→쾌락의 제거=아타락시아로 간다. 그리고 이 가운데 자기만족(autarkeia)이 수반된다. 자기만족은 동적 쾌락에서 정적 쾌락으로 가는 과정에서 획득되며, 이는 우리의 마음과 주변 환경을 안전하게 해준다. 왜냐하면 우리는 이미 두려움을 제거하는 지식(episteme)을 가지고 그것을 이용할 줄 알게 되었기 때문이다.

이러한 과정을 실제로 실현하기 위해서는 어떻게 해야 할까? 여기서 관건이 쾌락의 교량, 즉 측정이다. 이 교량하고 측정하는 지성을 에피쿠로스는 '사려깊음'(phronesis)이라고 부른다. 이 말은 아리스토텔레스도 쓰는데 그때는 주로 '실천적 지혜' 정도의 의미로 쓰인다. 에피쿠로스는 같은 말이지만, 보다 구체적이고 정교한 실천을 함축하도록 이 말을 사용한다. 우선 에피쿠로스의 말을 통해 '사려깊음'의 의미를 되새겨보자.

이 모든 것의 시작이자 가장 큰 선은 사려깊음이다. 사려깊음은 심지어 철학보다도 소중하다. 왜냐하면 모든 다른 아레테는 사려 깊음에서 생겨나〔기 때문이다.〕 (…) 다시 말해 탁월함은 본성적으로 즐거운 삶과 연결되어 있으며, 즐거운 삶은 탁월함으로부터 뗄 수 없다.13

이렇게 에피쿠로스는 사려깊음을 철학보다 위대하며, 즐거운 삶, 즉 진정한 쾌락을 향유하는 삶의 출발점이자 가장 큰 선이라고 단언한다. 사려깊은 사람은 "신에 대해 경건한 생각을 가지고 있으며, 죽음을 무서워하지 않고, 자연의 목적을 잘 계산"14하는 사람이다. 이 사람은,

---

13 Ibid., 48. 〔 〕는 인용자.
14 Ibid.

좋은 것들의 한계를 충족시키거나 얻기 쉽다는 사실을 파악하고 있으며, 반대로 나쁜 것들의 한계는 시간적으로 짧을뿐더러 경미한 고통을 가진다는 것도 알고 있다. 또한 그는 운명—어떤 이들은 운명을 만물의 여주인이라고 불렀지만—을 비웃으며, 우리의 행동—이들 중 어떤 것은 필연에 따라 생겨나며, 어떤 것은 우연에 의해서, 또 다른 것은 우리의 힘에 의해 생겨난다—을 결정할 힘이 우리 안에 있다고 생각한다.[15]

여기서 '좋은 것들'이란 동적 쾌락을 유발하는 대상을 의미하며, '나쁜 것들'이란 고통을 유발하는 대상을 의미한다. 우리가 이러한 대상들을 잘 측정하면, 운명이라는 불합리한 상상에 좌우되지는 않을 것이다. 에피쿠로스는 이 말을 통해 당대의 철학적 경쟁자였던 스토아학파를 비판하고 있다. 당시 스토아학파의 핵심 주장 중 하나는 바로 '운명에 대한 사랑'이었다(조금 뒤에 설명하겠지만, 이건 다소 오해에 기반한 비판이다).

에피쿠로스에게 가장 중요한 측정의 기준은 바로 '자연'이다. 그는 자연의 정도를 벗어나는 것을 '히브리스'(hybris), 즉 '오만'이라 불렀는데, 이것이 결국에는 고통을 야기하는 원인이 된다. 이 중 결핍으로 인해 발생하는 고통은 그 결핍을 메우기 위해 오만을 부리는 경우 발생한다. 이 경우 측정은 결핍을 충족시키는 쾌락의 한도를 지키고 그것을 넘어 오만에 이르는 쾌락의 과도함, 즉 방만을 피하는 적정 수

15 Ibid., 48-49.

준을 결정하는 과정이다. 일단 이것이 지켜지면, 육체적 쾌락은 더 이상 증가하지 않게 된다. 이것은 쾌락과 그에 연관된 감정을 계산함으로써 얻어진다. 여기서부터 정신적 쾌락으로의 이동이 발생한다.

그러므로 에피쿠로스가 "쾌락이 목적이다"라고 할 때, 이 말은 방탕한 자들의 쾌락이나 육체적인 쾌락을 의미하는 것이 아니다. 에피쿠로스가 말하는 쾌락은 몸의 고통이나 마음의 혼란으로부터의 자유다. 모든 선택과 기피의 동기를 발견하고 공허한 추측들—이것 때문에 마음의 가장 큰 고통이 생겨난다—을 몰아내면서, 멀쩡한 정신으로 계산하는 것이 바로 그 자유의 요건이 된다.

이것은 에피쿠로스 윤리학의 핵심이다. 우선 고통의 제거가 육체적 쾌락을 자제시키면서 정신적 쾌락으로 이동시킨다. 그렇다고 정신적 쾌락에만 머무는 것은 아니다. 정신적 쾌락에도 한계를 설정해야 한다. 여기서 가장 중요한 것은 이러한 한계를 '계산'함으로써 진정한 쾌락에 도달한다는 점이다. 특히 '감정들에 대한 계산'이 있음도 유의해야 한다. 이때 기준은 '히브리스' 즉 과도함, 오만에 이르지 않는 것이다.

이렇게 해서 '지성에 의해 쾌락의 한계를 재본다'는 말이 가지는 무게가 어느 정도인지 알 수 있다. 우리의 육체는 쾌락의 한계가 없다고 여기며, 이처럼 무한한 쾌락을 공급하기 위해 무한한 시간을 욕망한다. 하지만 우리의 이성은 육체의 궁극적인 목적과 한계를 계산하고 미래에 대한 두려움을 해소한 후, 우리에게 완전한 삶을 제공해준다. 따라서 이 계산과 측정은 우선적으로 육체의 한계와 도달점, 즉 죽음, 유한성을 고려에 넣어야 한다. 그렇다면 지금까지의 내용을 토대로 다음과 같은 공식이 제출될 수 있다.

'행복을 성취하고 덕스러운 삶을 살기 위해서는 자연의 법칙을 잘 알고 그것을 기반으로 너 자신의 유한성을 자각하라. 그리고 그 한계 안에서 다른 쾌락들을 계산하라. 어떤 것도 한계를 넘쳐 고통이 되지 않도록 너의 유한한 삶 전체와 지금 추구하는 쾌락의 양의 비율을 세심하게 계산하고 또 계산하라.'

② 초연함의 영웅들

이제 고대 사회에 플라톤 이후 당대의 주류 철학이 되었던 스토아 철학의 아레테가 무엇인지 알아보자. 우리는 이에 대해 스토아 존재론을 살피는 5장 1절에서 '필연성' 그리고 '자연을 따른다'는 것과 관련하여 이미 조금 살펴보았다. 이번에는 지금의 주제인 윤리학의 측면에서 바라보자.

스토아 철학자들에게 첫째로 덕은 그 자체로 인해서 선택되어야 하는 것이고, 무언가에 대한 두려움이라든가 희망에 의해서, 또는 외적인 무언가에 의해서 선택되어야 하는 것은 아니다. 둘째로 덕이란 자연 또는 이성과 일치화합하고 있는 영혼의 상태다.[16] 이들에 따르면 아레테, 즉 덕은 선함에 이르기 위한 필수불가결한 조건으로 작용한다. 이때 덕은 어떤 감정이 결코 아니고, "일관되고 확고하며 흔들리지 않는 이성 자체"[17]라고 이야기된다. 그렇기 때문에 덕은 일종의 '지

16　Long & Sedley, *The Hellenistic Philosophers* I, 377 참조.
17　롱, 『헬레니즘 철학』, 351.

식' 또는 '기술'에 해당한다. 예컨대 용기는 '견뎌야 하는 것에 대한 지식'이다. 이것은 분명 소크라테스와 플라톤의 주지주의의 영향이라고 볼 수 있다.[18]

이에 반해 악은 삶에 불일치를 가져다주고, 조화를 벗어나게 하는 것이다. 이것은 늘 이성을 혼란스럽게 하고 정신과 삶의 일치에서 오는 평화로움을 위협함으로써 정신의 운동을 지체시키고, 혼동시키는 모든 장애의 원인이 된다. 이렇게 해서 이 악은 정신을 억압하고, 공포를 가져다주면서 정신을 나약하게 만든다. 이는 또한 과도한 욕망이기도 한데, 이 욕망은 인내와 중용을 저버리게 만듦으로써 영혼을 불태운다. 스토아 철학자들은 이를 방지하기 위해서 덕을 강조한다.

그러므로 알려진 것과는 달리 스토아의 덕은 정해진 운명을 맹목적으로 따르는 것이 아니다. 여기에는 반드시 선함과 악함에 대한 원인 파악, 즉 이성의 역할이 수반된다. 그래서 스토아 철학의 집대성자인 크리시포스는 살지 않는 것보다 잘못된 이성이나마 지니고 사는 것이 더 올바르다고 했다. 여타 존재자들과는 달리 인간만이 우주의 사건들을 이해하고, 합리성을 진전시킬 수 있는 능력을 발휘할 수 있다. 인간은 본성적으로 덕을 향한 충동을 가지며, 이를 위해 지식을 가질 소질도 갖추고 있다. 그러나 이 소질은 외부 환경의 영향 때문에 제대로 꽃피울 기회를 가지지 못하는 경우가 많다. 이를 극복하고자 하는 것은 인간의 의지에 달렸다.

만약 어떤 사람이 어려운 환경을 극복하고 자신의 지성을 활용하

---

18 Ibid.

여 사태의 원인을 파악하고 그에 따라 행동했다면, 그것이 비록 나쁜 결과를 초래했더라도 초연할 수 있다고 스토아 철학자들은 말한다. 이를테면 강물에 빠진 어린아이를 구하기 위해 할 수 있는 가장 합리적인 방법으로서 옆에 있는 구명튜브를 그 아이 가까이 던졌고, 그 다음으로 달려가 물에 뛰어들어 그 아이를 끌고 밖으로 나왔고, 응급처치를 했는데도 불구하고 아이가 죽었다고 치자. 그러면 대개의 사람들은 비탄에 잠기고, 슬퍼하며, 안타까움에 울음을 터트릴 것이다. 그러나 스토아 철학자들은 이러한 감정적 반응을 달가워하지 않는다. 그들은 이성적으로 행동한 것에 만족하고, 발생한 사태를 초연하게 받아들여야 한다고 본다.[19] 그가 아이를 구하고자 한 행위의 도덕적 가치는 결과에 의해 훼손되지 않는다. 만약 일이 잘 풀려 아이가 살아났다 하더라도 마찬가지다. 결과가 긍정적이라고 해서 그것을 초래한 행위의 도덕적 가치가 더 증진되는 것도 아니다. 그래서 확신 있는 스토아주의자라면 그 모든 결과들을 우주의 조화로서 받아들일 것이다. 그의 선택은 최선의 선택이었고, 미래는 그의 소관이 아니기 때문이다. 미래는 자연의 흐름에서 결정되며, 그의 선택도 거기에 일정 부분 기여하지만, 그 부분 외에 그가 영향을 미칠 수 있는 부분은 존재하지 않는다. 스토아 철학자들에게 '덕'은 인간의 유한한 능력을 인정하고, 그로부터 오는 결과를 수긍하는 데 있는 셈이다.

덕스러운 사람은 언제나 스스로 생각하고 선택한다. 그는 언제나 자연과 그 원인을 따라 선택하고 거부하는 일련의 행위를 한다. 이런

---

19 Ibid., 348-49 참조.

행위가 거듭되면 이제 이것은 그의 '성향'으로 발전하게 된다. 일종의 습관이 되는 셈이다. 결과적으로 그의 행동은 자연의 합리성과 완전히 맞아떨어지게 되며 그는 선하고 덕스러운 인간이 된다. 덕스러운 인간은 현자로서 그 어떤 근심과도 멀어진다. 이를 스토아 철학자들은 '근심으로부터의 해방'이라고 부른다. 그런데 이 해방의 상태는 '프로하이레시스'(prohairesis)라고 부르는 도덕적 의지에서 비롯된다. 스토아 철학자들의 궁극적 목표인 초연함(아파테이아)은 이 의지로부터 나오는 결실이다. 이에 대해 아주 멋지게 묘사한 사람이 에픽테토스 (Epictetus)다. 이 철학자의 말은 이 절을 맺기에 안성맞춤으로 보인다.

한 폭군이 나를 위협하고 호출한다면 나는 '당신이 위협하려는 것은 과연 무엇인가?'라고 답하려 하네. 만일 그 폭군이 '나는 네 손에 수갑을 채우려 한다'고 말한다면 나는 '그가 나의 손과 발을 위협하려 하는구나'라고 생각할 것이며, 또한 그가 '나는 너의 목을 베려 한다'고 말한다면 나는 '그가 내 목을 위협하는구나'라고 생각할 것이네. (…) 그렇다면 과연 그는 나를 조금이라도 위협했을까? 내가 나의 손발과 목이 내게 아무것도 아니라고 생각하는 한 그는 나를 위협하지 못한 셈이네. 하지만 내가 그의 위협에 두려움을 느꼈다면 그는 나를 위협한 것이 되네. 그렇다면 과연 내가 누구에게 두려움을 느껴야 하는가? 내 자신의 능력 안에 속한 것들을 지배할 수 있는 사람에게?—세상에 그런 사람은 없네. 내 자신의 능력 안에 속하지 않는 것들을 지배할 수 있는 사람에게?—내가 왜 그런 사람 때문에 고민해야 하는가?[20]

이 정도면 정말 '초연함의 영웅'이라고 해도 부족함이 없지 않은가?

3. 현대철학에서 덕의 개념

(1) 벤담의 공리주의

앞서 살펴본 바에 따르면 '행복'이라는 것이 덕의 핵심 내용임을 알수 있다. 소크라테스든, 플라톤이든, 아리스텔레스든 또는 에피쿠로스와 스토아 철학자들이건 간에 방법은 달라도 목표는 하나다. 그런데근대철학자 중에 한 사람의 예외를 찾으려면 칸트를 들 수 있을 것이다. 칸트는 행복이 아니라 '의무'를 다하는 것이 인간의 덕스러움을 증명하는, 유일하고 최고인 길이라고 했다. 이 돌연변이 같은 윤리학을제외하고는 대개의 철학자들은 '행복'이 중요했다.

현대철학에서 이 행복이라는 주제에 적극적으로 천착한 철학은 많이 알려져 있다시피 '공리주의'다. 공리주의를 집대성한 철학자인 제러미 벤담은 그의 『도덕과 입법의 원리 서설』에서 유명한 다음의 말을 한다.

자연은 인류를 고통과 쾌락이라는 두 군주의 지배하에 있게 했다.이 둘만이 우리가 해야 하는 것과 할 것들을 결정하도록 한다. 두군주는 한 손에는 올바르지 않음의 깃발을, 다른 손에는 인과의

---

20 에픽테토스 지음, 『대화Discourse』 I. 29, 케니, 『고대철학』, 191-92에서 재인용.

사슬을 붙들고 있다. 그들은 우리가 행하는 모든 것, 우리가 말하는 모든 것, 우리가 생각하는 모든 것에서 우리를 지배한다. 우리는 그 지배로부터 벗어나려고 발버둥칠수록, 그것으로부터 벗어날 수 없다는 것을 알게 될 뿐이다.[21]

사정이 이러하기 때문에 벤담에게 행복과 덕은 쾌락에서 나온다. 게다가 이 쾌락은 감각적 쾌락을 광범위하게 인정하기 때문에, 고대철학자들 중 그 동조자를 찾기가 쉽지 않다. 에피쿠로스조차 이런 식의 쾌락을 원리의 지위에 올려놓는 것에는 반대할 것이다. 하지만 벤담은 무엇보다 일상적 인간들의 상식에 호소하는 것이 진리에 더 가깝다고 여기는 것 같다. 사실 쾌락과 고통은 우리의 일상을 지배하고 있기 때문이다. 먹고 마시고 성행위를 하는 것, 부자가 되고, 동물을 돌보며, 가족들과 함께 시간을 보내는 것은 모조리 쾌락과 연관된다.

쾌락을 원리화하는 것과 더불어 벤담은 이 쾌락이 양적으로 파악될 수 있다고 말한다. 이는 현대 정책학의 공리주의적 변종을 만들어냈는데, 모든 국가적이고 시민적인 가치들, 심지어 자연이나 인간의 목숨까지 정량화할 수 있다고 보는 시각이 그것이다. 이에 기반하여 벤담은 쾌락과 고통의 측정법, 이른바 '행복계산법'을 제안한다. 즉 '쾌락 A가 더 강하고, 더 오래 지속되고, 더 확실하고, 더 가까이 있다면, 쾌락 B보다 양이 더 많다.' 이 쾌락 측정의 원칙이 공공정책에 적용될 경우에는 그 쾌락의 '확장성' 즉 그것이 개인을 넘어 어디까지 영향을

---

21 Jeremy Bentham, *An Introduction to the Principles of Morals and Legislation*, Batoche Books Kitchener, 2000, Chap. 1. 1.

미칠 수 있는지도 고려해야 한다. 이러한 방식이 곧 그 유명한 '최대 다수의 최대 행복'이라는 공리주의의 궁극 목적을 완수할 수 있게 해 준다.

이런 벤담의 공리주의는 이전의 덕에 대한 철학자들의 의견과는 천양지차다. 그중 기독교 윤리학자들에게 이런 식의 행복계산법은 엄청나게 사악한 것이다. 이를테면 기독교 윤리학자들에게 집단학살은 언제나 잘못된 것이다. 하지만 벤담은 그렇지 않다. 도덕적 판단을 선불리 내리기에 앞서 학살의 주체가 그것을 통해 무엇을 얻을 것인지, 또 그 학살 주범이 예상한 것은 무엇이었는지, 만약 그가 학살을 실행하지 않았다면 무슨 결과가 일어났을 것인지를 살펴야 한다는 것이다. 이런 생각은 그때도 그렇고, 지금도 그렇고 엄청난 공분을 불러일으킨다. 이건 그냥 이익에 혈안에 된 사이코패스의 가치관과 다를 바 없다고 여길 만하다.

(2) 밀의 공리주의

벤담과 마찬가지로 공리주의자였던 존 스튜어트 밀은 벤담의 공리주의가 가진 이러한 야만적 측면을 완화시킬 필요가 있었을 것이다. 밀과 그의 옹호자들이 보기에 벤담의 공리주의는 어떤 공공정책 수행의 가능성과 손익을 깔끔하게 드러낸다는 장점이 있음에도 불구하고, 모든 것을 마구잡이로 양으로 환원한다는 약점이 있었다. 그렇게 되면 가장 문명적이라고 일컬어지는 현대인들의 도덕 판단이 역설적으로 야만적 결정까지 허용하는 쪽으로 기울게 된다.

밀은 이러한 사태를 해결하기 위해서는 쾌락을 양뿐 아니라 질로도 구분하고 그 가치에 차등을 둘 수 있어야 한다고 본다. 그렇다면 어떻게 질적으로 구분하고 차등을 어떻게 둘 것인가? 밀은 도덕적 의무와는 관련 없이 경험적으로 선호하는 쾌락이 더 우월하다고 한다. 그러나 이 선호도는 단순히 순간적인 쾌락에 의해 결정되는 것은 아니다. 밀은 동물적인 쾌락을 얼마나 많이 누리든 간에 그것만으로 인생을 허비하면서 정말 동물이 되고 싶은 사람은 아무도 없다고 말한다. 왜냐하면 그러한 쾌락만을 추구하고 사는 것은 자기 자신의 인간으로서의 존엄성과 자존감을 저버리는 것이고 그것은 곧 불행감으로 다가오기 때문이다.

따라서 최대 다수의 최대 행복은 "가능한 한 양적으로도 질적으로도 최대의 쾌락을 맛볼 수 있는 상태"를 지속하는 데서 얻어질 것이다.[22] 이렇게 질적인 요소를 쾌락에 도입함으로써 밀은 벤담의 공리주의가 가진 반문명적인 성격에 상당한 품격을 부여할 수 있었다.

(3) 공리주의 비판-마이클 샌델

하지만 공리주의에 대한 비판도 꾸준히 제기되어왔는데, 그 가장 강력한 판본은 최근의 마이클 샌델(Michael J. Sandel, 1953~)에 의해 제출되었다. 그의 책 『정의란 무엇인가』는 공리주의를 반박하는 사례들로 가득하다. 아마도 샌델은 현대인들의 윤리적 상상력과 국가 정책의 방향성에 가장 많이 스며들어 영향력을 행사하는 것이 공리주의식 사고라고 본 듯한데, 사실상 그것은 올바른 판단이다. 우리는 곳

---

22 John Stuart Mill, *Utilitarianism*, (ed.) M. Warnock, Collins, 1962, 262; 앤서니 케니 지음, 이재훈 옮김, 『현대철학』, 서광사, 2013, 315 참조.

곳에서 그러한 생각의 흔적들이나 공리주의에 기반한 기획을 마주하기 때문이다. 심지어 그것을 기획하는 자들은 자신이 공리주의에 기반하고 있다는 것을 인지조차 못 하는 경우도 많다. 그만큼 공리주의는 우리 삶 여기저기에 내면화된 메커니즘으로 작동한다.

샌델이 든 사례 중에서 잘 알려진 것은 '탁아소 사례'인데 다음과 같다. 어느 탁아소에서 부모들이 아이를 데리러 오는 시간에 지각하는 경우가 많아지자, 부모에게 벌금을 매기기 시작했다. 탁아소 운영자는 부모들이 벌금 때문에라도 제시간에 아이를 데리러 오리라고 생각했다. 이러한 '정책'은 온전히 공리주의적이다. 왜냐하면 쾌락의 원칙에 따라 부모들은 지각하는 것과 벌금 사이의 쾌락과 고통의 양을 측정할 것이고, 그에 따라 그들에게 경제적 고통을 안기는 벌금을 피하고 제시간에 오는 것을 택할 것이기 때문이다. 그러면 과연 지각하는 부모들이 줄어들었을까? 그렇지 않았다. 부모들은 차라리 벌금을 내는 쪽을 택했다. 그렇게 함으로써 제시간에 가야 하는 의무감을 떨쳐버렸을 뿐만 아니라, 아이에 대한 죄책감도 사라져버렸기 때문이다. 결과적으로 이 공리주의적인 시도는 실패했을 뿐만 아니라 부모와 아이의 관계까지 이상하게 만들어버렸다.

여기서 이 시도의 기획자가 생각하지 못한 점은 무엇일까? 그것은 두 가지인데 하나는 공리주의적 계산은 인간이 선택할 쾌락이나 고통의 비례를 정확하게 설정하지 못한다는 점이다. 위 사례에서 기획자는 당연히 부모들이 벌금을 내는 고통보다 아이를 데리러 오는 고통이 더 적다고 생각하고 그것을 선택할 것이라고 보았다. 그러나 예상은 보기 좋게 빗나갔고 부모들은 아이를 데리러 오는 고통을 벌금

부과보다 더 적다고 판단했다. 두번째로 공리주의는 사회적으로 통용되는 도덕 가치, 예컨대 부모와 자식 간의 애정과 배려 같은 것이 계산에서 배제된다는 사실을 알지 못했다. 때문에 결과적으로 탁아소의 아이들과 부모들 간에 '그래서는 안 되는' 금전적 가치가 끼어들었고, 예상치 못하게도 그 관계를 왜곡해버린 것이다.

좀더 극단적인 사례를 들어보자. 이것은 한때 한국 사회에 큰 파장을 던진 사건이다(그래서 영화로도 만들어졌다). 한 재벌 2세가 고용승계 문제로 1인 시위를 하던 하청업체 운전기사를 자신의 사무실에 불러 야구 방망이로 10여 차례 구타했다. 이 자체만으로도 반인륜적이며, 반사회적이고, 반인권적인 처사지만, 이 재벌 2세가 한 짓에는 가공할 만한 요소가 들어 있다. 사건 당시 피해자는 자신의 차를 인수하겠다는 회사의 연락을 받고 계약을 하기 위해 사무실에 갔다고 한다. 그런데 계약은커녕 그 재벌 2세는 임원들이 지켜보는 자리에서 "한 대에 100만 원"이라면서 피해자를 때렸고, 이를 피하려는 피해자에게 "지금부터는 한 대에 300만 원"이라며 세 대를 더 때렸다. 그리고 재벌 2세는 '맷값'이라고 말하면서 2000만 원을 내놓고, 5000만 원에 차를 넘긴다는 허위 계약서에 날인을 강요했다. 더 놀라운 점은 당시 옆에 있었던 임원들 중 이를 말리는 자들이 아무도 없었다는 것이다.[23]

이 사례는 공리주의적인 사고방식이 극단화되었을 때 어떤 식으로 인간성을 말살하고 사회적인 가치를 무너뜨리는지 잘 보여준다. 저 재

---

23 경향신문, 2010. 11. 30 참조.

벌 2세는 피해자의 차량은 물론이고 그의 신체와 목숨까지 화폐로 수량화할 수 있다는 생각에 사로잡혀 있다. 그리고 그렇게 해서 신체에 위해를 가하는 고통보다 돈이 주는 쾌락이 더 크다고 보는 것이다. 마이클 샌델이 주목한 것은 공동체의 가치를 무너뜨릴 수 있는 이러한 공리주의의 측면이다. 공리주의가 양적으로든 질적으로든 사회적으로 또는 일반 도덕에 있어서 양화 불가능한 것까지 셈하려고 할 때 파멸적인 결과에 도달하게 된다.

현대의 공리주의가 기반하는 이데올로기는 일종의 자유주의적 개인주의라고 할 수 있다. 여러 선택지 중 하나를 고를 수 있고, 그 판단의 단위는 오롯이 한 개인이다. 비록 공리주의가 '최대 다수의 최대 행복'을 내세우지만, 여기서 행복의 계산은 개인이 주체이며, 그 개인의 행복이 모두 모인 것이 사회의 행복이다. 우리는 이제 이러한 개인을 벗어난 사회 또는 국가에 윤리적 가치가 체현되는 개념을 살펴보아야 한다. 그것은 바로 '정의'다.

2 정의

1. '정의'의 의미

(1) 정의의 두 단계 의미변화

앞서 살펴보았듯이 '정의'는 본래 '길'이라는 의미를 가졌다. 그런데 이 초기 의미에서 두 단계의 변형과정을 더 거친다는 것이 철학사가인 거스리의 분석이다. 그 첫번째 단계는 도덕적 의미가 없는 단계로서, 고대 그리스 문헌상 최초의 의미는 '어떤 부류의 사람들이 통상적으로 처신하는 방식 내지 관습 또는 자연의 정상적인 진행 내지 추이'였다. 여기에는 '올바른 길'이라는 뜻도 없었고, 어떤 도덕적 의무를 암시하는 함축도 발견되지 않는다. 이를테면 호메로스의 『오디세이아』 IV. 690-92를 보면, 오디세우스의 아내 페넬로페가 다음과 같이 말한다. "그이〔오디세우스〕는 그렇게 하는 것이 신과 같은 왕들의 버릇(dikē)인데도 나라에서 어느 누구에게도 부당한 말이나 부당한 짓을 하신 적이 없어요." 여기서 디케(dikē)는 사람들이 통상적으로 행위하는 습관이나 관습의 의미를 띤다. 마찬가지로, 집으로 돌아온 오디세우스를 알아보며 그의 노예인 에우마이오스가 음식 대접을 하면서도 다음과 같이 말한다. "우리 같은 사람들의 보시는 적지만 소중한 것이오. 그러나 그것은 우리 주인처럼 젊은 주인들이 다스릴 때면 언제나 겁내게 마련인 하인들의 처신방법(dikē)이기도 하지요." 여기서도 그 의미는 마찬가지다. 그리고 '자연의 정상적 진행'이라는 의미로 쓰인 구절은 히포크라테스의 『머리의 상처들에 관하여』라는 책에 나온다. "이런 증세들 다음에 디케의 진행에 있어서는 죽음이 뒤따르지 않는다." 즉 '정상적인 자연의 진행에 따르면' 죽지 않는다는 것이다.

두번째 단계는 바로 서서히 도덕적 의미를 띠는 단계다. 이 의미는 비극작가인 아이스킬로스가 제우스를 묘사할 때 자주 등장하여 비로소 정의로움(righteousness)의 의미를 띠게 된다. 아이스킬로스의 비극에는 이 정의의 의미를 아주 극명하게 드러내는 장면들이 많이 나오는데, 특히 '오레스테스 3부작'은 그러한 정의의 의미와 그에 대한 내적 갈등 이미지를 가장 잘 드러내는 작품이라고 할 수 있다. 아이스킬로스의 이 주제는 또한 '법'과 관련해서도 다루어질 수 있는 부분이 있다.

이러한 단계를 거쳐 '디케'는 '정의'라는 오늘날까지 쓰이는 그 의미를 가지게 되었다. 그런데 철학의 맥락에서, 플라톤의 『국가』에는 이것의 의미가 '제 할 일을 함'이라는 의미에서 도덕적 정의의 의미를 띠고 있음을 발견할 수 있다.

> 디케(dikē)를 따르는 사람의 상태로서의 디카이오시네(dikaiosynē, 정의)란 '제 자신의 할 일에 마음 씀'에 불과하다. 다시 말하면, 마땅히 자신의 것인 일을 하거나 또는 마땅히 자신의 것인 길을 따라가되, 다른 사람들의 길에 뛰어들어 그들의 일을 대신해서 해주려고 들지 않는 것이다. (…) 플라톤이 내린 정의는 옛날의 호메로스 시대의 귀족 체제의 계급 차별에 뿌리를 내리고 있는 것이었으니, 그런 체제에서의 올바른 행위는 사람이 자신의 본연의 신분을 알고 그것에 충실한 것으로 요약되었다. 새로운 최선자 정체(最善子 政體, aristokratia, (철인정치))의 이론적 기초를 정립하고 있던 플라톤에게 있어서도 계급 차별이—이번에는 혼(psychē)의 관점에서 하게 되는 명확하고 주요한 고찰들에 의해서 결정된 기능들의 구분에 근거를 두긴 했지만, 그럼에도 불구하고 계급 차별이—나라의 지주였다.[24]

거스리의 언급에서 '정의'는 매우 계급론적인 함축을 지닌다. 각자

---

24 거스리, 『희랍 철학 입문』, 20-21. ( ) 안은 인용자.

가 자신의 본분을 다한다는 의미는 자신의 출신성분을 운명처럼 받아들인다는 것이다. 앞선 절에서도 살펴보았듯이 이러한 계급론적 관점은 플라톤 자신의 영혼론의 귀결이다. 그런데 '정의'가 비로소 윤리적, 정치적 의미를 띠게 된 시점에서도, 일반 민중들에게는 여전히 그 전 단계의 관습적 의미는 남아 있었다는 것도 염두에 두어야 한다. 어떤 개념이 일상적으로 쓰이는 단계에서 학문적이거나 공적 담론으로 진입했다 하더라도 과거의 관성은 한동안 지속되게 마련이다.

(2) 고대 사회와 철학에서의 정의

고대철학 내에서 최초로 '정의' 개념을 제기한 철학자들은 피타고라스학파다. 알려져 있다시피 피타고라스학파에게 최고의 가치는 '조화'였다. 이는 그들의 정의론에도 적용된다. 이들은 영혼의 최고의 상태가 조화인 것처럼 그것을 이루는 것이 정의라고 보았다. 뒤에서 살펴보겠지만 플라톤도 마찬가지로 이런 생각을 갖고 있었다. 이는 플라톤이 피타고라스학파의 영향을 받았음을 알게 해준다. 그런데 사실상 '조화'의 사상은 동서양 사상에서 매우 빈번하게 등장한다. 피타고라스부터 불교에 이르기까지 갈등하는 것들의 조정과 화합은 중요한 가치였던 것이다. 이와 반대편에는 쟁투의 사상이라고 부를 법한 것이 있는데, 우리가 1장에서 보았던 헤라클레이토스와 같은 철학자가 대표적이다. 물론 갈등을 강조하는 철학자들의 경우에도 '조화'를 말하기는 하지만, 이 조화에서 갈등이 종식되지 않는다는 점이 중요하다. 조화는 일시적이며 갈등과 쟁투는 영원하다. 하지만 피타고라스나 플라톤에게 '조화'는 궁극적인 가치다. 전자에게는 자연수들의 비례가, 후자에게는 '정의'를 통한 세 가지 덕(지혜, 용기, 절제)의 조화가 그 것이다. 이것은 하나의 이념(Idea)으로 작동한다.

그리스의 다른 자연철학자들에게서도 '정의'의 사유 이미지들을 찾을 수 있는데, 특히 아낙시만드로스는 통상적인 4원소에 정의와 불의라는 관념을 적용한 점이 특이하다. 아페이론으로부터 발생한 흙, 물, 불, 공기는 서로가 갈등하면서 힘의 균형을 이루는데, 이 상태가 정의요, 그렇지 않고 그 힘의 균형이 무너진 상태가 불의라는 것이다. 이 불의는 반드시 '응보'를 부르고, 그렇게 해서 다시 정의가 되찾아지게 된다. 이렇게 보면 '정의'의 사유 이미지는 인간학의 분야에서 처음 사용된 것이 아니라, 우주론의 맥락에서 처음 사용된 것이라 할 수 있다. 거스리의 2단계 변형론에서 처음에 정의가 도덕적 의미를 띠지 않은 것도 이와 관련된다 하겠다. 요컨대 '정의' 개념은 현대적인 어의에서 파악되는 것과 같은 윤리-정치적 의미만이 아니라 더 넓게는 존재론적인 함축도 가지는 것이라고 할 수 있다.

사회사적으로 봤을 때 이 '조화로서의 정의'는 민주주의의 발전과 궤를 같이한다. 그리스에서 고대 세계의 새 전기가 되는 시점은 바로 전사(귀족)들의 사회에서 평민들의 사회로의 이행이다. 옛 전사들은 전쟁에서 자신의 용기를 입증받고, 자신을 비롯한 자손들까지 그 영광에 힘입어 귀족 가문으로 군림했다. 이들은 전쟁 시 홀로 가장 치열한 전장에 뛰어들어 승패를 결정하는 맞대결을 펼치는 것이 다반사였는데, 대표적으로 『일리아스』에서 보이는 아킬레우스와 헥토르의 맞대결을 볼 수 있다. 이 맞대결의 승리는 곧 전쟁 전체의 승리가 되는 것이었다. 하지만 폴리스가 발달하고, 왕의 힘이 약화되면서(솔론의 개혁) 전쟁의 형태도 바뀌었는데, 그로 인해 출현한 것이 앞서 2장에서도 보았던 중장보병들의 밀집방진이다. 이 중장보병들은 어느 정도의 재산(무구를 마련할 만한 재산)을 가진 시민 계층이었는데, 이들이 전쟁의 주역이 되었다. 이들은 무거운 무구를 장착했기 때문에 예전의 영웅들처럼 날렵하게 움직이는 것이 불가능했고, 자연스럽게 수비형 진영을 통해 결정적인 공격을 엿보는 전투 행태를 선호하게 되었다. 밀집방진은 이런 시대와 전쟁 주체의 변화를 잘 드러내는 전투 대형이다. 이 형태의 전술로 전쟁에 승리한 평민들은 자신의 권위에 대한 정당한 대가를 요구하게 되었고, 이는 곧 이들 평민계급의 지위 상승으로 이어지게 된다. 이 와중에 귀족들과의 갈등은 불가피한 것이었다. 이럴 때 분쟁을 해결하기 위해 반드시 고려해야 하는 것이 바로 '정의', '공정함'이었던 셈이다. 이와 같이 고대 그리스인들은 기본적으로 정의가 불의보다 강하다고 믿고 있었다. 모든 것이 불의하게 돌아가는 상황일지라도 (아낙시만드로스의 세계관처럼) 결국엔 정의가 승리한다고 믿었다. 매우 낙관적인 사고방식이라 할 수 있다.

(3) 플라톤의 『국가』에서의 정의론

'정의'를 논할 때 가장 중요한 텍스트는 뭐니 뭐니 해도 『국가』다. 그런데 플라톤이 이 대작을 쓰게 된 데는 나름의 학문사적 맥락이 있는데, '소피스트들'의 득세가 그것이다. 소피스트들은 이전의 그리스인들이 가지고 있던 낙관주의에 어떤 균열을 낸 사람들이라 할 수 있다. 이들은 인식론적, 윤리적으로 상대주의, 회의주의자들이었지만 이렇다 할 존재론을 구사한 사람들은 아니었다. 하지만 이들의 사상은 당대 대중들의 의식을 지배하게 된다. 심지어는 소크라테스도 이 당시의 사람들에게는 소피스트 중의 한 사람으로 취급될 정도였다. 소크라테스의 제자였던 플라톤은 이런 당대의 평가를 몹시나 거부했는데, 사실상 그의 판단은 옳은 것이었다. 소크라테스는 소피스트라기보다 고대 그리스의 과거의 영광과 인간에 대한 낙관주의, 그리고 사상의 보편성을 옹호한 사람이었다.

『국가』의 핵심 사상은 물론 '올바른 정치체제'인데, 여기서 플라톤은 우선 궁구해야 할 대상으로 '정의'(올바름)를 든다. 특히 이 저작의 1권은 정의론의 고전이라 할 수 있다. 이 대화편은 소크라테스가 케팔로스, 폴레마르코스, 트라시마코스, 아데이만토스, 글라우콘, 클레이토폰 등과 나누었던 대화를 누군가에게 전달해주는 형식을 취하고 있다. 1권의 핵심 인물은 폴레마르코스(소피스트)다. 여기서 폴레마르코스는 정의를 '진실을 말하기' 그리고 '받은 것을 되갚아주기'라고 규정한다. 이 정의에 대해 소크라테스는 첫번째 규정은 별 문제가 없지만, 두번째는 문제가 심각하다고 본다. 예컨대 어떤 사람이 친구에게서 무기를 빌렸는데, 그후 그 친구가 미쳐버렸다면 그 무기를 돌려줘야 하느냐고 묻는다. 그 대답은 당연히 '아니다'이다. 소크라테스가 원하는 것은 어떤 사례들이 아니라, 정의에 관한 보편적 규정이었으므로 폴레마르코스의 이러한 규정은 너무나 손쉽게 논박되어버린다.

그 다음 논적으로 트라시마코스가 등장한다. 그는 정의를 '강자의 이익'이라는 유명한 어구로 규정한다. 이 규정은 플라톤의 다른 대화편인 『고르기아스』에서 칼리클레스의 주장이기도 하다. 사실상 이 규정이 당대의 아테네인들이 대개 가지고 있었던 생각이었던 것은 분명하다. 트라시마코스는 소크라테스에게 그 어떤 정치체제든 간에, 지배자들이 있고 피지배자들이 있다는 사실 진술로 대화를 시작한다. 그런데 이 정치체제에서 의견 수렴의 정점에 있는 자들은 언제나 자신들의 이익을 위해 그러한 인민들의 의견들을 이용한다. 이들은 이럴 만한 충분한 권리가 있는데, 그 이유는 이들이 '권력' 즉 '힘'을 가지고 있기 때문이다. 결국 이들에 의해 제정된 법률은 아무리 민주주의 체제라 하더라도 피지배자들을 통치하기 위한 수단이 될 수밖에 없으며, 그것이 올바른 것이다. 즉 그것이 정의다. 트라시마코스의 이런 논변에 대해 소크라테스는 과연 그 지배자들이 언제나 옳다고 할수 있느냐고 되묻는다. 다시 말해 그들이 잘못 판단하여 그들 자신에게 불이익을 주는 법을 제정할 수도 있지 않느냐는 것이다. 이것은 정의가 '강자의 이익'이라는 규정에 반박함으로써, 결국 그 정의가 강자에게 불리하게 작용할 수 있다는 것을 추론하게 된다.

그리고 플라톤은 더 나아가 정의는 지배자가 아니라 피지배자의 이익을 위해서 일하는 자라는 결론을 도출한다. 세상만사에서 '정의'는 그런 이기적인 욕구 충족이 아니라 타인을 위하는 행위를 말하는 것이라는 점을 강조하는 것이다. 그 예로 드는 것이 유명한 '기술의 예'다. 플라톤은 소크라테스의 입을 빌려 좋은 의술은 환자를 위하는 것이며, 좋은 요리술도 먹는 사람들을 위하는 것이라고 밝힌다. 다시 말해 무릇 모든 기술들은 기술의 혜택을 보는 사람들을 위한 것이다. 이것은 '정의의 기술'인 정치에도 마찬가지로 적용된다. 그러므로 지배자는 피지배자들을 위한 정책과 법률을 펼쳐야 마땅하며, 정의는 강자의 이익이 아니다.

트라시마코스는 포기하지 않는다. 그는 다른 사례를 끌고 와 소크라테스의 논변을 반박한다. 그는 양치기들은 양을 위해서가 아니라 자신을 위해 양을 돌본다고 말한다. 이와 같이 통치자들도 피통치자들을 위해서가 아니라 자신을 위해 일하는 것이다. 따라서 정의는 통치자들의 이익이고, 피통치자들의 불이익이며, 부정의는 통치자들의 불이익이며, 피통치자들의 이익이다. 강자는 손해도, 처벌도, 비난도 받지 않으며, 찬탄의 대상이 되어야 한다. 트라시마코스가 말하는 이 정의는 말 그대로 통치자의 정의, 강자의 정의다.

소크라테스는 이에 대해 그렇다면 왜 통치자가 보수를 받느냐고 되묻는다. 그렇게 이익을 보는 것이 정의라면 보수 따위의 하찮은 돈을 받을 필요가 없지 않느냐는 의미다. 이를 따져보면 그 이유는 통치자가 아무런 이익을 보지 못하기 때문이다. 그래서 대부분의 사람들은 통치자가 되고 싶어하지 않는다. 통치자는 스스로 이익을 얻지 못하고, 피통치자의 이익을 위해 일하는 것이다.

그러나 트라시마코스는 이 논변에 대해 정말 순진한 생각이라고 비난한다. 왜냐하면 많은 사람들이 실제로 통치자가 되려 하기 때문이다. 그것은 거기에 엄청난 이익이 있기 때문인데, 소크라테스는 현실과는 반대로 본다는 것이다. 한마디로 순진한 몽상에 젖어 현실을 보지 못한다는 의미다. 소크라테스가 이에 당황했을까? 그렇지 않다. 소크라테스는 논의를 다른 쪽으로 전환한다. 즉 다시 의술의 비유로 돌아간다. 그는 의술에 능숙한 사람은 똑같이 능숙한 사람을 이기려고 하지는 않는다(자신의 능력에 만족하기 때문에). 하지만 능숙하지 못한 자들은 자신과 같이 능숙하지 못한 자도, 또 자신보다 능숙한 자도 이기려고 한다. 이것은 어리석은 짓이다. 다시 말해 능숙하지 못한 자들은 정의로움의 요건에 맞지 않는 자다. 따라서 정의로운 자는 능숙하고, 그렇지 못한 자들은 능숙하지 않다.

사실상 트라시마코스의 관점에서 보면 이런 소크라테스의 생각이 오히려 어리석다. 왜냐하면 소크라테스가 말한바, '모든 이들을 능가하려는' 시도는 강자의 요건이고, 따라서 정의로움의 속성이기 때문이다. 그러나 소크라테스는 이러한 자신의 논변에 기반하여 계속 논의를 전개한다. 즉 앞서의 논의에 비추어 봤을 때, 정의는 조화와 상호이해를 의미하지만, 부정의는 불화와 갈등을 의미한다. 이를 국가적 차원에 적용하면, 다른 나라를 이겨 정복하려 하고 괴롭히는 것은 부정의한 국가의 모습이며, 반면 다른 나라와 협력하고 그들을 이해하려 한다면 그것은 정의로운 국가의 증표가 된다.

소크라테스의 이러한 주장과 근거들은 이 대화편의 저자인 플라톤의 사상을 그대로 반영한다. 다시 말해 플라톤의 영혼론에서부터 이 논리가 직접 도출된다. 우리는 앞서 플라톤이 말하는 탁월한 영혼은 자신의 욕구와 용기와 지혜를 잘 절제하고 조화롭게 하는 자의 요건임을 알았다. 이와 마찬가지로 정의는 사람들을 '잘 존재하게', 즉 '잘 살게' 해주는 가치이며, 이는 이 영혼의 탁월함을 전제한다. 부정의는 이와 반대로 행하는 것이다. 사실 이와 같은 정의에 대한 개념은 당시 고대 그리스의 일반인들이 충분히 수긍할 만한 것이기도 하다. 단 이건 이론적인 수긍이다. 당시의 아테네 시민들도 정의가 조화여야 하고, 중용을 지키면서 타자를 이해하고, 스스로의 행동을 삼가야 한다는 것을 알고 있었다. 그러나 이는 트라시마코스의 말대로 책상물림의 순진함에 머물러 있는 생각인데, 현실이 그렇지 않기 때문이다.

플라톤의 『국가』 편에서 드러나는 고대인들의 '정의론'은 말 그대로 이상과 현실 사이의 첨예한 갈등을 잘 드러낸다. 사실상 플라톤 자신은 이상 쪽에서 그것을 옹호했지만, 현대인들의 눈으로 보기에 그것은 다소 편향되어 있다는 점이 분명해 보인다.

2. 국가와 자본주의의 탄생

(1) 중세의 신정국가에서 근대의 국민국가로

고대와 중세를 지나면서 정의 개념에도 많은 변화가 일어났다. 서구 사회에서 중세는 기독교 신학이 정치학에 많은 영향을 끼친 시기로, '신적 정의'라는 이상이 사회 전반을 지배했다. 그래서 이 당시에 '정의'라는 가치는 세속적으로 평가되는 현실적인 것이라기보다 신정국가의 이상으로 다루어지는 것이 당연했다. 그것은 도달하기 불가능한 어떤 가치로 남았고, 인간은 정치적으로 무력한 채 기독교와 이단이라는 이분법 안에서 전자에 속하고, 후자로부터 달아나기 위해 애쓰는 상황에 처했다.

중세를 지나 르네상스로 오면서 새로운 기운이 생겨났는데, 그것을 우리는 '인문주의의 재생'이라고 부른다. 다시 말해 신적인 이상이 아니라 세속적인 인간의 가치가 그 중요성을 재탈환한 것이다. 특히 노동과 기술에 대한 인식이 달라졌다. 사람들은 자연에 노동을 가하고, 기술을 통해 그것을 변화, 개량할 수 있다는 가능성을 매우 높게 평가했다. 이에 따라 봉건적 신분 질서의 하층을 형성하던 수공업자들의 권위와 자존감이 높아졌다. 이들은 르네상스 시기 봉건질서에 대항하는 봉기를 끊임없이 조직했으며, 봉건질서에 서서히 균열을 내는 주역이 되었다. 그러는 동안 당시 최대의 상업자본가 계급이었던 이탈리아 메디치가에서 최초의 은행을 설립한다. 이 사건은 당시의 제3계급이었던 부르주아 계급이 본격적으로 국가 경영의 전면에 나섰음을 의미하는 것이다.

과학기술 분야에서도 이제 사람들은 지구가 평평하다던가 태양이 지구를 향해 돈다는 생각을 전혀 믿지 않게 되었다. 항해술이 발달하고 지평선 개념이 확립되면서, 경험적으로 그러한 생각들이 타당하지 않다는 것이 드러났기 때문이다. 또한 그것을 이론적으로 증명해내는 수학의 발달도 사유의 진보에 한몫했다는 것도 분명하다. 예술 분야에서 원근법의 발견은 사물의 표면이 아니라 심도를 경험하게 해주기도 했다.

이 모든 변화들에서 특징적인 것은 중세의 신 중심 세계관뿐만 아니라 고대의 피시스적 사고 또한 가일층 뛰어넘어 인간 중심적인 세속적 시각을 뚜렷이 확립했다는 사실이다. 이러한 변화의 정치적 결실이 바로 '시민적 자연법'의 탄생이다. 이 자연법은 시민의 권리와 정의의 당위를 내세우는 것으로서, 인간의 위엄이 선천적이며 침해 불가능하다는 사상으로 발전한다. 이것은 국가에도 적용되는데, 그로티우스의 국가론이 대표적인 사상이다.[25]

이 시기에 가장 주목할 만한 변화는 시간의식의 변화다. 중세에는 신의 시간이 있었고, 그것은 창세부터 종말까지 이미 예정된 것이었

---

25 에른스트 블로흐 지음, 박설호 옮김, 『서양 중세·르네상스 철학 강의』, 열린책들, 2008, 266-271 참조.

다. 여기에 인간의 시간은 유한한 상태로 종속되어 있었다. 그런데 르네상스기에 막 생겨나기 시작한 상업자본주의는 보다 자율적이고, 세분화된 시간을 요구하게 되었다. 당시의 농민들은 신이 창조한 자연적 시간의 리듬에 따라 생활하는 것으로 충분했지만 상인들은 그렇지 않았다. 당시의 상업은 주로 원거리 무역이었다. 즉 동방 지역에서 물건을 사서 가격이 오를 때 유럽에서 물건을 파는 것이다. 국내 무역에서는 '선대제'라는 것이 주를 이루었는데, 이는 직공들에게 돈을 미리 주고 물건을 주문 생산하는 방식이다. 이때의 시간은 상인들 스스로 가늠해야 했다. 언제 물건을 사고팔 것인지, 또 언제 주문을 하고 물건 완성 시기는 어떻게 정할 것인지가 문제였던 것이다. 농민들의 자연적 시간과는 다른 인위적인 시간이 필요한 때가 된 것이다.[26]

농민적 시간은 주로 수도원의 종소리가 알려주었다. 그러나 상업자본이 발달한 무역 중심 도시에서 이 종소리는 그리 유용하지 못했다. 정확하지도 않을뿐더러 세분화되지도 않았던 것이다. 그리고 무엇보다 멀리 떨어진 지역과 상업도시의 시각이 일치하지 않았다. 이렇게 되면 계약의 투명성이 확보될 수 없다. 때문에 수도원이 아니라 도시의 종이 등장하게 되었다. 이것은 13세기경에 발명된 시계에 의해 시계탑의 형태로 이어졌는데, 대표적으로 런던 중심에 설치된 엘리자베스 타워의 시계가 있다. 이제 시간은 완연하게 인위적으로 관리되었으며, 창세부터 종말까지 시간을 관장하는 신은 더 이상 세속적 영향력을 가지지 못하게 되었다.

---

26 이진경 지음, 『근대적 시·공간의 탄생』, 그린비, 2010, 44-46 참조.

공간적으로 상인계급의 무역로가 대지를 구획하고, 시간적으로 시계가 사건을 세분화하면서 본격적으로 인간의 시대, 즉 휴머니즘의 시대가 열렸다. 이는 국가와 그것을 이념적으로 지탱하는 '정의'의 관념에서도 변화가 생겼음을 함축한다. 17세기에 이르러 갈릴레이 이후 수학과 자연과학이 엄청난 진보를 이루고, 철학에서도 인간 중심적인 '주체 철학'이 대세가 되었다. 이제 국가는 자본주의와 더불어 시민들과 노동자들, 자본가들의 일상에 스며들어 내면화된다.

중세의 신정국가체제는 이미 낡았고 새롭게 등장하는 것은 이제 '국민국가'(또는 '민족국가') 즉 국가 구성원이 주권을 가지고, 개인들이 계약하고, 법률이 이를 보장하는 국가가 되었다. 하지만 신의 권위가 사라진 곳에 왕권이 그것을 대체했으며, 때문에 한동안 개인의 권리는 절대왕권 아래에 있게 된다. 이것은 이후 프랑스 혁명(1789)이라는 권력 교체기를 준비하는 오랜 모순을 잉태하게 되는데, 그것은 한편에는 봉건 잔재로서의 왕과 귀족, 그리고 지주가 있고, 이와 대립하여 막 떠오르던 제3계급인 부르주아 상인계급 간의 모순이다. 이 구도는 전 유럽을 왕당파와 반왕당파로 나누는 계기가 된다. 또한 이런 계급 구성의 와중에 사회의 생산력을 담당했던 민중들의 움직임도 활발하게 이어졌다. 가혹한 착취에 맞서 개혁종교 집단(예컨대 재침례교, 위그노파)이 등장하여 민중들을 지도하였으며, 곳곳에서 농민반란이 발생했다. 아직까지 계급적 연대를 갖추지는 못했지만, 도시를 중심으로 노동자들(주로 무역을 담당하던 부두 노동자들)의 결사도 하나둘씩 생겨났다. 하지만 이들은 봉건 귀족들과 상인 부르주아들의 공격이라는 이중의 탄압 아래에 놓여 제대로 된 저항을 하지 못하는 경우가 다반사였다. 이들의 승리는 19세기 노동자 운동의 거대한 전진이라는 사건 이후로 미루어진다.

국민국가는 자본주의의 탄생과 궤를 같이한다. 자본주의란 자본과 그 생산양식이 전 사회를 규정하는 사회구성체를 의미한다. '자본'은 단순한 '부'가 아니라, 새로운 것을 생산하여 그 소유자 또는 소유계급에게 끊임없이 이익을 가져다주는 화폐, 물품, 생산기계, 땅 등을 말한다. 그래서 자본은 반드시 '투자'되어야 하는 것이며, 이윤을 가져다주어야 한다. 상업자본주의 시기 이전 부는 투자되어야 하는 것이 아니라, 단순 과시용인 경우가 많았다. 화폐는 금과 은이었고, 생산기계들은 진귀한 발명품으로 소장되는 것이며, 훌륭하고 값비싼 말은 봉건 귀족의 과시용 물품에 속했다.

르네상스기 후반(14세기경)에 이르러 이탈리아 상업도시를 중심으로 유럽 전역에서 무역이 활력을 띠게 되고, 17세기에 이르면 동력기관이 발명되고, 이를 기반으로 기존의 생산성을 훌쩍 뛰어넘은 엄청난 양의 상품들이 시장에 나오게 된다. 이때에 이르러서야 비로소 '자본주의'라는 말에 걸맞은 생산양식이 구축되기 시작했다. 유럽은 물론이고 인도와 아시아에 이르는 무역망이 형성되었고, 무역 거점 도시에 이어 생산 거점 도시들이 생겨났으며, 노동자들은 탑의 종소리에 맞춰 출근했다가 다시 그 소리에 맞춰 퇴근하는 일상을 살게 되었다. 국가는 점점 제국주의화되었으며, 원료 획득과 상품 수출을 위한 해외 식민지 개척을 위해 군대를 동원하면서 점점 그 폭력적 성향을 드러내기 시작했다.

이때쯤이면 자연법 사상은 봉건적인 왕권신수설 따위는 멀찌감치

던져놓게 된다. 프랑스 대혁명은 이런 상황에서 막 등장하던 자본가
계급이 봉건적인 계급관계와 생산관계를 자본주의적인 관계로 일신
하는 단절의 사건이 되었다. 사치와 낭비, 그리고 껍데기뿐인 권위에
기대어 겨우 연명하던 귀족계급은 이 사건으로 단숨에 세계사의 창
고에 처박히는 신세가 된 것이다. 앞서 우리가 살펴본 공리주의는 이
러한 시대적 배경하에 발생한 사상이다.

(2) 자연법 사상의 시민적 전개

근대를 대표하는 정의의 이념은 뭐니 뭐니 해도 '자유'와 '평등'이
다. 그런데 정의를 구현하는 이 두 가치는 근대 자연법 사상의 두 축
이기도 하지만, 언제나 평온한 관계를 유지하는 것은 아니다. 사실 자
유와 평등의 갈등이라는 주제는 근대 이후 지금까지 모든 갈등과 화
합의 원천이 되었다.

우리는 누구나 자유롭기를 원한다. 조지 오웰의 소설 『1984』에는
빅 브라더(Big Brother)에 의해 조종되고 감시되는 미래 사회가 그려
진다. 그런 사회에서는 어떤 사람도 자유로울 수 없다. 하지만 현대 사
회는 그러한 감시 사회가 가능하기도 하다. 인간의 자유를 위해 발달
된 정보통신 기술이 일부 권력자들에 의해 악용되면 그런 자유의 억
압과 감시가 충분히 가능하기 때문이다. 영화 〈써로게이트〉(조너선 모
스토 감독, 2009)는 그러한 감시 사회 내에서 정보통신 기술과 로봇 기
술이 합쳐져 사회 전체가 위험에 빠진다고 경고한다. 하지만 이런 감
시 사회의 모델은 상당히 오래되었다. 우리가 앞서 논한 공리주의의
대가 벤담은 가장 효율적인 감시모델을 감옥에 적용하기 위해 '일망

감시체제'(Panopticon〔팬옵티콘〕)이라는 것을 구상했다. 현대철학자인 푸코는 벤담의 이 감옥 체제를 사회 전체에 적용하면서 현대 사회의 자유가 위협받는 상황을 사람들에게 경고한다. 이 감옥은 가운데 감시탑에 간수가 있고, 둥근 건물 벽 쪽으로 감옥이 칸칸이 설치된 형태다. 여기서 감시탑을 감옥 높이보다 약간 높이고, 시선을 아래로 향하게 하면, 간수는 죄수들을 볼 수 있지만, 죄수들은 간수를 보지 못하는 구도가 형성된다. 이렇게 되면 죄수는 감시탑에 간수가 없다 해도 늘 감시 받는다는 생각에 행동을 조심하게 된다. 푸코는 이런 형태가 현대 사회의 감시 구도와 일치한다고 본다. 권력의 비가시성과 감시의 일상화, 내면화가 현대인들을 사로잡고 있다는 것이다.

이런 현대의 비관적인 전망

〈써로게이트〉

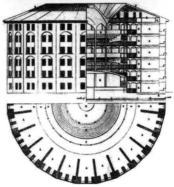

벤담의 팬옵티콘 가상도와 설계도

과는 달리 근대 초에는 자유와 평등이라는 정의의 이념이 많은 사람들을 사로잡았다. 신분제의 붕괴에 따라, 그 신분의 속박에서 벗어난 '개인'들이 사회의 중추가 되었으며, 그들에게 이 이념들은 자신의 존엄을 지키고 권리를 행사하는 밑바탕이었던 셈이다. 즉 모든 인간은 한 개인으로서 평등하고 존엄하므로, 그 개인들의 자유와 권리가 평등하게 존중되는 것이 곧 정의였던 것이다. 근대에 이러한 개인은 '시민'(citizen)으로 불렸다. 시민들은 자유와 평등이라는 이념을 의식화한 사람들로서 자연법을 시민적인 내용으로 개정했다. 그 기본적인 내용이 바로 '시민권'이다. 이 시민권이 실제로 적용된 것이 바로 1776년 미국 혁명의 '독립선언문'과, 1789년 프랑스 대혁명의 '인간과 시민의 권리선언'(프랑스 인권선언문)이다.

(3) 두 편의 선언문
미국 '독립선언문'에는 다음과 같은 내용이 담겼다.

우리들은 다음과 같은 사실을 자명한 진리로 인정한다. 즉, 모든 인간은 평등하게 태어났고, 창조주는 양도할 수 없는 일정한 권리를 인간에게 부여했으며, 생명권과 자유권과 행복 추구권은 이러한 권리에 속한다. 이 권리를 보장하기 위해 인간에 의해 정부가 조직되었으며, 정당한 정부 권력은 피치자의 동의로부터 나온다. 어떤 형태의 정부라도 이러한 목적을 훼손하는 경우, 그러한 정부를 언제든지 변혁하고 해체하여 인민의 안전과 행복을 가장 효과적으로 보장할 수 있는 원칙에 입각하여, 권력을 갖춘 새로운 정부를 조직

할 수 있는 권리가 바로 인민에게 있다.

그리고 프랑스 '인권선언문'에도 다음과 같은 내용이 나온다.

제1조
인간은 자유롭고 평등한 권리를 지니고 태어나서 살아간다. 사회적 차별은 오로지 공공 이익에 근거할 경우에만 허용될 수 있다.

제2조
모든 정치적 결사의 목적은 인간이 지닌 소멸될 수 없는 자연권을 보전하는 데 있다. 이러한 권리로서는 자유권과 재산권과 신체 안전에 대한 권리와 억압에 대한 저항권이다.

이 두 선언문을 살펴보면, 자유와 평등 외에 '저항권'을 분명히 명시하고 있음을 알 수 있다. 두 선언문 모두 당시의 지배계급이나 제국주의 지배자에 대한 항거로 탄생했으므로 이건 당연하다고 할 수 있다. 그런데 이 저항권에 대한 명시적 언급은 후대에도 막강한 영향력을 행사하게 된다. 다시 말해 부정의한 지배자에 대한 저항, 더 나아가 그 지배자를 세거릴 수 있는 권리가 민중에게 있다는 것이다.

자유와 평등 그리고 저항의 권리는 시민적 자연법 사상에 기반한다. 당시 영국의 사상가인 존 로크는 자연법이란 "신이 모든 인간에게 공통적으로 부여한 권리나 정의의 체계를 규정한 법"이라고 규정한다. 비록 여기에 '신'이라는 중세의 잔재가 남아 있긴 하지만, 이 말은 자연법이 시민에게 부여된 천부적이며 생득적인 기본권으로서 권리와 정의를 긍정하는 것으로 매우 중요한 의미를 지닌다. 즉 여기서 '기본권'은 태어나면서부터 하늘로부터 부여받은 천부인권(天賦人權)으로서 타인에게 양도할 수 없는, 기본적인 권리다.

이런 자연법적 기본권은 근대의 홉스, 로크, 루소 등이 주장한 자연법 사상과 사회계약설에 의해 형성되고 확립된 개념으로서 '자연권'이라고도 부른다. 이 자연권 개념이 바로 앞서 말한 미국 혁명과 프랑스 혁명의 이념적 지도원리가 되었다.

3. 자유와 공동선

앞서 보았다시피 근대 이후 자연법적 기본권이 확산되면서 맨 처음으로 부상하게 된 이념이 바로 '자유'다. 가장 기본적인 '자유'의 정의는 공리주의자 존 스튜어트 밀의 『자유론』에 나오는 다음과 같은 명쾌한 구절에 담겨 있다.

> 자유는 우리가 욕망하는 것을 하는 것에 있다(Liberty consists in doing what one desires).[27]

즉, 자유는 곧 개인의 욕망 추구와 행위의 자유를 말한다. 따라서 개인으로 구성된 국가에게 정의란 이 개인들의 자유를 지켜주는 것이어야 한다. 그렇지 않으면 그 국가는 타도되어 마땅하다.

---

27 John Stuart Mill, *On Liberty*, Yale University Press, 2003, 158.

밀 이전에 이런 자유에 대해 언급한 사상가들도 있는데, 대표적으로 앞서 우리가 본 로크는 모든 인간이 생명, 자유, 재산에 대한 천부적인 권리를 갖고 태어나기 때문에 그 누구도 그 자연권을 빼앗거나 침해할 수 없다고 보았다. 그러므로 '자유주의'란 개인의 자유와 국가의 의무를 규정하는 이념이라고 할 수 있다. 따라서 자유주의적 개인은 국가나 여타 집단의 통제를 받지 않으며, 자신의 말과 행위를 자유롭게 표현하고 행할 자유를 가진다. 때문에 자유주의의 입장에서 국가는 최소한의 권력만을 행사해야 하는데, 이를 '최소국가론'이라고 부른다.

이러한 자유주의는 천부인권사상과 결합하면서 봉건주의의 신분적 억압을 타파하는 매우 혁명적인 역사를 만들어낸다. 그래서 이 자유주의야말로 근대 정치사상과 정의론의 근간이다. 이제 자유주의의 입장을 세 가지로 정리해보자.

1. 자유주의는 개인이 가진 욕망의 자유로운 표현과 행위를 보장한다.
2. 자유주의는 이러한 인간의 표현과 행위의 능력을 촉진시키고자한다.
3. 자유주의는 이와 같은 사유를 지켜줄 제도와 정책을 발명하고 유지하며 적용한다.

여기서 자유주의의 핵심은 '표현의 자유'다. 이와 관련하여 유명한 일화가 있는데, 조르다노 브루노(Giordano Bruno, 1548~1600)라는 중세의 천문학자이자 수도사의 이야기다. 그는 성경의 우주관과는 다른 우주관을 끝까지 주장하다가 화형을 당한다. 그런데 그는 화형대에 올라서서, 화형집행인에게 "화형대에 있는 나보다, 당신이 더 두려워하고 있군"이라고 당당히 말했다. 서양 중세시대와 같은 시대가 표현의 자유가 보장되었다고 하기는 힘든 이유가 이런 데 있으며, 그것에 저항했던 브루노와 같은 사람이 그 자유를 견지하다가 죽임을 당했다는 것은 표현의 자유라는 측면에서 많은 시사점을 던져준다.

그러던 것이 근대 시민혁명 이후 표현의 자유가 당연한 것이 되었다. 그야말로 격세유전이라 할 만하다. 중요한 것은 이렇게 피로 이루어진 '자유'가 다시는 훼손되지 않도록 제도적으로 보장해야 한다는 점이다. 그리고 그것에 대한 존중심이 사라지지 않도록 사회적 분위기를 형성하는 것도 중요하다.

문제는 이러한 자유로운 분위기를 형성하는 데 자유만으로는 불충분하다는 점이다. 개인의 자유는 존중받아 마땅하지만, 타인의 자유를 침해할 정도로 추구되어서는 안 될 것이다. 그러한 침해가 극단적으로 이루어지면 범죄가 되고, 이러한 범죄가 만연하면 그 사회는 붕괴하기 때문이다. 따라서 자유의 추구는 사회 전체의 '공동선'을 고려해서 이루어져야 한다. 이것은 평등의 이념과도 상통하는데, 공동선은 타인도 나와 마찬가지로 존엄한 인격이라는 전제에서 비롯되기 때문이다. 칸트의 경우 이것은 인간의 '자율성'으로 이루어질 수 있다고 본다. 그의 두번째 비판서인 『실천이성비판』에서는 인간의 도덕법칙은 외적으로 부여된 것이 아니라, 이성 자체에서 비롯된 것으로 자율성을 가진다. 이 자율적으로 제정된 도덕법칙은 '정언명령' 즉 무조건적인 명령을 포함하는데 "너의 행위의 준칙이 모든 사람에게 통용될 수 있는 바가 되도록 하라"가 그것이다. 이 말을 자유의 맥락에서 재해석하면, 나의 자유가 다른 사람의 자유로 통용될 수 있을 정도여야 한다는 것이 된다. 즉 인간이 자신의 욕망을 긍정하면서 그것을 행할 때에는 상식에 부합하도록 그 욕망이 통제되어야 한다는 뜻이다.

그렇기 때문에 자유는 곧 자율이며 자율에는 책임이 따른다. 사실 이렇게 되었을 때에만 사회 전체의 공동선이 지켜질 수 있다. 우리는 자신의 행위가 어떤 욕망의 추구인지를 분명히 하고, 이를 표현할 때 과감해질 필요가 있지만, 공동선을 감안하지 않을 때는 막중한 책임을 부담해야 함을 늘 자각할 필요가 있다. 때문에 일반적으로 권리에는 의무가 따른다고 하는 것이다. 정의는 이와 같이 자유와 공동선이 조화롭게 이루어질 때 완전해진다.

흔히 자유주의와 대별해서 공동체주의를 맞세우곤 하는데 이들이 완전히 대립하는 것은 아니다. 우선 자유주의를 대표하는 사상가는 앞서 말한 밀 외에 에밀 뒤르켐(David Émile Durkeim, 1858~1917)이 있다. 뒤르켐은 개인의 자율성과 권리를 최대한 증진시키는 것을 무조건적인 요청으로 본다. 이는 개인이 자율성을 가진 개체로서 자신의 욕망과 지향을 스스로 통제할 능력이 있음을 전제하고 있다. 이는 그가 가진 의시의 힘이며 사회 전체의 정의는 이를 통해 이루어진다. 이때 정의는 '공정성'으로 대표된다. 자유주의하에서 모든 개인은 공정한 룰에 따라 권리를 추구할 자유가 있다는 것이다.

이와 다르게 공동체주의를 대표하는 철학자에는 매킨타이어(Alasdair MacIntyre, 1929~)가 있다. 그는 자유주의의 공정성을 비판하면

뒤르켐과 매킨타이어

서 공동선을 강조한다. 공동체 안에서 개인의 자유보다 의무와 책임
을 강조하는 것이다. 다시 말해 매킨타이어의 경우 개인이 아니라 공
동체가 우선순위에 놓이는 셈이다. 이런 경우 개인의 행복하고 정의로
운 삶이란 것도 공동체 전체의 역사와 문화 속에서만 유의미해진다.

　한 사회를 지탱하는 정의의 원리가 기반하는 것이 자유(혹은 공정
성)인가 평등(혹은 공동선)인가는 마냥 대립하지만은 않는다. 평등한
세상을 위해 노동자 계급의 단결로 자본주의를 갈아엎고자 했던 마
르크스조차 최종적인 목표는 '자유롭고 평등한 생산자들의 연합'이었
다. 마찬가지로 자유주의든 공동체주의든 아리스토텔레스가 말한 그
'잘 존재함' 혹은 '잘 삶'의 윤리를 세계 안에 구체화하고자 한다는 점
에서 동일한 이론적, 실천적 야심을 가진다. 예컨대 자유주의와 공동

체주의는 구성원 간의 합의와 약속을 중요시 여기는 점에서 일치한다. 또한 자유주의의 자유는 반드시 타인의 자유로운 선택을 보장해야 한다는 점에서 공동선을 행위준칙의 구성요건 안에 넣는다. 그렇기 때문에 국가의 권력이 아무리 비등하고, 자본주의의 착취 질서가 아무리 억압적이라 해도 자유와 평등 그리고 공동선과 정의는 시대를 관통하는 가장 중요한 정치 이념이 된 것이다.

3 신자유주의 시대의 덕과 정의

현대를 신자유주의 시대라고 흔히 부른다. 우리나라에서도 신자유주의가 들어온 이래 많은 사람들이 이 용어를 사용하고 있다. 그러나 신자유주의가 내포하는 상당히 문제적인 의미를 도외시한 채 그것을 '대세'나 '대안'으로 추켜세우는 것은 매우 위험해 보인다. 이제는 일상이 되어버린 비정규직 채용과 빈부격차에 따른 상대적 박탈감은 이 신자유주의가 초래한 지옥도의 한 부분이다. 2022년 여름에 있었던 대우조선 비정규직 노동자(하청 노동자)들의 파업 중에 발생한 경찰과 용역깡패들의 폭력은 과연 신자유주의 자본주의 안에 정의라는 것이 존재하는지 심각하게 고민하게 만든다.[28] 사실 신자유주의 안에서 이런 폭력의 예는 전 세계적으로 수도 없이 많다. 따라서 신자유주의 세계화라는 이 시대의 현실은 우리가 지금 살펴보고 있는 덕과

---

28 "민변 "대우조선 하청 파업… 불법 자행한 건 사용자"," 한겨레신문, 2022. 7. 19. https://www.hani.co.kr/arti/society/society_general/1051547.html

정의가 얼마나 구체화될 수 있는지를 가늠해 볼 수 있는 바로미터가 될 수 있다.

그런데 우리가 현재 진행되고 있는 세계화의 과정을 살펴보면 몇 가지 특징적인 면모를 띠고 있다는 것을 알 수 있다. 첫째로 문명사가인 프랜시스 후쿠야마(Francis Fukuyama, 1952~)에 따르면 현대 사회는 자본주의라는 궁극적인 사회체제하에 있으며, 이것이 역사의 마지막 단계다. 다시 말해 자본주의는 인류가 추구하는 가장 이상적인 사회 형태로서 이 체제를 벗어날 수는 없다는 것이다. 후쿠야마의 이 논리를 뒷받침하는 것은 엄청난 과학기술-정보 혁명이다. 이 혁명이 바로 자본주의의 영속화와 완전성을 나날이 증명하고 있다는 것이다. 자본주의는 이 혁명의 성과를 이윤 획득의 도구로 사용하며, 자신의 것으로 전유한다. 다국적 기업과 한국의 재벌들은 이미 기술개발비로 엄청난 액수를 지불하고 있다. 그러나 후쿠야마는 과학기술이 추동하는 신자유주의 자본주의의 혜택이 한 줌도 안 되는 부자들에게 편중되며, 그 외 민중들에게는 가난만을 선사하고 있다는 것을 간과한다. 후쿠야마에게 '역사의 종말'로서의 자본주의는 이렇게 비관적인 결과에 책임을 지지 않는다. 때문에 후쿠야마의 이 견해는 다분히 신자유주의 자본주의의 자본가계급의 관점이 투영된 편협한 관점이라는 비판이 가능하다. 게다가 그 자신도 『재고─병 속의 최후의 인간』에서 밝히고 있다시피, 그것은 종래 있어왔던 헤겔류의 관념적인 진보사관에 다름 아니다. 그럼에도 불구하고 이런 의견이 나름대로 사람들에게 설득력을 가지게 된 것은 1980년대 후반 현실 사회주의의 몰락과 그로 인한 사상의 공백을 후쿠야마의 생각이 메꾸어줄 수 있었기 때문이다.

두번째로 신자유주의에서 '자유주의'가 기존의 고전적 자유주의와는 다른 의미를 가진다는 사실이다. 고전적 자유의 개념은 앞서 밀의 정의에서 잘 보았다. 학자들은 밀의 그러한 자유에 대한 규정을 '자유에 대한 적극적 규정'이라고 한다(밀 자신도 그렇게 말한다). 이것은 행위와 욕망 전체를 관통하는 보편적인 자유의 의미다. 그러나 신자유주의의 자유는 단순히 '시장의 자유'에 국한된다. 이렇게 철학적이며 정치적인 의미의 자유를 경제적 의미의 자유인 '시장의 자유'로 축소함으로써, 인간 개개인의 권리와 공동선은 완전히 배제되게 된다. 이러한 배제와 축소가 가장 뚜렷하게 드러나는 사상이 바로 하이에크의 사상이다.

하이에크는 자유를 '타인의 강제가 가능한 한 줄어든 상황'으로 정리한다. 이것을 밀의 자유와 비교하면 그 의미가 상당히 축소되었다는 것을 알 수 있다. 이는 '욕망의 실행'이라는 밀의 적극적 의미의 자유가 아니라, 그저 '강제의 결여'라는 의미의 소극적 자유다. 게다가 이 소극적 자유마저 시장 질서 내의 자유로 다시 한번 축소한다. 시장 질서를 자유롭게 놔둠으로써 자유가 확대될 것이라는 이 낙관적 전망은 현실 안에서 판판이 깨진다. 왜냐하면 시장은 자연상태에서 승자독식의 위계적 질서를 구축하고, 사회적 약자에 대한 어떤 구제책도 마련하지 않고, 그럴 조건조차 없기 때문이다. 이런 상황에서는 그 어떤 덕이나 정의도 시장의 경쟁 질서를 앞서가지 못한다. 경쟁은 승자만이 덕이며 그들의 이익만을 정의로 규정할 것이다. 이는 앞서 우리가 플라톤의 대화편 『국가』에서 본 그 트라시마코스의 정의와 부합한다.

우리는 이러한 신자유주의 질서 내에서 아무런 덕도 정의도 적극적으로 주장할 수 없을 것 같다. 경제적 삶, 시장 질서만이 최고의 덕목이 되고, 경쟁에서 이겨 승리하는 자가 곧 정의라면 그런 사회나 삶은 지옥이나 마찬가지일 것이다. 그렇지만 이런 상황에서도 탈출구는 존재한다. 왜냐하면 인간과 이 지구 대지의 생명 자체가 경제적인 것에 국한될 수 없는 고유한 특징을 가지고 있기 때문이다. 프랑스 철학자 들뢰즈와 과타리는 삶은 곧 욕망이며, 생명과 같다고 본다. 욕망은 자본주의의 코드화 질서를 항상 흘러넘치며, 그 질서에서 이탈하는 도주선을 낸다. 인간은 자본주의 시장질서라는 구속복을 계속해서 견딜 만큼 우둔하지 않다.

신자유주의 세계화로부터 탈주하려는 움직임은 이론적으로 여러 방면에서 진행 중이다. 그중에서 가장 눈에 띄는 시도는 이탈리아 정치철학자인 안토니오 네그리(Antonio Negri, 1933~)[29]의 경우다. 네그리는 신자유주의 세계화의 진행 가운데에서도 끊임없이 이에 저항하는 대항 세계화가 이루어지고 있다고 본다. 역사적으로 봤을 때 자본주의에서 말하는 '자유'는 필연적으로 경제적 자유이며 신자유주의

---

29 안토니오 네그리는 이탈리아에서 태어나 활동한 학자이자 노동운동가다. 마르크시즘에 기반하여 자율주의(Autonimism)를 주창한 신좌파에 속한다. 1969년부터 1979년에 이르기까지 진행된 이탈리아의 혁명적 상황에서 노동자의 자율적 조직화를 긍정하면서, 국가화된 노조와 공산당의 온건 노선에 비판적 입장을 취했다. '붉은여단' 사건에서 알도 모로 수상의 암살에 연루되었다는 누명을 썼고 프랑스로 망명했다. 망명 중에도 집필과 강의를 멈추지 않았으며, 이때 나온 책이 스피노자 연구서인 『야만적 별종』(A. 네그리 지음, 윤수종 옮김, 『야만적 별종―스피노자에 있어서 권력과 역능에 관한 연구』, 푸른숲, 1997)이다. 이 외에도 그는 마이클 하트와 함께 『제국』을 집필하였으며, 이 책으로 세계 사회운동 논쟁의 중심에 서게 된다.

라고 그 예외는 아니라고 그는 말한다. 이것을 '노동'의 견지에서 본다면, 자본주의적 자유는 '노동할 자유'이지 '노동을 그만둘 자유' 또는 '노동으로부터 해방될 자유'는 아니라는 것이다. 이런 인식에 기반하여 네그리는 노동자들이 자율적으로 자기조직화함으로써 집합적으로 자유를 만들고 행사하길 원한다. 이는 노동에 강제되지 않고, 노동을 거부할 자유까지 행사하는 것을 함축하고 있다. 이렇게 되었을 때 노동자들은 더 이상 자본에 긴박되지 않으며, 자유로운 공동체 안에서 자유롭고 평등한 삶을 살게 될 것이다. 네그리는 대항 세계화를 실행하는 새로운 정치적 주체를 '다중'(multitude)이라고 부른다. 네그리의 다음 언급은 신자유주의 세계화 안에서 다중 주체가 어떻게 행위하는지를 잘 보여준다.

제국[신자유주의 세계화를 강행하는 국가와 다국적 기업]으로의 이행과 제국의 전지구화 과정은 해방세력에게 새로운 가능성을 제공한다. 물론 전지구화는 어떤 특정한 형태가 아니다. 그리고 우리가 전지구화라고 인식하는 다기한 과정은 통합적이지도, 명확하지도 않다. 우리는 우리의 정치적 과제가 이러한 단순한 과정에 저항하는 것이 아니라 그 과정을 재조직하여 새로운 목표를 향해 재정향하는 것이라고 주장할 것이다. 제국을 지탱하고 있는 다중(multitude)의 창조적 역능은 대항 제국, 즉 전지구적인 흐름과 교환에 대한 대안적 정치조직을 자율적으로 형성할 수 있다. 그러므로 현실적인 대안을 구축하기 위한 투쟁들뿐만 아니라 제국에 저항하고 제국을 전복하는 투쟁들이 제국적 지형 그 자체 위에서 야기될 것이다.—

사실, 그러한 새로운 투쟁들은 이미 시작되었다. 이 투쟁들과 이와 유사한 더 많은 투쟁들을 통해 다중은 새로운 민주적 형태들과, 언젠가는 우리로 하여금 제국을 관통하고 제국을 넘어서도록 할 새로운 구성권력(constituent power)을 발명해야 할 것이다.[30]

네그리는 현재 전세계적으로 통용되는 신자유주의를 복지국가에 대한 대대적인 공세로 생각한다. 복지국가는 1930년대 대공황기를 거치면서 형성된 케인스주의를 중심 사상으로 하는데, 이는 국가의 재정 투여와 시장 개입을 적극적으로 권하는 국가 시스템이다. 국가가 시장, 특히 노동시장에 적극적으로 개입함으로써 유효수요를 창출하고 그를 통해 시장과 사회 그리고 노동 간의 선순환을 이끌어내면서, 결과적으로 파국(공황)을 예방해야 한다는 것이다.

네그리가 바라보는 지점은 이러한 케인스주의에 대한 대대적인 공세로서의 신자유주의가 고전적 자유주의와는 달리 국가의 개입을 전면 부인하지는 않는다는 것이다. 왜냐하면 고전적 자유주의 시절의 경우 자본은 일국적 차원에서 순환했지만, 소비에트와 동유럽 사회주의 붕괴 이후 자본은 세계화되었으며, 이로 인해 국가가 자본에게 필요한 요소가 되었기 때문이다. 이를테면 자본은 국가에게 국경을 넘는 자본 거래에 필요한 규제 철폐, 노동유연화 등을 주문하는데, 국가는 이를 충실히 수행하는 하나의 지절(node)이 된다. 이때 국가가 동원하는 것이 '공권력'(경찰력)이다. 다시 말해 자본은 자신의 세계적

---

30 안토니오 네그리, 마이클 하트 지음, 윤수종 옮김, 『제국』, 이학사, 2001. '서문'(번역수정). 〔 〕는 인용자.

차원에서의 이윤착취를 관철하기 위해 국가에게 폭력을 위임한다.

하지만 이러한 자본의 이윤착취는 현재 전 세계적인 다중의 저항에 직면해 있다는 것이 네그리의 진단이다. 이것을 네그리는 하트와의 공저인 『제국』에서 '대항제국'이라고 부른다. 전 세계 프롤레타리아의 새로운 형상으로서의 다중은 이러한 대항제국을 통해 자본의 제국적 질서에 파열구를 내면서 곳곳에 해방구를 만든다는 것이다. 이와 같이 네그리는 현대 사회의 주류인 신자유주의 세계화가 정치적이고 윤리적으로 정의의 실현을 가로막고 민중을 고통스럽게 하지만 그것을 돌파해나갈 힘이 언제나 있게 된다고 논한다. 이것은 가혹한 자본주의의 현실 안에서 정의를 실현하려는 하나의 이론적이면서 실천적인 분투로 읽힐 수 있다.

이 장을 끝내면서 우리는 과연 이 시대에 덕과 정의가 제대로 실현되고 있는지 물어볼 수 있다. 핵심은 역사 안에서 이 두 이념이 사라지지 않으며, 앞으로도 그럴 것이라는 점이다. 세계사의 진행 안에서 고대로부터 중세, 르네상스와 근대를 거치면서도 많은 철학자들은 이 주제를 계속 생각해왔고, 정치가들과 민중들은 이것의 실현을 위해 목숨을 버리는 것도 마다하지 않았다. 이는 각각의 국민국가가 최고법인 헌법 속에 구현해놓은 것이기도 하다. 그 어떤 국가도 자유와 평등이라는 보편 가치가 아닌 폭력과 차별, 강제와 인신구속을 국가 이념으로 내세우지 않는다.

문제는 다른 쪽에 있다. 문제는 자유와 평등을 들먹이며 '정의로운 전쟁' 따위를 일삼는 무리들이 권력을 가지는 것이다. 또는 정의의 이름으로 침략을 정당화하고, 언론을 이용하여 그 행위를 정당화하는 자들이 정치가나 과학자가 되는 일이다. 덕과 정의는 전쟁이나 폭력 아래에서는 결코 싹틀 수 없다. 우리는 그러한 전쟁과 폭력을 경멸해야 하며, 그것을 꾸미는 모리배들을 좌시하지 않아야 한다. 현대의 자본주의는 우리에게 더 신랄한 지성을 요구하는 것 같다.

참고문헌

거스리, W. K. C., 박종현 옮김, 『희랍 철학 입문』, 서광사, 2000.

김인곤 외 옮김, 『소크라테스 이전 철학자들의 단편 선집』, 아카넷, 2005.

김종욱, 「근대적 주체의 형성과 해체」, 한국하이데거학회 편, 『하이데거와 근대성』, 1999.

네그리, A., 하트, M., 윤수종 옮김, 『제국』, 이학사, 2001.

니체, F., 정동호 옮김, 『차라투스트라는 이렇게 말했다』, 책세상, 2002;2016.

데카르트, R., 이현복 옮김, 『방법서설, 정신지도를 위한 규칙들』, 문예출판사, 1997.

———, 이현복 옮김, 『성찰』, 문예출판사, 1997.

디오게네스 라에르티오스, 전양범 옮김, 『그리스철학자열전』, 동서문화사, 2008.

라이프니츠, W., 윤선구 옮김, 『형이상학 논고』, 아카넷, 2010.

랑시에르, J., 양창렬 옮김, 『무지한 스승』, 궁리, 2008.

로렌스, D. H., 류점석 옮김, 『제대로 된 혁명』, 아우라, 2008.

로티, R., 김동식, 이유선 옮김, 『우연성, 아이러니, 연대』, 사월의책, 2020

롱, A. A., 이경직 옮김, 『헬레니즘 철학』, 서광사, 2000.

루, M., 박제철 옮김, 『형이상학 강의』, 아카넷, 2010.

릭켄, F., 김성진 옮김, 『고대 그리스 철학』, 서광사, 2000.

메이야수, Q., 정지은 옮김, 『유한성 이후』, 도서출판b, 2010.

모노, J., 조현수 옮김, 『우연과 필연』, 궁리, 2010.

바슐라르, G., 정계섭 옮김, 『현대물리학의 합리주의적 활동』, 민음사, 1998.

박종현,『희랍사상의 이해』, 종로서적, 1985.

베르제즈, A., 위스망, D., 남기영 옮김,『프랑스고교철학 I—인간학, 철학, 형이상학』, 삼협종합
　　출판부, 1999.

브라이도티, R., 이경란 옮김,『포스트휴먼』, 아카넷, 2015.

블로흐, E., 박설호 옮김,『서양 중세·르네상스 철학 강의』, 열린책들, 2008.

블레이크, W., 김종철 역주,『천국과 지옥의 결혼』, 민음사, 1974;1986.

소포클레스, 천병희 옮김,「오이디푸스 왕」,『그리스 비극 걸작선』, 숲, 2010.

――――, 천병희 옮김,「결박된 프로메테우스」,『그리스 비극 걸작선』, 숲, 2010.

스코투스, D., 박우석 옮김,『제일원리론』, 누멘, 2010.

스피노자, B., 강영계 옮김,『에티카』, 서광사, 1990.

아이뉴턴 편집부,『누구나 이해할 수 있는 양자론』, 아이뉴턴(뉴턴코리아), 2010.

아리스토텔레스, 천병희 옮김,『니코마코스 윤리학』, 숲, 2013.

――――, 조대호 옮김,『형이상학』 1권~2권, 나남, 2012.

아우구스티누스, 선한용 옮김,『고백록』, 대한기독교서회, 2013.

악첼, A., 신현용, 승영조 옮김,『무한의 신비—수학, 철학, 종교의 만남』, 승산, 2002.

알튀세르, L., 김용선 옮김,『철학과 과학자들의 자생적 철학』, 인간사랑, 1992.

에피쿠로스, 오유석 옮김,『쾌락』, 문학과지성사, 1998.

이정우,『개념-뿌리들 1』, 산해, 2004;2008.

이진경,『근대적 시·공간의 탄생』, 그린비, 2010.

전봉준 책임편집,『라이프 성경』, 기독지혜사, 1999.

칸트, I., 박종현 옮김,『순수이성비판』, 아카넷, 2006.

커퍼드, G., 김남두 옮김,『소피스트 운동』, 아카넷, 2003.

케니, A., 김성호 옮김,『고대철학』, 서광사, 2008.

코플스톤, F., 김성호 옮김,『합리론』, 서광사, 1998.

쿤데라, M., 이재룡 옮김,『참을 수 없는 존재의 가벼움』, 민음사, 1988.

Transnational College of LEX 지음, 강현정 옮김,『수학으로 배우는 양자역학의 법칙』,
　　Gbrain, 2011.

푸코, M., 이혜숙, 이영목 옮김,『성의 역사 3—자기 배려』, 나남, 2020.

플라톤, 박종현 역주,『국가, 정체』, 서광사, 2005.

――, 이창우 옮김,『소피스트』, 이제이북스, 2012.

――, 박종현, 김영균 공동 역주,『티마이오스』, 서광사, 2000.

――, 천병희 옮김,「파르메니데스」,『플라톤 전집 5』, 숲, 2016.

――, 박종현 옮김,「파이돈」,『플라톤의 네 대화 편』, 서광사, 2003.

――, 천병희 옮김,「파이돈」,『플라톤 전집 1』, 숲, 2012.

――, 정준영 옮김,『테아이테토스』, 이제이북스, 2013.

하이데거, M., 박찬국 옮김,『니체』 1권~2권, 길, 2010;2012.

———, 박찬국 옮김, 『니체와 니힐리즘』, 지성의 샘, 1996.

호메로스, 천병희 옮김, 『일리아스』, 도서출판 숲, 2015.

화이트헤드, A., 오영환 옮김, 『과학과 근대세계』, 서광사, 1989.

황지우, 『게 눈 속의 연꽃』, 문학과지성사, 1991.

홀링데일, R., 김기복, 이원진 옮김, 『니체, 그의 삶과 철학』, 이제이북스, 2004.

흄, D., 김혜숙 옮김, 『인간 오성의 탐구』, 고려원, 1996.

Althusser, Louis. *Philosophy of the Encounter-Later Writings*, 1978~87, (eds.) François Matheron & Oliver Corpet, (trans.) G. M. Goshgarian, Verso, 2006.

Aristotle. *The Metaphysics*, (trans.) Hugh Tredennick, Harvard University Press, 1933; 1975.

Barad, Karen. *Meeting the Universe Halfway*, Duke University Press, 2007.

Bentham, Jeremy. *An Introduction to the Principles of Morals and Legislation*, Batoche Books Kitchener, 2000.

Brassier, Ray. "'The Enigma of Realism: On Quentin Meillassoux's After Finitude'", *Collapse* Volume II: *Speculative Realism*, (ed.) Robin Mackay, Urbanomic, 2007.

Butler, Judith. "Capitalism Has its Limits", https://www.versobooks.com/blogs/4603-capitalism-has-its-limits

Descartes, René. *Oeuvres Completes*, Tome VIII, I, (ed.) Adam-Tannery, Vrin, 1973.

Deleuze, Gilles, "A Philosophical Concept...", (eds.) Eduardo Cadava, Peter Connor, Jean-Luc Nancy, *Who Comes After the Subject?*, Routledge, 1991.

Diels, Herman & Kranz, Walther. *Die Fragmente der Vorsokratiker*, Hildesheim; Weidmann, 1974.

Gabriel, Markus. "We need a metaphysical pandemic", https://www.uni-bonn.de/news/we-need-a-metaphysical-pandemic

Gourinat, Michel, *De la philosophie*, Tome I, Hachette, 1969.

Heidegger, Martin. *Parmenides*. (trans.) Andre Schuwer and Richard Rojcewicz, Indiana University Press, 1992.

Hui, Yuk. *Recursivity and Contingency*, Rowman & Littlefield, 2019.

Hume, David. *A Treatise of Human Nature*, (ed.) L. A. Selby-Bigge, Oxford Clarendon Press, 1978.

Kazantzakis, Nikos. *Zorba the Greek*, Faber & Faber Ltd., 2001

Laplace, Pierre-Simon. *Essai philosophique sur les probabilités*, Bachelier, 1840.

Long, Anthony & Sedley, David. *The Hellenistic Philosophers*, volume 1, Cambridge Univ Press, 1987.

Meillassoux, Quentin. *After Finitude: An Essay on the Necessity of Contingency*, (trans.)

Ray Brassier, Continuum, 2008.

─────────── . 'Iteration, Reiteration, Repetition: A Speculative Analysis of the Meaningless Sign', Paper presented at the Freie Universität Berlin, Germany, 20 April 2012.

─────────── . *Science Fiction and Extro-Science Fiction*, (trans.) Alyosha Edlebi, Minneapolis: Univocal, 2015.

Mill, John Stuart. *Utilitarianism*, (ed.) M. Warnock, Collins, 1962.

──, John Stuart. *On Liberty*, Yale University Press, 2003.

"민변 "대우조선 하청 파업… 불법 자행한 건 사용자"," 한겨레, 2022. 7. 19. https://www.hani.co.kr/arti/society/society_general/1051547.html

〈Online Etymology Dictionary〉, https://www.etymonline.com

찾아보기

철학, 개념

고대에서 현대까지

초판 1쇄 발행 2023년 5월 23일
초판 3쇄 발행 2024년 4월 15일

지은이 박준영

편집 지비원 이희연 정소리 | 디자인 이정민 | 마케팅 김선진
브랜딩 함유지 함근아 고보미 박민재 김희숙 박다솔 조다현 정승민 배진성
저작권 박지영 형소진 최은진 서연주 오서영
제작 강신은 김동욱 이순호 | 제작처 한영문화사

펴낸곳 ㈜교유당 | 펴낸이 신정민
출판등록 2019년 5월 24일 제406-2019-000052호

주소 10881 경기도 파주시 회동길 210
전화 031.955.8891(마케팅) | 031.955.2692(편집) | 031.955.8855(팩스)
전자우편 gyoyudang@munhak.com

인스타그램 @gyoyu_books | 트위터 @gyoyu_books | 페이스북 @gyoyubooks

ISBN 979-11-92968-20-9 93100